코로나19 바이러스
"친환경 99.9% 항균잉크 인쇄"
전격 도입

언제 끝날지 모를 코로나19 바이러스
99.9% 항균잉크(V−CLEAN99)를 도입하여 「안심도서」로
독자분들의 건강과 안전을 위해 노력하겠습니다.

본 도서는 항균잉크로 인쇄하였습니다.

항균 +
99.9%
안심도서

항균잉크(V–CLEAN99)의 특징

◉ 바이러스, 박테리아, 곰팡이 등에 항균효과가 있는 산화아연을 적용

◉ 산화아연은 한국의 식약처와 미국의 FDA에서 식품첨가물로 인증받아 **강력한 항균력**을 구현하는 소재

◉ 황색포도상구균과 대장균에 대한 테스트를 완료하여 **99.9%의 강력한 항균효과** 확인

◉ 잉크 내 중금속, 잔류성 오염물질 등 **유해 물질 저감**

TEST REPORT

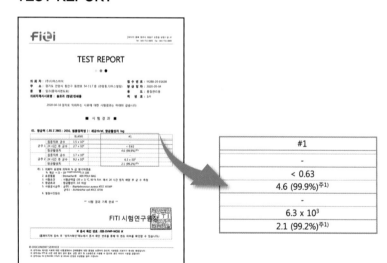

#1
-
< 0.63
4.6 (99.9%)주1)
-
6.3 x 10^3
2.1 (99.2%)주1)

Clean Zone

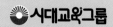

시대교왕그룹

2021 최신개정판

펀드투자
권유대행인

한권으로 끝내기

머리글

불과 10여 년 전만해도 그리 친숙하지 않았던 펀드는 이제 재테크에 관심이 없는 사람들이라도 누구나 한 번쯤은 들어봤을 법한 단어가 되었다. 그만큼 펀드가 가지고 있는 가장 기본적인 원칙인 분산투자의 특징과 전문가를 통한 투자대행이라는 점이 많은 이들로 하여금 적지 않은 반향을 불러 일으켰기 때문일 것이다.

특히 펀드는 최근과 같은 저금리 시대에 가장 유용한 투자대상 중 하나이며, 고령사회로 급속히 이동하고 있는 상황에서 보다 적극적인 투자로 노후를 대비하기 위한 유용한 수단이 되었다.
펀드가 우리 사회에서 보편적인 투자 형태 중 하나로 자리매김해 가고 있음에도 불구하고 접해보지 않은 생소한 용어들로 인해 다루기 어렵다는 인식과 일부 계층에서나 투자가 가능하다는 그릇된 인식 혹은 펀드에 대한 안 좋은 기억들로 인해 애써 펀드의 진실에 대해 외면하기도 한다.

우리가 펀드투자권유대행인에 주목해야 할 이유도 여기에 있다.
펀드에 대한 사회적 니즈는 높아졌으며, 향후 이러한 추세는 더욱 가속화될 것으로 보임에도 불구하고 아직까지 우리나라에서는 펀드투자를 올바로 이해하고 투자자들에게 정확한 정보를 전달해 주는 전문가들이 부족한 것이 사실이다. 특히 펀드의 종류와 투자 방식이 점차 다원화되어 가고 있으며, 지속적으로 새로운 형태의 펀드가 생겨나는 상황에서 관련 법규 또한 빈번히 개정되고 있다.
이러한 상황에서 최신 펀드 관련 법률 및 투자 지식을 보유한 펀드투자 관련 전문가들은 더욱 부족한 실정이다.

여러 상황을 종합할 때, 펀드투자권유대행인의 잠정적인 수요와 필요성은 점점 높아지고 있다고 할 수 있다. 펀드의 경우에는 경제 상황에 따라 투자자들에게 주목받는 정도의 차이가 있지만, 그럼에도 불구하고 다른 투자 방식이 넘볼 수 없는 펀드투자가 내포하고 있는 탁월한 장점들은 투자자들에게 지속적으로 어필될 것으로 보인다.

본서의 독자들이 펀드투자권유대행인 자격을 취득하여 첨단 금융투자 분야의 전문가로서, 그리고 우리 사회가 필요로 하는 중요 전문가로서 활동할 수 있기를 간절히 바란다.

세종시 연구실에서
박정호 씀

자격시험안내

⚙ 시험구성

과목 번호	과목명	문항 수		세부과목명	문항 수
		총	과 락		
1	펀드투자	35	14	펀드 · 신탁의 이해	15
				투자관리	10
				펀드평가	10
2	투자권유	45	18	펀드 관련 법규	10
				영업실무	10
				직무윤리	10
				투자권유와 투자자분쟁예방	10
				투자권유 사례분석	5
3	부동산펀드	20	8	부동산펀드 관련 법규	5
				부동산펀드 영업실무	15
합 계					100

⚙ 2021 시험일정

회 차	접수기간	시험일자	합격자 발표
13회	3.22(월)~3.26(금)	4.18(일)	4.29(목) 10시
14회	9.6(월)~9.10(금)	10.3(일)	10.14(목) 10시

※ 상기 시험일정은 금융투자협회(www.kofia.or.kr) 사정 등에 따라 일부 변경될 수 있으며 응시인원에 따라 응시지역이 축소될 수 있습니다.

⚙ 응시원서 접수 방법

접수기간 내에 금융투자협회 자격시험센터 인터넷 홈페이지(http://license.kofia.or.kr)에서 작성 및 접수 가능

⚙ 시험 관련 세부정보

시험주관처	응시자격	응시료	시험 시간	문제형식
한국금융투자협회 (license.kofia.or.kr)	제한없음	40,000원	10:00 ~ 12:00 (1교시 : 120분)	객관식 4지선다형

합격기준	응시과목별 정답비율이 40% 이상인 자 중에서, 응시과목의 전체 정답비율이 60%(60문항) 이상인 자(과락 기준은 시험구성 표 참고)

과목별 학습전략

펀드투자권유대행인이란?

펀드투자권유대행인은 집합투자증권(파생상품 등을 제외)의 매매를 권유하거나 투자자문계약, 투자일임계약 또는 신탁계약(파생상품 등에 투자하는 특정금전신탁계약은 제외)의 체결을 권유하는 자를 말합니다.

1과목 | 펀드투자 (35문항)

학습목표 | 집합투자기구의 구분 및 관련 · 투자관리 및 펀드평가 전반의 이해

주요 학습내용

- 집합투자기구의 유형과 종류 / 특수한 형태의 집합투자기구
- 일반적 분류에 따른 펀드의 구분 / 부동산펀드 · 특별자산펀드
- 신탁일반이론 / 신탁상품의 종류와 판매
- 투자관리
- 펀드평가

2과목 | 투자권유 (45문항)

학습목표 | 펀드 관련 법규 및 투자권유대행인 실무사항, 분쟁 사례 유형 전반의 이해

주요 학습내용

- 펀드 관련 법규
- 이익분배금 및 상환금
- 투자권유 및 투자권유 사례분석
- 투자자분쟁예방 전반
- 집합투자증권의 판매 및 환매
- 집합투자기구 관련 세제
- 직무윤리 전반

3과목 | 부동산펀드 (20문항)

학습목표 | 부동산펀드 일반 · 부동산 집합투자기구 유형별 구분 및 세부적 이해

주요 학습내용

- 부동산펀드 관련 법규
- 부동산펀드의 개념 및 유형
- 부동산펀드의 투자대상 및 운용제한 · 운용특례
- 부동산펀드의 평가
- 부동산펀드 투자의 종류 / 비교 / 운용에 따른 과세
- 부동산펀드 투자 위험관리

이 책의 구성

최신 출제경향을 파악하는 '최신출제키워드&최신출제유형문제'

▶ 최신출제키워드&최신출제유형문제는 실제 시험을 바탕으로 구성된 문제로, 본격적인 문제 풀이에 앞서 과목별로 주요 개념들이 어떻게 적용되어 나오는지 쉽게 파악하여 전략적인 학습을 도와줍니다.

체계적 학습을 돕는 '출제예상문제'

▶ 출제예상문제는 방대한 이론을 단기간에 정리할 수 있는 있는 필수 문제입니다. 상세하고 친절한 해설을 통해 중요이론을 정리하였으며, 더 알아보기를 통해 핵심이론을 완벽하게 마스터할 수 있도록 구성하였습니다.

세부과목별 '다시 풀어보는 OX 퀴즈'

▶ 각 장이 끝나는 부분에 다시 풀어보는 OX 퀴즈를 수록하여 시험에 자주 출제되는 내용을 다시 한 번 확인하고 넘어갈 수 있도록 하였습니다.

실전감각을 익히는 '최종모의고사 2회분'

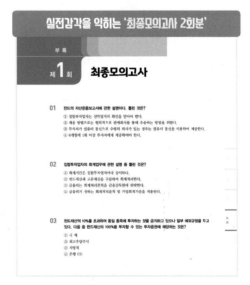

▶ 최신 출제경향과 실제 시험 난이도를 반영한 최종모의고사 2회분을 통해 시험 직전 마무리를 할 수 있도록 하였습니다.

2주 학습플랜

합격의 공식 Formula of pass | 시대에듀 www.sdedu.co.kr

	1일차	2일차	3일차	4일차	5일차	6일차	7일차
1주	제1과목 펀드투자				제3과목 부동산펀드		
	P3~P101			1과목 전체 복습	P229~P287		3과목 전체 복습
	TIP : 펀드의 기본적인 개념을 이해하는 것이 중요합니다. 다른 파트와 중복되는 개념이 많기 때문에 정확히 이해하여 전체적인 흐름을 잡고 넘어가도록 합니다.				TIP : 가장 적은 비중과 분량이지만 막상 놓치기 쉬운 파트입니다. 안정적인 합격을 위해 꼼꼼하게 학습합니다.		

	1일차	2일차	3일차	4일차	5일차	6일차	7일차
2주	제2과목 투자권유					최종모의고사 & 마무리!	
	P105~P225				2과목 전체 복습	P291~P354	
	TIP : 출제비중이 가장 높고 많은 암기력을 필요로 하는 과목이며 합격을 결정짓는 중요한 과목입니다. 전략적인 반복학습으로 접근합니다.					TIP : 모든 문제를 빠짐없이 풀어 실전감각을 익히고, 오답노트로 정리하여 부족한 부분을 채워 마무리합니다.	

※ 단기합격을 위한 효율적 학습방법으로 1과목의 기본적인 개념을 파악한 후 분량이 적은 과목인 3과목을 그리고 가장 비중이 높고 많은 암기력을 필요로 하는 2과목을 순서로 하여 하루 2시간 이상, 시험 3일 전부터는 하루 5시간 이상 공부하는 것을 권장합니다.

		내 용	페이지	성취도
1주차	1일차			%
	2일차			%
	3일차			%
	4일차			%
	5일차			%
	6일차			%
	7일차			%
2주차	1일차			%
	2일차			%
	3일차			%
	4일차			%
	5일차			%
	6일차			%
	7일차			%

펀드투자권유대행인! 시험합격을 기원합니다.

이 책의 목차

Contents

Fund investment Solicitor

제1과목

펀드투자

제1장 펀드 · 신탁의 이해

■ **수익자총회의 결의**

수익자총회의 결의는 출석한 수익자의 의결권의 과반수와 발행된 수익증권 총좌수의 1/4 이상의 찬성으로 결의한다. 다만, 「자본시장법」에서 정한 수익자총회의 결의사항 외에 신탁계약으로 정한 수익자총회의 결의사항에 대하여는 출석한 수익자의 의결권의 과반수와 발행된 수익증권의 총좌수의 1/5 이상의 수로 결의할 수 있다.

■ **집합투자업자가 금융위의 승인 없이 투자신탁을 해지할 수 있는 경우**

① 수익자 전원이 동의한 경우

② 수익증권 전부에 대한 환매의 청구가 발생한 경우

③ 사모 집합투자기구가 아닌 투자신탁으로서 설정한 후 1년이 되는 날에 원본액이 50억원 미만인 경우

④ 투자신탁을 설정하고 1년이 지난 후 1개월간 계속하여 투자신탁의 원본액이 50억원 미만인 경우

■ **회사형 집합투자기구의 종류**

투자회사, 투자유한회사, 투자합자회사, 투자유한책임회사

■ **투자신탁과 투자회사의 차이점**

구 분	투자신탁	투자회사
형 태	투자기구의 실체가 없어 투자기구와 관련된 법률행위의 주체가 될 수 없음	투자기구가 실체를 가지고 있어 투자기구와 관련된 법률행위를 직접 수행함
당사자	집합투자업자, 신탁업자, 수익자, 투자매매업자, 투자중개업자	투자기구, 집합투자업자, 신탁업자, 일반사무관리회사, 투자매매업자, 투자중개업자, 주주
자산 소유자	신탁업자	투자기구
법률행위주체	신탁업자	투자기구
투자기구 관련 의사결정	수익자총회	이사회, 주주총회
가능한 투자기구의 형태	MMF, 주식형, 채권형 등 일반적인 투자상품	MMF를 제외한 일반적 상품 외에 M&A 투자기구, 부동산 투자기구, 기업구조조정투자기구, PEF 등 가능

■ 단기금융상품의 종류

① 잔존만기 6개월 이내인 양도성 예금증서

② 잔존만기 5년 이내인 국채증권, 잔존만기 1년 이내인 지방채증권, 특수채증권, 사채권 및 기업어음증권. 다만, 환매조건부매수의 경우에는 잔존만기에 대한 제한 적용 배제

③ 만기 1년 이내의 기업어음증권을 제외한 금융기관이 발행·할인·매매·중개·인수 또는 보증하는 어음

④ 단기대출, 금융기관 또는 채신관서에의 예치, 다른 단기금융 집합투자기구의 집합투자증권, 단기사채 등

■ 환매금지형 집합투자기구

투자자가 집합투자기구에 투자한 이후 집합투자증권의 환매청구에 의하여 그 투자자금을 회수하는 것이 불가능하도록 만들어진 집합투자기구

■ 종류형 집합투자기구

동일한 투자기구 내에서 다양한 판매보수 또는 수수료 구조를 가진 클래스를 만들어 보수 또는 수수료 차이에서 발생하는 신규투자기구 설정을 억제하고, 여러 클래스에 투자된 자산을 합쳐서 운용할 수 있는 규모의 경제를 달성할 수 있는 대안이 될 수 있는 집합투자기구

■ 전환형 집합투자기구

다양한 자산과 투자전략을 가진 투자기구를 묶어 하나의 투자기구 세트를 만들고, 투자자는 그 투자기구 세트 내에 속하는 다양한 투자기구 간에 교체투자를 가능하게 해주는 투자기구

■ 단위형펀드

일반적으로 신탁계약기간을 정하는 것으로, 기 설정된 투자신탁에 원본액을 추가로 증액하여 투자신탁을 설정할 수 없는 형태

■ 추가형펀드

일반적으로 신탁계약기간이 정해져 있지 않는 것으로, 최초로 펀드를 설정한 후 투자자의 수요에 따라 신탁원본을 증액하여 수익증권을 추가로 발행할 수 있는 형태

■ 인덱스펀드의 운용시 추적오차가 발생하는 원인

① 인덱스펀드에 부과되는 보수 등의 비용

② 인덱스펀드의 포트폴리오를 구축하기 위한 거래비용

③ 인덱스펀드의 포트폴리오와 추적대상지수 포트폴리오와의 차이

④ 포트폴리오 구축 시 적용되는 가격과 실제 매매 가격과의 차이

■ 특별자산펀드의 운용대상

① 농산물, 축산물, 수산물, 임산물, 광산물, 에너지에 속하는 물품 및 이 물품을 원료로 하여 제조하거나 가공한 일반물품

② 선박, 항공기, 건설기계, 자동차 등과 같이 등기·등록 등의 공시방법을 갖추고 있는 동산

③ 그림, 조각, 공예, 사진 등의 예술작품을 포괄하는 미술품, 악기(명품 바이올린 등과 같은 모든 종류의 악기 포함)

④ 문화콘텐츠상품(영화, 드라마, 애니메이션, 음반, 연극, 뮤지컬, 오페라, 게임, 캐릭터, 인터넷/모바일콘텐츠, 출판물 등)

⑤ 특별자산에 해당하는 증권

■ 신탁관계인의 구분

① 위탁자 : 타인을 신뢰하여 자신의 재산을 맡기고 신탁을 설정하는 사람

② 수탁자 : 위탁자와의 신탁계약을 통해서 위탁자로부터 재산을 넘겨받아 관리 및 운용을 하는 사람

③ 수익자 : 신탁을 통해 관리되는 재산과 그로부터 발생하는 이익을 받는 자

■ 신탁재산의 법적 특성

① 신탁재산에 대한 강제집행의 금지

② 수탁자의 상속 및 파산으로부터의 독립

③ 신탁재산의 독립성의 활용

■ 특정금전신탁

위탁자인 고객이 금전을 신탁하면서 신탁재산의 운용방법을 수탁자인 신탁회사에 지시하고, 신탁회사는 위탁자의 운용지시에 따라 신탁재산을 운용한 후 실적 배당하는 단독운용 신탁상품

안심Touch

■ **펀더멘털 분석법**

과거의 자료를 바탕으로 하되 미래의 발생상황에 대한 기대치를 추가하여 수익률을 예측하는 방법

■ **위험의 정도를 측정하는 수단**

범위, 분산, 표준편차, 변동계수

■ **자산배분과정**

투자자의 투자목표, 제약조건, 선호도 조사 → 고객성향 파악 → 최적 자산배분 및 수집 → 투자성과 측정 및 평가

■ **다기간 투자수익률의 계산 방법**

① 내부수익률 : 서로 상이한 시점에서 발생하는 현금흐름의 크기와 화폐의 시간적 가치가 고려된 평균투자수익률의 개념

② 산술평균수익률 : 기간별 단일기간수익률을 모두 합한 다음 이를 관찰수(기간수)로 나누어 측정

③ 기하평균수익률 : 중도현금흐름이 재투자되어 증식되는 것을 감안한 평균수익률의 계산 방법

■ **전략적 자산배분전략**

투자목적을 달성하기 위해 장기적인 포트폴리오의 자산구성을 정하는 의사결정

■ **전술적 자산배분전략**

저평가된 자산을 매수하고, 고평가된 자산을 매도함으로써 펀드의 투자성과를 높이고자 하는 전략

■ **위험지표의 종류**

① 절대적 위험 : 표준편차, VaR
② 상대적 위험 : 공분산, 초과수익률, 베타, 상대VaR, 추적오차

■ **벤치마크의 설정**

집합투자기구의 운용목표와 전략을 가장 잘 나타내는 지표로, 그 역할에는 운용지침, 성과평가의 기준 등이 있다.

■ **위험조정성과의 측정**

① **샤프비율** : 수익률을 위험으로 나누어 위험 한 단위당 수익률을 구하는 것
② **젠센의 알파** : 집합투자기구의 수익률에서 균형 하의 기대수익률을 차감한 값
③ **트래킹 에러** : 일정기간 펀드의 수익률이 이에 대응하는 지수 수익률에 비해 어느 정도의 차이를 보이는가를 측정하는 지표
④ **정보비율** : 적극적 투자활동의 결과로 발생한 초과수익률과 집합투자기구의 초과수익률에 대한 표준편차의 비율

제1장 펀드 · 신탁의 이해

01 다음 중 수익자총회의 결의에 대한 설명으로 옳지 않은 것은?

① 수익자총회의 결의는 출석한 수익자의 의결권의 과반수와 발행된 수익증권 총좌수의 3분의 1 이상의 찬성으로 결의한다.
② 수익자는 수익자총회에 출석하지 아니하고 서면에 의해 의결권을 행사할 수 있다.
③ 수익자총회 결의사항에 대해 반대하는 수익자가 서면으로 반대의사를 밝힐 경우에는 그 투자신탁은 해당 수익자가 소유하고 있는 수익증권을 매수해야 한다.
④ 「자본시장법」에서 정한 수익자총회의 결의사항 외에 신탁계약으로 정한 수익자총회의 결의사항에 대해서는 출석한 수익자의 의결권의 과반수과 발행된 수익증권의 총좌수의 5분의 1 이상의 수로 결의할 수 있다.

해설

수익자총회의 결의는 출석한 수익자의 의결권의 과반수와 발행된 수익증권 총좌수의 4분의 1 이상의 찬성으로 결의한다.

02 다음 중 집합투자업자가 금융위의 승인 없이 투자신탁을 해지할 수 있는 경우로 옳지 않은 것은?

① 수익자 전원이 동의한 경우
② 수익증권 전부에 대한 환매의 청구가 발생한 경우
③ 투자신탁을 설정하고 1년이 지난 후 3개월간 계속하여 투자신탁의 원본액이 50억 미만인 경우
④ 사모 집합투자기구가 아닌 투자신탁으로서 설정한 후 1년이 되는 날에 원본액이 50억 미만인 경우

해설

투자신탁을 설정하고 1년이 지난 후 1개월간 계속하여 투자신탁의 원본액이 50억 미만인 경우

01 ① 02 ③ **정답**

03 다음 중 회사형 집합투자기구에 해당하지 않는 것은?

① 투자유한회사
② 투자합자회사
③ 투자유한책임회사
④ 투자합명회사

해설

회사형 집합투자기구에는 투자회사, 투자유한회사, 투자합자회사, 투자유한책임회사가 있다.

04 다음 중 투자신탁과 투자회사에 대한 설명으로 옳지 않은 것은?

① 투자신탁의 자산 소유자는 신탁업자이고, 투자회사의 자산 소유자는 투자기구이다.
② 투자회사는 투자기구의 실체가 없어 투자기구와 관련된 법률행위의 주체가 될 수 없다.
③ 투자회사의 투자기구 관련 의사결정은 이사회, 주주총회에서 한다.
④ 투자신탁의 가능한 투자기구의 형태에는 MMF, 주식형, 채권형 등 일반적인 투자상품이 있다.

해설

투자신탁의 형태는 계약관계로 투자기구의 실체가 없어 투자기구와 관련된 법률행위의 주체가 될 수 없지만, 투자회사는 회사형태로 투자기구가 실체를 가지고 있어 투자기구와 관련된 법률행위를 직접 수행한다.

05 다음 중 단기금융상품에 해당되지 않는 것은?

① 만기 1년 이내의 기업어음증권
② 잔존만기 5년 이내의 국채증권
③ 잔존만기 6개월 이내의 양도성 예금증서
④ 잔존만기 1년 이내인 특수채증권

해설

만기 1년 이내의 기업어음증권을 제외한 금융기관이 발행·할인·매매·중개·인수 또는 보증하는 어음이 단기금융상품에 해당된다.

정답 03 ④ 04 ② 05 ①

안심Touch

06 다음 중 환매금지형 집합투자기구에 대한 설명으로 옳지 않은 것은?

① 환매금지형 집합투자기구는 기존 투자자 전원의 동의를 받은 경우에는 집합투자증권을 추가로 발행 가능하다.
② 환매금지형 집합투자기구는 존속기간을 정한 집합투자기구에 대해서만 가능하다.
③ 집합투자증권을 최초로 발행한 날부터 30일 이내에 증권시장에 상장해야 한다.
④ 시장성이 없는 자산에 20%를 초과하여 투자하는 경우에는 반드시 환매금지형 집합투자기구로 설정·설립해야 한다.

> **해설**
> 집합투자증권을 최초로 발행한 날부터 90일 이내에 증권시장에 상장해야 한다.

07 다음 중 종류형 집합투자기구에 대한 설명으로 옳지 않은 것은?

① 종류형 집합투자기구는 여러 종류의 집합투자증권 간에 전환할 수 있는 권리를 부여할 수 있고, 이 경우 전환에 따른 환매수수료를 부과해야 한다.
② 종류(class) 수에는 제한이 없으며, 종류별 보수와 수수료에 대한 사항을 보고해야 한다.
③ 기존에 이미 만들어진 비종류형 집합투자기구도 종류형 집합투자기구로 전환이 가능하다.
④ 장기투자 유도의 목적을 위해 투자자금이 펀드 내에 일정기간 머물게 될 경우에는 동일한 펀드 내에서 종류 간 전환이 가능한 기능을 추가하는 경우도 있다.

> **해설**
> 종류형 집합투자기구는 여러 종류의 집합투자증권 간에 전환할 수 있는 권리를 부여할 수 있고, 이 경우 전환에 따른 환매수수료를 부과할 수 없다.

08 다음 중 전환형 집합투자기구에 대한 설명으로 옳지 않은 것은?

① 전환형 집합투자기구는 다양한 자산과 투자전략을 가진 투자기구를 묶어 하나의 투자기구 세트를 만들고, 그 세트 내에 속하는 투자기구 간에 교체투자가 가능하다.
② 전환형 집합투자기구는 복수의 집합투자기구 간에 공통으로 적용되는 집합투자규약이 있어야 한다.
③ 투자기구 간 교체투자를 위해 특정 투자기구에서 투자자가 집합투자증권을 환매할 경우에는 환매수수료를 적용하지 않는다.
④ 전환형 집합투자기구에 투자할 경우에는 투자자산과 운용방법을 통일하여 투자자산을 운용해야 한다.

> **해설**
> 전환형 집합투자기구에 투자할 경우에는 적극적인 의사결정으로 투자자산과 운용방법을 달리하여 투자자산을 운용할 수 있다.

06 ③ 07 ① 08 ④ **정답**

09 다음 괄호 안에 들어갈 말로 올바른 것은?

> • (㉠) 펀드는 기 설정된 투자신탁에 원본액을 추가로 증액하여 투자신탁을 설정할 수 없으며, 일반적으로 신탁계약기간을 정한다.
> • (㉡) 펀드는 최초로 펀드를 설정한 후 투자자의 수요에 따라 신탁원본을 증액하여 수익증권을 추가로 발행할 수 있는 형태로, 일반적으로 신탁계약기간이 정해져 있지 않다.

① ㉠ 폐쇄형 ㉡ 개방형
② ㉠ 추가형 ㉡ 단위형
③ ㉠ 단위형 ㉡ 추가형
④ ㉠ 개방형 ㉡ 폐쇄형

해설

㉠은 단위형, ㉡은 추가형이다. 개방형펀드는 수익자가 투자신탁 계약기간 중도에 보유 수익증권의 환매를 요구할 수 있는 펀드이고, 폐쇄형펀드는 수익자가 투자신탁 계약기간 중도에 보유 수익증권의 환매를 요구할 수 없는 펀드를 말한다.

10 다음 중 인덱스펀드의 추적오차가 발생하는 원인으로 옳지 않은 것은?

① 인덱스펀드의 포트폴리오와 추적대상지수 포트폴리오의 차이
② 상장지수펀드의 설정
③ 인덱스펀드의 포트폴리오를 구축하기 위한 거래 비용
④ 포트폴리오 구축 시 적용되는 가격과 실제 매매 가격과의 차이

해설

인덱스펀드의 실적과 지수의 실적 차이를 추적오차라고 하며, 이러한 추적오차를 최소화하기 위해 고안된 펀드가 상장지수펀드이다.

11 다음 중 특별자산펀드의 운용대상에 해당하지 않는 것은?

① 탄소배출권
② 항공기
③ 분양권
④ 보험금지급청구권

해설

분양권은 부동산펀드의 투자대상에 해당한다.

정답 09 ③ 10 ② 11 ③

12 다음 중 신탁 및 신탁재산에 대한 설명으로 옳지 않은 것은?

① 위탁자와의 신탁계약을 통해서 위탁자로부터 재산을 넘겨받아 관리 및 운용을 하는 사람을 수탁자라 한다.

② 수익자의 채권자라고 할지라도 신탁재산에 대해서는 강제집행을 할 수 없다.

③ 수탁자가 사망하거나 파산한 경우에도 신탁재산은 파산재단이나 상속재단에 포함된다.

④ 수익자는 위탁자 본인이 될 수는 있고, 위탁자가 지정하는 제3자가 될 수도 있다.

> **해설**
>
> 신탁재산은 수탁자의 명의로 되어 있더라도 수탁자의 고유재산과 독립된 재산이므로 수탁자가 사망하거나 파산한 경우에도 신탁재산은 파산재단이나 상속재단에 포함되지 않는다.

13 다음 중 특정금전신탁에 대한 설명으로 옳지 않은 것은?

① 특정금전신탁의 최저 가입금액은 다른 금융상품에 비해 높은 편으로, 보통 1천만원 이상인 경우가 많다.

② 신탁의 이익은 신탁의 해지일 또는 신탁계약으로 정한 이익 지급일에 지급한다.

③ 특정금전신탁의 가입기간에는 특별한 제한이 없다.

④ 신탁의 해지 시에는 신탁금액의 전부를 해지해야 한다.

> **해설**
>
> 신탁의 해지 시 신탁회사와 협의하여 가능한 경우에는 신탁금액의 일부만을 해지할 수도 있다.

제2장 투자관리

14 다음 보기에서 설명하는 것에 해당하는 기대수익률 측정법은?

주식 기대수익률 = 무위험이자율 + 주식시장 위험프리미엄

① 추세분석법   ② 시나리오분석법

③ 펀더멘털분석법   ④ 시장공동예측치 사용법

> **해설**
>
> 펀더멘털분석법은 과거의 자료를 바탕으로 하되 미래의 발생상황에 대한 기대치를 추가하여 수익률을 예측하는 방법으로, 과거의 시계열 자료를 토대로 각 자산별 리스크 프리미엄 구조를 반영하는 기법이다.

12 ③   13 ④   14 ③ **정답**

15 다음 그래프에서 가장 우월한 투자대상은 무엇인가?

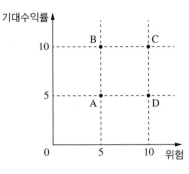

① A

② B

③ C

④ D

> **해설**
>
> B는 C와 기대수익률이 10으로 동일하지만 위험이 5로 C보다 낮으므로 기대수익률이 10으로 가장 높은 반면, 위험은 5로 가장 낮은 B가 가장 우월한 투자대상이다.

16 다음 중 위험의 정도를 계량적으로 측정하는 데 사용되지 않는 것은?

① 분산

② 표준편차

③ 변동계수

④ 중앙값

> **해설**
>
> 위험의 정도를 측정하는 데 사용되는 것은 범위, 분산, 표준편차, 변동계수 등이 있으며, 중앙값은 통계집단의 변량을 크기의 순서로 늘어놓았을 때 중앙에 위치하는 값으로 평균, 최빈값과 더불어 중심을 나타내는 대푯값 중 하나이다.

17 다음 중 자산배분과정의 순서로 옳은 것은?

① 투자목표 설정 → 고객성향 파악 → 최적 자산배분 및 수집 → 투자성과 측정 및 피드백

② 투자목표 설정 → 최적 자산배분 및 수집 → 고객성향 파악 → 투자성과 측정 및 피드백

③ 고객성향 파악 → 최적 자산배분 및 수집 → 투자목표 설정 → 투자성과 측정 및 피드백

④ 고객성향 파악 → 투자목표 설정 → 최적 자산배분 및 수집 → 투자성과 측정 및 피드백

> **해설**
>
> 자산배분과정은 계획, 실행, 평가의 3단계 활동이 긴밀하게 연결되어 있는 의사결정체계로, '투자목표 설정 → 고객성향 파악 → 최적 자산배분 및 수집 → 투자성과 측정 및 피드백'의 과정을 거친다.

정답 15 ② 16 ④ 17 ①

18 다음 중 다기간 투자수익률을 계산하는 방법에 대한 설명으로 옳지 않은 것은?

① 자금운용자가 중도 투자금액이나 현금흐름에 대하여 재량권이 없는 경우라면 금액가중 평균수익률보다 시간가중평균수익률의 계산이 더 적절하게 된다.
② 기하평균수익률은 중도현금흐름이 재투자되어 증식되는 것을 감안한 평균수익률의 계산방법이다.
③ 내부수익률의 계산은 기간별 상이한 투자금액의 가치에 가중치가 주어져 수익률이 계산되는 금액가중평균수익률이다.
④ 기하평균수익률의 계산방법보다 산술평균수익률의 계산방법이 더 합리적이다.

해설

기하평균수익률의 계산은 중도현금이 재투자되고 최종시점의 부의 크기가 감안된 계산방법이므로 산술평균수익률의 계산방법보다 더 합리적이다.

19 다음 중 전략적 자산배분에 대한 설명으로 옳지 않은 것은?

① 투자목적을 달성하기 위해 장기적인 포트폴리오의 자산구성을 정하는 의사결정이다.
② 저평가된 자산을 매수하고, 고평가된 자산을 매도함으로써 펀드의 투자성과를 높이고자 하는 전략이다.
③ 최적화를 이용한 전략적 자산배분의 문제점은 입력변수가 조금만 변해도 포트폴리오가 크게 바뀐다는 점이다.
④ 효율적 포트폴리오란 정해진 위험 수준 하에서 가장 높은 수익률을 달성하는 포트폴리오를 말한다.

해설

저평가된 자산을 매수하고, 고평가된 자산을 매도함으로써 펀드의 투자성과를 높이고자 하는 전략은 전술적 자산배분전략이다.

20 다음 중 전술적 자산배분전략의 실행도구에 해당하지 않는 것은?

① 포뮬러 플랜
② 가치평가모형
③ 위험–수익 최적화 방법
④ 기술적 분석

해설

위험–수익 최적화 방법은 전략적 자산배분전략의 실행방법이다.

18 ④ 19 ② 20 ③ **정답**

21 다음 중 운용회사의 그룹수익률을 산출하는 이유에 대한 설명으로 옳지 않은 것은?

① 전체 성과를 정확히 나타내지 못하고 집합투자기구별 성과의 차이가 큰 운용회사가 상대적으로 유리하게 되는 대표계정의 오류를 제거하기 위해서이다.

② 각각의 여러 집합투자기구들의 수익률이 아닌 하나의 수익률로 나타냄으로써 수익률 측정기간을 일치시키면 객관적으로 운용사간 성과 비교가 가능하기 때문이다.

③ 그룹수익률을 이용하여 해당 운용회사의 능력을 판단하기 위해서이다.

④ 부실한 운용으로 고객이탈이 많은 운용회사의 성과가 상대적으로 높게 표시되는 생존 계정의 오류를 제거하기 위해서이다.

> **해설**
> 운용회사의 집합투자기구 운용자의 이동이 발생한 경우의 그룹수익률은 이동한 운용자의 운용성과가 반영되는데 이것은 현재의 운용회사 환경과 다를 때의 성과를 나타낸 것으로 이 수익률을 이용하여 해당 운용회사의 능력을 판단하는 것은 적절하지 않다.

22 다음 보기에서 상대적 위험의 척도를 모두 고른 것은?

> ㉠ 공분산
> ㉡ 추적오차
> ㉢ 표준편차
> ㉣ VAR

① ㉠, ㉡ 　　　　　　② ㉡, ㉢

③ ㉢, ㉣ 　　　　　　④ ㉠, ㉣

> **해설**
> ㉠ · ㉡ 상대적 위험
> ㉢ · ㉣ 절대적 위험

정답 21 ③ 22 ①

23 다음 중 벤치마크의 설정에 대한 설명으로 옳지 않은 것은?

① 벤치마크는 집합투자기구의 운용목표와 전략을 가장 잘 나타내는 지표이다.
② 투자자로 하여금 해당 집합투자기구에 투자할지를 사전에 판단할 수 있는 투자지침 역할을 한다.
③ 2개 이상의 시장지수나 섹터지수를 합성하여 별도로 계산하는 것을 맞춤 포트폴리오라 한다.
④ 벤치마크는 집합투자기구별로 정해진다.

> **해설**
>
> 2개 이상의 시장지수나 섹터지수를 합성하여 별도로 계산하는 것은 합성지수이다.

24 다음 보기에서 설명하고 있는 것은 무엇인가?

> 집합투자기구 수익률이 벤치마크 수익률보다 높을수록 좋은 집합투자기구라는 개념과 집합투자기구 수익률이 벤치마크 수익률과 큰 차이를 보이면 곤란하다는 위험개념을 결합한 것이다.

① 젠센의 알파
② 샤프비율
③ 트레킹 에러
④ 정보비율

> **해설**
>
> 정보비율에 대한 설명이다. 정보비율은 적극적 투자활동의 결과로 발생한 초과수익률과 집합투자기구의 초과수익률에 대한 표준편차의 비율로, 평가비율이라고도 한다.

25 다음 중 위험조정성과의 측정에 대한 설명으로 옳지 않은 것은?

① 샤프비율을 통한 성과분석 시 반드시 평가기간이 동일하고 동일한 유형의 집합투자기구들 간에만 비교해야 한다.
② 젠센의 알파는 종목 선택정보와 시장 예측정보를 정확하게 구분할 수 있는 지표이다.
③ 트레킹 에러는 일정기간 펀드의 수익률이 이에 대응하는 지수 수익률에 비해 어느 정도의 차이를 보이는가를 측정하는 지표이다.
④ 정보비율에 근거하여 운용자 능력을 평가하기 위해서는 성과측정기간이 충분해야 한다.

> **해설**
>
> 젠센의 알파는 집합투자기구 운용자의 종목 선택 및 시장 움직임에 대한 정보 분석 능력을 측정하는 유용한 지표이기는 하지만 종목 선택정보와 시장 예측정보를 정확하게 구분하지 못하는 단점이 있다.

23 ③   24 ④   25 ②   **정답**

CHAPTER 01 펀드 · 신탁의 이해

01 다음 중 펀드에 대한 설명으로 바르지 못한 것은?

① 2인 이상의 자로부터 금전을 모을 것
② 투자자로부터 모은 금전을 집합, 운용할 것
③ 펀드운용 전문가가 투자자로부터 일상적인 운용지시를 받아 운용할 것
④ 재산적 가치가 있는 투자대상자산을 취득, 처분 등의 방법으로 운용할 것

해설

펀드는 2인 이상의 투자자로부터 금전을 모아 증권 등의 자산에 투자하고, 그 수익을 투자지분에 따라 투자자에게 배분하는 집단적 · 간접적 투자제도로 투자자로부터 일상적인 운용지시를 받지 않는다.

02 다음 중 투자신탁이 당연해지 되는 사유가 아닌 것은?

① 투자신탁계약 당사자의 쌍방적 의사표시로 투자신탁계약의 효력을 소멸시키는 경우
② 투자신탁의 등록이 취소되거나 수익자의 총수가 1인이 되는 경우
③ 투자신탁의 피흡수합병
④ 수익자총회의 투자신탁 해지 결의

해설

②, ③, ④ 외에도 신탁계약기간이 종료되는 경우 투자신탁이 당연해지 된다.

03 다음 중 펀드투자의 특성을 설명하는 내용이 아닌 것은?

① 집단성
② 간접성
③ 투자자평등성
④ 개방성

해설

④는 펀드 성격에 따른 분류로서 펀드는 운영구조에 따라 개방적인 구조와 폐쇄적인 구조 모두 가능하다. 개방형펀드는 펀드 지분 소유자에게 환매청구권을 부여하고 계속적으로 펀드 지분을 추가 발행할 수 있는 펀드이며, 폐쇄형펀드는 펀드 지분을 환매하거나 계속적으로 발행하지 않는 펀드이다.

04 다음 중 펀드운용에 참여하는 기관들의 역할에 대한 설명 중 잘못된 것은?

① 수익자총회 : 투자신탁의 수익자가 투자신탁 관련 중요사항을 직접 결정할 수 있도록 하는 기관이다.

② 법인이사 : 투자회사를 대표하고 투자회사 업무를 집행한다.

③ 감독이사 : 집합투자업자와 관계가 있는 자로 구성되어 집합투자업자의 업무집행을 감독하고 투자회사 업무 및 재산 상황을 감독한다.

④ 이사회 : 법인이사와 감독이사로 이루어지며 「자본시장법」 및 정관에서 정한 사항에 대하여 의결한다.

> **해설**
> 감독이사는 집합투자업자의 업무집행 및 투자회사 업무와 재산 상황을 감독하기 때문에 집합투자업자 등과 일정한 관계에 있는 자는 감독이사가 될 수 없다.

05 다음 중 수익자총회의 결의가 필요한 사항으로 적절하지 않은 것은?

① 집합투자업자, 신탁업자가 받는 보수 내지 수수료가 인상될 경우 수익자총회를 거쳐야 한다.

② 신탁계약서에 명시되어 있지 않은 경우임에도 신탁계약기간을 변경할 때는 수익자 총회를 거쳐야 한다.

③ 투자신탁 종류의 전환에 대하여 사전에 약정되어 있다고 하더라도 수익자총회의 결의를 거쳐야 한다.

④ 시행령 규정 사유 이외의 사유로 주요 투자대상자산을 변경하는 경우에는 수익자총회를 거쳐야 한다.

> **해설**
> 초기 투자신탁 계약 체결 시 다른 종류의 투자신탁으로 전환이 가능하도록 설정한 경우에는 수익자총회의 결의가 필요치 않다. 기타 수익자총회의 결의가 필요한 경우로는 환매대금의 지급일이 연장되거나, 신탁업자를 변경하는 경우가 있다.

06 다음 중 펀드의 설립 및 등록 절차에 대한 설명으로 잘못된 것은?

① 집합투자기구는 펀드 가입자 간의 계약이므로 법률관계에 대한 통제는 필요하지 않다.

② 금융위에 등록하여 집합투자규약의 내용이 투자자보호상 문제가 없는지 등을 검토한다.

③ 집합투자업자가 신탁계약서에 의해 신탁업자와 신탁계약을 체결함으로써 설립된다.

④ 신탁계약을 변경하고자 하는 경우 신탁업자와 변경계약을 체결한다.

> **해설**
> 집합투자기구는 2인 이상의 투자자로부터 모은 금전을 집합·운용하며, 투자자로부터 일상적인 운용지시를 받지 않기 때문에 사전에 법률관계에 대한 내용통제가 필요하다.

07　다음 중 투자신탁 해지가 가능한 사항으로 옳은 것을 모두 고르면?

> 가. 신탁계약에서 약정한 신탁계약기간이 종료된 경우
> 나. 투자신탁 등록이 취소된 경우
> 다. 수익증권 전부에 대하여 환매 청구가 있는 경우
> 라. 금융위원회의 승인을 받은 경우

① 가, 나, 다　　　　　　　　　　② 나, 다, 라
③ 가, 다, 라　　　　　　　　　　④ 가, 나, 다, 라

해설

위의 모든 내용은 투자신탁 해지 사유에 해당하며, 임의해지의 경우 집합투자업자가 투자신탁을 해지하려면 사전에 금융위 승인을 얻어야 한다.

더 알아보기 ➡ 투자신탁의 해지

> 법정해지사유
> • 신탁계약기간의 종료
> • 수익자총회의 투자신탁 해지결의
> • 투자신탁의 피흡수합병
> • 투자신탁의 등록 취소 및 수익자의 총수가 1인이 되는 경우
> • 금융위로부터 전문투자형 사모집합투자기구의 해지명령을 받은 경우
>
> 금융위의 승인 없이도 해지가 가능한 사유
> • 수익자 전원이 동의한 경우
> • 수익증권 전부에 대한 환매 청구
> • 공모・개방형 펀드로 설정 후 1년이 되는 날에 원본액이 50억원 미만인 경우
> • 설정 후 1년이 경과되었음에도 불구하고 1개월 동안 투자신탁의 원본액이 50억원 미만인 경우

08　신탁계약 변경 시 수익자총회의 결의가 필요한 사항을 모두 고르면?

> 가. 보수 및 수수료 인상 관련 결의
> 나. 신탁계약기간의 변경
> 다. 신탁업자의 변경
> 라. 주된 투자 대상의 변경

① 가, 나, 다　　　　　　　　　　② 나, 다, 라
③ 가, 다, 라　　　　　　　　　　④ 가, 나, 다, 라

해설

신탁계약을 변경할 경우에는 집합투자업자는 신탁업자와의 변경계약을 체결해야 하는 것이 원칙이나, 그 과정에서 보수 및 수수료 변경, 신탁계약 및 주된 투자 대상 변경, 신탁계약기간의 변경 등의 경우 수익자총회의 결의가 필요하다.

09 펀드 좌수 추가 설정 가능 여부에 따른 펀드상품 분류방법으로 올바른 것은?

① 투자신탁형, 회사형 ② 개방형, 폐쇄형

③ 공모형, 사모형 ④ 추가형, 단위형

해설

펀드 성격에 따른 분류

분류 기준	분류
펀드 좌수 추가 설정 가능 여부	추가형, 단위형
계약기간 중도에 환매가 가능한지 여부	개방형, 폐쇄형
투자대상자산의 비중	주식형, 채권형, 혼합형
파생상품에 투자가 가능한지 여부	증권형, 파생형
펀드의 수익증권을 상장할 수 있는지 여부	상장형, 비상장형
펀드 판매 방법에 따른 분류	모집식, 매출식
자금 납입 방식에 따른 분류	거치식, 적립식

더 알아보기 ➡ 회사형 집합투자기구

분류	설 명
투자회사	• 집합투자기구를 주식회사 형태로 운영하는 방식으로 감독이사 2인 이상으로 구성된 이사회와 주주총회가 있으며, 실질적인 사무 업무를 수행하는 일반사무관리회사가 필요하다. • 실질적으로 주식회사와 같은 형태로 운영되기 때문에 설립 및 등록 비용과 투자회사 운영 과정에서 다양한 비용이 유발되는 단점이 있다.
투자유한회사	「상법」상의 유한회사와 유사한 형태로 운영되는 방식으로 감독이사 제도가 없는 것이 특징이다.
투자합자회사	• 「상법」상의 합자회사 형태로 운영하는 집합투자기구로, 무한책임사원인 집합투자업자와 다수의 유한책임사원으로 구성된다. 이들 유한책임사원은 출자금액을 한도로 책임을 부담한다. • 무한책임사원과 유한책임사원에 대하여는 이익배당 시 배당률 또는 배당순서에 있어 달리할 수 있으나 손실 배분율을 다르게 적용하는 것은 금지되어 있다.
투자유한책임회사	회사의 주주들이 각각의 투자액을 한도로 하여 채권자에 대해 법적 책임을 부담하는 회사이다. 회사의 설립·운영·구성 등에서 사적 영역이 인정된다.

10 다음 중 펀드투자의 장점이 아닌 것은?

① 작은 금액으로도 투자가 가능하다.

② 직접 투자의 전문성이 없더라도 투자가 가능하다.

③ 분산투자가 가능하다.

④ 즉각적인 환금성이 보장되어 있다.

해설

펀드가 환금이 가능한 금융상품임은 분명하지만, 즉각적으로 환금이 가능하지는 않다. 일례로 해외투자펀드의 경우 환매 시 7~10일 정도의 시간이 소요된다.

11 다음 중 집합투자기구의 법적 형태가 아닌 것은?

① 투자유한회사
② 투자무한회사
③ 투자합자회사
④ 투자회사

해설

집합투자기구의 법적 형태는 투자신탁, 투자회사, 투자유한회사, 투자합자회사, 투자유한책임회사, 투자합자조합, 투자익명조합이 있다.

더 알아보기 ➡ 조합형 집합투자기구

구 분	투자합자조합	투자익명조합
설립의 요식행위	업무집행조합원 1인과 유한책임조합원 1인의 기명날인 또는 서명	영업자 1인과 익명조합원 1인의 기명날인 또는 서명
이익배당 방식	무한책임조합원과 유한책임조합원의 배당률 또는 배당순서를 달리 적용할 수 있으나 손실을 분배함에 있어서는 다르게 적용 금지	익명조합원의 출자가 손실로 감소할 경우 그 손실을 전보한 후가 아니면 이익배당 청구 금지

12 투자합자회사에 대한 다음 설명 중 틀린 것은?

① 무한책임사원과 유한책임사원으로 구성된 「상법」상의 합자회사이다.
② 일부 규정을 제외하고 투자회사의 해산·청산·합병에 관한 규정을 준용한다.
③ 유한책임사원은 출자액까지 책임진다.
④ 이익배당 및 손실 배분 시 무한책임사원과 유한책임사원의 배당은 다르게 적용가능하다.

해설

이익배당 시 무한책임사원과 유한책임사원의 배당은 다르게 적용이 가능하나 손실 배분 시에는 다르게 적용하면 안 된다.

13 펀드의 운용구조에 대한 다음 설명 중 틀린 것은?

① 개방형펀드는 추가로 펀드 지분 발행이 가능하다.
② 폐쇄형펀드는 추가로 펀드 지분 발행이 불가능하다.
③ 폐쇄형펀드는 투자회사의 경우 고정된 자본금이 유지된다.
④ 폐쇄형펀드는 펀드 지분이 거래소에 상장된다.

해설

폐쇄형펀드도 집합투자규약에 정해진 경우 간헐적으로 펀드 지분의 추가발행이 가능하다.

14 투자신탁의 재산 보관 및 관리업무를 담당하는 자는?

① 집합투자업자
② 신탁업자
③ 수탁회사
④ 자산보관회사

해설

「자본시장법」상의 투자자산의 보관 및 관리를 담당하는 자는 신탁업자이다.

더 알아보기 ➡ 신탁 관계인

> • 위탁자 : 자신의 재산을 맡기고 신탁을 설정하는 사람
> • 수탁자 : 위탁자로부터 재산을 넘겨받아 위탁자의 자산을 관리 및 운용하는 사람
> • 수익자 : 신탁을 통해 발생하는 이익을 수령할 권리를 가진 자
> • 신탁관리인 : 수익자에 갈음하여 수익자의 권리를 행사할 자(법원 지정)
> • 신탁재산관리인 : 수탁자에 갈음하여 신탁재산을 관리할 자(법원 선임)

15 집합투자기구의 투자대상자산에 대한 설명 중 틀린 것은?

① 증권펀드에서는 특별자산에 투자할 수 있다.
② 부동산펀드에서는 특별자산에 투자할 수 있다.
③ MMF에서는 특별자산에 투자할 수 있다.
④ 특별자산펀드에서는 특별자산에 투자할 수 있다.

해설

MMF에서는 증권에만(특히 단기증권) 투자할 수 있다. 파생상품, 부동산, 특별자산에는 투자할 수 없다.

16 투자신탁에서 집합투자업자가 대부분의 사항에 대해서 의사결정을 하지만 법 또는 신탁계약에서 정하는 범위에 한하여 의사결정에 참여할 수 있는 주체는 누구인가?

① 신탁업자
② 수익자총회
③ 외부감사
④ 금융감독위원회

해설

투자신탁에서 자산소유자, 법률행위 주체는 모두 신탁업자이지만, 법에서 정하는 범위에 한하여 수익자총회에서 결정할 수 있다.

17 다음 중 펀드 투자회사의 조직에 없는 기관은?

① 이사회
② 주주총회
③ 감독이사, 법인이사
④ 내부감사

> **해설**
> 투자회사의 조직 내부는 감독이사, 법인이사로 구성되어 있으며, 내부감사는 없고 외부로부터 감사를 받는다.

18 다음 중 특수구조의 펀드에 대한 설명 중 틀린 것은?

① 종류형펀드는 통상 다양한 수수료 구조를 가진 클래스펀드를 조성하여 규모의 경제를 달성하고자 한다.
② 종류형펀드는 종류별 보수와 수수료에 대한 사항을 포함하여 보고하여야 한다.
③ 전환형펀드는 환매수수료 부담없이 펀드를 전환할 수 있다.
④ 동일한 펀드 내에서 종류 간 전환은 불가능하다.

> **해설**
> 최근에는 장기 투자를 위해 동일한 펀드 내에서 종류 간 전환도 허용해 주고 있다.

19 사모형펀드와 달리 공모형펀드가 내포하고 있는 설명 중 틀린 것은?

① 성과결과에 따라서 운용자가 항상 성과보수를 받는다.
② 자금운용과정에 투자자는 소극적인 역할을 담당한다.
③ 투자자는 펀드의 운용실적대로 투자지분에 따라 수익을 배분받는다.
④ 투자자금이 자금운용자의 고유재산과 분리된다.

> **해설**
> 사모형펀드의 경우는 성과보수가 인정되나 공모형펀드의 경우 일부 제한된 경우만 가능하다. 성과보수는 사전에 정해야 한다.

20 신탁계약의 주요 내용 변경 시 수익자총회 의결사항이다. 틀린 것은?

① 보수 및 수수료의 인상

② 신탁업자의 변경

③ 폐쇄형펀드에서 개방형펀드로의 변경

④ 투자신탁의 종류 변경

해설

폐쇄형펀드에서 개방형펀드로의 변경은 수익자총회의 의결사항이 아니다.

더 알아보기 ➡ 수익자총회의 결의를 얻어야 하는 약관의 주요 변경사항

- 보수 및 수수료의 인상
- 신탁업자의 변경
- 투자신탁의 종류 변경(신탁 종류 전환을 약정한 경우 제외)
- 신탁계약기간의 변경
- 환매금지형투자신탁이 아닌 투자신탁의 환매금지형투자신탁으로의 변경
- 환매대금 지급일의 연장
- 주된 투자대상자산의 변경
- 동일 종목에 대한 투자한도 변경

21 「자본시장법」상 등록이 필요하며 운용사 또는 투자회사 등과의 위탁계약에 따라 이사회 및 주주총회 보조, 펀드재산의 계산, 기준가격의 산정 등의 업무를 수행하는 자는?

① 집합투자업자   ② 신탁업자

③ 자산보관회사   ④ 일반사무관리회사

해설

이사회 및 주주총회 보조, 펀드재산의 계산, 기준가격의 산정 등의 업무는 일반사무관리회사에서 위임받아 수행한다.

22 투자신탁 집합투자업자의 역할로 적합한 것은?

① 투자신탁의 설정

② 투자신탁 재산의 관리

③ 투자신탁 재산의 운용지시에 대한 감시

④ 투자신탁 재산의 공공성 확보

해설

집합투자업자는 투자신탁 재산의 운용 및 운용지시, 투자신탁의 설정 및 해지, 투자신탁의 집합투자증권의 발행 등의 역할을 한다.

23 회사형 집합투자기구 중 투자회사에 대한 설명으로 잘못된 것은?

① 투자회사는 펀드 설립 시 비용이 투자신탁에 비해 많이 드는 것이 단점이다.
② 투자회사는 펀드 운용과 관련하여 판매, 운용, 신탁 등 모든 업무를 제3자에게 위임한다.
③ 투자회사는 투자기구와 관련된 법률행위와는 별개로 구분된다.
④ 투자회사는 기준가격 산정을 위탁하지 않더라도 그 이사회 및 주주총회를 보조하고 그 업무를 대행해 주는 일반사무관리회사가 반드시 필요하다.

해설
투자회사는 투자기구와 관련된 법률행위의 주체가 된다.

24 다음 중 폐쇄형펀드로 설립해야 하는 경우가 아닌 것은?

① 부동산펀드
② 증권펀드
③ 혼합자산펀드
④ 펀드 자산총액의 20%를 초과하여 시장성 없는 자산에 투자하는 펀드를 설정 또는 설립하는 경우

해설
증권펀드는 폐쇄형펀드로 설립해야 하는 경우에 해당하지 않는다. ①, ③, ④와 특별자산펀드는 폐쇄형펀드로 설립해야 한다.

25 집합투자기구의 설립에 대한 설명 중 틀린 것은?

① 「자본시장법」에서는 집합투자기구를 금융위에 등록하도록 하고 있다.
② 부동산펀드는 폐쇄형으로만 만들어야 한다.
③ 집합투자업자는 수익자와 신탁계약서에 의거 신탁계약을 체결한다.
④ 신탁계약 변경 시에는 그 내용을 공시하여야 한다.

해설
집합투자업자는 신탁업자와 신탁계약서에 의거 신탁계약을 체결한다.

26 다음은 「자본시장법」에서 정하고 있는 집합투자기구의 종류에 대한 예이다. 다음 중 법에서 정하고 있는 분류와 가장 거리가 먼 것은 무엇인가?

① 증권집합투자기구
② 부동산집합투자기구
③ 파생상품집합투자기구
④ 혼합자산집합투자기구

해설

파생상품집합투자기구는 다른 집합투자기구에 포함되는 하위 개념이다.

27 환매금지형 집합투자기구에 대한 설명으로 바르지 못한 것은?

① 시장성 없는 자산에 5% 이상 투자하는 경우 반드시 환매금지형으로 설정해야 한다.
② 존속기간을 정한 집합투자기구에 대해서만 환매금지형 설정이 가능하다.
③ 환매금지형 집합투자기구도 특정한 경우에는 집합투자증권을 추가로 발행할 수 있다.
④ 집합투자증권 최초 발행일로부터 90일 이내에 증권시장에 상장하여야 한다.

해설

환매금지형 집합투자기구는 시장성 없는 자산에 20%를 초과하여 투자하고 있는 경우에 반드시 환매금지형으로 설정 및 설립해야 한다.

28 다음 중 투자회사에 대한 설명으로 잘못된 것은?

① 1인 이상의 발기인이 정관을 작성해 기명날인하여 설립한다.
② 발기인은 주식 인수가액 납입 후 이사를 선임하며, 이사는 이사회 및 발기인에게 설립결과를 보고하고 설립등기함으로써 설립이 완료된다.
③ 정관변경은 이사회 결의로서 한다.
④ 펀드 투자회사의 내부 조직은 감독이사, 법인이사, 내부감사로 구성되어 있다.

해설

펀드 투자회사는 내부감사를 별도로 구성하지 않으며, 외부감사만을 받는다. 투자회사의 경우에는 일반 주식회사처럼 법인이사, 감독이사, 이사회, 주주총회가 있다.

29 다음 중 특수구조의 펀드에 대한 설명 중 틀린 것은?

① 종류형펀드를 통상 멀티클래스펀드라고 한다.
② 수익자총회나 주주총회의 의결이 법적으로 필요한 사항인 때에는 이해관계가 있는 특정 종류의 투자자만으로 총회를 개최하는 것도 가능하다.
③ 전환형펀드는 환매수수료 부담없이 펀드를 전환할 수 있다.
④ 모자형펀드의 자펀드는 모펀드 및 다른 펀드에 투자할 수 있다.

> **해설**
> 모자형펀드에서 자펀드는 모펀드에만 투자가 가능하다. 또한 다른 펀드에서는 모펀드에 투자할 수 없다.

30 투자합자회사에 대한 설명 중 틀린 것은?

① 집합투자업자는 투자합자회사를 설립하는 경우 정관을 작성하여 무한책임사원 1인과 유한책임사원 1인이 기명날인 또는 서명하여야 한다.
② 투자합자회사는 집합투자업자가 아닌 업무집행사원을 둘 수 있다.
③ 투자합자회사에 사원 전원으로 구성되는 사원총회를 두며, 업무집행사원이 소집한다.
④ 사원총회는 발행된 지분증권 총수의 과반수를 소유하는 사원의 출석으로 성립되며, 출석한 사원의 의결권의 3분의 2 이상과 발행된 지분증권 총수의 3분의 1 이상의 찬성으로 결의한다.

> **해설**
> 업무집행사원은 집합투자업자(무한책임사원)이어야 한다. 펀드 수익의 배당에 참여할 경우 다른 투자자와 달리 배당을 줄 수 있다.

31 특정금전신탁에 대한 설명으로 가장 적절하지 못한 것은?

① 단독운용신탁의 특성상 최저 가입금액이 다른 금융상품에 비해 낮다.
② 필요한 경우 신탁기간 만료 전에 중도해지 신청은 가능하다.
③ 신탁재산을 보험상품으로 운용하는 것은 원칙적으로 금지된다.
④ 특정한 수익자를 지정하지 않을 경우 위탁자 본인이 수익자가 된다.

> **해설**
> 특정금전신탁은 위탁자가 신탁재산의 운용방법을 수탁자에게 지시하며 운용하는 특징 때문에 단독운용하는 신탁으로, 최저 가입금액은 다른 금융상품에 비해 높다.

32 다음 중 실물형부동산펀드로 볼 수 없는 것은?

① 매매형부동산펀드
② 개량형부동산펀드
③ 증권형부동산펀드
④ 임대형부동산펀드

해설

부동산펀드 종류에는 실물형부동산펀드(매매형부동산펀드, 임대형부동산펀드, 개량형부동산펀드, 경공매형부동산펀드, 개발형부동산펀드), 대출형부동산펀드, 권리형부동산펀드, 증권형부동산펀드, 파생상품형부동산펀드가 있다.

더 알아보기 ➡ 부동산펀드의 종류

실물형 부동산펀드	• 매매형부동산펀드 : 부동산을 취득, 보유한 후 매각함으로써 매각차익의 획득 　(단, 수익가치 증대(임대활동) 및 자산가치 증대(개량활동)는 하지 않음) • 임대형부동산펀드 : 임대소득(소득이득)과 매각차익(자본이득) 동시 획득 • 개량형부동산펀드 : 개량을 통한 수익가치와 자산가치 증대 • 경공매형부동산펀드 : 경공매 부동산을 취득하여 매각 또는 임대 후 매각 • 개발형부동산펀드 : 부동산개발사업을 추진하여 개발이익 획득
대출형 부동산펀드	부동산개발과 관련된 시행사 등에 대출을 해주고 대출이자 및 원금을 상환받는 것을 운용 목적으로 하는 부동산펀드로 프로젝트 파이낸싱형 부동산펀드로 불림
권리형 부동산펀드	지상권, 지역권, 전세권, 임차권, 분양권 등의 권리 및 부동산을 담보로 하는 금전채권 등 부동산 관련 권리의 취득 방법으로 투자하는 펀드
증권형 부동산펀드	부동산 관련 자산에 50% 이상 투자하는 수익증권, 집합투자증권, 유동화증권, 부동산투자 회사나 부동산개발회사가 발행하는 주식, 부동산투자목적회사가 발행하는 지분 등 부동산 과 관련된 증권에 투자하는 펀드
파생상품형 부동산펀드	부동산을 기초자산으로 한 선물 또는 선도, 옵션, 스왑 등에 투자하는 부동산펀드 [참고] 2013년 미국 부동산지수(MSCI REIT's Index)에 연계된 스왑에 투자하는 ETF 상장
준부동산펀드	투자대상자산을 기준으로 하면 부동산펀드에 해당하지 않지만 종국으로는 부동산과 관련 된 자산 또는 부동산과 관련된 사업 등에 연계되어 손익구조가 결정되는 펀드

33 연금신탁의 상품내용에 대한 설명으로 잘못된 것은?

① 연금신탁은 주식에 투자하는 주식형으로도 운용된다.
② 신탁이익의 계산은 시가평가제를 적용한 기준가격방식으로 실적배당이 불가하다.
③ 연금지급주기는 월, 3개월, 6개월, 1년 단위로 선택할 수 있다.
④ 연금신탁은 세금혜택을 유지하면서 다른 신탁회사의 연금신탁이나 다른 금융기관의 동일한 종류의 상품으로 계약이전이 가능하다.

해설

신탁이익의 계산은 시가평가제를 적용한 기준가격방식으로 실적배당한다.

34 펀드의 액티브 투자전략에 대한 설명 중 틀린 것은?

① 액티브펀드는 비교 대상지수 수익률을 초과하는 수익을 목표로 하는 펀드이다.
② 채권에 있어서 하향식(Top-down) 투자전략은 금리의 방향성보다는 투자대상 기업의 신용등급 및 저평가 등을 분석하여 투자하는 것을 말한다.
③ 상향식(Bottom-up) 투자전략은 투자대상 종목의 신용등급 상승 가능성 등을 중요한 기준으로 삼는다.
④ 실제 대부분의 펀드매니저들은 상향식 접근방식과 하향식 접근방식을 혼합하여 운용한다.

> **해설**
> 저평가 여부, 신용등급 상승 가능성 등을 분석하여 투자하는 것은 상향식 전략이다.

35 특수한 구조의 펀드에 대한 설명 중 틀린 것은?

① 전환형펀드의 경우 집합투자기구 간에 공통으로 적용되는 집합투자규약이 있어야 한다.
② 종류형펀드에서 총회의 의결을 요하는 경우 특정 종류의 Class 간에 총회를 개최할 수 있다.
③ 모자형펀드의 경우 투자의 구조를 상하구조로 나누고 있다.
④ ETF는 상장형이면서 단위형 투자기구이다.

> **해설**
> ETF는 상장형이면서 추가형펀드이다.

36 신탁업자의 확인사항에 대한 설명 중 틀린 것은?

① 자산운용에 대하여 집합투자업자에게 시정을 요구한 경우 그 이행내역을 확인하여야 한다.
② 운용전략의 적정성 및 재산의 평가가 공정한지 여부도 확인대상이다.
③ 집합투자업자가 산정한 기준가격과 신탁업자가 산정한 기준가격의 편차가 1,000분의 3 이내이면 적정한 것으로 본다.
④ 투자설명서의 운용전략을 투자설명서에 의거하여 수행하는지 확인하여야 한다.

> **해설**
> 운용전략의 적정성은 자산운용회사의 고유적인 업무로서 확인사항이 아니다. 신탁업자의 업무내용상 운용전략에 관한 사항은 잘 알 수가 없다. 단지 법적으로 투자설명서에 근거하여 업무를 수행하는지 여부는 확인대상이 된다.

37   다음 중 인덱스펀드의 장점으로 볼 수 없는 것은?

① 저렴한 비용
② 시장수익률의 힘
③ 투명한 운용
④ 시장상황에 적절한 대처능력

> **해설**
> 시장상황에 적절한 대처능력은 인덱스펀드가 가지지 못한 장점 중 하나이다.

38   펀드에 부과하는 판매보수 및 판매수수료의 차이에 따라 기준가격이 다른 여러 펀드를 판매할 수 있는 특수한 펀드는?

① 종류형펀드   ② 모자형펀드
③ 전환형펀드   ④ 인덱스펀드

> **해설**
> 종류형펀드는 클래스별로 여러 가지의 펀드를 고객별, 투자자금별 등으로 세분하여 판매할 수 있는 펀드이다.

39   시장전체에 투자하는 것이 아니라 특정산업에 투자하는 펀드는?

① 액티브펀드   ② 섹터펀드
③ 패시브펀드   ④ 인덱스펀드

> **해설**
> 섹터펀드에 대한 설명이다. 섹터는 산업별(업종별)로 분류하는 기준이 된다.

40   부동산신탁 중 신탁회사가 토지 등 부동산을 개발한 후 이를 분양하거나 임대운용하여 그 수익을 수익자에게 교부하는 상품은?

① 관리신탁   ② 개발신탁
③ 담보신탁   ④ 처분신탁

> **해설**
> 개발신탁에 대한 설명이며, 토지신탁이라고도 한다. 최근에는 관리형 개발신탁, 분양관리신탁 등으로 그 범위가 넓어지고 다양해지고 있는 추세이다.

41 환매금지형펀드에 대한 설명 중 틀린 것은?

① 기존 투자자의 전원의 동의가 있더라도 추가발행은 금지된다.

② 혼합펀드는 반드시 환매금지형으로 설정, 설립해야 한다.

③ 펀드자산의 20% 이내에서 시장성 없는 자산에 투자하는 경우 환매금지형으로 설정, 설립할 필요가 없다.

④ 특별자산의 경우 시가 또는 공정가액으로 조기에 현금화가 가능하면 펀드자산의 20%를 초과하여 투자하더라도 환매금지형펀드로 설정할 필요가 없다.

해설

기존 투자자 전원의 동의를 받은 경우에는 추가발행이 가능하다.

더 알아보기 ➡ 환매금지형 집합투자기구에서 집합투자증권을 추가로 발행할 수 있는 경우

- 환매금지형 집합투자기구로부터 받은 이익분배금의 범위에서 그 집합투자기구의 집합투자증권을 추가로 발행하는 경우
- 기존 투자자의 이익을 해할 우려가 없다고 신탁업자로부터 확인을 받은 경우
- 기존 투자자 전원의 동의를 받은 경우
- 기존 투자자에게 집합투자증권의 보유비율에 따라 추가로 발행되는 집합투자증권의 우선 매수기회를 부여하는 경우

42 전환형펀드에 대한 설명 중 틀린 것은?

① 전환 시 기존 펀드의 환매와 신규펀드의 매수절차를 거친다.

② 복수의 펀드 간에 공통으로 적용되는 집합투자규약이 있어야 한다.

③ 투자회사의 펀드와 투자합자회사와의 펀드 간 전환이 가능하다.

④ 전환형펀드의 펀드 변경 시에는 환매수수료를 징구하지 아니한다.

해설

전환형 집합투자기구가 되기 위해서는 투자신탁, 투자회사, 투자유한회사, 투자합자회사, 투자유한책임회사, 투자합자조합, 투자익명조합, 사모투자전문회사 간의 전환이 금지되어 있어야 한다.

43 단기금융펀드인 MMF에 대한 설명으로 틀린 것은?

① 콜론, CD, CP 등 단기성 자산에 투자한다.

② 개인용, 법인용으로 분리되어 있다.

③ 시가평가를 원칙으로 한다.

④ 과거 우리나라에서 가장 높은 수탁고를 보여 왔던 펀드유형이다.

해설

장부가평가를 원칙으로 한다.

44 펀드의 성격을 가지고 있는 인덱스펀드에 대한 설명이다. 틀린 것은?

① 펀드 매니저의 운용능력이 잘 드러나지 않는다.
② 운용 방법과 절차가 간단하다.
③ 적극적인 투자자에 적합하다.
④ 시장의 변동에 적극적인 대응이 어렵다.

> **해설**
>
> 인덱스펀드는 시장지수와 비슷한 수익을 추구하기 때문에 보수적인 투자자에게 적합하다.

45 MMF에 대한 설명 중 틀린 것은?

① 외화표시자산을 매개로 하는 거래 방법으로 MMF를 운용하는 것을 금지한다.
② MMF에서 운용하는 개별자산의 가중평균잔존기간은 75일 이내이다.
③ MMF는 보유자산을 장부가격으로 평가하므로 시세가격과 차이가 발생하는 경우에도 투자자에게는 리스크가 없다.
④ MMF는 펀드재산을 단기금융상품에 투자하는 단기금융펀드이다.

> **해설**
>
> MMF(Money Market Fund)는 펀드 재산을 잔존만기 6개월 이내인 양도성 예금증서(CD), 잔존만기 5년 이내인 국채증권, 잔존만기 1년 이내인 지방채증권, 특수채증권, 사채권, 기업어음(CP)증권, 어음 등의 단기금융상품에 주로 투자하고 수시 입출금이 가능한 펀드를 의미한다. MMF는 현금등가물로서의 가치를 유지하기 위하여 금리변동위험, 신용위험, 환율변동위험을 엄격하게 통제하도록 되어 있으며 주식, 파생상품 등 위험이 높은 자산에 대한 투자를 금지한다. 금리변동에 대한 민감도를 줄이기 위해 MMF에서 운용하는 개별자산 등의 잔존기간에 개별자산 등의 운용금액을 곱한 금액의 합계액을 전체 운용금액의 합계액으로 나누어 산정한 가중평균잔존기간은 75일 이내이다. MMF는 보유자산을 장부가로 평가하므로 금리변동이 있더라도 일정한 수익을 기대할 수 있다는 장점이 있는 반면, 채권의 시세가격이 급등락할 경우 장부가격과 차이가 발생하게 되어 투자자에게 리스크가 될 수 있다.

46 전환형 집합투자기구에 대한 설명으로 바르지 못한 것은?

① 전환형펀드는 전환을 통하여 시장에 대응하기 위한 목적으로 운용되므로 전환과 동시에 포트폴리오가 전환된다.
② 투자자는 적극적 의사결정으로 투자자산과 운용방법을 달리하여 투자할 수 없다.
③ 하위 집합투자기구의 전환 시 법적형태가 다른 펀드로의 전환은 할 수 없다.
④ 전환형 집합투자기구 내 투자기구 간 전환 시에는 환매수수료를 부과하지 않는다.

> **해설**
>
> 투자자는 적극적 의사결정으로 투자자산과 운용방법을 달리하여 투자할 수 있다.

47 특별자산펀드에 대한 설명으로 틀린 것은?

① 「자본시장법」은 특별자산을 열거주의가 아닌 포괄주의에 의거하여 증권 및 부동산을 제외한 경제적 가치가 있는 모든 자산에 투자할 수 있도록 하고 있다.

② 공모특별자산투자신탁의 집합투자업자 또는 투자회사는 별도의 방법을 정하지 아니한 경우 환매금지형펀드의 집합투자증권을 최초로 발행한 날부터 90일 이내에 상장해야 한다.

③ 해외자원개발 전담회사와 특별자산에 대한 투자만을 목적으로 하는 법인이 발행한 지분·채무증권은 특별자산에 포함되지만 외국법인은 포함하지 않는다.

④ 특별자산펀드는 펀드재산의 100분의 50을 초과하여 특별자산에 투자하는 펀드를 의미한다.

> **해설**
> 해외자원개발 사업법에 따른 해외자원개발 전담회사와 특별자산에 대한 투자만을 목적으로 하는 법인(외국법인 포함)이 발행한 지분증권과 채무증권은 펀드 재산의 100분의 50을 초과하여 투자해야 특별자산펀드에 해당한다.

48 상장지수펀드(ETF)에 대한 설명 중 틀린 것은?

① 일반 펀드처럼 판매회사 창구에서 환매가 가능하다.

② HTS 또는 전화주문으로도 거래가 가능하다.

③ ETF는 인덱스펀드로서 거래소에 상장되어 주식처럼 거래된다.

④ 국내 주식형 ETF의 경우 유가증권시장에 상장되어 거래되지만 주식과는 달리 매매차익에는 과세한다.

> **해설**
> 국내 주식형 ETF의 경우 주식처럼 매매차익에는 비과세하고, 보유기간 중 ETF 보유자산에서 발생한 이자소득 및 배당소득만을 과세한다. 단, 국내 주식형이 아닌 ETF(채권형, 해외주식형, 원자재 등 파생상품 등)의 경우에는 보유기간 과세방식을 적용한다.

49 종류형펀드에 대한 설명 중 틀린 것은?

① 하나의 펀드 안에서 판매보수 또는 판매수수료 차이가 있는 동일한 펀드이다.

② 운용 보수와 신탁 보수도 클래스별로 차별화가 가능하다.

③ 종류 간 전환을 이용하면 투자자가 좀 더 적극적으로 투자할 수 있는 기회를 제공할 수 있다.

④ 종류형펀드는 펀드의 대형화를 유도하기 위해 도입된 것이다.

> **해설**
> 운용 보수와 신탁 보수는 클래스별로 차별화가 불가능하다.

50 ETF에 대한 설명 중 거리가 먼 것은?

① 투자자가 원하는 가격과 시간에 시장에서 매매할 수 있다.
② 증권시장에 상장되어 있다.
③ 신탁분배금은 일반적으로 회계기간 종료에 따른 납세의무 종결을 목적으로 한다.
④ 유통시장과 발행시장이 존재한다.

해설

ETF의 신탁분배금은 추적대상지수와의 추적오차를 최소화하기 위한 목적으로 주로 활용된다.

51 펀드를 투자신탁형, 회사형으로 구분하는 분류 기준은 무엇에 의한 것인가?

① 법적 형태에 따른 분류
② 환매가능 여부에 따른 분류
③ 추가설정 여부에 따른 분류
④ 모집방식에 따른 분류

해설

법적 형태에 따른 분류이다. 환매가능 여부에 따른 분류(개방형, 폐쇄형), 추가설정 여부에 따른 분류(추가형, 단위형), 모집방식에 따른 분류(공모형, 사모형)로 구분된다.

52 펀드운용 전략에 대한 설명으로 틀린 것은?

① 액티브펀드는 적극적인 자산운용이며 시장수익률 초과달성을 목표로 한다.
② 패시브펀드는 소극적이며 평균적인 시장수익률 달성을 목표로 한다.
③ 인덱스펀드는 대표적인 액티브펀드이다.
④ 펀드는 일반적으로 액티브(적극적), 패시브(소극적)로 분류된다.

해설

인덱스펀드는 대표적인 패시브(소극적)펀드이다.

53 펀드운용 방식 중 하나인 해외투자펀드의 장점으로 틀린 것은?

① 복수의 펀드에 가입할 수 있어 분산투자 효과를 얻을 수 있다.
② 해외전문펀드에 투자하여 손쉽게 해외 자산에 투자할 수 있다.
③ 펀드 내에서 환헤지가 이루어지지 않아 자연스럽게 환투자차익까지 얻을 수 있다.
④ 글로벌한 전문지식을 활용하거나 특정섹터에 강한 운용능력을 활용할 수 있다.

해설

펀드 내에서 환헤지가 이루어지므로 환리스크를 피할 수 있다.

54 집합투자기구에 대한 분류 기준이 투자대상을 기준으로 한 분류가 아닌 것은?

① 주식형펀드
② MMF
③ 파생상품펀드
④ 개방형펀드

해설

펀드(집합투자기구)의 종류는 투자대상이나 투자성향에 따라 다양하게 구분할 수 있다. 펀드는 개방여부에 따라 개방형펀드와 폐쇄형펀드, 투자대상에 따라 주식형펀드와 채권형펀드, 혼합형펀드, 단기금융상품(MMF), 파생상품펀드 등 여러 가지로 구분할 수 있다.

55 펀드의 운용성격에 의해 일정 수익이 달성되면 펀드를 해지하거나 투자증권을 달리하여 운용하는 펀드는?

① 전환형펀드
② 모자형펀드
③ 목표달성형펀드
④ 카멜레온펀드

해설

일정 수익이 달성되면 펀드를 해지하거나 투자증권을 달리하여 운용하는 펀드는 목표달성형펀드이다.

56 종류형펀드에 대한 설명 중 틀린 것은?

① 펀드의 기준가격은 클래스별로 고시한다.
② 클래스의 수는 제한이 없다.
③ 투자설명서에 포함되어야 할 내용은 집합투자증권의 종류, 각 종류의 집합투자증권별 판매보수, 판매수수료 및 환매수수료의 금액, 전환절차, 전환조건, 전환방법 등이 있다.
④ 기존 펀드는 클래스펀드로 전환되지 않는다.

해설

기존 펀드도 약관 변경을 통해서 다른 클래스로 전환이 가능하다.

57 장외파생상품 등을 이용하여 주가지수 등의 변동과 연계하여 수익이 결정되는 구조를 가지도록 하는 펀드 유형은?

① 헤지펀드
② ETF
③ ELF
④ PEF

해설

ELF(주가연동펀드)에 대한 설명이다.

58 다음 중 단기금융펀드인 MMF에 대한 설명 중 틀린 것은?

① MMF는 파생상품에 투자할 수 없다.
② MMF는 잔존만기 5년 이내인 국채증권, 잔존만기 1년 이내인 지방채증권에 투자할 수 있다.
③ MMF의 편입자산의 최대 가중평균 잔존기간은 90일 이내이다.
④ MMF의 경우 시가 괴리율이 상하 ±0.5% 이상인 경우 시가평가로 전환한다.

> **해설**
> MMF의 편입자산의 최대 가중평균 잔존기간은 75일 이내이다.

59 주식형펀드에 대한 설명 중 틀린 것은?

① 시장가격형 상품으로서 투자원금의 손실 가능성이 있다.
② 주로 투자하는 주식은 기업의 종류를 기준으로 성장주펀드, 가치주펀드, 배당주펀드로 분류할 수 있다.
③ 펀드재산의 60% 이상을 주식 또는 주식 관련 파생상품에 투자하는 펀드를 말한다.
④ 주식 등에 투자하는 펀드이고 저위험, 저수익 추구 펀드이다.

> **해설**
> 주식형펀드는 고위험, 고수익 추구 펀드이다.

60 다음 중 특수한 구조로 규정하고 있지 않은 것은?

① 상장지수펀드(ETF)   ② 종류형펀드
③ 모자형펀드   ④ 원금보존추구형펀드

> **해설**
> 특수한 형태의 집합투자기구에는 환매금지형, ETF, 종류형, 전환형, 모자형 등이 있다. 원금보존추구형은 ELF, ELS 등 구조화펀드 수익구조 설계의 한 형태이다.

61 상장지수형펀드인 ETF에 대한 설명 중 틀린 것은?

① 지수펀드를 거래소에 상장한 효과를 가지고 있다.
② 인덱스펀드의 일종이다.
③ 거래소에 상장되지만 환매도 허용된다.
④ ETF의 순자산가치와 시장가격이 일치하도록 집합투자업자가 차익거래를 수행한다.

> **해설**
> 집합투자업자가 아닌 지정판매회사가 ETF의 순자산가치와 시장가격이 일치하도록 차익거래를 수행한다.

62 다음의 신탁계약 변경의 경우 중 수익자총회 결의가 필요 없는 것은?

① 집합투자업자, 신탁업자 등이 받는 보수, 그 밖의 수수료의 인상
② 투자신탁 판매회사의 변경
③ 투자신탁 신탁업자의 변경
④ 투자신탁 집합투자업자의 변경

> 해설
> 투자신탁의 집합투자업자, 신탁업자를 변경하려는 경우에는 수익자결의가 필요하다.

63 특수한 형태의 집합투자기구에 대한 설명으로 옳지 못한 것은?

① ETF 자산총액의 40%까지 동일 종목의 증권에 운용할 수 있다.
② 종류형 집합투자기구의 종류 간 전환은 투자기구 포트폴리오에 영향을 미친다.
③ 자집합투자기구는 모집합투자기구 외에 다른 집합투자증권을 취득할 수 없다.
④ ETF 자산총액으로 동일 법인 등이 발행한 지분증권 총수의 20%까지 운용 가능하다.

> 해설
> ETF 자산총액의 30%까지 동일 종목의 증권에 운용할 수 있다.

64 MMF에 대한 규제내용 중 사실과 다른 것은?

① 편입자산의 잔존기간 제한
② 편입자산의 신용등급 제한
③ 편입자산의 분산투자 강화
④ 모든 개인 MMF에 익일입출금제도 적용

> 해설
> 개인투자자의 거래 편의성을 위해 일부의 경우 당일 입출금제도가 가능하다.

65 사모 집합투자기구에도 적용되는 규제로 올바른 것은?

① 의결권행사 제한
② 자산보관·관리보고서 작성 및 제공
③ 집합투자재산의 외부회계감사 수감
④ 자산운용보고서 작성 및 제공

> 해설
> 펀드 편입주식의 의결권행사 규제는 사모펀드에도 적용된다.

66 회사형펀드의 집합투자업자 업무가 아닌 것은?

① 투자신탁설정, 해지, 운용
② 펀드재산의 운용 및 운용지시
③ 주주총회 소집
④ 펀드의 직접 판매

해설

주주총회 소집은 일반사무관리회사의 업무이다.

67 펀드 성격에 따른 집합투자기구의 분류에 대한 설명 중 가장 거리가 먼 것은?

① 추가설정 여부에 따라 단위형펀드와 추가형펀드로 구분된다.
② 모집식펀드는 투자자로부터 청약대금을 미리 받은 후 펀드 설정이 이루어진다.
③ 사모 폐쇄형펀드는 증권시장에 상장하여야 한다.
④ 개방형펀드의 투자자는 계약기간 중도에 환매를 청구할 수 있다.

해설

사모 폐쇄형펀드의 경우 공모펀드의 증권시장에 상장 의무의 적용이 배제된다.

68 펀드회사 중 신탁업자의 업무가 아닌 것은?

① 펀드재산의 보관 및 관리
② 자산운용회사의 운용지시 등에 대한 감시
③ 펀드재산에서 발생하는 이자, 배당, 수익금, 임대료의 수령
④ 집합투자증권의 판매

해설

집합투자증권의 판매 및 환매는 판매회사의 업무이다.

더 알아보기 ➡ 신탁업자의 업무

- 투자신탁재산의 보관 및 관리
- 집합투자업자의 투자신탁재산 운용지시에 따른 자산의 취득 및 처분의 이행
- 집합투자업자의 투자신탁재산 운용지시에 따른 수익증권의 환매대금 및 이익금의 지급
- 집합투자업자의 투자신탁재산 운용지시 등에 대한 감시
- 투자신탁재산에서 발생하는 이자, 배당, 수익금, 임대료 등 수령
- 무상으로 발생되는 신주의 수령
- 증권의 상환금의 수입
- 여유자금 운용이자의 수입

69 MMF가 당일 가격으로 매매가 되는 경우가 아닌 것은?

① 투자자가 집합투자증권을 판매하는 투자매매업자 또는 투자중개업자와 금융투자상품의 매도나 환매에 따라 수취한 결제 대금으로 결제일에 MMF를 매수하기로 미리 약정한 경우
② 투자자가 집합투자증권을 판매하는 투자매매업자 또는 투자중개업자와 급여 등 정기적으로 받는 금전으로 MMF를 매수하기로 미리 약정한 경우
③ 주식 매수자금 및 일반펀드 매수자금이 MMF계좌로부터 자동 출금되도록 약정되어 있는 경우
④ 전환형펀드에서 MMF펀드를 전환하는 경우

> **해설**
> 펀드는 모두 미래가격으로 매매하여야 하나 MMF의 경우 일정한 조건하에서 당일 가격으로 매매가 가능하다. 당일 가격으로 매매되는 경우는 ①, ②, ③에 한한다.

70 ETF에 대한 설명 중 틀린 것은?

① ETF는 회계결산 시점과 무관하게 신탁 분배금을 분배할 수 있다.
② ETF의 매매차익도 수익증권의 수익으로서 과세대상이다.
③ ETF의 거래는 현재 주로 기관투자자가 많고 개인투자자의 경우는 미미한 수준이다.
④ ETF의 자산총액으로 동일 법인이 발행한 지분증권총수의 20%까지 운용이 가능하다.

> **해설**
> ETF는 인덱스형펀드가 거래 상장되어 있어 주식처럼 매매되므로 주식처럼 매매차익에 대해 비과세하고 있다.

71 인덱스펀드의 특징에 대한 설명 중 틀린 것은?

① 인덱스펀드는 장기투자에 유리하다고 할 수 있다.
② 인덱스펀드는 비용이 저렴하고 운용 구조가 투명하다는 장점이 있다.
③ 추종지수보다 높은 수익을 추구하는 인덱스형을 Enhanced 인덱스펀드라고 한다.
④ 부분복제 방법으로도 인덱스와의 추적오차를 모두 제거할 수 있다.

> **해설**
> 부분복제 방법으로는 대부분의 추적오차가 제거되지 못하고 완전복제 방식이라야 가능하다. 복제방식으로는 완전복제와 부분복제 방식이 있으나 완전복제는 현실적으로 불가능하다.

72 특별자산펀드에 대한 설명 중 틀린 것은?

① 농산물, 수산물, 축산물, 임산물, 에너지가 대표적인 특별자산이다.
② 증권 및 부동산을 제외한 경제적 가치가 있는 투자대상자산의 일부분은 특별자산에 속한다.
③ 반드시 환매금지형 집합투자기구로 설립해야 한다.
④ 90일 이내에 증권시장에 상장해야 한다.

해설

증권 및 부동산을 제외한 경제적 가치가 있는 모든 투자대상자산은 특별자산에 속한다.

73 특수한 형태의 펀드에 대한 설명 중 틀린 것은?

① 종류형펀드는 동일한 펀드 내에서 다양한 보수 또는 수수료를 가진 클래스를 만들어 보수 또는 수수료 차이에서 발생하는 신규 펀드 설정을 억제하고자 하는 펀드이다.
② 전환형펀드는 복수의 펀드 간에 공통적으로 적용되는 약관이나 정관에 의해 각 펀드의 투자자에게 다른 펀드로 전환할 수 있는 권리가 부여된 펀드로서, 시장상황에 따라 다양하게 제공된다.
③ 모자형펀드는 다수 개별 자펀드의 재산을 한 개 이상의 모펀드에서 통합운영하고, 자펀드는 모펀드의 수익증권을 편입해 운영하는 집중관리 펀드로서 투자자에게 모펀드를 판매한다.
④ 상장지수펀드는 지수펀드가 주식처럼 거래소에서 거래된다는 장점이 있다.

해설

모자형펀드는 자본시장에서 투자를 하고 자펀드는 투자자에게 펀드를 판매하여 모펀드에 투자한다.

74 ETF에 대한 다음의 설명 중 틀린 것은?

① ETF의 지정참가회사(AP)는 수익을 목적으로 차익거래를 수행한다.
② ETF의 지정참가회사(AP)는 유동성 공급자의 역할을 수행한다.
③ ETF는 자산총액의 30%까지 동일 종목의 증권에 운용 가능하다.
④ ETF는 추적오차율이 10%를 초과하여 3개월 동안 지속되는 경우 상장을 폐지하고 그 잔여재산을 투자자에게 분배하여야 한다.

해설

ETF의 지정참가회사는 수익을 목적으로 차익거래를 수행하는 것이 아니라 수익증권의 순자산 가치와 증권시장에서의 거래가격을 근접시키기 위해서 차익거래를 수행한다.

75 인덱스펀드의 장점이 아닌 것은?

① 저렴한 비용

② 투명한 운용

③ 효율적 시장가설에 의한 시장 수익률의 힘

④ 단기적 성과창출의 가능성이 비교적 크다는 점

> **해설**
>
> 인덱스펀드는 장기간에 걸쳐 높은 수익률을 달성하기 위한 투자방식에 적합하다.

76 증권펀드의 투자전략 중 액티브형 및 패시브형 전략을 동시에 보유한 것은?

① 섹터형 투자전략   ② 전통형 투자전략

③ 스타일 투자전략   ④ 테마 투자전략

> **해설**
>
> 섹터펀드는 액티브형 및 패시브형 투자전략을 동시에 공유하고 있다.

77 다음 중 특별자산펀드의 투자대상에 해당하지 않는 것은?

① 농수산물, 임산물, 광산물

② 미술품, 악기

③ 영화, 드라마, 음반

④ 지상권, 임차권

> **해설**
>
> 지상권과 임차권 등과 같은 권한은 부동산에 근거한 권한으로 특별자산펀드의 대상이 아니다.

더 알아보기 ➡ 특별자산펀드의 개념

정 의	증권 및 부동산을 제외한 경제적 가치가 있는 모든 자산으로 이들 자산에 펀드재산의 50%를 초과하여 투자하는 펀드

운용대상	① 농축산물. 수산물, 임산물, 광산물, 에너지 관련 물품
	② 어업권, 광업권. 탄소배출권, 지적재산권, 보험금지급청구권 등 권리
	③ 미술품, 악기
	④ 문화콘텐츠상품(영화, 드라마, 음반, 뮤지컬, 오페라 등)
	⑤ 특별자산에 해당하는 증권
	   – 특별자산이 재산의 50% 이상을 차지하는 수익증권, 집합투자증권, 유동화증권
	   – 「선박투자회사법」에 따른 선박투자회사가 발행한 주식
	   – 사회기반시설사업의 시행을 목적으로 하는 법인이 발행한 주식과 채권
	   – 사회기반시설사업의 시행을 목적으로 하는 법인이 발행한 주식과 채권 또는 그 법인에 대한 대출채권을 취득하는 방식으로 투자하는 것을 목적으로 하는 법인의 지분증권
	⑥ 등기·등록의 공시방법을 갖춘 동산(자동차, 선박, 항공기, 건설기계)
	⑦ '어업권, 광업권, 탄소배출권, 지적재산권, 보험금지급청구권 등 권리'에 투자하는 특별자산펀드
	⑧ 기타 증권 및 부동산을 제외한 경제적 가치가 있는 모든 투자대상자산

78 기본적으로 인덱스펀드의 포트폴리오를 잘 구성해서 그 포트폴리오만으로도 추적대상지수보다 높은 수익을 올리는 전략은?

① 알파추구전략
② 인핸스드인덱스펀드
③ 부동산펀드
④ 전환형펀드

해설

알파추구전략에 해당하는 설명이다. 알파를 추적하는 계량적 모델이 사용되고, 개별 기업의 펀드멘탈 요소를 반영하여 투자 가능한 포트폴리오를 구성하여 투자한다.

79 단기금융집합투자기구가 투자하는 단기금융상품에 해당하지 않는 것은?

① 잔존만기 6개월 이내인 양도성 예금증서
② 잔존만기 5년 이내인 국채증권
③ 잔존만기 1년 이내인 지방채증권
④ 잔존만기 1년 이내인 환매조건부매수

해설

환매조건부매수의 경우에는 잔존만기에 대한 적용을 배제한다.

80 「자본시장법」상의 집합투자기구에 대한 설명 중 틀린 것은?

① 증권펀드는 투자재산의 50% 이상을 초과하여 증권에 투자하는 펀드이다.
② 부동산펀드는 투자재산의 50% 이상을 부동산에 투자하는 펀드로 최고 투자비율에는 제한이 없다.
③ 혼합자산펀드는 투자재산의 50% 이상을 초과하여 혼합자산에 투자하는 펀드이다.
④ 특별자산펀드는 투자재산의 50% 이상을 초과하여 특별자산에 투자하는 펀드이다.

해설

혼합자산펀드는 투자재산의 운용에서 증권, 부동산, 특별펀드의 투자비율 제한을 받지 않고 자유롭게 투자한다.

81 특수구조펀드에 대한 다음 설명 중 틀린 것은?

① 폐쇄형펀드는 만기가 정해져 있으며, 유가증권시장 상장 시에는 상장규정에 의거하여 상장 절차를 밟는다.

② 종류형펀드는 약관 제정 시 종류별로 보수 및 수수료에 관한 사항을 포함시켜야 한다.

③ 전환형펀드는 약관 제정 시 전환이 가능한 펀드의 종류에 관한 사항을 포함시켜야 한다.

④ 모자형펀드의 경우 판매회사는 모펀드를 투자자에게 판매한다.

해설

모자형펀드는 동일한 집합투자업자의 투자기구를 상하구조로 나누어 자펀드의 집합투자증권을 투자자에게 매각하고, 매각된 자금으로 조성된 투자기구의 재산을 다시 거의 대부분 상위 투자기구에 투자하는 구조를 가진다.

82 단기금융펀드인 MMF에 대한 설명 중 틀린 것은?

① 2개 이상의 신용평가회사로부터 신용평가를 받은 경우에는 그 중 높은 등급이 상위 2개 신용등급 범위 이내여야 한다.

② MMF가 아닌 다른 펀드에 운용할 수 없다.

③ 금융기관에 예치하거나 CD를 매입하는 경우 만기가 6개월 미만이어야 한다.

④ MMF는 단기에 적합한 금융상품이자 대형 투자자에게 적합한 금융상품이라 할 수 있다.

해설

최상위 및 차상위만 가능하므로, 투자대상 채권의 등급은 AA 이상, CP의 등급은 A2 이상이어야 한다. 단, 2개 이상의 신용평가회사로부터 신용평가를 받은 경우에는 그 중 낮은 등급이 상위 2개 신용등급 범위 이내여야 한다.

83 펀드매니저의 의견에 따른 뇌동매매를 배제하기 위하여 통계적인 분석들을 이용하고 있는 투자전략은?

① 패시브운용전략펀드

② 인핸스드 인덱스펀드

③ 부동산펀드

④ 전환형펀드

해설

패시브운용전략에 대한 설명이다. 패시브펀드는 시스템펀드로 표현되기도 하며 펀드운용에서 체계적 거래기법을 이용하여 운용되는 펀드이다.

84 다음은 파생상품펀드에 대한 설명이다. 틀린 것은?

① 투자 시 레버리지 효과로 인하여 위험의 크기가 다른 펀드에 비하여 크다.
② 다양한 기법으로 손익구조를 사전에 결정할 수도 있다.
③ 장외파생상품에 투자하는 경우 계약 불이행 위험에도 직면할 수 있다.
④ 사모펀드는 「자본시장법」상 파생상품 매매에 따른 위험의 한도를 펀드자산의 100% 이내로 제한하고 있다.

> **해설**
> 사모펀드는 「자본시장법」상 위험의 한도를 펀드자산의 400% 이내로 제한하고 있다(공모펀드는 100% 이내).

85 펀드의 성격과 특징에 대한 설명으로 틀린 것은?

① 인덱스펀드는 비용이 저렴하고 운용 구조가 투명하다는 장점이 있다.
② 종류형펀드는 투자자에게 기준가격이 다른 동일한 펀드를 판매하기 때문에 투자자의 기준가격이 같아야 하는 원칙과 배치되는 점이 있다.
③ 상장지수 집합투자기구는 추가형 투자기구이다.
④ 모자형펀드의 자펀드는 모펀드가 발행하는 펀드 이외의 다른 펀드도 취득할 수 있다.

> **해설**
> 모자형펀드의 자펀드는 모펀드가 발행하는 간접투자증권 이외의 다른 간접투자증권을 취득할 수 없다.

86 다음은 단기금융펀드(MMF)에 대한 설명이다. 틀린 것은?

① MMF는 펀드재산을 운용함에 있어 보유투자증권을 대여하는 방법으로 자산을 운용할 수 있다.
② MMF는 대부분의 다른 투자신탁상품과는 달리 펀드재산을 장부가격으로 평가한다.
③ MMF는 투자대상을 신용등급이 높고 잔존 만기가 짧은 채권 등의 자산으로 제한하고 있으므로 다른 종류의 펀드보다 안정성과 유동성이 높은 상품이라 할 수 있다.
④ MMF는 집합투자재산의 5% 이내에서 잔존 만기가 1년 이상인 국채증권을 운용할 수 있다.

> **해설**
> 보유투자증권을 대여하는 방법으로 자산을 운용하는 행위는 제한사항이다.

87 부동산펀드의 투자 행위에 해당하지 않는 것은?

① 실물로서의 부동산에 투자하는 행위
② 부동산 이외의 자산에 투자하는 행위
③ 부동산과 관련하여 투자하는 행위(대출)
④ 부동산투자운용회사의 주식에 투자하는 행위

> **해설**
>
> 부동산펀드는 부동산의 취득 또는 매각, 부동산의 관리·임대·개량·개발 등과 관련된 내용에 투자한다.

88 실물형부동산펀드에 해당하는 펀드로 적절하지 않은 것은?

① 부동산을 취득한 후 단순히 매각하는 운용 방법을 취하는 부동산펀드
② 부동산을 취득하여 임대사업을 영위한 후 매각하는 부동산펀드
③ 부동산을 취득하여 개량한 후 단순히 매각하거나 또는 임대사업 영위 후 매각하는 부동산펀드
④ 시행사에 대한 자금 대출을 통하여 이자수익을 추구하는 부동산펀드

> **해설**
>
> 실물형부동산펀드는 매매형부동산펀드, 임대형부동산펀드, 개량형부동산펀드, 경공매형부동산펀드, 개발형부동산펀드로 구분된다.
> ① 매매형부동산펀드
> ② 임대형부동산펀드
> ③ 개량형부동산펀드
> ④ 대출형부동산펀드

89 펀드의 중도환매 가능 여부에 따른 분류로 올바른 것은?

① 단위형, 폐쇄형
② 폐쇄형, 추가형
③ 개방형, 폐쇄형
④ 추가형, 단위형

> **해설**
>
> 펀드는 중도환매 가능 여부에 따라 개방형과 폐쇄형으로 구분한다. 개방형의 경우 투자신탁 계약기간 중도에 보유 수익증권의 환매를 요구할 수 있으나, 폐쇄형의 경우 환매를 요구할 수 없다.

90 특별자산펀드에 관한 설명 중 틀린 것은?

① 제도권 밖에서 운용되고 있던 사설펀드를 법의 규제로 흡수하기 위해 허용된 펀드이다.
② 보험금지급 청구권은 모두 특별자산펀드의 편입대상이 되지 않는다.
③ 투자대상의 구체성, 자금의 흐름, 손익평가방법의 이해가 상대적으로 어렵다.
④ 아트펀드, 문화펀드 등도 특별자산펀드라고 할 수 있다.

> **해설**
> 양도 가능한 보험금지급 청구권은 특별자산펀드의 편입대상이 된다.

91 다음 중 집합투자기구의 투자대상에 따른 분류에 대한 설명으로 바르지 못한 것은?

① 주식형펀드는 펀드재산의 50% 이상을 주식에 투자하는 펀드를 말한다.
② 혼합형펀드는 주식형펀드와 채권형펀드의 위험을 모두 가지고 있다.
③ 채권형펀드는 주식형펀드에 비해 유동성이 낮다는 것이 가장 큰 단점이다.
④ 주식혼합형펀드는 신탁계약서상 최대주식편입비율이 50% 이상인 펀드이다.

> **해설**
> 주식형펀드는 펀드재산의 60% 이상을 주식에 투자하는 펀드를 말한다.

92 부동산펀드에 대한 설명으로 가장 바르지 못한 것은?

① 매매형부동산펀드는 단순한 취득 후 매각 이외에 부동산의 수익가치를 높이기 위한 제반활동(임대사업 등)을 하지 않는다.
② 임대형부동산펀드는 안정적인 이자소득 성격의 임대소득과 부동산 가격 상승에 따른 매매차익을 획득하는 것이 주된 운용전략이다.
③ 일반적으로 프로젝트 파이낸싱이라고 부르는 대출형펀드는 부동산개발사업을 영위하는 법인 등에 대한 대출을 주된 운용행위로 한다.
④ 자산의 60%를 초과하여 부동산 관련 증권에 투자하는 경우에는 투자대상이 증권이지만 증권펀드가 아니라 부동산펀드로 구분한다.

> **해설**
> 자산의 50%를 초과하여 부동산 관련 증권에 투자하는 경우에는 투자대상이 증권이지만 증권펀드가 아니라 부동산펀드로 구분한다.

93 펀드의 유형별로 주식형펀드를 분류할 때 적절하지 못한 것은?

① 지역에 따라 아시아형, 선진국형, 이머징시장펀드 등으로 분류한다.
② 자본금 규모에 따라 대형주, 중형주, 소형주펀드로 나눈다.
③ 신용도에 따라 경기 민감주와 경기 방어주펀드로 나눈다.
④ 스타일에 따라 가치주와 성장주펀드로 나눈다.

> 해설
> 신용도는 주식형펀드가 아니라 채권형펀드의 유형을 분류하는 기준이다.

94 다음 부동산펀드의 설명 중 잘못된 것은?

① 부동산펀드의 경우 부동산에 50% 이상을 투자하는 펀드이다.
②「자본시장법」상 부동산펀드의 운용제한과 관련하여 펀드에서 취득한 국내 부동산은 1년 이내에는 원칙적으로 매각이 금지되어 있다.
③ 프로젝트 파이낸싱형 부동산펀드로 불리는 것이 임대형부동산펀드이다.
④ 부동산펀드는 순자산총액의 200% 범위 이내에서 자금차입이 가능하다.

> 해설
> 프로젝트 파이낸싱형 부동산펀드로 불리는 것이 대출형부동산펀드이다.

95 펀드의 투자대상인 특별자산에 대한 다음 설명 중 적절하지 못한 것은?

① 미술품이란 그림, 조각, 공예 등 예술작품을 의미한다.
② 선박이란 수상 혹은 수중에서 항해용으로 사용하거나 사용될 수 있는 것이다.
③ 범죄 발생률을 기초로 하는 장외파생상품은 보안 경비업체들이 투기 목적으로 사용이 가능하다.
④ 어업권, 광업권, 탄소배출권도 특별자산에 속한다.

> 해설
> 범죄 발생률을 기초로 하는 장외파생상품은 보안 경비업체들의 투기 목적이 아닌 헤지 목적으로 사용이 가능하다.

96 ETF에 대한 설명 중 틀린 것은?

① ETF는 증권 실물로 펀드의 설정 및 해지가 가능하다.
② ETF는 현재가격으로 매매가 가능하며 전화로도 매매가 가능하다.
③ ETF는 발행시장, 유통시장의 두 가지 시장이 존재한다.
④ AP(지정참가회사)는 유동성 공급자로서의 역할을 하지만 차익거래는 금지되어 있다.

> **해설**
> AP는 차익거래를 통해서 펀드의 순자산 가치와 유통시장의 매매가격을 근접시키면서 시장의 유동성을 제공하는 공급자 역할을 한다.

97 펀드의 설립에 대한 설명 중 틀린 것은?

① 10억원 이상의 모집이나 매출의 경우 증권신고서 제출이 필요하다.
② 증권신고서 제출 시 관계인의 확인의무가 구체적으로 명시되어 있지 않아도 된다.
③ 증권신고서는 공모펀드의 경우 적용되며 사모펀드의 경우는 적용되지 않는다.
④ 일괄신고서를 제출한 개방형펀드의 경우 발행예정 기간 중 3회 이상 증권을 발행해야 한다.

> **해설**
> 현재 「자본시장법」상 증권신고서 제출 시 관계인의 확인의무를 요구하고 있다.

98 다음 중 부동산펀드에 대한 설명으로 적절하지 못한 것은?

① 부동산펀드는 반드시 환매금지형펀드로 설정, 설립하도록 의무화하고 있다.
② 공모인 경우 「자본시장법」상 투자자보호 관련 적용을 받는다.
③ 부동산펀드는 순자산총액의 50% 한도 내로 금전의 대여가 가능하다.
④ 부동산펀드의 부동산에 대한 운용제한은 공모부동산펀드 및 사모부동산펀드에 동일하게 적용된다.

> **해설**
> 부동산펀드는 순자산총액의 200% 한도 내로 금전의 대여가 가능하다.

96 ④　97 ②　98 ③　**정답**

99 연금신탁에 대한 설명으로 바르지 못한 것은?

① 신탁이익의 계산은 시가평가제를 적용한 기준가격방식으로 실적배당한다.

② 적립기간 중 소득공제를 받지 않은 금액에 대해서는 연금소득세가 면제된다.

③ 신탁이익의 합계액이 음수인 경우 손실로 처리한다.

④ 연금신탁은 반드시 위탁자와 수익자가 동일한 자익신탁으로만 가입할 수 있다.

> **해설**
> 신탁이익의 합계액이 음수인 경우 이를 0으로 하여 적립된 원금을 보장한다.

100 수탁자의 임무가 종료되었거나 수탁자와 수익자 간의 이해가 상반되어 수탁자가 신탁사무를 수행하는 것이 적절하지 않은 경우에 법원이 이해관계인의 청구에 의하여 수탁자에 갈음하여 신탁재산을 관리할 수 있도록 선임한 자는 누구인가?

① 수탁자

② 지정수익자

③ 신탁재산관리인

④ 신탁관리인

> **해설**
> 신탁재산관리인에 대한 설명이며, 신탁관리인이란 수익자가 특정되어 있지 아니하거나 존재하지 않는 신탁의 경우에 신탁행위로서 또는 법원이 이해관계인의 청구 및 직권으로써 수익자에 갈음하여 수익자의 권리를 행사할 수 있도록 지정한 자를 말한다.

101 특별자산펀드에 대한 설명 중 틀린 것은?

① 선박투자회사법상 공모방식의 선박투자회사는 「자본시장법」의 적용을 받는다.

② 자동차, 건설기계 등도 특별자산에 속한다.

③ 애니메이션 등 문화 콘텐츠는 특별자산에 속한다.

④ 특별자산펀드는 원칙적으로 개방형펀드로 설정 또는 설립되어야 한다.

> **해설**
> 특별자산펀드는 환매금지형펀드로 설정 또는 설립되어야 한다. 단, 금융위원회가 정하여 고시하는 시장성 없는 자산에 투자하지 아니하는 집합투자기구를 설정 또는 설립하는 경우는 제외한다.

102 권리형부동산펀드의 투자 대상에 해당하지 않는 것은?

① 지상권   ② 지역권

③ 전세권   ④ 경공매권

> **해설**
>
> 펀드재산의 50%를 초과하여 부동산 관련 권리를 취득하는 부동산펀드로 지상권·지역권·전세권·임차권·분양권 등에 투자한다.

103 신탁상품에 대한 설명으로 가장 바르지 못한 것은?

① 특정금전신탁은 손실이 발생하더라도 원금과 이익을 보전할 수 없다.

② 특정금전신탁은 수탁자가 투자운용에 대해 위탁자에게 제한적인 내용에 한하여 업무를 일임하게 된다.

③ 제3자를 수익자로 지정하는 경우 증여세가 부과된다.

④ 특정금전신탁은 계약으로 정한 만기일에 해지하는 것이 원칙이지만, 필요한 경우 신탁기간만료 전에 중도해지 할 수 있다.

> **해설**
>
> 특정금전신탁은 수탁자가 투자운용에 대해 위탁자에게 전권을 일임하게 된다.

104 수익형 오피스빌딩, 업무용 부동산, 상가 등은 다음 중 무엇에 해당하는가?

① 상업용 부동산   ② 산업용 부동산

③ 거주용 부동산   ④ 임대용 부동산

> **해설**
>
> 실물 부동산의 형태는 상업용 부동산(수익형 오피스빌딩, 업무용 부동산, 상가 등), 산업용 부동산(물류창고, 공장부지 등), 거주용 부동산(중장기 임대형 아파트 등)으로 구분된다.

105 특수한 구조의 모자형펀드에 대한 설명이다. 틀린 것은?

① 자펀드의 투자자로부터 받은 납입금으로 모펀드에 투자한다.

② 펀드설정 구조의 차이로 일반펀드와 구별된다.

③ 자펀드의 집합투자업자와 모펀드의 집합투자업자는 달라도 된다.

④ 펀드 운용업무의 간소화 및 합리화 차원에서 유리하다.

> **해설**
>
> 모자형펀드는 자펀드가 투자자의 자금을 모집하고, 자펀드는 모펀드에 투자하며, 모펀드는 투자자 대상에게 투자한다. 그리고 자펀드와 모펀드의 집합투자업자는 같아야 한다.

106 단기금융집합투자기구(MMF)의 운용제한에 대한 설명으로 올바른 것은?

① 잔존만기 1년 이상인 국채증권에 집합투자재산의 5% 이내에서 운용할 수 있다.

② 환매조건부 매도는 집합투자기구 보유 증권총액의 10% 이내에서 할 수 있다.

③ 단기금융집합투자기구는 집합투자재산의 10% 이상을 채권으로 운용해야 한다.

④ 집합투자재산의 가중평균된 잔존만기는 60일 이내여야 한다.

해설

과거 MMF는 잔존만기가 1년 이내인 국채증권만 투자하는 것이 원칙이었으나, 펀드재산의 5% 이내에서 잔존만기가 1년 이상인 국채증권을 편입할 수 있도록 허용하였다.

② 환매조건부 매도는 보유 증권총액의 5% 이내에서 운용할 수 있다.

③ 단기금융집합투자기구는 집합투자재산의 40% 이상을 채권으로 운용해야 한다.

④ 집합투자재산의 가중평균된 잔존만기는 75일 이내여야 한다.

107 신탁제도의 주요 내용에 대한 설명으로 가장 적절하지 못한 것은?

① 수익자는 신탁을 통해 관리되는 재산과 그 이익을 받는 자이다.

② 신탁재산은 수탁자의 상속재산이나 파산재단에 포함된다.

③ 수탁자는 신탁재산을 자신의 고유재산과 구분하여 관리하여야 한다.

④ 신탁재산은 신탁재산의 종류에 따라 금전신탁과 부동산신탁 등 재산신탁으로 구분한다.

해설

신탁재산은 수탁자의 명의로 되어 있더라도 수탁자의 고유재산과 독립된 재산이므로 수탁자의 상속재산이나 파산재단에 포함되지 않는다.

108 신탁과 신탁재산에 대한 설명으로 틀린 것은?

① 신탁이 설정되면 그 신탁재산의 소유자 및 권리자는 위탁자에서 수탁자로 변경되는 것이다.

② 수탁자는 수익자를 위해 신탁재산을 소유하는 것일 뿐이며, 신탁의 원본과 이익은 모두 수익자에게 귀속된다.

③ 수탁자가 신탁사무를 처리하면서 저당권을 설정하여 준 경우라도 강제집행은 불가능하다.

④ 신탁재산은 수탁자의 고유재산과 독립된 재산이므로 신탁재산은 파산재단이나 상속재산에 포함되지 않는다.

해설

신탁재산은 궁극적으로 수익자에게 귀속한다고 할지라도 수익자는 신탁이 존속하는 동안에는 신탁재산의 법률적 소유자가 아니므로 수익자의 채권자라고 할지라도 신탁재산에 대하여는 강제집행을 할 수 없다. 다만 신탁설정 전에 이미 저당권이 설정되었거나 신탁설정 후에 수탁자가 신탁사무를 처리하면서 저당권을 설정하여 준 경우에는 신탁재산일지라도 강제집행이 가능하다.

01 펀드는 투자자에게 배분하는 집단적·간접적 투자제도로 투자자로부터 일상적인 운용지시를 받는다. ( )

02 투자신탁의 종류가 사전에 약정되어 있다 하더라도 수익자총회의 결의를 거쳐야 한다. ( )

03 펀드상품은 법적 형태에 따른 분류(투자신탁형, 회사형), 환매가능 여부에 따른 분류(개방형, 폐쇄형), 추가설정 여부에 따른 분류(추가형, 단위형) 등으로 분류할 수 있다. ( )

04 펀드는 환급이 가능한 금융상품으로, 즉각적으로 환급해야 한다. ( )

05 ETF의 신탁분배금은 추적대상지수와의 추적오차를 최소화하기 위한 목적으로 주로 활용된다. ( )

06 「자본시장법」상의 투자자산의 보관 및 관리를 담당하는 자는 신탁업자이다. ( )

07 사모형펀드의 경우는 성과보수가 인정되나 공모형펀드의 경우 일부 제한된 경우만 가능하다. ( )

정답

01 × 펀드는 다수의 투자자로부터 자금을 모아 증권 등의 자산에 투자하고 그 수익을 투자지분에 따라 투자자에게 배분하는 집단적·간접적 투자제도로 투자자로부터 일상적인 운용지시를 받지 않는다.

02 × 계약 체결 시 다른 종류의 투자신탁으로 전환이 가능하도록 설정되어 있을 경우에는 수익자총회의 결의가 필요치 않다.

03 ○

04 × 펀드가 환급이 가능한 금융상품임은 분명하지만 즉각적으로 환급이 가능하지는 않다.

05 ○

06 ○

07 ○

08 판매회사 또는 집합투자업자는 언제든지 환매청구받은 수익증권을 자기의 계산으로 취득하거나 타인에게 취득하게 할 수 있다. ( )

09 투자회사는 1인 이상의 발기인이 정관을 작성해 기명날인하여 설립한다. ( )

10 모자형펀드는 환매수수료 없이 자유롭게 펀드로 변경하여 수익을 확보하거나, 위험을 관리할 수 있도록 구조를 갖춘 펀드다. ( )

11 환매금지형펀드는 펀드자산의 20% 이내에서 시장성 없는 자산에 투자하는 경우 환매금지형으로 설정·설립할 필요가 없다. ( )

12 MMF의 편입자산의 최대 가중평균 잔존기간은 30일 이내이다. ( )

13 인덱스투자는 지수를 추종하는 투자로서 비용이 저렴하나, 추종 시 트래킹 에러(추적오차)가 발생한다. ( )

14 ETF는 인덱스형펀드가 거래 상장되어 있어 주식처럼 매매되므로 주식처럼 매매차익에 대해 비과세하고 있다. ( )

15 ETF 자산총액의 20%까지 동일 종목의 증권에 운용할 수 있다. ( )

정답

08 × 환매청구를 받거나 환매에 응할 것을 요구받은 집합투자증권을 자기의 계산으로 취득하거나 타인에게 취득하게 해서는 안 된다.
09 ○
10 × 전환형펀드에 대한 설명이다.
11 ○
12 × MMF의 편입자산의 최대 가중평균 잔존기간은 75일 이내이다.
13 ○
14 ○
15 ○

CHAPTER **02** # 투자관리

01 자산배분의 중요성이 부각되는 이유로 적절하지 않은 것은?

① 투자대상자산군이 증가하고 있다.
② 투자위험에 대한 관리와 필요성 증대되고 있다.
③ 글로벌 금융시장의 장벽이 없어지면서 국가별 자산에 대한 변동성이 낮아졌다.
④ 투자수익률 결정에 자산배분 효과가 큰 영향을 미친다는 투자자들의 인식이 증가하고 있다.

해설

글로벌 금융시장의 장벽이 없어지면서 다양한 투자상품에 투자하면서 이를 통해 위험을 적절히 분산시킬 필요성 또한 높아지고 있다. 더불어 글로벌 금융시장의 벽이 없어지고, 투자자금의 국가 간 이동이 자율화됨에 따라 국가별 자산에 대한 변동성이 높아졌다.

02 주식투자의 위험관리에 적합한 설명이 아닌 것은?

① 주식은 위험자산으로 분류되기 때문에 채권에 비해서 위험은 높으나 수익성도 높다.
② 주식시장의 상승을 예측하는 투자자의 경우나 투자자산을 적극적으로 운용하려는 경우에는 단기적인 관점에서 투자하여야 한다.
③ 적극적으로 투자하려는 투자자는 위험지표가 크고, 보수적으로 투자하려는 투자자는 위험지표가 낮다.
④ 변동성(위험지표)을 나타내는 지표로서 표준편차, 분산 등을 감안하여 주식포트폴리오를 구성한다.

해설

주식시장의 상승을 예측하는 투자자의 경우나, 투자자산을 적극적으로 운용하려는 경우는 장기적인 관점에서 투자하여야 한다.

03 투자관리에 대한 설명으로 가장 적절하지 못한 것은?

① 통합적 투자관리 과정에 따라 투자관리를 하는 것은 하향식 방법이다.
② 종목선정이 이루어지고 자산배분은 나중에 결정되는 방식이다.
③ 성공적인 투자관리의 핵심은 안정성과 수익성을 고려한 종목선정이다.
④ 투자자는 분산투자 방법, 개별종목 선택, 투자시점 선택의 과제에 직면한다.

해설

투자관리의 핵심은 수익과 위험 등 여러 가지 투자자산에 대하여 투자자금을 효율적으로 배분하여 투자목표를 달성하는 자산배분이다.

04 **자산배분의 대상이 되는 자산군에 대한 설명으로 바르지 못한 것은?**

① 하나의 자산군 내의 자산은 분산투자 효과를 위해 서로 성질이 달라야 한다.
② 개별 자산군의 수익률은 유사한 패턴을 보여야 하며, 유사한 수익률 결정요인과 위험요인을 가져야 한다.
③ 자산군은 상호배타적이어야 한다.
④ 자산군은 투자가능한 자산군의 대부분을 커버해야 한다.

> **해설**
> 하나의 자산군 내의 비슷한 특성을 공유하는 투자 대상들로 분류되기 때문에 해당 자산들의 분산투자 효과는 유사한 성격을 갖고 있다. 특정 자산군의 수익률은 유사한 패턴을 보여야 하고, 유사한 수익률 결정요인과 위험요인을 가져야 한다. 수익률이나 위험요인이 다르다면 이들은 별개의 자산군으로 구분해야 한다.

05 **전략적 자산배분의 이론적 배경에 대한 설명으로 가장 적절하지 못한 것은?**

① 전략적 자산배분 시 자산집단의 기대수익률과 위험을 함께 고려한다.
② 분산투자 시 위험이 낮아진다는 점에 근거를 두고 있다.
③ 최대와 최소의 투자비중을 제약조건으로 포함해야 한다.
④ 비효율적인 포트폴리오의 구성은 없는 것으로 가정한다.

> **해설**
> 추정오차로 인하여 비효율적인 포트폴리오가 구성되기 때문에 현실적으로 효율적 투자기회선을 규명하는 것이 어렵다는 것이 문제점이다.

06 **전략적 자산배분에 관해 가장 잘 설명하고 있는 것은?**

① 투자자들의 위험선호도가 수시로 변화하는 것을 수용하는 전략이다.
② 개별증권에 대한 투자비중을 결정한다.
③ 수시로 변화하는 경제상황을 반영한다.
④ 자산집단을 중요시하는 의사결정이다.

> **해설**
> 전략적 자산배분은 자산집단에 대한 장기적인 투자비중과 중기적인 변동 한도를 결정하는 의사결정이다.

07 기업의 내재가치를 분석하는 과정에는 3단계의 Top-down방식이 있다. 다음 중 3단계의 Top-down방식을 바르게 나열한 것은?

① 과거분석 - 현재분석 - 미래분석
② 기업분석 - 산업분석 - 경제분석
③ 거시분석 - 미시분석 - 정밀분석
④ 경제분석 - 산업분석 - 기업분석

해설

Top-down방식은 경제분석 - 산업분석 - 기업분석이다.

08 최적화를 이용한 전략적 자산배분의 문제점에 대한 설명으로 가장 적절하지 못한 것은?

① 입력변수의 변동에 대한 포트폴리오의 변동폭이 작다.
② 최적화된 자산배분과 운용자의 선호도의 차이로 갈등이 발생할 수 있다.
③ 투자자가 직관적으로 이해하기가 어렵다.
④ 통계학, 선형계획법 등 전문적인 지식이 필요하다.

해설

최적화를 이용한 전략적 자산배분은 통계적 판단 근거인 수익률, 표준편차, 기대자산 간의 관계를 기준으로 투자를 결정하기 때문에 관련 변수가 변하면 포트폴리오가 크게 바뀌는 것이 문제점이다.

09 전략적 자산배분의 실행방법 중 위험, 최소요구수익률 등을 고려하여 수립하는 투자전략은 무엇인가?

① 시장가치 접근법
② 위험-수익 최적화
③ 투자자 개인별 특수상황 고려
④ 유사 기관투자자의 자산배분 모방

해설

특정법칙으로 정형화되기보다는 투자자의 요구사항을 고려할 수 있는 다양한 방법이 존재한다.

10 전술적 전략의 이론적 배경에 대한 설명으로 가장 적절하지 못한 것은?

① 역투자전략은 시장가격이 상승하면 매도하고, 시장가격이 하락하면 매수하여 시장가격과 반대의 활동을 하는 전략이다.
② 시장가격보다 내재가격의 변동성이 높기 때문에 역투자전략이 용이하다.
③ 전술적 자산배분이 성립하기 위해서는 평균반전과정이 전제되어야 한다.
④ 투자전략 수행 시 과잉반응을 할 가능성이 높다.

> **해설**
> 역투자전략은 내재가치가 중장기적 변화과정을 보이며 변동성이 낮은 반면, 시장가격은 변동성이 높기 때문에 활용하기가 용이하다.

11 전술적 자산배분전략의 이론적 배경으로 볼 수 없는 것은?

① 효율적 투자기회선   ② 역투자전략
③ 평균반전과정   ④ 과잉반응현상

> **해설**
> 효율적 투자기회선은 현대 포트폴리오 이론의 주요 개념으로 전략적 자산배분전략의 가장 핵심적인 이론적 배경이다.

12 전략적 자산배분의 실행과정에 대한 설명으로 가장 적절하지 못한 것은?

① 시장가격과 상관없이 저평가된 자산 매수, 고평가된 자산 매도를 지향한다.
② 과거의 시계열 자료를 바탕으로 하여 장기적인 추계에 근거한 투자전략이다.
③ 투자자의 위험허용치는 상황변화에 따라 영향을 받는다고 가정한다.
④ 자본시장의 변화로 인해 기대수익률과 위험성이 영향을 받는다고 가정한다.

> **해설**
> 전략적 자산배분전략은 장기투자를 전제하기 때문에 시장상황에 따른 단기적 고객의 변화를 고려하지 않는다.

13 펀드운용 시 운용흐름(Process)으로 올바른 것은?

① 자산분배, 운용목표설정, 운용방침수립, 운용성과측정
② 운용방침수립, 운용목표설정, 자산분배, 운용성과측정
③ 운용목표설정, 운용방침수립, 운용성과측정, 자산분배
④ 운용목표설정, 운용방침수립, 자산분배, 운용성과측정

> **해설**
> 운용목표설정 → 운용방침수립 → 투자분석 → 자산분배 → 운용성과측정

정답 10 ② 11 ① 12 ③ 13 ④

14 펀드운용 시 편입자산과 투자기간의 만기불일치나 투자자산의 시장성 부족으로 인해 발생할 수 있는 투자위험은?

① 시장위험　　　　　　　　　　② 신용위험
③ 유동성위험　　　　　　　　　　④ 업무처리위험

> **해설**
> ① 시장위험은 금리, 주가, 환율 등 시장지수의 변동으로 인한 위험이다.
> ② 신용위험은 거래상대방의 부도나 계약불이행으로 발생하는 위험이다.
> ④ 업무처리위험은 매매오류, 거래상대방의 시스템 오류 및 횡령 등에 의해 발생하는 위험이다.

15 가능한 미래 예측치를 사용하지 않고 시장의 변동 상황을 최대한 수용하는 수동적인 전략이면서, 투자자가 원하는 특정한 투자성과를 만들어 내기 위해 펀드의 자산구성 비율을 동적으로 변동시켜 나가는 전략에 해당하는 것은?

① 포트폴리오 재수정　　　　　　② 전략적 자산배분
③ 보험자산 배분전략　　　　　　④ 전술적 자산배분

> **해설**
> 보험자산 배분전략은 투자자가 원하는 특정한 투자성과를 만들어 내기 위해 펀드자산구성 비율을 동적으로 변동시켜 나가는 전략으로 시장의 변동 상황을 최대한 수용하고자 하는 전략이다.

16 기대수익률을 측정하는 방법으로 적절하지 않은 것은?

① 추세 분석법　　　　　　　　　② 시나리오 분석법
③ 펀더멘털 분석방법　　　　　　④ 내부수익률 분석법

> **해설**
> 기대수익률 측정법 4가지는 추세 분석법, 시나리오 분석법, 펀더멘털 분석법, 시장공동예측치 사용법이다.

17 투자전략 중에서 중장기적으로 펀드 내 자산구성비율이 어느 정도 확정되어 있거나, 개별자산이 취할 수 있는 투자비율의 한계가 정해져 있는 전략 운용기법에 해당하는 것은?

① 포트폴리오 재수정
② 전략적 자산배분
③ 전술적 자산배분
④ Portfolio Insurance

> **해설**
> 전략적 자산배분으로 장기적으로 운용방침을 수립할 때 전체 포트폴리오의 큰 틀을 정하는 전략이다.

18 종목별 분산의 크기를 제곱근하여 산출한 위험지표는?

① 분 산
② 공분산
③ 표준편차
④ VAR

> **해설**
> 종목별 분산의 크기를 제곱근하여 산출한 위험지표는 표준편차이다.

19 펀드 운용회사의 통합성과측정에 대한 설명 중 적절한 것은?

① 충분히 긴 기간 동안 비교하는 등 특정운용회사가 유리하지 않도록 비교기간을 정한다.
② 운용회사별 대표성을 지니고 있는 주요 펀드들 간에 서로 비교하는 것이 바람직하다.
③ 특정펀드에 지나치게 큰 영향이 없으며, 평가 대상 펀드들의 규모에 상관없이 산술평균수익률로 측정한다.
④ 현재 존재하는 펀드를 대상으로 통합성과를 측정하여 비교하는 것이 바람직하다.

> **해설**
> ② 운용회사별 대표성을 갖는 펀드로만 측정하는 것은 바람직하지 못하다.
> ③ 펀드의 규모별 비교로 가중 평균하여 측정한다.
> ④ 성과가 나쁜 펀드는 사라지고 성과가 좋은 펀드만 남게 되어 바람직하지 못하다.

20 다음의 펀드 평가보고와 관련된 설명 중 틀린 것은?

① 펀드가 처음 만들어진 날을 펀드 설정일이라 한다.
② 펀드의 설정시점이 평가 개시일이다.
③ 펀드가 거래되는 가격을 기준가격이라고 한다.
④ 펀드 설정액은 펀드 규모를 말한다.

> **해설**
> 평가 개시일은 펀드 설정시점과 관계없이 펀드 운용규모가 최소 규모 이상이 되는 시점을 말한다.

21 펀드 유형 및 벤치마크에 대한 설명 중 잘못된 것은?

① 벤치마크는 펀드의 기준수익률을 의미하며 펀드 성과를 평가하기 위한 평가시점에서 설정되어야만 한다.

② 벤치마크는 시장지수뿐만 아니라 여러 가지 지수를 합성한 지수로서 명확성, 투자가능성, 측정 가능성, 적정성 등의 요건만 갖추면 사용 가능하다.

③ 펀드 유형은 성과를 상대, 비교 평가하기 위한 동일 유형 집단을 의미한다.

④ 펀드 유형분류에 따른 펀드 운용전략은 펀드 성과 평가를 위하여 적합한 기법이다.

해설

벤치마크는 평가시점이 아니라 펀드 설정시점에 설정되어야 한다.

더 알아보기 ➡ 벤치마크의 종류

구 분	내 용	예 시
시장지수	투자 대상 자산유형에 해당하는 모든 대상종목을 포함	종합주가지수
섹터지수	투자 대상 자산유형 중 특정 분야나 대상만 국한시킨 지수	반도체지수
합성지수	다수의 시장지수나 섹터지수를 합성하여 계산	혼합형펀드지수
스타일지수	미리 설정한 특정한 스타일의 대상종목을 포함	성장주지수

22 펀드운용 시 자산배분에 대한 설명 중 옳은 것은?

① 전술적 자산배분이란 과거 자료를 이용한 시장 예측치를 사용하여 기대수익률과 위험을 측정해서 장기적인 자산구성 비율을 결정하는 것이다.

② 위험자산과 무위험자산 간에 투자자금을 배분하여 운용포트폴리오를 구성하는 투자의사 결정을 자산배분이라 한다.

③ 전략적 자산배분이란 시장변화에 따라 자산 구성 비율을 능동적으로 변화시켜 운용성과가 일정 수준 이하로 되는 것을 방지하고 수익을 향유하는 기법이다.

④ 포트폴리오 인슈어런스란 시장을 예측하여 사전적으로 자산구성비율을 변동시켜 나가는 중·단기적인 동적자산배분전략이다.

해설

① 전략적 자산배분에 대한 설명이다.

③ 포트폴리오 인슈어런스에 대한 설명이다.

④ 전술적 자산배분에 대한 설명이다.

23 다음 중 자산배분 설계를 위한 자료를 마련하는 원칙으로 보기 어려운 것은?

① 자료의 정확성   ② 자료의 시의성

③ 자료의 일관성   ④ 자료의 입체성

> **해설**
>
> 자산배분 설계를 위해 필요한 자료를 마련하는 원칙으로는 정확성, 시의성, 일관성, 이해 가능성이 요구된다. 입체성은 해당되지 않는다.

24 여러 가지 경제변수의 상관관계를 고려하여 시뮬레이션함으로써 수익률을 측정하는 방법은 무엇인가?

① 추세분석법   ② 시나리오분석법

③ 펀더멘털분석법   ④ 단순평균분석법

> **해설**
>
> 시나리오분석법은 주요 거시경제변수의 예상 변화과정을 시나리오로 구성하고 각 시나리오별로 발생확률을 부여하여 자산별 기대수익률을 측정하는 방법이다.

25 다기간 수익률 평가방법 중 중도에 현금흐름이 재투자되어 증식되는 것을 감안한 계산방법은 무엇인가?

① 내부수익률

② 산술평균수익률

③ 금액가중평균수익률

④ 기하평균수익률

> **해설**
>
> 기하평균수익률은 중도에 현금흐름이 재투자되고 최종시점의 부의 크기가 감안된 계산방법이다.

26 전략적 자산배분전략의 실행방법에 해당하지 않는 것은?

① 리밸런스형 접근방법

② 시장가치 접근방법

③ 위험-수익 최적화방법

④ 유사 기관투자자의 자산배분 모방

> **해설**
>
> 전략적 자산배분의 실행방법은 시장가치 접근방법, 위험-수익 최적화방법, 투자자별 특수상황을 고려하는 방법, 다른 유사한 기관투자가의 자산배분을 모방하는 방법 등 네 가지이다.

27 전술적 자산배분전략에 대한 설명으로 가장 적절하지 못한 것은?

① 투자이익을 획득하기 위하여 자산구성을 변경하는 적극적 투자전략이다.

② 시장가격이 상승하면 매도하고, 시장가격이 하락하면 매수하여 시장가격의 움직임과 반대의 활동을 하기 때문에 역투자전략이라고 한다.

③ 전술적 자산배분의 초점은 시장상황에 따라 매도 시점을 파악하는 데 있다.

④ 과거 일정기간 동안의 변화 모습을 활용하는 기술적 분석방법이 대표적이다.

> **해설**
> 전술적 자산배분의 초점은 자산집단 간의 상대적 수익률 변화에 대한 예측이다.

28 자산배분의 중요성에 대한 설명으로 가장 적절하지 못한 것은?

① 투자대상 자산군이 증가하고 있기 때문이다.

② 투자위험에 대한 관리 필요성이 증대되고 있기 때문이다.

③ 투자수익률 결정에 자산배분이 절대적인 영향력을 미치기 때문이다.

④ 공격적인 투자성향을 가진 고객들이 증가하고 있기 때문이다.

> **해설**
> 자산배분의 중요성은 위험성향이 상이한 고객들에게 적절한 투자 대응전략을 제시하기 위함이다.

29 벤치마크의 조건에 해당하지 않는 것은?

① 구체적인 내용이 운용된 후에 명확히 할 것

② 필요한 경우 별도의 다른 지수를 만들어 사용할 수 있을 것

③ 벤치마크의 운용성과를 운용자가 추적하는 것이 가능할 것

④ 적용되는 자산의 바람직한 운용상을 표현하고 있을 것

> **해설**
> 구체적인 내용이 운용되기 전에 명확히하여 벤치마크를 결정한다.

30 기대수익과 위험에 대한 측정이 가능하다면 자산집단들 중에서 기대수익률이 동일한 것들에 대해서는 위험이 보다 작은 자산집단의 비중을 확대하고, 예상 위험이 동일한 자산집단들 중에서는 기대수익이 보다 큰 자산집단의 비중을 확대하는 것은?

① 지배원리
② 자산배분
③ 투자전략
④ 리밸런싱

해설
지배원리에 대한 설명이며, 지배원리에 의해 최적의 자산배분을 할 수 있기 때문에 기대수익과 위험을 계량적으로 측정하는 것이 중요하다.

31 과거의 자료를 바탕으로 하되 미래의 발생상황에 대한 기대치를 추가하여 수익률을 예측하는 방법으로, 과거의 시계열 자료를 토대로 각 자산별 리스크 프리미엄 구조를 반영하는 기법은 무엇인가?

① 리밸런싱
② 시나리오분석법
③ 펀더멘털분석법
④ 시장공동예측치 사용법

해설
펀더멘털분석법에 대한 설명이며, 이 방법을 통해 측정한 기대수익률은 과거의 결과일 뿐 미래의 기대수익률로 사용하는 데는 한계가 있다.

32 기대수익률 측정방법 중 펀더멘털분석법에 대한 설명으로 가장 적절하지 못한 것은?

① 과거의 시계열자료를 토대로 자산별 리스크프리미엄을 반영한다.
② 주식의 기대수익률을 무위험이자율에 주식시장의 위험프리미엄을 합산한 값으로 계산한다.
③ 채권은 무위험채권수익률에 신용리스크와 운영리스크를 더해 산출한다.
④ 과거의 결과일 뿐 미래 기대수익률로 사용하는 데 한계가 있다.

해설
채권은 무위험채권수익률에 신용리스크와 기간리스크를 더해 산출한다.

33 자산집단의 위험에 대한 설명으로 가장 적절하지 못한 것은?

① 위험은 기대한 투자수익이 실현되지 않을 가능성을 의미한다.

② 위험은 실제 결과가 기대예상과 다를 가능성이라고 할 수 있다.

③ 미래 기대수익률의 분산도로 측정될 수 있는데 그 분산 정도가 클수록 커지게 된다.

④ 위험의 정도는 예상되는 미래 수익률의 평균정도로 측정할 수 있다.

해설

투자로 인한 손실의 가능성은 평균이 아니라 분산과 같은 방식으로, 위험은 투자로부터 예상되는 미래 기대수익률의 분산도로 계량적으로 측정될 수 있는데 그 분산 정도가 클수록 커지게 된다.

34 다음 수식이 의미하는 수익률은?

$$\frac{총투자수익}{기초투자액}$$

① 내부수익률
② 산술평균수익률
③ 기하평균수익률
④ 단기기간수익률

해설

단기기간수익률에 대한 수식이다. 투자자금을 단기간에 운용할 때는 투자수익률의 계산이 매우 간단하다.

35 다음 괄호 안에 들어갈 적절한 단어는?

전략적 자산배분은 자산집단에 대한 (   )적인 투자비중과 (   )적인 변동 한도를 결정하는 의사결정이다.

① 장기, 중기   ② 중기, 장기
③ 장기, 단기   ④ 단기, 중기

해설

전략적 자산배분은 전술적 자산배분과는 달리 자산집단에 대한 장기적인 투자비중을 고려하면서 시장 상황 변화에 따른 중기적인 변동 한도를 결정하는 의사결정에 해당한다.

36 다음 중 포트폴리오의 위험을 측정하는 수단과 가장 거리가 먼 것은?

① 표준편차
② 분 산
③ 평 균
④ 베 타

해설

평균은 수익률을 측정하는 수단이고 다른 것들은 위험을 측정하는 수단이다.

37 다음 보기에서 의미하는 기대수익률 측정법은?

> 과거 장기간의 수익률을 분석하여 미래의 수익률로 사용하는 방법으로 주로 장기간의 수익률 통계를 얻을 수 있으며, 미국과 영국 등에서 유용하다.

① 추세분석법
② 시나리오분석법
③ 펀더멘털분석법
④ 시장공동예측법

해설

추세분석법에 대한 설명이다. 장기간의 통계 결과를 바탕으로 도출하기 쉬운 방법으로 사용방법이 비교적 간단하여 적용이 용이한 장점이 있으나, 한국과 같이 과거 통계가 부족할 경우 도입하기 어려운 단점이 있다.

38 다음과 같은 수식을 적용해 기대수익률을 산출하는 방법은?

> 주식기대수익률 = 무위험이자율 + 주식시장 위험프리미엄

① 펀더멘털분석법
② 시장공동예측치사용법
③ 추세분석법
④ 시나리오분석법

해설

과거의 시계열 자료를 토대로 각 자산별 리스크프리미엄구조를 구축하여 계산하는 펀더멘털분석법이다. 여기서 주식시장 위험프리미엄이란 주식시장의 평균기대수익률과 무위험증권의 평균수익률의 차이를 의미한다.

39 고객이 일시금으로 2년간 투자한 펀드가 첫 해에는 100% 수익률을 달성하였으나 이듬해 −50%의 수익률을 냈다면 고객이 2년간 투자한 수익률은 얼마인가?

① −50%   ② 0%

③ 25%   ④ 50%

> 해설
> 기하평균수익률을 산출하면 0%이다. 기하평균수익률은 중도현금이 재투자되고 최종시점의 부의 크기가 감안된 계산법이며 산술평균수익률의 계산방법보다 합리적이다.

40 위험수준이 다양한 여러 자산집단을 대상으로 투자자금을 배분하여 포트폴리오를 구성하는 일련의 투자과정으로 과거 통계치와 시장예측을 바탕으로 수익률과 위험을 고려하여 장기적으로 적합한 포트폴리오와 투자비율을 결정하는 방법은?

① 기본적 자산배분
② 전략적 자산배분
③ 전술적 자산배분
④ 보험적 자산배분

> 해설
> 전략적 자산배분전략에 대한 설명이다. 장기적 배분전략은 전략적 자산배분이고 단기적 배분전략은 전술적 자산배분에 해당한다.

41 자산배분전략에 대한 설명으로 적절하지 않은 것은?

① 적극적 투자관리 방법을 전술적 자산배분전략이라 하며, 소극적 투자관리 방법을 전략적 자산배분전략이라 한다.
② 투자비중을 결정할 때 일관성과 객관성을 유지하기 위해 마코위츠의 평균−분산 모델과 블랙리터만의 자산배분 모델을 이용하고 있다.
③ 리밸런싱의 목적은 상황변화가 있을 경우 자산 포트폴리오가 갖는 원래의 특성을 그대로 유지하는 것이다.
④ 주로 새로운 상황 전개로 인해 기존 자산배분 포트폴리오를 변경하게 되었을 때 개편해 나가는 것을 업그레이딩이라 한다.

> 해설
> 새로운 상황 전개는 기존 자산 포트폴리오의 기대수익과 위험에 영향을 주므로 자산집단의 매입, 매각을 통해서 업그레이딩을 행하여야 한다. 업그레이딩은 위험에 비해 상대적으로 높은 기대수익을 얻고자 하거나 기대수익에 비해 상대적으로 낮은 위험을 부담하도록 자산 포트폴리오의 구성을 수정하는 것이다.

42 자산배분전략의 의사결정대상이 되는 자산집단의 기본적인 성격으로 가장 거리가 먼 것은?

① 자산군이 상호배타적이어야 한다.
② 하나의 자산군은 동질적이어야 한다.
③ 자산군은 분산투자 효과와는 무관하다.
④ 자산군은 투자 가능한 자산군 대부분을 포괄해야 한다.

> **해설**
> 자산군은 분산투자 효과가 있어야 한다.

43 다음 중 전술적 자산배분(TAA)에 관한 설명으로 잘못된 것은?

① 저평가 주식을 매수하고, 고평가 주식을 매도하는 전략이다.
② 투자자의 가변적인 위험선호도를 가정한다.
③ 전술적 자산배분은 내재가치와 시장가격의 비교를 통해 실행된다.
④ 전술적 자산배분은 시장에 순응하지 않는 역투자전략(Contrary Strategy)을 취한다.

> **해설**
> 투자자의 고정적인 위험선호도를 가정한다. 전술적 자산배분은 시장의 변화 방향을 예상하여 단기적인 관점에서 사전적으로 자산구성을 변화시키는 전략으로, 저평가된 자산을 매수하고 고평가된 자산을 매도함으로써 펀드의 투자성과를 높이고자 하는 전략이다. 전략적 자산배분전략 수립 시에 고려한 가정들이 변하여 자산집단들의 상대가치가 달라지는 경우, 이러한 가치변화로부터 투자이익을 획득하기 위하여 일정기간별(분기, 월간, 주간)로 자산구성을 변경하는 적극적인 투자전략이다.

44 펀드의 벤치마크에 대한 설명으로 가장 거리가 먼 것은?

① 펀드 운용자에게 수익과 위험이 벤치마크 수준에서 벗어나지 않는 안정적인 운용을 하도록 기준을 제공한다.
② 펀드 투자자에게 일정기간 동안 펀드수익률이 만족할만한 수준인지 판단하기 위한 기준을 제공한다.
③ 운용전략 등 개별 펀드의 특성보다는 시장 전반적인 특성을 반영하여 선택하는 것이 바람직하다.
④ 원하는 기간마다 수익률을 확인하거나 계산할 수 있어야 한다.

> **해설**
> 개별 펀드의 특성에 따라 설정되어야 한다.

45 전술적 자산배분전략에 대한 설명으로 잘못된 것은?

① 중단기적인 가격을 중심으로 하는 전략이다.
② 자본시장 예측기능이 매우 강조된다.
③ 자산가격이 빈번하게 적정가격에서 벗어나더라도 결국 균형가격에 복귀한다는 가정하에 이루어지는 것이다.
④ 시장변화방향을 바탕으로 사후적으로 자산구성을 변화시켜 나간다.

해설

전술적 자산배분전략은 중단기적인 시장 상황의 변화를 기반으로 향후 전개될 시장변화방향을 예상하여 사전적으로 자산구성을 변화시켜 나간다.

46 다음이 정의하는 용어로 옳은 것은?

> 기대수익률과 위험수준이 다양한 여러 자산집단(Asset Class)을 대상으로 투자자금을 배분하여 최적의 자산포트폴리오를 구성하는 일련의 투자과정을 말한다.

① 분산투자
② 자산배분
③ 포트폴리오전략
④ 투자관리

해설

자산배분(Asset Allocation)의 정의이다.

더 알아보기 ➡ 기대수익률과 위험

구 분	기대수익률	위 험
의 미	자산이나 포트폴리오에서 기대되는 평균수익률로 특정 자산의 기대수익률은 가능수익률을 그 확률로서 곱하여 합한 값이다.	기대한 투자수익이 실현되지 않을 가능성 내지 실제결과가 기대예상과 다를 가능성을 의미한다.
측 정	• 시나리오분석법 : 주요 거시경제변수의 예상변화과정을 시나리오로 구성하여 각 시나리오별 기대수익을 측정한다. 시나리오별 기대수익률에 해당 시나리오가 발생할 확률을 곱한 다음 그 합을 구하여 계산한다. • 펀더멘털분석법 : 과거의 시계열 자료를 토대로 각 자산별 리스크 프리미엄구조를 반영한다. 주식의 기대수익률 = 무위험이자율 + 주식시장 위험프리미엄	발생 가능한 수익률의 평균수익률로부터의 편차의 제곱을 평균한 값(변동성 크기 측정)인 분산으로 측정하며, 이외에도 범위, 표준편차, 변동계수 등으로 측정한다.

47 자산배분(Asset Allocation)에 대한 설명으로 옳지 않은 것은?

① 투자대상을 주식과 채권으로 각각 배정하였으며, 이는 이종자산 간 자산배분에 속한다.

② 동일 자산 간 자산배분은 포트폴리오전략이라는 별도의 개념이다.

③ 개인의 투자목표를 달성하기 위해서 개별종목이나 펀드의 선정이 중요하다.

④ '계란은 한 바구니에 담지 말라'는 분산투자기법이 시발점이 되었다.

> **해설**
> 개별종목이나 펀드의 선정보다 재무계획 수립과 투자목표를 달성하기 위한 자산배분이 더 중요하다.

48 자산배분의 중요성이 높아지고 있는 이유로 부적합한 것은?

① 투자위험에 대한 관리 필요성이 증대하고 있다.

② 투자상품의 다양화로 투자대상 자산군이 확대되면서 위험관리의 필요성이 대두되고 있다.

③ 투자수익률 결정에 자산배분 효과가 절대적인 영향력을 미친다는 투자자들의 인식이 증가하고 있다.

④ 시장의 변동성보다 나은 성과를 얻기 위해 자산시장의 단기변동성에 대한 적극적인 대응의 필요성이 증가하고 있다.

> **해설**
> 시장의 변동성보다 나은 성과를 얻기 위해 자산시장의 단기변동성에 대한 적극적인 대응보다는 중장기적인 자산배분이 더 나은 성과를 보인다는 인식이 확산되고 있다.

49 시장예측이나 증권선택이 총수익률에 미치는 영향도가 낮은 이유로 적절하지 않은 것은?

① 시장의 변동성보다 나은 성과를 얻기 위해 시장대응과 종목대응을 할 경우 거래비용이 발생하여 수익률의 마이너스 요인으로 작용하기 때문이다.

② 자산시장의 단기변동성에 대한 적극적인 대응보다는 중장기적 관점에서 자산배분 전략을 세워 투자를 실행하는 것이 더 나은 성과를 나타내기 때문이다.

③ 매니저가 자산시장의 높은 변동성을 지속적으로 따라가기가 어렵기 때문이다.

④ 시장예측이나 개별 종목 선택의 어려움으로 수익창출이 용이하지 않기 때문이다.

> **해설**
> ①, ②, ③이 시장예측이나 펀드선택이 총수익률에 미치는 영향도가 낮은 이유이다.

50 자산배분의 핵심인 투자관리의 세 가지 요소로 볼 수 없는 것은?

① 시장예측

② 투자시점의 선택

③ 개별종목 선택

④ 분산투자(자산배분)의 방법

해설

시장예측은 투자관리의 3요소에 해당하지 않는다.

더 알아보기 ➡ 투자관리의 3요소

- 분산투자(자산배분)의 방법
- 개별종목 선택
- 투자시점의 선택

51 통합적 투자관리 과정의 단계로 바르게 연결된 것은?

① 투자목표 설정 → 개별종목 선택 → 자산배분 실시 → 포트폴리오 수정과 투자성과의 사후통제

② 투자목표 설정 → 자산배분 실시 → 개별종목 선택 → 포트폴리오 수정과 투자성과의 사후통제

③ 투자시점의 선택 → 자산배분 실시 → 개별종목 선택 → 포트폴리오 수정과 투자성과의 사후통제

④ 투자시점의 선택 → 개별종목 선택 → 자산배분 실시 → 포트폴리오 수정과 투자성과의 사후통제

해설

통합적 투자관리는 「투자목표를 설정하고 투자전략수립에 필요한 사전 투자분석 실시 → 투자 전략적 관점에서 자산배분 실시 → 투자 전술적 관점에서 개별종목 선택 → 포트폴리오 수정과 투자성과의 사후통제」 순으로 진행된다.

52 자산배분 설계를 위한 자료수집의 원칙에 어긋나는 것은?

① 감당할 수 있는 범위 내의 자료의 정확성을 기해야 한다.

② 전문적인 용어로 자료의 신뢰도를 높여야 한다.

③ 장기적인 예측치를 반영하도록 해야 한다.

④ 지체하지 않고 자료를 갱신해야 한다.

해설

자산배분 설계를 위한 자료수집의 원칙으로 ① 정확성, ③ 자료 작성의 일관성, ④ 시기적절성을 말한다. ②는 자료를 평이한 용어로 간단하게 이해할 수 있어야 하므로 옳지 않다.

53 자산배분 설계를 위한 위험(Risk)에 관한 설명 중 틀린 것은?

① 투자로 인한 손실의 가능성은 투자로부터 예상되는 미래 기대수익률의 분산 정도가 클수록 작아지게 된다.

② 자산집단 수익률의 표준편차를 의미하며 최근에는 GARCH와 같이 추정하는 방법이 발달하고 있다.

③ 위험의 정도는 계량적으로 그 투자로부터 예상되는 미래수익률의 분산도(Dispersion)로 측정될 수 있다.

④ 미래 기대수익률의 분산 또는 투자수익의 변동가능성, 기대한 투자수익이 실현되지 않을 가능성, 실제 결과가 기대예상과 다를 가능성을 지닌다.

> **해설**
>
> 투자로 인한 손실의 가능성은 투자로부터 예상되는 미래 기대수익률의 분산 정도가 클수록 커지게 된다.

54 여러 가지 경제변수의 상관관계를 고려하여 시뮬레이션함으로써 수익률을 측정하는 방법은 무엇인가?

① 추세분석법

② 시나리오분석법

③ 시장공동예측치 사용법

④ 펀더멘털분석법

> **해설**
>
> 단순 과거 수익률에 근거하지 않고 주요 거시경제변수의 예상 변화과정을 시나리오로 구성한 후 각 시나리오별로 발생확률을 부여하여 자산별 기대수익률을 측정하는 방법으로 시나리오분석법을 의미한다.

55 고객의 특성을 파악하여 투자자가 원하는 투자지침에 따라 자산배분을 시행하는 것을 고객 성향 파악이라 한다. 고객의 성향을 파악하기 위해서 필요한 정보에 속하지 않는 것은?

① 자금의 용도와 목표금액

② 유동성확보, 세무상황, 법 규정상의 제약요건

③ 경기, 금리, 환율

④ 위험허용도, 목표수익률

> **해설**
>
> 고객의 성향을 파악하기 위한 정보는 ① 투자목표 ② 자산운용의 제약요건 ④ 선호도의 항목이 있다. 투자목표는 자금의 용도, 목표금액, 목표기간, 목표달성에 필요한 자산집단 등에 대한 정보이다. 자산운용의 제약조건으로는 예상되는 지출을 위한 유동성 확보, 세무 상황, 법 규정상의 제약요건, 투자기간 등에 대한 정보이다. 선호도는 위험허용도, 목표수익률, 투자수단, 운용방법 등에 대한 정보이다. 경기, 금리, 환율은 자본시장을 예측하기 위한 경제변수에 속한다.

56 최적자산배분을 실행하기 위한 4가지 투자전략 수립기준에 속하지 않는 것은?

① 투자분석을 근간으로 전반적인 자본시장 가정
② 자산배분을 위한 집단의 선정기준
③ 자산배분을 위한 투자전략의 선택
④ 분산투자의 상하한선 설정

해설

최적자산배분을 실행하기 위한 4가지 투자전략 수립기준은 자산배분을 위한 집단의 선정기준, 자산배분을 위한 투자전략의 선택, 투자전략을 달성하는 데 필요한 모델선정 또는 구축, 분산투자의 상하한선 설정이다.

57 전략적 자산배분전략에 대한 설명으로 틀린 것은?

① 효율적인 투자기회선과 투자자의 효용함수의 접점에서 자산배분 비중이 결정된다.
② 역투자전략을 사용한다.
③ 자산배분의 주체는 연기금과 개인투자자 등이다.
④ 투자자의 목적 및 제약조건을 감안하여 장기적인 포트폴리오의 자산구성을 정하는 의사 결정을 말한다.

해설

역투자전략은 전술적 자산배분전략 중 하나이다.

58 전술적 자산배분전략(TAA ; Tactical Asset Allocation)에 대한 설명으로 틀린 것은?

① 자산집단의 균형가격(Equilibrium Price)을 정확하게 산출하여 객관적인 가격판단을 내릴 수 있다.
② 시장가격이 상승하면 매도하고, 하락하면 매수하여 시장가격의 움직임과 반대의 활동을 하는 역투자전략이다.
③ 시장의 변화방향을 예상하여 사전적으로 자산구성을 변동시켜 나가는 적극적인 전략이다.
④ 중단기적인 가격착오(Mis-Pricing)를 적극적으로 활용하여 고수익을 지향하는 운용전략이다.

해설

전술적 자산배분전략은 시장의 변화 방향을 예상하여 사전적으로 자산구성을 변동시켜 나가는 적극적인 투자전략으로 전략적 자산배분에 의해 결정된 포트폴리오를 투자 전망에 따라 중단기적으로 변경한다. 시장가치 접근법은 여러 가지 투자자산들의 포트폴리오 내 구성 비중을 각 자산이 시장에서 차지하는 시가총액의 비율과 동일하게 포트폴리오를 구성하는 방법으로 전략적 자산배분방법 중 하나이다. 자산가격은 단기적으로 빈번하게 균형가격(적정가치)에서 벗어날 수 있지만 중장기적으로 균형가격으로 복귀한다는 가정을 이용하는 투자전략이다.
① 자산집단의 균형가격은 어떠한 모형이나 이론으로도 규명되기 어려우므로, 전술적 자산배분은 주관적인 가격판단을 활용하는 경우가 많다.

59 전술적 자산배분전략의 실행도구에 해당하지 않는 것은?

① 포뮬러플랜 ② 가치평가모형
③ 시장가치 접근법 ④ 기술적 분석

> **해설**
> 시장가치 접근법은 여러 가지 투자자산들의 포트폴리오 내 구성 비중을 각 자산이 시장에서 차지하는 시가총액의
> 비율과 동일하게 포트폴리오를 구성하는 방법으로 전략적 자산배분방법 중 하나이다. 균형가격 산출보다 균형가격의
> 변화 방향성 추정과 다른 자산과의 상대적 가격비교가 중요하며, 자산집단의 가격변화로부터 투자이익을 획득하기
> 위하여 일정기간별 자산구성을 변경한다.

60 펀드운용에 대한 설명 중 틀린 것은?

① 채권 투자 시 매수-매도 호가 간격이 좁으면 유동성 위험이 크다.
② 콜옵션의 경우 기초자산 가격상승 시 상당한 수익이 나올 수 있다.
③ 무위험채권과 위험채권 간의 금리 차이를 신용 스프레드라고 한다.
④ 국채, 정부 보증채를 제외한 채권은 모두 신용채권에 속한다.

> **해설**
> 매수-매도 호가 간격이 좁으면 유동성 위험이 작고, 호가 간격이 넓으면 유동성 위험이 크다.

61 펀드운용과 관련한 투자제약 요인으로 가장 거리가 먼 것은?

① 투자기간 ② 목표수익률
③ 최저신용등급 ④ 유동성

> **해설**
> 목표수익률은 투자목적에 속한다.

62 저평가된 자산을 매수하고, 고평가된 자산을 매도함으로써 펀드의 투자성과를 높이려고 하는 전략
과 가장 가까운 자산배분전략은?

① 전략적 자산배분 ② 전술적 자산배분
③ 포트폴리오보험 ④ 동적자산배분

> **해설**
> 단기적 판단으로 저평가 자산을 매수하고, 고평가 자산은 매도하여 펀드성과를 높이려는 전략은 전술적 자산배분전략
> 이다. 시장가격이 상승하여 내재가치보다 고평가되면 매도, 시장가격이 하락하여 내재가치보다 저평가되면 매수하는
> 전략을 역투자전략이라 한다.

63 상황변화가 있을 경우에도 자산 포트폴리오가 갖는 원래의 특성을 그대로 유지하고자 하는 자산배분전략은?

① 리밸런싱 투자전략

② 성장주 투자전략(Growth)

③ 인덱싱전략(Index)

④ 중소형주 투자전략(Small-Cap)

> **해설**
> 리밸런싱 투자전략에 대한 설명이다. 주로 자산집단의 상대가격의 변동에 따른 투자비율의 변화를 원래대로의 비율로 환원시키는 방법을 사용한다.

64 펀드의 유형과 벤치마크에 관한 설명으로 거리가 먼 것은?

① 동일 유형의 집합투자기구는 수익과 위험의 구조, 벤치마그기 유시한 경우가 많다.

② 동일한 유형의 펀드라면 수익과 위험의 구조, 그리고 벤치마크는 모두 동일하다.

③ 2개 이상의 시장지수나 섹터지수를 합성한 합성지수도 벤치마크로 사용할 수 있다.

④ 벤치마크는 평가기간이 시작되기 전에 정의되어야 한다.

> **해설**
> 동일한 유형의 펀드라도 수익과 위험의 구조, 그리고 벤치마크는 모두 다르다.

65 새로운 상황전개로 인해 기존 자산 포트폴리오의 기대수익과 위험에 영향을 주기 위해 자산집단의 매입, 매각을 통해서 자산포트폴리오를 구성하는 것은?

① 리밸런싱 ② 업그레이딩

③ 인덱싱전략(Index) ④ 중소형주 투자전략(Small-Cap)

> **해설**
> 업그레이딩에 대한 설명이다. 업그레이딩은 위험에 비해 상대적으로 높은 기대수익을 얻고자 하거나 기대수익에 비해 상대적으로 낮은 위험을 부담하도록 자산 포트폴리오의 구성을 수정하는 것을 의미한다.

66 위험의 정도를 측정하기 위한 미래수익률의 분산도를 측정하는 데 사용되는 도구가 아닌 것은?

① 범 위 ② 표준편차

③ 변동계수 ④ 최대손실예상금액(VaR)

> **해설**
> 미래수익률의 분산도를 측정하기 위해서 범위, 분산, 표준편차, 변동계수 등이 이용되며, 최대손실예상금액(VaR)은 수익의 분산도 측정과는 상관없는 위험지표이다.

67 무위험이자율이 5.6%이고, 주식시장 위험프리미엄이 2.1%인 경우 주식 기대수익률은 얼마인가?

① 7.7%

② 7.8%

③ 7.9%

④ 8.8%

> **해설**
>
> 다음과 같이 펀더멘털 분석법 계산식을 사용한다.
> 주식 기대수익률 = 무위험이자율 + 주식시장 위험프리미엄
> 따라서 주식 기대수익률 = 5.6% + 2.1% = 7.7%

68 전략적 자산배분의 실행과정에 대한 설명으로 잘못된 것은?

① 중단기적 자산구성으로 인한 투자성과를 일정 수준으로 유지할 수 있다.

② 중단기적으로 자산의 수익률, 위험 등은 일정하다고 가정한다.

③ 단기적인 시장상황 변화에 무관한 자산구성을 정한다.

④ 최적포트폴리오를 구성하기 위해 시장 상황에 따라 지속적으로 포트폴리오를 재조정한다.

> **해설**
>
> 장기투자를 지향하므로 최적포트폴리오 구성 시 사용한 포트폴리오는 시장상황의 변화에 따라 재조정하지 않는다.

69 전술적 자산배분전략의 실행도구에 해당하지 않는 것은?

① 기술적 분석방법

② 가치평가모형

③ 시장가치 접근방법

④ 역투자전략

> **해설**
>
> 시장가치 접근방법은 포트폴리오 내 자산구성 비중을 시장의 시가총액 비율과 동일하게 구성하는 방법으로 전략적 자산배분전략의 실행방법 중 하나이다.

70 시장과 역으로 투자함으로써 고수익을 지향하고자 하는 전략으로 주가가 하락하면 주식을 매수하고 주가가 상승하면 주식을 매도하는 투자전략에 해당하는 것은?

① 가치평가모형

② 현금흐름할인모형

③ 기술적분석

④ 포뮬러플랜

> **해설**
>
> 포뮬러플랜은 시장과 역으로 투자함으로써 고수익을 지향하고자 하는 전략으로 정액법과 정률법이 있다.

01 주식은 위험자산으로 분류되기 때문에 채권에 비해서 위험은 높으나 수익성도 높다. (   )

02 전략적 자산배분은 자산집단에 대한 장기적인 투자비중과 중기적인 변동 한도를 결정하는 의사결정이다. (   )

03 벤치마크는 펀드의 기준수익률을 의미하며 펀드 성과를 평가하기 위한 평가시점에서 설정되어야만 한다. (   )

04 선략석 자산배분이란 시장변화에 따라 자산 구성 비율을 능동적으로 변화시켜 운용성과가 일정수준 이하로 되는 것을 방지하고 수익을 향유하는 기법이다. (   )

05 시나리오분석법은 주요 거시경제변수의 예상 변화과정을 시나리오로 구성하고 각 시나리오별로 발생확률을 부여하여 자산별 기대수익률을 측정하는 방법이다. (   )

06 시장가격이 상승하면 매수하고, 시장가격이 하락하면 매도하여 시장가격의 움직임과 반대의 활동을 하기 때문에 역투자전략이라고 한다. (   )

정답

01 O
02 O
03 × 벤치마크는 평가시점이 아니라 펀드 설정시점에 설정되어야 한다.
04 × 포트폴리오 인슈어런스에 대한 설명이다.
05 O
06 × 시장가격이 상승하면 매도하고, 시장가격이 하락하면 매수하여 시장가격의 움직임과 반대의 활동을 하기 때문에 역투자전략이라고 한다.

07 전략적 투자전략이란 기대수익률과 위험수준이 다양한 여러 자산집단(Asset Class)을 대상으로 투자자금을 배분하여 최적의 자산포트폴리오를 구성하는 일련의 투자과정을 말한다.　　（　　）

08 전략적 자산배분전략은 효율적인 투자기회선과 투자자의 효용함수의 접점에서 자산배분 비중이 결정된다.　　（　　）

09 단기적 판단으로 저평가 자산을 매수하고, 고평가 자산은 매도하여 펀드성과를 높이려는 전략은 전술적 자산배분전략이다.　　（　　）

10 시장공동예측치 사용법은 주식의 기대수익률을 무위험이자율에 주식시장의 위험 프리미엄을 합산한 값으로 계산한다.　　（　　）

정답 ✏️

07 ✕ 자산배분(Asset Allocation)의 정의이다.
08 ○
09 ○
10 ✕ 펀더멘탈분석법은 주식의 기대수익률을 무위험이자율에 주식시장의 위험 프리미엄을 합산한 값으로 계산한다.

CHAPTER 03 펀드평가

01 투자자 관점의 성과평가에 대한 설명으로 가장 적절하지 못한 것은?

① 투자할 때 기대했던 수익을 달성하였는가를 평가하는 것이다.
② 투자자 관점의 성과평가는 자산배분, 투자시점, 선정한 집합투자기구의 성과 등을 모두 고려한다.
③ 투자자가 앞으로 얻게 될 것으로 기대되는 수익규모를 바탕으로 측정한다.
④ 투자자 관점의 성과평가와 달리 펀드의 성과평가는 펀드의 운용결과가 양호했는지 여부에 초점을 맞춘다.

> **해설**
> 투자자가 향유한 실제 수익규모를 측정하는 것을 기반으로 한다.

02 집합투자기구의 분석 및 평가에 대한 설명으로 바르지 못한 것은?

① 집합투자기구의 평가는 우열이나 순위를 가리는 과정을 말한다.
② 집합투자기구를 평가하기 위한 기준은 집합투자기구의 유형과 벤치마크를 설정하는 것이다.
③ 1차 계량적 성과 측정은 수익률, 위험, 위험조정성과 등을 평가한다.
④ 펀드 운용결과를 분석하는 목적은 환매나 재투자여부를 결정하기 위한 것이다.

> **해설**
> 펀드 운용결과를 분석하는 목적은 펀드 운용의 법적 절차를 확인하기 위함이다.

03 운용회사의 운용성과 발표 시 평가기준에 대한 설명으로 틀린 것은?

① 충분히 긴 기간 동안 비교하는 등 특정 운용회사에게 유리하지 않게 비교기간을 정한다.
② 운용 회사별로 대표성을 지니고 있는 주요 집합투자기구들 간에 비교하는 것이 바람직하다.
③ 특정 집합투자기구에 지나치게 큰 영향이 없고 평가대상 집합투자기구들의 규모에 상관없이 산술평균수익률로 측정한다.
④ 현재 존재하는 집합투자기구만을 대상으로 성과를 측정하여 비교하는 것은 바람직하지 않다.

> **해설**
> 다수의 집합투자기구 중 대표적인 집합투자기구에 대해서만 성과를 발표하면 대표 집합투자기구가 아닌 집합투자기구가 누락되는 상황이 생겨 전체 집합투자기구의 성과에 대한 오류가 발생한다.

04 펀드 수익률의 계산 방법에 대한 설명 중 틀린 것은?

① 투자 원금에 비해 증감한 금액의 크기를 말한다.
② 환매 시의 기준가에서 가입 시의 기준가를 차감한 부분이 이익의 크기가 된다.
③ 펀드의 결산으로 분배가 이루어지면 이를 포함한다.
④ 집합투자기구 분배율을 고려하지 않고 산정할 시 수익률이 높게 나타난다.

해설

분배가 있는 날에는 집합투자기구 기준가가 일반적으로 떨어지기 때문에 집합투자기구 분배율을 고려하지 않고 수익률을 산정하는 경우에는 수익률이 낮게 산정된다.

05 펀드 분석 및 평가의 목적에 대한 설명으로 가장 적절하지 못한 것은?

① 펀드를 선정하는 것은 투자하기 좋은 펀드를 고르기 위한 것이다.
② 펀드 모니터링은 향후 펀드의 기대 수익률을 계산하기 위함이다.
③ 펀드 운용결과 분석은 해당 펀드에 대한 재투자 여부를 판단하는 것이다.
④ 궁극적으로 펀드의 우열이나 순위를 가리는 과정이다.

해설

펀드의 운용결과 분석은 펀드 운용결과의 실패 또는 성공 여부를 분석하여 재투자 여부를 결정하는 것이고, 펀드 모니터링은 투자한 펀드의 정상적인 운용 여부를 판단하는 것이다.

06 투자자 관점의 성과평가로 바르지 못한 것은?

① 자산배분의 선택
② 투자시점의 결정
③ 투자한 집합기구의 성과
④ 펀드의 운용결과가 양호하였는지의 여부

해설

투자자 관점의 성과평가가 자산배분, 투자시점, 선정한 집합투자기구의 성과 등을 모두 고려하여 투자자의 수익이 만족할 만한 수준이었는지 판단하는 것인데 비해, 펀드의 성과평가는 펀드의 운용결과가 양호했는지 여부에 초점을 맞춘다.

07 다음 중 일반적인 펀드 분석 및 평가의 목적으로 볼 수 없는 것은?

① 투자하기 좋은 펀드를 고르기 위해
② 투자하고 있는 펀드의 운용성과를 높이기 위해
③ 투자한 펀드가 정상적으로 운용되고 있는지 판단하기 위해
④ 투자결과를 판단하고 재투자여부를 결정하기 위해

> **해설**
> 펀드 분석 및 평가정보를 이용하는 목적은 일반적으로 다음과 같다.
> • 투자하기 좋은 펀드를 고르기 위해
> • 투자한 펀드가 정상적으로 운용되고 있는지 판단하기 위해
> • 투자결과를 판단하고 재투자여부를 결정하기 위해

08 젠센의 알파에 대한 다음 설명 중 적절하지 못한 것은?

① 젠센의 알파는 수치가 높을수록 펀드운용이 양호하다는 것을 의미한다.
② 종목선택 및 시장흐름을 정확히 분석하였는지를 평가하는 데 유용하다.
③ 종목선택정보와 시장예측정보를 정확하게 구분할 수 있는 장점이 있다.
④ 시장의 평균 수익률과의 관계를 베타 값으로 표시하고 있다.

> **해설**
> 젠센의 알파는 종목선택정보와 시장예측정보를 정확하게 구분하지 못하는 단점이 있다.

09 다음은 펀드를 평가한 결과이다. 가장 성과가 좋은 펀드는?

① 유형평균수익률을 초과하였고 베타 값이 큰 펀드
② 벤치마크수익률을 초과하였고 표준편차 값이 작은 펀드
③ 유형평균수익률을 초과하였고 표준편차 값이 큰 펀드
④ 벤치마크수익률을 초과하였고 샤프 값이 작은 펀드

> **해설**
> 벤치마크수익률과 유형(Peer Group)평균수익률을 초과하였으면 성과가 좋았고, 표준편차와 베타가 작으면 위험도 작은 것이다. 샤프값이 크면 조정성과가 높다.

10 다음은 펀드 성과를 평가하는 여러 척도들이다. 위험조정성과 지표가 아닌 것은?

① 표준편차   ② 샤프비율

③ 젠센의 알파   ④ 정보비율

> **해설**
> 표준편차는 단순히 위험에 대한 지표로서 절대적 위험과 평균과의 떨어진 정도를 나타내는 지표이다.

11 펀드 평가결과가 양호한 집합투자기구로 보기 어려운 것은?

① 수익률이 상대적으로 높은 집합투자기구
② 위험이 절대적으로 낮은 집합투자기구
③ 위험조정성과가 상대적으로 낮은 집합투자기구
④ 평가등급이 높은 집합투자기구

> **해설**
> 위험조정성과는 위험을 감수했을 때 얻을 수 있는 수익을 나타내는 지표로 위험조정성과가 절대적·상대적으로 높은 집합투자기구를 양호한 집합투자기구로 간주한다.

12 펀드의 모니터링에 대한 설명으로 가장 적절하지 못한 것은?

① 펀드는 장기간 투자하면 목표한 수익률을 실현할 확률이 높아진다.
② 집합투자기구 성과에 대한 모니터링은 시장상황과 성과원인에 중점을 둔다.
③ 보유자산과 매매현황은 향후 기대수익률을 계산하기 위함이다.
④ 자금흐름은 펀드의 종합적인 상황을 반영한 결과이기 때문에 모니터링한다.

> **해설**
> 보유자산과 매매현황은 성과원인과 특성의 변화 여부를 파악하기 위한 것이다.

13 다음의 위험 중 상대적 위험에 속하지 않는 것은?

① VaR
② 공분산
③ 베 타
④ 초과수익률

> **해설**
> VaR과 표준편차(분산)는 절대적 위험에 속한다. 나머지는 상대적 위험에 속한다.

14 집합투자기구의 분석 및 평가의 주요 대상에 해당하지 않는 것은?

① 집합투자기구의 벤치마크 정보
② 집합투자기구의 가격정보
③ 포트폴리오 정보
④ 운용회사 및 운용자에 대한 정보

해설

집합투자기구의 분석 및 평가를 위해서는 집합투자기구의 가격정보, 포트폴리오 정보, 운용회사 및 운용자에 대한 정보가 필요하다.

15 다음 중 베타에 대한 설명 중 틀린 것은?

① 베타가 1보다 크다는 것은 집합투자기구를 방어적으로 운용했다는 의미이다.
② 베타는 집합투자기구의 수익률이 벤치마크 수익률의 변동에 얼마나 민감한지를 나타내준다.
③ 베타는 무위험 이자율을 초과하는 포트폴리오 수익률을 무위험 이자율을 초과하는 벤치마크의 수익률에 대하여 회귀분석한 직선의 기울기이다.
④ 자산배분을 사전에 정하고 실제 운용하는 단계에서는 벤치마크를 추구하는 경우에 적합하다.

해설

베타가 1보다 크다는 것은 집합투자기구를 공격적으로 운용했다는 의미이다.

16 다음 중 집합투자기구의 수익과 위험을 측정하기 위한 집합투자기구의 가격정보에 해당하지 않는 것은?

① 기준가격
② 설정좌수
③ 수익률
④ 분배율

해설

수익률은 위험, 위험조정성과, 펀드 등급과 함께 펀드의 성과측정을 위한 지표이다. 집합투자기구의 가격정보는 기준가격, 설정좌수, 분배율 등이다.

17 펀드의 등급(Rating)에 대한 설명 중 틀린 것은?

① 펀드의 수익률과 위험을 종합적으로 판단할 수 있도록 산출한 평가척도이다.

② 펀드의 성과가 발생한 과정과 원인을 잘 설명해 주며, 미래의 성과 가능성을 예측할 수 있도록 도와준다.

③ 일반적으로 위험조정성과를 산출한 후 순위를 부여하여 이를 표식(별표, 태극마크 등)과 문자 (AAA, AA 등)로 표현한 것이다.

④ 펀드 평가회사의 고유철학과 방법론에 따라 산출한 것으로 투자판단의 시발점으로 삼을 필요는 있으나 절대적으로 의존하는 것은 바람직하지 않다.

> **해설**
> 펀드 등급은 통상 과거의 성과를 바탕으로 부여하는 것이 일반적이며 성과우열을 가려주기는 하나 성과우열이 발생한 원인을 해석해 주지 못하기 때문에 미래의 성과 가능성을 예측할 수 있도록 도와준다고 단정하기 어렵다.

18 다음 보기에서 내용을 가장 잘 나타내는 용어는?

> 적극적 투자활동의 결과로 발생한 초과수익률과 초과수익률에 대한 표준편차의 비율로 평가비율이 라고 한다.

① 샤프비율

② 젠센의 알파

③ 정보비율

④ 트레이너비율

> **해설**
> 조정 후 평가방법으로 샤프비율, 젠센의 알파, 그리고 정보비율이 있는데 보기는 정보비율에 대한 설명이다.

19 펀드 평가 프로세스 중 성과우열 가리기에 해당하는 단계가 아닌 것은?

① 수익률 측정

② 위험조정성과 측정

③ 기대수익률 수정 및 분석

④ 등급 부여

> **해설**
> 펀드 평가 프로세스 중 성과우열 가리기는 수익률 측정, 위험 측정, 위험조정성과 측정, 등급 부여 등의 절차를 통해서 이루어진다.

20 국내 펀드 평가회사에 대한 설명으로 가장 적절하지 못한 것은?

① 펀드 평가회사는 일정한 요건을 갖추고 금융감독원에 등록해야 한다.
② 주요 업무는 펀드 평가 및 분석정보를 생성하여 제공하는 것이다.
③ 개인투자자에게는 인터넷을 통해 유·무료 펀드 정보를 제공한다.
④ 판매회사에게는 고객 및 직원에게 배포할 펀드 평가 보고서를 제공한다.

> **해설**
> 펀드 평가회사는 일정한 요건을 갖추고 금융감독원이 아니라 금융위원회에 등록해야 한다.

21 펀드의 평가에 대한 다음의 설명 중 틀린 것은?

① 성과요인 분석이란 성과의 원인을 파악하는 일련의 계량 분석과정이다.
② 성과요인은 시장예측 능력과 종목선정 능력으로 구분한다.
③ 수익률, 위험, 위험조정성과 등은 집합투자기구의 우열의 원인을 잘 설명해 준다.
④ 종목선정이란 시장 흐름에 관계없이 벤치마크보다 성과가 높을 종목을 선택하려는 운용방법이다.

> **해설**
> 수익률, 위험, 위험조정성과 등은 집합투자기구 및 운용회사에 대한 절대평가와 상대평가를 실시하고 성과의 우열을 가린다.

22 집합투자기구의 유형 분류에 대한 설명으로 가장 적절하지 못한 것은?

① 평가의 공정성과 객관성 확보를 위해 성격이 비슷한 펀드를 분류한 것이다.
② 펀드 평가회사는 법률 또는 표준약관의 기준과는 달리 별도의 펀드 분류기준을 가지고 펀드의 유형을 분류하는 것이 일반적이다.
③ 주식 스타일은 위험성에 따라 구분하고 대·중·소형주를 나누어 구분한다.
④ 펀드가 어떤 유형에 속하느냐에 따라 상대적인 우열이 바뀔 수 있다.

> **해설**
> 주식 스타일은 성장·가치에 따라 구분하고 대·중·소형주를 나누어 구분한다.

23 펀드의 유형 분류 및 벤치마크 설정에 대한 설명으로 잘못된 것은?

① 채권 스타일은 듀레이션의 장·중·단기에 따라, 신용등급의 고·중·저에 따라 분류한다.

② 여러 지수를 합성한 지수는 벤치마크로 사용할 수 없다.

③ 벤치마크는 기준수익률의 의미로 평가시점이 아닌 운용이전에 설정해야 한다.

④ 동일한 유형의 집합투자기구라면 수익과 위험의 구조가 유사하고 벤치마크가 유사하다는 특징을 가지므로, 수익과 위험구조는 펀드의 평가기준이 된다.

해설
시장지수뿐만 아니라 여러 지수를 합성한 지수도 벤치마크로 사용할 수 있다.

24 벤치마크에 대한 설명과 거리가 먼 것은?

① 펀드의 성과와 비교되는 기준으로 성과평가의 기준이 되는 수익률을 의미한다.

② 벤치마크는 집합투자기구의 특성과 상관없이 단일한 기준을 설정하여 상호 비교를 용이하게 한다.

③ 벤치마크는 집합투자기구 운용자가 운용을 하는 데 지침이 되어야 하며, 평가기간이 시작되기 전에 미리 정의되어 있어야 한다.

④ 벤치마크는 집합투자기구의 운용자가 일방적으로 정하는 것이 보통이다.

해설
벤치마크는 집합투자기구의 특성을 반영하여 집합투자기구별로 정해진다.

25 다음은 집합투자업자의 성과 측정 시 주의사항이다. 잘못된 것은?

① 특정운용회사에게 유리하지 않게 충분히 긴 기간 동안을 비교기간으로 정해야 한다.

② 운용회사별 대표성을 지니고 있는 펀드로만 측정하는 것은 바람직하지 못하다.

③ 펀드의 규모에 관계없이 산술평균 수익률을 사용하여 평가한다.

④ 현재 존재하는 펀드대상으로만 성과를 측정하면 성과가 나쁜 펀드는 사라지고 없기 때문에 성과가 왜곡될 수 있다.

해설
펀드의 규모에 따라 가중평균하여 평가해야 한다.

26 바람직한 벤치마크의 특성으로 보기 어려운 것은?

① 명확성

② 시장투영성

③ 투자가능성

④ 현재 투자견해를 반영

> **해설**
>
> 바람직한 벤치마크의 특성은 명확성, 투자가능성, 측정가능성, 적합성, 현재 투자견해를 반영, 사전에 정의 등 6가지로 정의된다.

27 금액가중수익률에 대한 설명으로 잘못된 것은?

① 내부수익률로 나타내는 것이 일반적이다.

② 운용기간 중 현금흐름에 영향을 받는다.

③ 투자자의 실제 수익률을 가장 적절하게 표현한다.

④ 벤치마크 및 유형과 상대비교가 가능하다.

> **해설**
>
> 금액가중수익률은 가장 일반적인 내부수익률로 현금흐름을 반영하여 투자자의 실제 수익률을 가장 적절하게 반영할 수 있는 방법으로 평가한다. 하지만 현금흐름 내용이 전혀 다른 벤치마크 등 여타 유형과 상대비교는 어려운 단점이 있다.

28 벤치마크의 종류 중 자산유형에 소속된 모든 대상 종목을 포함한 것으로 운용에 특이한 제약조건이 없는 경우에 적합한 것은 무엇인가?

① 합성지수

② 스타일지수

③ 시장지수

④ 물가지수

> **해설**
>
> 합성지수는 복수의 자산 유형에 투자하는 경우, 스타일지수는 자산유형 중 특정한 성격을 지니는 대상에 집중 투자하는 경우를 의미한다. 위의 설명은 시장지수에 대한 설명이다.

29 벤치마크의 종류에 대한 다음의 설명 중 틀린 것은?

① 시장지수는 운용에 특이한 제한이 없는 경우 적합한 지수이다.

② 섹터지수는 특정분야에 집중 투자하는 경우 적합한 지수이다.

③ 합성지수는 복수의 자산 유형에 투자하는 경우 적합한 지수이다.

④ 정상 포트폴리오는 주식형 BM으로 많이 활용된다.

> **해설**
>
> 정상 포트폴리오는 채권형 BM으로 많이 활용된다.

30 다음 중 운용을 잘한 펀드로 볼 수 없는 것은?

① 표준편차는 작고 수익률은 높은 펀드
② 수익률은 높고 베타가 작은 펀드
③ 환매가 용이한 펀드
④ 샤프비율은 높고 젠센의 알파는 낮은 펀드

해설

수익률이 높고 표준편차와 베타는 작으며 샤프비율과 젠센의 알파는 높은 것이 운용을 잘한 펀드이다. 표준편차와 베타는 위험의 측정 시 사용되는 지표로서 표준편차는 절대적 위험을, 베타는 상대적 위험을 나타낸다.

31 펀드 운용의 목표가 되는 벤치마크와 관련이 없는 것은?

① 펀드별 성과평가의 기준이다.
② 투자 전략 수립의 기초자료이다.
③ 적극적인 투자유형의 펀드를 만들 때 기준이 된다.
④ 대표적인 벤치마크 지수로는 MSCI 지수 등이 있다.

해설

벤치마크는 성과의 기준이 되는 수익률로 적극적인 펀드를 만들 때 기준이 되는 것은 아니다.

32 집합투자기구 유형 그룹 수익률에 관한 설명 중 틀린 것은?

① 부실한 운용이 왜곡되는 생존계정의 오류를 제거할 수 있다.
② 일부 집합투자기구만으로 나타나는 대표계정의 오류를 제거할 수 없다.
③ 운용회사에 속한 집합투자기구 전체를 하나로 간주하고 수익률을 측정한다.
④ 하나의 수익률로 나타냄으로써 수익률 측정기간을 일치시키면 객관적으로 운용사 간의 성과비교가 가능하다.

해설

일부 집합투자기구만으로 나타나는 대표계정의 오류를 제거할 수 있다.

33 주식 갑의 수익률에 대한 계산으로 옳은 것은?

상 황	발생확률	주식 갑
호 황	0.4	40%
정 상	0.4	15%
불 황	0.2	-30%

① 15% ② 16%
③ 18% ④ 20%

> **해설**
> 각 상황별로 발생가능한 수익률에 그 상황이 발생할 확률을 곱한 다음 이의 합을 구하여 계산한다.
> 주식 갑의 기대수익률 = (0.4 × 40%) + (0.4 × 15%) + (0.2 × -30%) = 16%

34 펀드 유형 분류 및 벤치마크 설정은 펀드 평가 프로세스의 기본단계에 해당한다. 이에 대한 설명 중 옳은 것은?

① 펀드 운용전략은 정의하기가 어렵고 펀드마다 다르기 때문에 이를 유형 분류 기준으로 사용하지 않는다.
② 펀드 벤치마크는 펀드의 기준수익률로 엄밀한 상대평가를 위해 펀드 평가시점에서 설정하는 것이 바람직하다.
③ 시장지수뿐만 아니라 여러 가지를 합성한 지수도 명확성, 투자가능성, 측정가능성, 적정성 등의 요건만 갖춘다면 펀드 벤치마크로 사용가능하다.
④ 펀드 유형은 펀드과정을 상대, 비교평가하기 위한 동일 유형 집단으로서 투자자의 투자계획 과정에서 큰 의미가 없다.

> **해설**
> ① 펀드 운용전략은 유형으로 분류하는 것이 적합한 기법이다.
> ② 펀드 벤치마크는 펀드 설정시점에 설정되어야 한다.
> ④ 투자자는 펀드 유형을 검토하고 분석하여 자신에게 맞는 투자 철학을 가진 펀드를 선택할 수 있다.

35 집합투자기구의 위험의 측정에 대한 설명으로 가장 적절하지 못한 것은?

① 투자에 있어 위험은 실제수익률이 기대수익률과 같지 않을 가능성이다.
② 베타, 공분산, 초과수익률, 상대VaR 등은 상대적 위험지표에 해당한다.
③ 절대적 위험지표는 표준편차, 최대손실예상금액(VaR) 등이다.
④ 비교대상의 존재 여부에 따라 체계적 위험과 비체계적 위험으로 구분한다.

> **해설**
> 비교대상의 존재 여부에 따라 절대적 위험과 상대적 위험으로 구분한다.

36 샤프비율에 대한 설명으로 가장 적절하지 못한 것은?

① 수익률을 각 위험별로 구분하지 않고 전반적인 위험 속에서 달성한 수익률을 구하는 것이다.

② 샤프비율이 높으면 위험조정 후 성과가 좋은 것으로 평가할 수 있다.

③ 평가기간이 동일한 경우 다른 펀드와 비교할 수 있다.

④ 샤프비율은 일간수익률, 주간수익률, 월간수익률 등 수익률 구간에 따라 상이한 평가결과를 도출할 수 있다.

> 해설
> 수익률을 위험으로 나누어 위험 한 단위당 수익률을 구하는 것이다.

37 샤프비율에 대한 설명으로 가장 적절하지 못한 것은?

① 초과수익률이 부(−)인 경우 평가가 어려운 것이 단점이다.

② 정규분포의 통계적 속성에 따라 장기수익률을 측정하는 것이 바람직하다.

③ 샤프비율 계산을 위한 위험지표는 전체 위험을 나타내는 표준편차를 사용한다.

④ 샤프비율이 높으면 성과가 좋은 것이고, 낮으면 성과가 부진한 것을 의미한다.

> 해설
> 샤프비율은 위험지표 중 위험 한 단위당 수익률을 구하는 방식이지 전반적인 위험을 나타내는 지표가 아니다.

38 초과수익률과 집합투자기구의 초과수익률에 대한 표준편차의 비율을 나타내는 위험조정성과 지표는 무엇인가?

① 샤프비율

② 정보비율

③ 알파지수

④ 위험지표지수

> 해설
> 벤치마크를 초과한 수익을 얻는 원천이 집합투자기구 운용자만의 고유한 정보 때문이라고 여기기 때문에 정보비율이라고 부른다.

39 위험을 측정하는 용어에 대한 설명이다. 틀린 것은?

① 샤프비율이란 표준편차로 측정한 위험을 1만큼 더 부담함으로써 얻은 초과수익률을 나타내는 지표이다.
② 일정기간 동안의 수익률이 동일 기간의 평균수익률과 비교하여 변동한 범위를 측정하는 변동성 지표이다.
③ 정보비율이란 집합투자기구의 실제수익률이 시장균형을 가정한 경우의 수익률보다 얼마나 더 높은지를 측정하는 지표이다.
④ 베타란 시장수익률이 변할 때 펀드수익률은 얼마나 변화했는가를 나타내는 민감도지표이다.

> **해설**
> 집합투자기구의 실제수익률이 시장균형을 가정한 경우의 수익률보다 얼마나 더 높은지를 측정하는 지표는 젠센의 알파에 대한 설명이다.

40 위험조정성과에 대한 설명으로 가장 거리가 먼 것은?

① 샤프비율은 일정기간 동안 위험 단위당 포트폴리오의 초과수익률을 나타낸 것이다.
② 젠센의 알파는 실제수익률이 시장균형을 가정한 경우의 기대수익률보다 얼마나 높은지를 나타내는 지표이다.
③ 정보비율은 적극적 투자활동의 결과로 발생한 기대수익률과 기대수익률에 대한 표준편차의 비율을 나타내는 지표이다
④ 일정한 기간 동안의 펀드 수익률이 그 기간 동안의 벤치마크 수익률과 얼마나 차이가 나는가를 측정하는 지표는 트래킹 에러이며 추적오차라고도 한다.

> **해설**
> 정보비율은 적극적 투자활동의 결과로 발생한 초과수익률과 초과수익률에 대한 표준편차의 비율을 나타내는 지표이다.

41 위험조정성과에 대한 설명으로 적절하지 못한 것은?

① 펀드수익률이 26%, 무위험수익률 5%, 표준편차 21이라면 샤프비율은 2.0이다.
② 트레이너비율은 체계적 위험 만기 초과수익에 기여한다는 관점에서 베타를 시용한다.
③ 젠센의 알파는 종목선택과 시장예측정보를 구분하지 못한다.
④ 정보비율은 집합투자기구의 초과수익률에 대한 표준편차의 비율을 의미한다.

> **해설**
> 샤프비율 = (펀드수익률 – 무위험수익률) / 펀드 표준편차
>   = (26 – 5) / 21 = 1
> 샤프비율은 1.0이다.
> 샤프비율이 높다는 것은 펀드의 변동성 한 단위당 초과수익이 높다는 것을 의미한다.

42 다음 중 위험의 측정에 대한 설명으로 바르지 못한 것은?

① 베타가 작은 집합투자기구가 상대적으로 위험이 작은 집합투자기구이다.

② 표준편차가 큰 집합투자기구가 위험이 작은 집합투자기구이다.

③ 트래킹 에러는 벤치마크와의 추적오차로 그 자체가 위험의 측정치이기 하고 수익의 원천이기도 하다.

④ 트래킹 에러를 부담했을 때 얼마나 수익이 났는지에 따라 평가한다.

해설

표준편차가 작은 집합투자기구가 위험이 작은 집합투자기구다.

43 '투자자들은 동일한 위험 하에서는 기대수익률이 높은 주식을, 동일한 기대수익률 하에서는 낮은 위험의 주식을 선택한다.'는 이론은?

① 증권시장선

② 지배의 원리

③ 포트폴리오 이론

④ 무차별곡선

해설

투자자는 동일한 위험 하에서는 기대수익률이 높은 투자안을 선택하고, 동일한 기대수익률 하에서는 위험이 낮은 투자안을 선택한다는 이론을 '지배의 원리'라 한다. 그리고 이 원리를 만족시키는 자산을 효율적 자산(포트폴리오)이라고 한다.

44 포트폴리오 구성종목수가 많을수록 투자위험이 줄어드는 이유는?

① 여러 주식 중에는 위험이 낮은 종목이 많기 때문이다.

② 여러 주식 중에는 수익률이 높은 종목이 많기 때문이다.

③ 여러 주식의 투자위험을 합하면 비체계적 위험이 제로가 되기 때문이다.

④ 수익률 분포양상이 다른 주식이 많으면 전체수익률은 시장수익률에 가깝기 때문이다.

해설

위험이 서로 다른 개별종목을 합하면 개별주식의 고유 위험인 비체계적 위험은 제로(0)가 되고 시장위험인 체계적 위험만 부담하면 된다.

45 베타계수가 '1'인 증권시장의 전체 주식으로 구성된 포트폴리오는?

① 효율적 포트폴리오
② 시장 포트폴리오
③ 최적 포트폴리오
④ 최소분산 포트폴리오

해설

베타계수란 시장수익률 변동치에 대한 개별주식(포트폴리오) 수익률의 변동치를 의미한다. 따라서 증권시장의 모든 주식으로 구성된 포트폴리오는 베타계수가 '1'이며, 이를 '시장 포트폴리오'라고 한다. 그리고 베타계수가 '1'보다 크면 공격적 주식, '1'보다 작으면 방어적 주식이라고 한다.

46 다음 베타계수에 관한 설명 중 적절하지 않은 것은?

① 베타계수가 제로(0)인 증권의 기대수익률은 제로(0)이다.
② 시장에서 거래되는 모든 주식의 평균 배타계수는 1이다.
③ 베타계수가 1보다 크면 시장수익률보다 위험이 크다.
④ 베타계수가 1이면 시장수익률과 위험이 같다.

해설

베타는 집합투자기구의 수익률이 벤치마크 수익률의 변동에 대하여 어느 정도 민감도를 가지고 있는가를 나타내는 지표로 베타가 작을수록 위험이 작은 것으로 판단한다. 베타계수가 제로(0)인 증권은 시장수익률과 관계없이 일정한 수익이 발생하므로 무위험수익률이 된다.

더 알아보기 ➡ 베타(상대적 위험)

- 베타 = 1 : 시장과 동일하게 반응하는 집합투자기구
- 베타 > 1 : 시장변화보다 크게 반응하며 공격적으로 운용한 집합투자기구
- 베타 < 1 : 시장변화보다 둔감하며 방어적으로 운용한 집합투자기구

47 다음 중 시장 포트폴리오로도 제거할 수 없는 위험은?

① 금리변동위험
② 개별기업위험
③ 노사분규발생위험
④ 비체계적 위험

해설

시장 포트폴리오로도 제거할 수 없는 위험은 체계적 위험이다. 체계적 위험은 경기변동, 금리, 통화량, 물가, 전쟁 등 개별기업에 한하지 않는 시장전체에 미치는 위험을 말한다.

48 동일한 위험수준에서 기대수익률이 보다 높은 포트폴리오의 집합은?

① 증권특성선
② 증권시장선
③ 최소분산 포트폴리오
④ 효율적 투자선

해설

증권시장에서 존재하는 주식으로 분산투자를 통하여 구성할 수 있는 포트폴리오는 무수히 많다. 이 무수한 포트폴리오 가운데서 위험은 낮으면서 수익률이 가장 높은 포트폴리오들이 존재한다. 이러한 포트폴리오들의 집합을 효율적 포트폴리오라고 하며, 이를 연결한 선을 효율적 투자선이라고 한다.

49 A주식의 수익률은 호황 시 +20%, 불황 시 −20%이고, B주식의 수익률은 호황 시 −10%, 불황 시 +10%라면 두 주식만으로 구성된 최소분산포트폴리오는?

① A : B = 1 : 2
② A : B = 2 : 1
③ A : B = 1 : 1
④ A : B = 0 : 2

해설

두 주식의 상관관계는 서로 정반대 방향으로 움직이므로 (−1)이다. 상관계수가 (−1)이므로 변동성의 크기에 반비례가 되도록 투자비율을 정하면 최소분산포트폴리오(위험이 가장 적은 포트폴리오)가 된다. 주식 A의 변동성이 주식 B의 변동성의 2배이므로 투자비율은 B를 A의 2배만큼 많이 투자하면 되므로 (A : B = 1 : 2)로 투자하면 된다.

50 포트폴리오 구성종목의 수가 계속 증가하면 포트폴리오의 총위험은 어디에 수렴하는가?

① 0
② 1
③ 체계적 위험
④ 비체계적 위험

해설

포트폴리오 구성종목의 수가 계속 증가하면 비체계적 위험은 없어지므로 체계적 위험만 부담하면 된다.

51 다음 중 지배의 원리를 만족시키는 포트폴리오는?

① 최적 포트폴리오
② 효율적 포트폴리오
③ 효율적 투자선
④ 무위험 포트폴리오

해설

개별증권 또는 2개 이상의 개별증권으로 구성된 포트폴리오 기대수익률과 표준편차에 관한 좌표상에서, 동일한 기대 수익률을 갖는 서로 다른 투자안의 경우에는 수익률의 분산(위험)이 작은 투자안으로, 동일한 위험을 갖는 서로 다른 투자안의 경우에는 기대수익이 높은 투자안으로 구성된 포트폴리오를 말하며 이러한 포트폴리오를 효율적 포트폴리오라고 부른다.

52 자산배분의 중요성에 관한 설명 중 가장 적절하지 않은 것은?

① 투자상품의 다양화로 위험관리의 필요성 증대
② 투자위험관리의 필요성에 대한 인식 증대
③ 투자수익률 결정에 자산배분의 중요성 입증
④ 시장 초과수익률을 얻기 위해 단기적 시장대응의 필요성 증대

해설

자본시장의 단기적 변동성에 대한 대응이 아니라 중장기적 자산배분 활동이 수익률 향상에 도움이 된다는 인식이 확산되고 있다.

53 다음 중 자산집단에 관한 설명으로 적절하지 않은 것은?

① 자산집단 내에 분산투자가 가능하도록 하려면 개별종목수가 많아야 한다.
② 한 자산집단은 타 자산집단과 상관관계가 높아야 전체 투자위험을 감소시킬 수 있다.
③ 이자지급형 자산은 확정된 이자수익을 목적으로 하는 자산이다.
④ 투자자산은 투자수익이 확정되지 않고 투자성과에 따라 수익이 달라지는 자산이다.

해설

자산집단 간 서로의 상관관계가 낮아야 분산투자의 효과가 나타나 전체 투자위험을 감소시킬 수 있다.

54 어느 주식의 기대수익률이 12%, 위험(표준편차)은 15%인 정규분포에 따른다면 이 주식의 95.54%의 신뢰구간에서 투자수익은?

① (−3%)~(27%)
② (−18%)~(27%)
③ (−18%)~(42%)
④ (9%)~(39%)

해설

표준정규분포에 의하면 Z = 1, 2, 3에 대하여 다음과 같은 신뢰구간을 가진다.
• (평균) ± 1 × (표준편차) : 68.27%
• (평균) ± 2 × (표준편차) : 95.54%
• (평균) ± 3 × (표준편차) : 99.97%
따라서 12 ± 2 × (15%)이므로 정답은 (−18%)~(42%)가 된다.

55 위험선호형 투자자의 효용함수와 무차별곡선에 대하여 바르게 나타낸 것은?

① 효용함수가 원점에 대하여 볼록하며, 기울기가 높은 우상향곡선이다.
② 효용함수가 원점에 대하여 볼록하며, 기울기가 낮은 우상향곡선이다.
③ 효용함수가 원점에 대하여 오목하며, 기울기가 높은 우상향곡선이다.
④ 효용함수가 원점에 대하여 오목하며, 기울기가 낮은 우상향곡선이다.

해설

위험선호형 투자자의 효용함수는 원점에 대하여 볼록(투자수익의 증가에 따라 체증하는 형태)하며, 무차별곡선은 기울기가 낮은 우상향곡선이다. 반대로 위험회피형 투자자의 효용함수는 원점에 대하여 오목(투자수익의 증가에 따라 체감하는 형태)하며, 무차별곡선은 기울기가 높은 우상향곡선이다.

56 위험지표의 구분으로 가장 올바른 것은?

	절대적 위험	상대적 위험
①	베타	표준편차
②	초과수익률	VaR
③	VaR	공분산
④	공분산	베타

해설

절대적 위험척도에는 표준편차와 VaR, 상대적 위험척도에는 공분산과 베타, 초과수익률이 있다.

57 펀드의 성과평가에 대한 설명으로 잘못된 것은?

① 펀드를 운용하는 주체는 펀드 운용자이므로 운용회사의 운용능력은 평가대상에서 제외된다.
② 펀드에 일시불로 투자한 경우 투자자 관점의 성과평가 결과와 동일하다.
③ 펀드의 운용결과가 양호했는지 여부에 초점을 두고 있다.
④ 펀드 운용자가 역할을 수행할 수 있는 펀드의 성과에만 초점을 두고 있다.

해설

펀드운용의 성패는 펀드 운용자뿐만 아니라 펀드 운용자를 지원하는 회사의 시스템 등에 따라서도 결과가 달라질 수 있으므로 운용회사의 운용능력 또한 함께 평가한다.

58 투자환경 변동 등으로 포트폴리오의 위험감소나 수익률 증대를 위하여 보다 적극적으로 포트폴리오를 수정하는 방법은?

① 포트폴리오 업그레이딩
② 포트폴리오 리밸런싱
③ 효율적 포트폴리오
④ 포뮬러플랜

해설

포트폴리오 업그레이딩에 관한 설명이다.

59 이성적인 투자자가 자신의 위험선호도에 무관하게 자본시장의 모든 종목을 동일하게 선택하여 구성하는 포트폴리오는?

① 효율적 포트폴리오
② 최적 포트폴리오
③ 시장 포트폴리오
④ 최소분산 포트폴리오

해설

이성적인 투자자가 자신의 위험선호도에 무관하게 자본시장의 모든 종목을 동일하게 선택하여 구성하는 포트폴리오는 시장 포트폴리오이며 코스피지수가 대표적인 예이다.

60 다음의 투자운용스타일 중 성격이 가장 다른 운용스타일은?

① 시장투자 타이밍 포착법
② 인덱스펀드 운용기법
③ 단순매입보유전략
④ 평균투자법

해설

②·③·④는 소극적 운용스타일이고, ①은 적극적 운용스타일이다.

61 총투자금액 1억원으로 A, B, C, D 4개의 증권에 각각 10%, 20%, 30%, 40% 비율로 분산투자하고자 한다. 각 증권의 기대수익률은 각각 30%, 25%, 15%, 10%라고 할 경우 이 포트폴리오의 기대수익률은 얼마인가?

① 12.5%

② 14.5%

③ 16.5%

④ 18.5%

해설

포트폴리오의 기대수익률 = (0.1 × 30%) + (0.2 × 25%) + (0.3 × 15%) + (0.4 × 10%) = 16.5%

62 투자자 A는 1,000만원으로 위험자산과 무위험자산에 투자하고자 한다. 만약 위험자산의 기대수익률이 15%이고, 무위험자산의 기대수익률이 5%라면, 이 투자자가 목표수익률 20%를 달성하기 위한 최적자산구성은?

① 무위험자산에 333만원, 위험자산에 667만원을 투자한다.

② 무위험자산에 667만원, 위험자산에 333만원을 투자한다.

③ 무위험수익률로 330만원을 차입하여, 위험자산에 1,330만원을 투자한다.

④ 무위험수익률로 500만원을 차입하여, 총 1,500만원을 위험자산에 투자한다.

해설

투자자는 투자금 1,000만원으로 위험자산에 전부 투자하여도 150만원(15%)의 수익을 얻을 수밖에 없다. 목표수익률 20%를 얻기 위해서는 200만원의 수익을 얻어야 하는데 차액 50만원은 무위험수익률로 A만큼 차입을 하여 위험자산에 투자하여 초과수익을 얻으면 된다. A × (15% − 5%) = 50만원이 되어야 하므로 A는 500만원이 된다. 따라서 무위험수익률로 500만원을 차입하여 총 1,500만원을 위험자산에 투자한다.

63 투자의 4단계 중 투자대상자산의 배분전략을 선택하는 단계는?

① 1단계 : 투자정보수집

② 2단계 : 투자정보분석

③ 3단계 : 투자제안

④ 4단계 : 투자동의

해설

고객의 투자유형에 따라 특정한 투자자산배분전략을 선택하고 특정한 투자상품을 선정하는 단계는 3단계인 투자제안 단계이다.

64 다음 중 투자성향 파악에 직접 해당되지 않는 것은?

① 투자목표 파악
② 투자경험 및 지식
③ 투자선호기간
④ 투자위험 수용 정도

> **해설**
>
> 투자성향 파악은 위의 ②·③·④와 현재 자산운용 상황을 들 수 있다. 투자목표 파악은 투자와 관련된 제반정보를 습득하는 단계로서 투자능력 파악 및 투자성향 파악과 함께 1단계인 투자정보 수집단계이다.

> **더 알아보기** ➡ 투자절차
>
> • Plan : 투자성향과 위험 감수성, 기대수익 등을 고려한 계획수립
> • Do : 자산배분 계획에 맞게 펀드를 선택하고 투자
> • See : 결과를 평가하고, 이를 바탕으로 한 투자실행을 조정

65 현재 시계열 조정을 위하여 가장 일반적으로 사용되고 있는 것은?

① 단순평균법
② 총평균법
③ 기하평균법
④ 이동평균법

> **해설**
>
> 시계열 조정을 위하여 가장 일반적으로 사용되고 있는 방법은 이동평균법이다.

66 추세변동과 순환변동을 분리하기 위한 추세변동 추정 시에 추세선의 방정식까지 구할 수 있는 방법은?

① 단기이동평균법
② 중기이동평균법
③ 장기이동평균법
④ 최소자승법

> **해설**
>
> 장기이동평균법은 추세선의 모형은 알 수 있으나 방정식은 구할 수 없으며, 최소자승법은 추세선의 방정식까지 구할 수 있다.

67 투자 시 분산투자로도 회피가 불가능한 위험은?

① 이자율변동위험

② 채무불이행위험

③ 중도상환위험

④ 유동성위험

> **해설**
> 이자율변동위험은 시장전체에 미치는 위험으로 분산투자를 하여도 회피할 수 없는 체계적 위험에 속한다.

68 분산투자로도 회피가 가능한 위험은?

① 이자율변동위험　　　　　　② 구매력위험

③ 환율변동위험　　　　　　　④ 유동성위험

> **해설**
> 채권투자 시 분산투자로도 회피가 불가능한 체계적 위험은 구매력위험, 이자율변동위험, 환율변동위험 등이 있다.

69 성과평가의 주요한 구성요소에 대하여 설명한 것으로 부적절한 것은?

① 성과를 측정하기 위한 중요한 성과측정지표는 수익률과 위험이다.

② 성과를 비교하여 판단하려면 벤치마크와 투자유니버스와의 비교분석을 하여야 한다.

③ 펀드에 대한 종합적인 평가를 하려는 경우에는 비계량적 평가지표는 투자판단의 혼란을 줄 수 있으므로 피해야 한다.

④ 성과요인분석을 위해서는 초과수익의 원천이 무엇인지와 지속적인 달성이 가능한지 여부가 중요하다.

> **해설**
> 펀드에 대한 종합적인 평가를 위해서는 양적지표뿐만 아니라 운용회사나 펀드매니저에 관한 질적지표인 비계량적 요인을 함께 판단해야 한다.

70 다음 중 유가증권을 현금화할 때의 어려움을 나타내는 위험은?

① 재투자위험　　　　　　　　② 유동성위험

③ 인플레이션위험　　　　　　④ 채무불이행위험

> **해설**
> 유동성위험에 대한 설명이며, 투자한 증권을 유통시장에서 현금화하려 할 때 발생하는 위험이다. 현금화하는 데 시간이 많이 소요되거나 가격에 영향을 많이 받으면 위험이 크다고 말할 수 있다.

01 수익률 계산 시 자금유출입의 영향을 배제할 수 있는 시간가중수익률법을 사용한다. ( )

02 펀드 수익률의 계산 방법으로는 일별 수익률을 계산하여 산술평균적으로 연결하는 방식을 사용한다.
( )

03 벤치마크 수익률과 유형(Peer Group)평균 수익률을 초과하였으면 성과가 좋은 것이고, 표준편차와 베타가 작으면 위험도 작은 것이다. ( )

04 투자자 관점의 성과평가는 자산배분, 투자시점, 선정한 집합투자기구의 성과 등을 모두 고려한다.
( )

05 펀드 분석 및 평가 시 순위란 자체 비교대상 펀드를 100개라고 가정했을 때의 상대순위를 말한다.
( )

06 성과 측정 시 가장 최근의 1~2년간의 수익을 중심으로 측정한다. ( )

07 집합투자업자의 성과 측정 시 펀드의 규모에 관계없이 산술평균 수익률을 사용하여 평가한다.
( )

정답

01 ○
02 × 일별 수익률에 근거한 기하평균을 사용하여 연결한다.
03 ○
04 ○
05 ○
06 × 특정운용회사에게 유리하지 않도록 충분히 긴 기간 동안을 비교기간으로 정해야 한다.
07 × 펀드규모에 따라 가중평균하여 평가해야 한다.

08 샤프비율은 펀드가 부담한 총 위험 한 단위에 대한 초과수익의 정도를 의미한다. ( )

09 평가 시 섹터지수는 특정분야에 집중 투자하는 경우에 적합한 지수이다. ( )

10 만기수익률과 유통수익률, 내부수익률 또는 시장수익률은 다른 의미이다. ( )

11 집합투자기구의 평가는 우열이나 순위를 가리는 과정을 말한다. ( )

12 집합투자기구의 분석 및 평가를 위해서는 집합투자기구의 가격정보, 포트폴리오 정보, 운용회사 및 운용자에 대한 정보가 필요하다. ( )

13 베타계수가 1보다 작으면 공격적 주식, 1보다 크면 방어적 주식이라고 한다. ( )

14 수익률은 위험, 위험조정성과, 펀드 등급과 함께 펀드의 성과측정을 위한 지표이다. ( )

15 펀드 평가회사는 일정한 요건을 갖추고 금융감독원에 등록해야 한다. ( )

16 벤치마크는 기준수익률의 의미로 평가시점에 설정해야 한다. ( )

정답

08 ○
09 ○
10 × 만기수익률은 유통수익률, 내부수익률 또는 시장수익률이라고도 한다.
11 ○
12 ○
13 × 베타계수가 1보다 크면 공격적 주식, 1보다 작으면 방어적 주식이라고 한다.
14 ○
15 × 펀드 평가회사는 일정한 요건을 갖추고 금융위원회에 등록해야 한다.
16 × 벤치마크는 기준수익률의 의미로 평가시점이 아닌 운용이전에 설정해야 한다.

제2과목

투자권유

제1장 펀드법규

■ **투자회사의 특징**
① 이사 : 법인이사 1인과 감독이사 2인 이상을 선임
② 이사회 : 이사회 소집은 각 이사가 하며, 과반수 출석과 출석이사 과반수의 찬성으로 의결

■ **투자설명서**
① 일반투자설명서 : 증권신고서 효력발생 후에만 사용 가능
② 예비투자설명서 : 신고의 효력이 발생하지 않았다는 사실을 덧붙여 적은 투자설명서로, 증권신고서 수리 후 효력발생 전에 사용 가능
③ 간이투자설명서 : 투자설명서 내용 중 일부를 생략하거나 중요사항만 발췌하여 기재한 투자설명서로, 증권신고서 수리 후에 효력발생 전은 물론이고 효력발생 후에도 사용 가능

■ **절대적 전문투자자**
국가, 한국은행, 금융기관(은행, 보험, 금융투자업자, 증권금융, 종합금융, 자금중개, 금융지주, 여신전문금융, 상호저축은행 및 동 중앙회, 산림조합중앙회, 새마을금고연합회, 신협중앙회 및 이에 준하는 외국금융기관), 기타 기관(예금보험공사, 한국자산관리공사, 한국주택금융공사, 한국투자공사, 협회, 예탁결제원, 한국거래소, 금감원, 집합투자기구, 신용보증기금, 기술신용보증기금 및 이에 준하는 외국인), 외국정부·외국중앙은행·국제기구 등

■ **투자권유대행인의 금지행위**
① 위탁한 금융투자업자를 대리하여 계약을 체결하는 행위
② 투자자로부터 금전, 증권, 그 밖의 재산을 수취하는 행위
③ 금융투자업자로부터 위탁받은 투자권유대행업무를 제3자에게 위탁하는 행위
④ 투자자를 대리하여 계약을 체결하는 행위
⑤ 투자자로부터 금융투자상품에 대한 매매권한을 위탁받는 행위
⑥ 제3자로 하여금 투자자에게 금전을 대여하도록 중개, 주선 또는 대리하는 행위
⑦ 투자일임재산이나 신탁재산을 각각의 투자자별 또는 신탁재산별로 운용하지 아니하고 집합하여 운용하는 것처럼 그 투자일임계약이나 신탁계약의 체결에 대한 투자권유를 하거나 투자광고를 하는 행위
⑧ 둘 이상의 금융투자업자가 투자권유 위탁계약을 체결하는 행위
⑨ 보험설계사가 소속 보험회사가 아닌 보험회사와 투자권유 위탁계약을 체결하는 행위

⑩ 금융투자상품의 매매, 그 밖의 거래와 관련하여 투자자에게 금융투자업규정에서 정하는 한도를 초과하여 직접 또는 간접적인 재산상의 이익을 제공하면서 권유하는 행위

⑪ 금융투자상품의 가치에 중대한 영향을 미치는 사항을 사전에 알고 있으면서 이를 투자자에게 알리지 아니하고 당해 금융투자상품의 매수 또는 매도를 권유하는 행위

⑫ 위탁계약을 체결한 금융투자업자가 이미 발행한 주식의 매수 또는 매도를 권유하는 행위

⑬ 투자목적, 재산상황 및 투자경험 등을 감안하지 아니하고 투자자에게 지나치게 빈번하게 투자권유를 하는 행위

⑭ 자기 또는 제3자가 소유한 금융투자상품의 가격 상승을 목적으로 투자자에게 당해 금융투자상품의 취득을 권유하는 행위

⑮ 금융상품의 매매, 그 밖의 거래와 관련하여 투자자의 위법한 거래를 은폐하여 주기 위해 부정한 방법을 사용하도록 권유하는 행위

■ 투자광고 시 준수사항

① 수익률이나 운용실적을 표시하는 경우 좋은 기간의 것만을 표시하지 말 것
② 비교광고 시 명확한 근거 없이 다른 펀드를 열등하거나 불리한 것으로 표시하지 말 것
③ 준법감시인의 사전확인을 받을 것
④ '독립', 'independent'나 이와 비슷한 의미를 가지는 문자를 표시하려는 투자자문업자는 일정한 요건을 갖추어 금융위의 확인을 받을 것
⑤ 광고 관련 내부통제기준을 수립·운영할 것
⑥ 금융투자업자의 경영실태평가결과와 순자본비율, 영업용순자본비율, 최소영업자본액 등을 다른 금융투자업자의 그것과 비교하는 방법으로 광고하지 아니할 것
⑦ 투자광고계획서와 투자광고안을 금융투자협회에 제출하여 심사를 받을 것
⑧ 투자광고문에 금융투자협회 심사필 또는 준법감시인 심사필을 표시할 것

■ 자산운용보고서

집합투자업자는 자산운용보고서를 작성하여 해당 집합투자재산을 보관·관리하는 신탁업자의 확인을 받아 3개월마다 1회 이상 집합투자증권을 판매한 투자매매업자·투자중개업자를 통하여 기준일부터 2개월 이내에 해당 집합투자기구의 투자자에게 직접 또는 전자우편의 방법으로 교부해야 한다.

■ 펀드판매단계

투자자 정보 파악 → 투자자 유형 분류 → 투자자에게 적합한 펀드 선정 → 펀드에 대한 설명 → 투자자 의사 확인 → 사후관리

■ 수익증권저축

판매회사가 저축가입자에게 저축금을 받아 그 자금으로 수익증권을 매입하고 보관·관리함으로써 저축자의 편의를 도모하는 제도

■ 수익증권저축약관

판매회사와 저축자를 당사자로 하여 저축의 종류와 방법, 저축자의 의무, 판매회사의 면책사항 등을 규정하여 정형화한 계약조항

■ 이자소득의 종류

① 채권·증권의 아자와 할인액
② 국내 또는 국외에서 받는 예금·적금의 이자
③ 「상호저축은행법」에 의한 신용계 또는 신용부금으로 인한 이익
④ 채권 또는 증권의 환매조건부 매매차익
⑤ 저축성보험의 보험차익

■ 양도소득

토지, 건물 등 부동산과 그 권리 및 주식 등 지분증권, 장내파생상품의 양도에서 발생한 소득을 말함(양도소득세 과세대상). 지분증권 이외의 채무증권, 파생결합증권 등의 증권의 매매차익이나 차손에 대해서는 별도의 규정이 없으므로 과세되지 않음

제3장 직무윤리

■ 이익 상충 시 우선순위

① 고객의 이익은 회사와 회사의 주주 및 임직원의 이익에 우선되어야 한다.
② 회사의 이익은 임직원의 이익에 우선되어야 한다.
③ 모든 고객의 이익은 동등하게 다루어져야 한다.

■ 「약관의 규제에 관한 법률」상 명시·설명의무

① 약관이란 그 명칭이나 형태를 불문하고, 계약의 일방 당사자가 다수의 상대방과 계약을 체결하기 위하여 일정한 형식에 의하여 미리 마련한 계약의 내용임(약관규제법 제2조 제1호)

② 사업자는 고객이 약관의 내용을 쉽게 알 수 있도록 한글로 작성하고, 표준화·체계화된 용어를 사용하며, 약관의 중요한 내용을 부호·문자·색채 등으로 명확하게 표시하여 알아보기 쉽게 약관을 작성해야 함(동법 제3조 제1항)

③ 사업자는 계약을 체결할 때에는 고객에게 약관의 내용을 계약의 종류에 따라 일반적으로 예상되는 방법으로 분명히 밝히고, 고객이 요구할 경우 그 약관의 사본을 고객에게 내주어 고객이 약관의 내용을 알 수 있게 해야 함(동법 제3조 제2항)

④ 사업자는 약관에 정해져 있는 중요한 내용을 고객이 이해할 수 있도록 설명해야 함. 다만 계약의 성질상 설명하는 것이 현저하게 곤란한 경우에는 그러지 아니함(동법 제3조 제3항)

⑤ 사업자가 명시·설명의무를 위반하여 계약을 체결할 때에 해당 약관을 계약의 내용으로 주장할 수 없음(동법 제3조 제4항)

■ 부당권유의 금지(전문투자자에게도 적용)

① 거짓의 내용을 알리는 행위, 불확실한 사항에 대해 단정적 판단을 제공하거나 확실하다고 오인하게 할 소지가 있는 내용을 알리는 행위

② 투자자로부터 투자권유의 요청을 받지 아니하고 방문·전화 등 실시간 대화의 방법을 이용하여 장외파생상품의 투자권유를 하는 행위(증권, 장내파생상품은 가능)

③ 투자권유를 받은 투자자가 이를 거부하는 취지의 의사를 표시하였음에도 불구하고 투자권유를 계속하는 행위(1개월 경과 후 투자권유, 다른 상품에 대한 투자권유는 가능)

④ 투자자로부터 금전의 대여나 그 중개·주선 또는 대리를 요청받지 아니하고 이를 조건으로 투자권유를 하는 행위

■ 손실보전 등의 금지항목

① 투자자가 입을 손실을 전부 또는 일부를 보전하여 줄 것을 사전에 약속하는 행위

② 투자자가 입은 손실의 전부 또는 일부를 사후에 보전하여 주는 행위

③ 투자자에게 일정한 이익을 보장할 것을 사전에 약속하는 행위

④ 투자자에게 일정한 이익을 사후에 제공하는 행위

※ 손실보전 등의 금지항목 예외행위

• 회사가 자신의 위법 행위 여부가 불명확한 경우 사적 화해의 수단으로 손실을 보상하는 행위

• 회사의 위법 행위로 인하여 회사가 손해를 배상하는 행위

• 분쟁조정 또는 재판상의 화해절차에 따라 손실을 보상하거나 배상하는 행위

■ 비밀정보의 관리

회사의 임직원은 업무수행 과정에서 알게 된 회사의 업무정보와 고객정보를 안전하게 보호하고 관리해야 함

① 비밀정보의 범위

ㄱ 회사경영에 중요한 영향을 미칠 수 있는 정보

ㄴ 회사경영전략 또는 신상품에 대한 정보

ㄷ 고객신상정보, 계좌번호, 비밀번호, 매매내역

ㄹ ㄱ, ㄴ, ㄷ에 준하는 미공개정보

② 비밀정보의 관리

정보차단벽(Chinese Wall) 구축, 보안장치 구축, 필요성에 대한 제공원칙(Need to Know Rule ; 비밀정보의 제공은 'Need to Know Rule'에 부합하는 경우에 한해 준법감시인의 사전승인을 받아야 가능하며, 업무수행에 필요한 최소한의 범위 내에서 제공되어야 함)

■ 임직원이 준법감시인에게 보고해야 하는 경우

① 자신 또는 다른 임직원이 관계법령 등과 내부통제기준 및 회사의 정책 등을 위반하였거나 위반할 것으로 의심되는 경우

② 정부·금융위원회 및 금융감독원, 협회 등이 회사의 주요 내부정보를 요구하는 경우

③ 위법·부당행위 또는 그러한 것으로 의심이 가는 행위와 연루되었거나 다른 임직원이 연루된 것을 인지한 경우

④ 임직원이 체포, 기소, 유죄 판결이 난 경우

■ 내부통제기준

「자본시장법」 28조에 따라 회사의 임직원(계약직 및 임시직 포함)이 그 직무를 수행할 때 법령을 준수하고 자산을 건전하게 운용하며 투자자를 보호하기 위해 준수해야 할 적절한 기준과 절차를 정하는 것을 목적으로 함

① 내부통제 : 회사의 임직원이 업무수행시 법규를 준수하고 조직운영의 효율성 제고 및 재무보고의 신뢰성을 확보하기 위해 회사 내부에서 수행하는 모든 절차와 과정을 말함

② 이사회에서는 내부통제기준의 제정 및 변경의 역할을 담당

③ 준법감시인은 내부통제기준의 적정성 점검 및 위임받은 업무를 수행함

■ 영업점별 영업관리자

① 영업점별 영업관리자는 해당 영업점 경력이 1년 이상이거나 준법감시부서의 근무경력이 1년 이상으로서 당해 영업점에 상근하고 있어야 한다.

② 본인이 수행하는 업무가 과다하거나 수행하는 업무의 성격으로 인해 준법감시 업무에 곤란을 받지 않아야 한다.

③ 영업관리자는 영업점장이 아닌 책임자급이어야 한다(책임자급이 없는 영업점은 제외).

④ 준법감시업무를 효과적으로 수행할 수 있는 충분한 경험과 능력, 윤리성을 갖추고 있어야 한다.

⑤ 영업관리자는 준법감시업무로 인한 인사상 불이익이 없도록 하며, 업무수행결과로 적절한 보상이 주어질 수 있다.

⑥ 준법감시인은 연간 1회 이상 영업관리자를 대상으로 법규 및 윤리교육을 실시해야 한다.

■ **직무윤리 위반에 대한 금융위원회의 제재조치**

① **금융투자업자에 대한 제재권** : 감독권, 조치명령권, 승인권, 보고요구권, 검사권, 금융업등록 취소권, 6개월 이내 업무정지 명령권, 계약의 인계명령권, 위법행위 시정명령 또는 중지명령권 등

② **금융투자업자의 임원에 대한 조치권** : 해임요구, 6개월 이내의 직무정지, 문책경고, 주의적 경고, 주의, 기타 조치 등

③ **금융투자업자의 직원에 대한 조치권** : 면직, 6개월 이내의 정직, 감봉, 견책, 경고, 주의 기타 조치 등

④ **청문 및 이의신청** : 금융위원회가 위의 조치를 하기 위해 사전절차로서 청문을 하는 경우와 금융위원회의 처분 또는 조치에 대한 이의신청권을 인정

제4장 투자권유와 투자자분쟁예방

■ **선관의무 및 충실의무(「자본시장법」 제79조)**

① 집합투자업자는 투자자에 대하여 선량한 관리자의 주의로써 집합투자재산을 운용하여야 한다.

② 집합투자업자는 투자자의 이익을 보호하기 위하여 해당 업무를 충실하게 수행하여야 한다.

■ **개인정보**

살아 있는 개인에 관한 정보로서 성명, 주민등록번호 및 영상 등을 통해 개인을 알아볼 수 있는 정보

① **고유식별정보** : 주민등록번호, 여권번호 등

② **민감정보** : 건강상태, 진료기록, 병력, 정당의 가입 등

③ **금융정보** : 신용카드번호, 통장계좌번호 등

■ 개인정보보호법

일반법으로서 관련 특별법이 있을 경우 해당 법의 적용이 되지만 관련 규정이 특별법에 없을 경우에는 「개인정보보호법」에 따라 처리해야 한다. 「개인정보보호법」은 개인정보의 처리 및 보호에 관한 사항을 정함으로써 개인의 자유와 권리를 보호하고, 나아가 개인의 존엄과 가치 구현을 목적으로 하여 2011년 9월 30일에 시행되었다.

■ 분쟁조정제도

① 당사자의 신청에 기초하여 주장내용과 사실관계를 확인하고 이에 대한 합리적인 분쟁해결 방안이나 의견을 제시하여 당사자 간의 합의에 따른 원만한 분쟁해결을 도모하는 제도로, 분쟁조정은 법조계, 학계, 소비자단체, 업계 전문가로 구성된 분쟁조정위원회를 구성 및 운영한다.

② 장·단점

장 점	단 점
• 추가적인 비용부담 없음 • 시간 절감 • 전문가의 조언 및 도움을 받을 수 있음 • 개인투자자가 확인하기 어려운 금융투자회사의 보유자료 등을 조정기관을 통해 간접적으로 확인 가능	• 합의가 도출되지 아니하면 지연됨 • 실제 소송 결과 동일하지 않을 수 있음 • 조정안에 대한 최종 수용 여부는 당사자가 판단함

■ 금융투자협회 분쟁조정절차

① 분쟁조정신청접수/통지 → 사실조사 → 합의권고 → 회부 전 처리 → 위원회 회부 → 심의 → 각하/조정결정 → 조정안 통지 → 조정의 성립 → 재조정신청

② 민법상 화해와 동일한 효력

제5장 투자권유 사례분석

■ 투자자정보확인서를 통한 적합성 판단방식(4가지)

구 분	장 점	단 점
점수화 방식	객관적이며, 이해가 용이함	단순 합산으로 투자자의 특정 성향을 반영하지 못함
추출 방식	부적합상품을 추출함으로써 불완전판매 발생 가능성이 낮음	정교한 설문과 프로세스를 갖추어야 적절히 작동
혼합 방식 (점수화 + 추출)	점수화 방식보다 불완전판매 발생 가능성이 낮고, 추출 방식보다 시스템이 덜 복잡함	점수화 방식보다 절차가 복잡함
상담보고서 방식	심층 상담을 통해 투자자의 실제 성향에 가장 근접 가능	판매직원별로 질적 차이가 발생, 판매 시간이 오래 걸릴 수 있음

안심Touch

■ **개인 재무설계의 필요성**
① 우리가 바라는 생활양식의 달성
② 생애 소비만족의 극대화
③ 미래불확실성에 대한 대비 : 물가상승으로 인한 실질구매력 하락에 대한 대비, 질병이나 사고로 인한 재무자원 손실에 대한 대비
④ 사회경제적 환경의 변화

■ **개인 재무설계의 목표**
① 소득과 부의 극대화
② 효율적 소비의 실천
③ 재무 생활 만족의 발견
④ 재무 안전감의 달성
⑤ 노후대비를 위한 부의 축적

■ **개인 재무설계를 위한 자료수집**
① **양적 자료** : 인적사항, 저축예금이나 보통예금계정 관련 자료, 대출사항, 주식·채권 및 펀드 관련 자료, 부동산 관련 자료, 소득자료, 보험보장범위 관련 자료, 교육자금, 세금자료, 유언 및 상속 관련 자료 등
② **질적 자료** : 다양한 목적의 우선순위, 위험 인내수준, 투자상품에 대한 과거경험, 생명보험에 대한 태도, 저축의 어려움, 화폐에 대한 태도 등

■ **개인현금수지상태표**
고객의 현금 유입과 유출을 나타내는 것으로, 이를 통해 지출의 원천을 파악하고 지출의 건전성을 평가함으로써 잉여자금 마련에 도움을 줌

최신출제유형문제

제1장 펀드법규

01 다음 중 투자회사에 대한 설명으로 옳지 않은 것은?

① 집합투자업자 등과 일정한 관계에 있는 자는 감독이사가 될 수 없도록 하고 있다.
② 이사회 소집은 각 이사가 하며, 과반수 출석과 출석이사 과반수의 찬성으로 의결한다.
③ 법인이사는 2인 이상이어야 하며, 법인이사로 선임된 집합투자업자는 법인이사의 직무 범위를 정하여 그 직무를 수행할 자를 임·직원 중에서 선임할 수 있다.
④ 이사회는 「자본시장법」 및 정관에서 정하는 사항에 한해 의결한다.

해설

투자회사는 법인이사 1인과 감독이사 2인 이상을 선임하여야 한다.

02 다음 중 투자설명서에 대한 설명으로 옳지 않은 것은?

① 일반적인 투자설명서는 증권신고서 수리 후 효력발생 전에 사용할 수 있다.
② 투자설명서의 내용은 증권신고서 기재내용과 원칙적으로 동일해야 한다.
③ 이미 취득한 것과 같은 집합투자증권을 계속하여 추가적으로 취득하려는 자에게는 투자설명서를 교부하지 않아도 된다.
④ 개방형펀드는 최초 투자설명서 제출 후 매년 1회 이상 정기적으로 투자설명서를 갱신 해야 한다.

해설

예비투자설명서는 증권신고서 수리 후 효력발생 전에 사용할 수 있지만, 일반적인 투자설명서는 증권신고서 효력발생 후에만 사용할 수 있다.

03 다음 중 절대적 전문투자자에 해당하지 않는 것은?

① 한국은행 　　　　　　　　② 새마을금고연합회
③ 신용보증기금 　　　　　　④ 지방자치단체

해설

지방자치단체는 상대적 전문투자자에 해당한다.

정답 01 ③　02 ①　03 ④

04 다음 중 투자권유대행인이 투자권유를 대행함에 있어서 미리 알려야 하는 사실로 옳지 않은 것은?

① 투자자를 대리하여 계약을 체결할 수 없다는 사실
② 투자권유를 위탁한 금융투자업자의 명칭
③ 투자자로부터 금융투자상품에 대한 매매권한을 위탁받을 수 있다는 사실
④ 금융투자상품의 매매, 그 밖에 거래에 관한 정보는 금융투자업자가 관리하고 있다는 사실

해설

투자자로부터 금융투자상품에 대한 매매권한을 위탁받을 수 없다는 사실을 미리 알려야 한다.

05 다음 중 투자권유대행인의 금지행위에 대한 설명으로 옳지 않은 것은?

① 둘 이상의 금융투자업자와 투자권유 위탁계약을 체결하는 행위
② 투자일임재산이나 신탁재산을 각각의 투자자별 또는 신탁재산별로 운용하는 것을 투자광고하는 행위
③ 보험설계사가 소속 보험회사가 아닌 보험회사와 투자권유 위탁계약을 체결하는 행위
④ 제3자로 하여금 투자자에게 금전을 대여하도록 중개·주선 또는 대리하는 행위

해설

투자일임재산이나 신탁재산을 각각의 투자자별 또는 신탁재산별로 운용하지 아니하고 집합하여 운용하는 것처럼 그 투자일임계약이나 신탁계약의 체결에 대한 투자권유를 하거나 투자광고를 하는 행위를 금지하고 있다.

06 다음 중 집합투자증권의 광고 시 준수사항에 대한 설명으로 옳지 않은 것은?

① 수익률이나 운용실적을 표시하는 경우 좋은 기간의 것만 표시할 것
② 준법감시인의 사전확인을 받을 것
③ 광고 관련 내부통제기준을 수립·운영할 것
④ 투자광고계획서와 투자광고안을 금융투자협회에 제출하여 심사를 받을 것

해설

수익률이나 운용실적을 표시하는 경우 좋은 기간의 것만을 표시하지 말 것

04 ③ 05 ② 06 ① **정답**

07 다음 보기에서 괄호 안에 들어갈 말로 적절한 것은?

> 집합투자업자는 자산운용보고서를 작성하여 해당 집합투자재산을 보관·관리하는 신탁업자의 확인을 받아 (㉠)개월마다 (㉡)회 이상 집합투자증권을 판매한 투자매매업자·투자중개업자를 통하여 기준일부터 (㉢)개월 이내에 해당 집합투자기구의 투자자에게 직접 또는 전자우편의 방법으로 교부해야 한다.

① ㉠ 3   ㉡ 1   ㉢ 2
② ㉠ 3   ㉡ 2   ㉢ 1
③ ㉠ 2   ㉡ 1   ㉢ 3
④ ㉠ 1   ㉡ 2   ㉢ 3

해설

집합투자업자는 자산운용보고서를 작성하여 해당 집합투자재산을 보관·관리하는 신탁업자의 확인을 받아 3개월마다 1회 이상 집합투자증권을 판매한 투자매매업자·투자중개업자를 통하여 기준일부터 2개월 이내에 해당 집합투자기구의 투자자에게 직접 또는 전자우편의 방법으로 교부해야 한다.

08 다음 중 외국 집합투자증권에 대한 설명으로 옳지 않은 것은?

① 외국 집합투자증권을 국내에서 판매하려면 해당 외국 집합투자기구를 금융위에 등록해야 한다.
② 외국 집합투자업자는 최근 사업연도말 현재의 운용자산규모가 10조원 이상이어야 한다.
③ 외국 집합투자기구가 변경등록을 하지 아니한 경우 금융위는 등록을 취소할 수 있다.
④ 외국 집합투자업자는 자산운용보고서를 작성하여 3개월마다 1회 이상 투자자에게 제공해야 한다.

해설

외국 집합투자업자는 최근 사업연도말 현재의 운용자산규모가 1조원 이상이어야 한다.

정답 07 ① 08 ②

안심Touch

09 다음 중 펀드 판매 절차 6단계를 바르게 나열한 것은?

① 투자자 정보 파악 → 투자자에게 적합한 펀드 선정 → 투자자 유형 분류 → 펀드에 대한 설명 → 투자자 의사 확인 → 사후관리

② 투자자 정보 파악 → 투자자에게 적합한 펀드 선정 → 펀드에 대한 설명 → 투자자 유형 분류 → 투자자 의사 확인 → 사후관리

③ 투자자 유형 분류 → 투자자 정보 파악 → 투자자에게 적합한 펀드 선정 → 펀드에 대한 설명 → 투자자 의사 확인 → 사후관리

④ 투자자 정보 파악 → 투자자 유형 분류 → 투자자에게 적합한 펀드 선정 → 펀드에 대한 설명 → 투자자 의사 확인 → 사후관리

해설

영업점을 방문해 펀드에 투자하는 경우에는 '투자자 정보 파악 → 투자자 유형 분류 → 투자자에게 적합한 펀드 선정 → 펀드에 대한 설명 → 투자자 의사 확인 → 사후관리'와 같이 6단계의 판매절차로 구분할 수 있다.

10 다음 중 수익증권저축약관에 대한 설명으로 옳지 않은 것은?

① 판매회사와 저축자를 당사자로 하여 저축의 종류와 방법, 저축자의 의무, 판매회사의 면책사항 등을 규정하여 정형화한 계약조항이다.

② 저축자와의 소량적·일시적 거래를 직접 규율하는 보통거래약관으로서의 성질을 갖는다.

③ 2004년에 '수익증권통장거래약관'으로 명칭이 바뀌었으나 2014년에는 통장이라는 표현을 삭제하고 다시 '수익증권저축약관'으로 명칭을 변경하였다.

④ 투자신탁상품의 고유한 특성을 유지하면서도 타 금융기관의 저축제도에 대응하기 위해 제정·시행되었다.

해설

저축자와의 대량적·반복적 거래를 직접 규율하는 보통거래약관으로서의 성질을 갖는다.

09 ④ 10 ② **정답**

11 다음 중 수익증권저축에 대한 설명으로 옳지 않은 것은?

① 저축금액의 최고 및 최저한도는 제한하지 아니함을 원칙으로 한다.
② 임의식 저축에서는 저축금액을 약정하지 않지만, 목적식 저축은 저축금액을 정해야 한다.
③ 저축자가 매매거래 등의 통지를 받기를 원하지 아니하는 경우에는 인터넷 홈페이지에 접속하여 확인이 가능하게 함으로써 통지를 대신할 수 있다.
④ 저축기간을 일 단위로 정한 경우에는 수익증권의 최초 매수일부터 계산하여 저축기간 이 만료되는 날을 만기지급일로 한다.

> **해설**
> 저축기간을 일 단위로 정한 경우에는 수익증권의 최초 매수일부터 계산하여 저축기간이 만료되는 날의 다음 영업일을 만기지급일로 한다.

12 다음 중 이자소득에 해당하지 않는 것은?

① 국내 또는 국외에서 받은 집합투자기구로부터의 이익
② 국내 또는 국외에서 받는 예금·적금
③ 저축성보험의 보험차익
④ 직장공제회 초과반환금

> **해설**
> 국내 또는 국외에서 받은 집합투자기구로부터의 이익은 배당소득에 해당한다.

13 다음 중 양도소득세 과세대상에 해당하지 않는 것은?

① 토 지
② 건 물
③ 파생결합증권의 차익
④ 지분증권의 양도

> **해설**
> 양도소득세 과세대상인 양도소득에는 토지, 건물 등 부동산과 그 권리의 양도 주식 등 일정한 지분증권의 양도 및 파생상품에서 발생한 소득이 포함된다. 지분증권 이외의 채무증권, 파생결합증권 등의 증권의 매매 차익이나 차손에 대해서는 별도의 규정을 두고 있지 않기 때문에 파생결합증권 등 양도차익은 「소득세법」 상 비열거소득에 해당된다.

정답 11 ④ 12 ① 13 ③

14 이익이 상충되는 경우 우선순위 선택으로 잘못된 것은?

① 고객의 이익은 회사와 회사의 주주 및 임직원의 이익에 우선해야 한다.
② 회사의 이익은 임직원의 이익에 우선해야 한다.
③ 임직원의 이익은 주주의 이익보다 우선해야 한다.
④ 모든 고객의 이익은 동등하게 다루어져야 한다.

해설
금융투자회사의 표준내부통제기준에서는 이익이 상충되는 경우 우선순위를 '고객 > 회사, 주주 > 임직원'으로 정하고 있다.

15 「약관의 규제에 관한 법률」상 설명의무에 대한 설명이다. 가장 거리가 먼 것은?

① 약관이란 그 명칭이나 형태를 불문하고 계약의 일방 당사자가 일방의 상대방과 계약을 체결하기 위해 일정한 형식에 의해 미리 마련한 계약의 내용이다.
② 고객이 약관을 쉽게 알 수 있도록 한글로 작성하며, 표준화·체계화된 용어를 사용한다.
③ 고객의 요청이 있으면 그 약관의 사본을 고객에게 주어 고객이 약관의 내용을 알 수 있게 해야 한다.
④ 사업자가 명시·설명의무를 위반하여 계약을 체결한 때에는 해당 약관을 계약의 내용으로 주장할 수 없다.

해설
약관이란 그 명칭이나 형태를 불문하고 계약의 일방 당사자가 다수의 상대방과 계약을 체결하기 위해 일정한 형식에 의해 미리 마련한 계약의 내용을 말한다.

16 투자자로부터 투자권유의 요청을 받지 아니하고 방문·전화 등 실시간 대화의 방법을 이용하여 투자권유할 수 있는 것은?

ㄱ. 장외파생상품
ㄴ. 장내파생상품
ㄷ. 증권

① ㄱ, ㄴ ② ㄱ, ㄷ
③ ㄴ, ㄷ ④ ㄱ, ㄴ, ㄷ

14 ③ 15 ① 16 ③ 정답

증권과 장내파생상품은 투자자로부터 투자권유의 요청을 받지 아니하고 방문·전화 등 실시간 대화의 방법을 이용하여 투자권유할 수 있다. 장외파생상품의 경우는 고위험 금융투자상품에 해당하므로 원본손실의 가능성이 크기 때문에 요청하지 않은 투자권유를 할 수 없다.

17 손실보전 등의 금지항목 예외행위에 속하지 않는 것은?

① 회사가 자신의 위법 행위 여부가 불명확한 경우 사적 화해의 수단으로 손실을 보상하는 행위
② 회사의 위법 행위로 인하여 회사가 손해를 배상하는 행위
③ 투자자에게 일정한 이익을 사후에 제공하는 행위
④ 분쟁조정 또는 재판상의 화해절차에 따라 손실을 보상하거나 배상하는 행위

투자자에게 일정한 이익을 사후에 제공하는 행위는 손실보전 등의 금지항목에 속한다. ①, ②, ④는 손실보전금지의 예외행위에 속한다.

18 금융투자회사의 「표준내부통제기준」상 비밀정보 관리 규정에 대한 설명으로 옳지 않은 것은?

① 정보차단벽이 설치된 사업부서 내에서 발생한 정보는 우선적으로 비밀이 요구되는 비밀정보로 간주되어야 한다.
② 비밀정보가 포함된 서류는 필요 이상의 복사본을 만들거나 안전이 보장되지 않는 장소에 보관하여서는 안 된다.
③ 임직원은 회사에서 부여한 업무의 수행과 관련 없는 비밀정보를 다른 임직원에게 요구할 수 있다.
④ 임직원은 특정한 정보가 비밀정보인지 불명확한 경우 그 정보를 이용하기 전에 준법감시인의 사전 확인을 받아야 한다.

임직원은 회사에서 부여한 업무의 수행과 관련 없는 비밀정보를 다른 임직원에게 요구하여서는 아니 된다 (금융투자회사 표준내부통제기준 제54조 제2항 제9호).

정답 17 ③ 18 ③

안심Touch

19 임직원이 준법감시인에게 보고해야 할 사항이 아닌 것은?

① 정부와 금융위원회 및 금융감독원 등이 회사의 주요 내부정보를 요구하는 경우
② 자신 또는 다른 임직원이 관계법령 등과 내부통제기준 및 회사의 정책 등을 위반하였을 경우
③ 위법·부당행위에 연루되었거나 다른 임직원이 연루된 것을 인지한 경우
④ 임직원이 민사소송에 패소한 경우

해설

임직원이 준법감시인에게 보고해야 할 사항은 ①, ②, ③에 더불어 임직원이 체포, 기소, 유죄 판결이 난 경우이다.

20 금융투자업자의 내부통제기준에 대한 설명으로 틀린 것은?

① 준법감시인은 내부통제기준을 기초로 내부통제의 구체적인 지침, 컴플라이언스 매뉴얼, 임직원 윤리강령 등을 제정·시행할 수 있다.
② 모든 금융투자업자는 반드시 내부통제기준을 두어야 한다.
③ 관계 법령 등의 제·개정 및 폐지 등에 따른 개정이나 단순 자구수정 등의 개정은 이사회 보고로 그 의결에 갈음할 수 있다.
④ 내부통제기준의 제정·변경 시에는 반드시 주주총회의 결의를 거쳐야 한다.

해설

내부통제기준의 제정·변경 시에는 이사회의 결의를 거쳐야 한다.

21 내부통제위원회에 대한 설명으로 옳지 않은 것은?

① 최근 사업연도 말 현재 자산총액이 5천억원 미만인 상호저축은행은 내부통제위원회를 두어야 한다.
② 내부통제위원회의 위원장은 대표이사로 한다.
③ 위원회는 매 반기별 1회 이상 회의를 개최하고, 그 회의는 대표이사가 소집한다.
④ 내부통제위원회가 없는 경우 업무는 준법감시인이 수행한다.

해설

최근 사업연도 말 현재 자산총액이 7천억원 미만인 상호저축은행은 예외적으로 내부통제위원회를 두지 않을 수 있다. 이 외에도 5조원 미만인 보험회사, 5조원 미만인 여신전문금융회사도 예외가 허용된다.

19 ④ 20 ④ 21 ① **정답**

22 영업점에 대한 내부통제 중 영업점별 영업관리자가 갖추어야 할 요건이 아닌 것은?

① 영업점에서 1년 이상 근무한 경력이 있거나 준법감시 · 감사업무를 1년 이상 수행한 경력이 있는 자로서 당해 영업점에 상근하고 있어야 한다.
② 본인이 수행하는 업무가 과다하거나 수행하는 업무의 성격으로 인해 준법감시 업무에 곤란을 받지 않아야 한다.
③ 영업관리자는 영업점장이어야 한다.
④ 준법감시업무를 효과적으로 수행할 수 있는 충분한 경험과 능력, 윤리성을 갖추고 있어야 한다.

> **해설**
> 영업관리자는 영업점장이 아닌 책임자급이어야 한다. 단, 당해 영업점 직원 수가 적어 영업점장을 제외한 책임자급이 없는 경우에는 제외한다.

23 금융위원회의 행정제재에 대한 설명으로 잘못된 것은?

① 금융투자업자에 대해 6개월 이내 업무정지 명령권을 내릴 수 있다.
② 금융투자업자의 임원에 대해 해임요구 조치를 내릴 수 있다.
③ 금융업자 직원에 대해 6개월 이내 직무정지를 내릴 수 있다.
④ 청문과 이의신청이 인정된다.

> **해설**
> 금융투자업자 직원에 대해서는 6개월 이내 정직을 내릴 수 있으며, 6개월 이내의 직무정지는 금융투자업자의 임원에 대한 제재 조치이다.

정답 22 ③ 23 ③

24 「자본시장법」제79조에서는 집합투자업자에게 적용되는 의무 등을 별도로 규정하고 있다. 이와 가장 관계가 깊은 것은?

① 신의성실의 의무
② 공정성 유지의무
③ 선관의무 및 충실의무
④ 전문지식 배양의무

> **해설**
> 「자본시장법」제79조에서 집합투자업자는 투자자에 대하여 선량한 관리자의 주의로써 집합투자재산을 운용해야 한다(제1항)는 선관의무를, 집합투자업자는 투자자의 이익을 보호하기 위하여 해당 업무를 충실하게 수행해야 한다(제2항)는 충실의무를 부여하고 있다.

25 다음 중 개인정보에 속하는 것으로 가장 적절한 것을 고르면?

> ㄱ. 주민등록번호
> ㄴ. 여권번호
> ㄷ. 신용카드번호

① ㄱ, ㄴ
② ㄱ, ㄷ
③ ㄴ, ㄷ
④ 모두 해당

> **해설**
> 모두 개인정보에 속한다. 개인정보에는 성명, 주민등록번호, 영상 등을 통해 개인을 알아볼 수 있는 정보를 포함하며 고유식별정보(주민등록번호, 여권번호 등), 민감정보(건강상태, 진료기록, 병력, 정당의 가입 등), 금융정보(신용카드번호, 통장계좌번호 등)가 해당한다.

26 「개인정보보호법」에 대한 설명이다. 옳지 않은 것은?

① 「개인정보보호법」은 일반법으로서 관련 특별법이 있는 경우 해당 특별법이 우선이다.
② 개인정보란 살아있는 개인에 관한 정보로서 성명, 주민번호 및 영상 등을 통해 개인을 알아볼 수 있는 정보를 말한다.
③ 개인정보는 정확한 정보가 필요하므로 익명처리를 해서는 안 된다.
④ 법령상 의무를 준수하기 위해 불가피한 경우에는 정보주체의 동의를 받지 않아도 개인정보 수집이 가능하다.

> **해설**
> 개인정보의 익명처리가 가능한 경우에는 익명에 의하여 처리될 수 있도록 해야 한다.

24 ③ 25 ④ 26 ③ **정답**

27 분쟁조정제도에 관한 설명으로 옳지 않은 것은?

① 분쟁조정기관은 중립적인 조정안을 제시하기 위해 통상적으로 법조계, 학계, 소비자단체, 업계 전문가로 구성된 분쟁조쟁위원회를 구성하고 운영한다.

② 조정은 법원의 판결과는 달리 그 자체로서는 구속력이 없고 당사자가 이를 수락하는 경우에 한하여 효력을 갖는다.

③ 금융감독원장은 조정신청사건의 진행 중에 일방당사자가 소를 제기한 경우에는 조정의 처리를 중지하고 이를 당사자 쌍방에게 통보해야 한다.

④ 금융감독원에 설치된 금융분쟁조정위원회의 조정안을 당사자가 수락하면 당해 조정안 민법상 화해계약으로서의 효력을 갖는다.

> **해설**
>
> 금융감독원에 설치된 금융분쟁조정위원회의 조정안을 당사자가 수락하면 당해 조정안은 재판상 화해와 동일한 효력을 갖는다. 금융감독원 이외의 기관에 의한 조정은 민법상 화해계약으로서의 효력을 갖는다.

28 금융투자협회의 분쟁조정절차 순서로 바르게 연결된 것은?

> 분쟁조정신청접수/통지 → 사실조사 → (㉠) → 회부 전 처리 → 위원회 회부 → 심의
> → (㉡) → 조정안 통지 → 조정의 성립 → (㉢)

	㉠	㉡	㉢
①	재조정신청	합의권고	각하/조정결정
②	각하/조정결정	재조정신청	합의권고
③	합의권고	각하/조정결정	재조정신청
④	합의권고	재조정신청	각하/조정결정

> **해설**
>
> 금융투자협회의 분쟁조정절차는 분쟁조정신청접수/통지 → 사실조사 → 합의권고 → 회부 전 처리 → 위원회 회부 → 심의 → 각하/조정결정 → 조정안 통지 → 조정의 성립 → 재조정신청으로 이루어진다.

정답 27 ④ 28 ③

안심Touch

29 투자자 성향을 분류하는 방식에 대한 설명으로 옳지 않은 것은?

① 점수화(Scoring) 방식은 단순 합산 방식으로 투자자의 특정 성향을 반영하기가 어렵다.

② 추출(Factor-out) 방식은 부적합상품을 추출함으로써 불완전판매 발생 가능성이 높다.

③ 혼합 방식은 점수화 방식보다 절차가 복잡하다.

④ 상담보고서 방식은 판매직원별로 질적 차이가 발생하는 단점이 있다.

> **해설**
>
> 추출 방식은 부적합상품을 추출함으로써 불완전판매 발생 가능성이 낮다.

30 재무설계가 필요한 배경으로 옳지 않은 것은?

① 실질구매력 하락 대비

② 생애 소비 만족의 극대화

③ 금융자산의 감소

④ 금융상품의 다양화

> **해설**
>
> 우리나라 도시가계의 평균 소득과 가계금융자산은 매년 증가하고 있으며, 금융소득종합과세제도가 도입되면서 자산관리에 대한 관심이 더욱 고조되었다.

31 개인 재무설계의 목표가 아닌 것은?

① 소득과 부의 극대화

② 소비 극소화 실천

③ 재무 안전감 달성

④ 노후대비를 위한 부의 축적

> **해설**
>
> 생애재무설계의 목표는 소득과 부의 극대화, 효율적 소비의 실천, 재무 생활 만족의 발견, 재무 안전감 달성, 노후대비를 위한 부의 축적 등이 있다.

29 ② 30 ③ 31 ② **정답**

32 개인 재무설계를 위한 자료수집에서 양적 자료가 아닌 것은?

① 인적사항
② 위험 인내수준
③ 소득자료
④ 보험보장범위 관련 자료

해설

위험 인내수준은 질적 자료에 해당한다. 양적 자료에는 인적사항, 저축이나 보통예금계정 관련 자료, 대출사항, 주식·채권 및 펀드 관련 자료, 부동산 자료 등이 포함된다.

33 다음 지문 내용에 해당하는 것은?

> 고객의 현금 유입과 유출을 나타내는 것으로, 지출의 원천을 파악하고 지출의 건전성을 평가함으로써 잉여자금 마련을 도와준다.

① 자산상태표
② 개인현금수지상태표
③ 현금흐름표
④ 손익계산서

해설

개인현금수지상태표에 대한 설명이다. 자산상태표란 개인의 재무상태를 나타내는 개인 대차대조표로 어떤 시점에서의 가계의 재정상태를 파악하기 위한 것이다.

정답 32 ② 33 ②

CHAPTER 01 펀드법규

01 신탁계약의 주요내용 변경 시 수익자총회 결의 사항에 해당되지 않는 것은?

① 신탁업자의 변경
② 운용보수·수탁보수 등 보수 기타 수수료의 인상
③ 자산의 운용·보관 등에 따르는 보수의 지급
④ 환매대금 지급일의 연장

해설

약관에 따른 보수의 지급은 신탁계약 주요내용 변경에 포함되지 않는다. 신탁계약 주요내용 변경사항 중 수익자총회의 결의를 얻어야 하는 사항으로는 보수 및 수수료의 인상, 신탁업자의 변경, 신탁계약기간의 변경, 투자신탁의 종류 변경, 주된 투자대상 자산의 변경, 투자대상자산에 대한 투자한도의 변경, 환매대금 지급일의 연장 등이 있다.

02 다음은 펀드의 판매광고에 대한 내용이다. 틀린 것은?

① 투자광고의 매체, 크기, 시간 등을 고려하여 금융위원회가 정하여 고시하는 사항 등을 포함해야 한다.
② 반드시 표시해야 할 것과 금지하는 사항을 동시에 광고내용에 포함시켜야 한다.
③ 다른 광고를 일부 모방·표절하는 것도 펀드의 판매광고에서는 허용된다.
④ 원본, 이익 또는 수익률을 보장하거나 보장되고 있는 듯한 오해를 주는 광고는 금지된다.

해설

다른 광고를 모방 혹은 표절하는 광고는 금지된다. 투자설명서를 반드시 읽어볼 것, 손실이 발생하면 투자자에게 귀속된다는 것, 과거의 수익률이 미래의 수익률을 보장하는 것이 아니라는 것 등은 확실히 알려야 한다.

03 투자설명서를 교부해야 하는 경우로 올바른 것은?

① 전문투자자의 경우
② 일반투자자의 경우
③ 모집매출기준인 50인 산정대상에서 제외되는 자의 경우
④ 투자설명서 받기를 거부한다는 의사를 서면으로 표시한 자의 경우

해설

일반투자자에게는 투자설명서를 교부해야 한다. ③에 해당하는 자로는 회계법인, 신용평가회사, 발행인에게 용역을 제공하는 전문자격자(법무법인 등), 발행인의 사업내용을 잘 알고 있는 연고자 등이 있다.

01 ③ 02 ③ 03 ② **정답**

04 「자본시장법」의 패러다임에 대한 설명 중 틀린 것은?

① 열거주의에서 포괄주의 규제 체제로 변경하였다.

② 증권에 파생결합증권과 투자계약증권을 포함시켰다.

③ 기능과 위험을 기준으로 규제하고 있다.

④ 집합투자업은 30인 이상의 투자자로부터 금전을 모아 운용하고 그 결과를 투자자에게 귀속시키는 것이다.

해설

집합투자업은 2인 이상의 투자자로부터 금전을 모아서 운용한다.

05 환매연기 가능사유가 아닌 것은?

① 집합투자재산의 처분이 불가능하여 사실상 환매에 응할 수 없는 경우

② 환매를 요구받은 집합투자업자, 판매업자, 신탁업자 등이 해산 등으로 환매할 수 없는 경우

③ 투자자의 수익성을 해칠 우려가 있는 경우

④ 금융위가 필요하다고 인정하는 경우

해설

투자자의 수익성이 투자자 간의 형평성을 해칠 우려가 있는 경우 환매연기 사유가 된다.

06 펀드 투자광고 시 준수해야 할 사항에 대한 설명 중 가장 옳은 것은?

① 운용실적이나 수익률 표기 광고 시 광고에 이득이 되는 기간의 것으로만 표시 가능

② 자사의 경영실태평가 등을 다른 금융투자업자의 것과 비교 광고하지 말 것

③ 준법감시인의 사전 혹은 사후 승인을 받을 것

④ 투자광고안을 금융감독원의 심사를 획득할 것

해설

수익률이나 운용실적을 표시하는 경우 좋은 기간의 것만 표시할 수 없으며, 광고 시 준법감시인의 사전승인을 받아야 한다. 또한 투자 광고안은 금융투자협회의 심사를 획득해야 한다.

더 알아보기 ➡ 투자광고 관련 규정

투자광고 주체	원칙적으로 금융투자업자만이 투자광고가 가능 (단, 증권의 발행인 및 매출인은 광고 가능)
표시금지사항	• 손실보전 또는 이익보장으로 오인하게 하는 표시 금지 　(연금신탁 또는 퇴직신탁 제외) • 선별적인 수익률이나 운용실적 표시 금지 • 명확한 근거 없는 비교 광고 금지 • 다른 금융투자업자와 비교 광고 금지

07 집합투자증권을 매입한 투자자가 펀드의 순자산가치대로 자신의 투자지분의 전부 또는 일부를 회수하는 제도를 의미하는 단어는?

① 환매제도
② 공매제도
③ 공시제도
④ 환급제도

해설

집합투자증권을 매입한 투자자가 펀드의 순자산가치대로 자신의 투자지분의 전부 또는 일부를 회수하는 제도는 환매제도이다.

더 알아보기 ➡ 일반적인 환매방법

- 투자자가 투자매매업자, 투자중개업자에게 환매 청구
- 투자매매업자, 투자중개업자는 집합투자업자 또는 투자회사에 환매를 요청
- 집합투자업자 또는 투자회사는 보유 중인 금전, 집합투자재산을 처분한 금전으로 환매대금 지급

08 집합투자기구의 설립 및 등록에 대한 설명 중 틀린 것은?

① 투자합자조합의 경우 자본금이나 출자금이 존재하지 않으므로 등록신청 시 자본금 또는 출자금의 제한요건이 없다.
② 투자회사의 정관변경은 이사회의 결의로서 변경한다.
③ 등록신청서와 증권신고서가 동시에 제출된 공모펀드는 증권신고서가 수리되는 때를 등록된 것으로 본다.
④ 투자회사는 발기설립의 방법으로만 설립해야 한다.

해설

투자조합은 등록신청 시 자본금 또는 출자금이 1억원 이상이어야 한다.

09 집합투자증권의 발행에 관한 설명 중 틀린 것은?

① 공모, 사모펀드 모두 투자자 전원의 동의가 있는 경우 현물로 납입이 가능하다.
② 수익증권은 집합투자업자가 발행한다.
③ 일괄예탁 발행 시 수익자 명부에는 예탁결제원이 수익자로 등재된다.
④ 집합투자증권을 공모 발행한 후에는 발행실적 보고서를 제출해야 한다.

해설

공모펀드는 현물납입이 안 되고, 사모펀드는 투자자 전원의 동의가 있는 경우 현물(증권, 부동산, 실물자산)납입이 가능하다.

10 집합투자증권의 광고에 반드시 포함해야 할 내용이 아닌 것은?

① 펀드 평가회사의 평가결과
② 펀드 취득 전에 투자설명서를 읽어볼 것을 권고하는 내용
③ 투자원금의 손실 가능성
④ 과거의 운용 수익률이 미래의 수익률을 보장하지는 않는다는 사실

해설
펀드 평가회사의 평가결과는 집합투자증권의 광고에 반드시 포함될 내용이 아니다.

더 알아보기 ➡ 광고 시 필수 기재사항

- 투자원금의 손실 가능성
- 펀드 취득 전에 투자설명서 또는 간이투자설명서를 읽어볼 것을 권고하는 내용
- 과거의 운용 수익률이 미래의 수익률을 보장하지는 않는다는 사실
위 3가지는 반드시 표시하여야 하는 Positive 광고이다.

더 알아보기 ➡ 투자광고 관련 규정

광고에 반드시 포함할 사항	• 정보 권고 : 투자설명서나 간이투자설명서를 읽어볼 것을 권고하는 내용 • 위험 관련 : 투자로 인해 원금이 손실가능한지 여부와 해당 손실은 투자자에게 귀속된다는 사실 • 수익 관련 : 과거 운용실적이 미래 수익률을 보장하지 않는다는 사실
광고에 포함할 수 있는 사항	• 보수나 수수료에 관한 사항 • 투자운용인력에 관한 사항 • 그 운용실적 환매사항, 펀드평가회사의 평가결과 등

11 「자본시장법」상 주된 보호대상자는 누구인가?

① 금융투자업자　　　　　　　② 전문투자자
③ 일반투자자　　　　　　　　④ 투자권유전문인력

해설
「자본시장법」상 보호대상은 비전문가인 일반투자자가 주된 보호대상이 되며, 전문투자자는 보호대상이 아니다.

12 투자설명서에 대한 설명 중 가장 적절하지 않은 것은?

① 투자설명서는 법정 투자권유문서로서 공모, 사모 구분 없이 투자설명서의 교부 없이 모집할 수 없다.
② 예비투자설명서는 효력발생 전에 사용가능하다.
③ 간이투자설명서는 효력발생 전후에 사용가능하다.
④ 투자설명서의 내용은 증권서의 내용과 원칙적으로 동일해야 한다.

해설
사모의 경우 증권신고서 제출 의무가 없으므로 투자설명서를 교부하지 않아도 된다.

13 「자본시장법」상 전문투자자가 아닌 자는?

① 주권상장법인
② 국제기구
③ 지방자치단체
④ 금융투자상품 잔고가 20억원 이상이 되는 일반법인

> **해설**
>
> 금융투자상품 잔고가 100억원 이상의 일반법인(주식회사의 외부감사를 받는 주식회사는 50억원)이 자발적 전문투자자이다.
>
> **더 알아보기** ➡ 전문투자자의 범위
>
> - 절대적 전문투자자 : 국가, 한국은행, 금융기관, 외국정부, 국제기구 등
> - 상대적 전문투자자 : 주권상장법인, 지방자치단체 등
> - 자발적 전문투자자
>   - 금융투자상품 잔고가 100억원 이상인 일반법인
>   - '최근 5년 중 1년 이상의 기간 동안 금융투자상품(MMF 등 저위험상품 제외)을 월말평균잔고 기준으로 5천만원 이상 보유한 경험'이 있는 가운데 '소득수준(본인소득 1억원 또는 배우자합산 1억5천만원 이상), 자산기준 (5억원 이상), 전문성기준(해당 분야에서 1년 이상 종사한 전문자격자 등)' 중 하나를 충족하는 자(개인)

14 집합투자증권의 발행에 대한 설명 중 틀린 것은?

① 수익증권은 신탁업자가 발행한다.
② 수익증권의 발행가액 납입은 원칙적으로 금전으로 한다.
③ 수익증권은 무액면으로 발행한다.
④ 수익증권은 기명식으로 발행한다.

> **해설**
>
> 집합투자업자가 신탁업자의 확인을 받아 수익증권을 발행한다. 수익증권은 무액면 기명식으로 발행하며 사모신탁의 경우 수익자 전원의 동의가 있는 경우 증권, 부동산, 실물자산으로 납입이 가능하다.

15 투자설명서를 전자문서로 받을 수 있는 경우에 대한 설명 중 올바른 것은?

① 전자문서로는 누구나 투자설명서를 받을 수 있다.
② 전자문서에 의해 투자설명서를 받을 것을 전자문서 발신자가 동의해야 한다.
③ 전자문서의 수신자가 전달받을 전자매체의 종류와 장소를 지정해야 한다.
④ 전자문서의 발신자가 전달받을 시간과 장소를 지정해야 한다.

> **해설**
>
> 전자문서의 수신자가 전자 전달매체의 종류와 장소를 지정해야 한다.

16 투자설명서에 대한 설명이다. 다음 빈칸에 들어갈 말로 올바르게 연결된 것은?

> 투자설명서는 법정 투자 권유문서로서 효력발생 시기에 따라 사용가능시점이 다르다. 정식 투자설명서의 경우 효력발생 (　　　) 사용가능하다. 예비투자설명서의 경우 효력발생 전을 명시하고 사용가능한 반면, 간이투자설명서의 경우 효력발생 (　　　) 사용가능하다.

① (전·후), (전)
② (전·후), (전·후)
③ (전), (전·후)
④ (후), (전·후)

해설
• 투자설명서 : 효력발생 후 사용가능
• 예비투자설명서 : 효력발생 전을 명시하고 사용가능
• 간이투자설명서 : 효력발생 전·후 모두 가능

17 금융투자회사가 일반투자자를 상대로 투자권유를 함에 있어서 설명의무를 위반한 불완전판매를 했을 경우 손해배상 추정액은?

① 투자자가 해당 금융투자상품을 취득하는 데 따른 지급총액에서 해당 금융투자상품 처분 등을 통한 회수가능 금전 등 총액을 가산한 금액
② 해당 금융투자상품 처분 등을 통한 회수가능 금전 등 총액
③ 투자자가 해당 금융투자상품을 취득하는 데 따른 지급총액에서 해당 금융투자상품 처분 등을 통한 회수가능 금전 등 총액을 차감한 금액
④ 투자자가 해당 금융투자상품을 취득하는 데 따른 지급총액

해설
손해배상 추정액은 '투자자가 해당 금융투자상품을 취득하는 데 따른 지급총액에서 해당 금융투자상품 처분 등을 통한 회수가능 금전 등 총액을 차감한 금액'으로 한다.

18 투자권유대행인에게 금지되는 행위로 볼 수 없는 것은?

① 회사가 이미 발행한 주식의 매수 또는 매도를 권유하는 행위
② 고객 또는 그 대리인으로부터 매매주문을 수탁하는 행위
③ 2개 이상의 회사와 위탁계약을 체결하는 행위
④ 투자권유를 대행하는 보험설계사가 소속 보험회사와 위탁계약을 체결하는 행위

해설
소속회사와 위탁계약을 체결해야 하며 다른 보험회사와는 위탁계약을 체결할 수 없다.

19 펀드 판매 시 각종 의무에 대한 설명 중 틀린 것은?

① 정당한 사유가 없는 한 공모펀드의 판매를 거부할 수 없다.
② 펀드 판매 시 다른 금융상품과 연계판매도 가능하다.
③ 특정 펀드 판매 시 예상 수익률을 설명할 수 있다.
④ 펀드 판매 시 차별적인 판매촉진 노력을 해서는 안 된다.

> **해설**
> 예상 수익률의 보장 등 이를 암시하는 표현 등은 금지된다.

20 부당권유 규제에 대한 설명 중 틀린 것은?

① 장외파생상품은 재권유 금지가 적용된다.
② 기짓의 내용을 알리는 짓은 금지된다.
③ 「자본시장법」상 재권유 금지기간은 3개월이다.
④ 투자권유를 받은 투자자가 이를 거부하는 경우 투자권유를 할 수 없다.

> **해설**
> 「자본시장법」상 재권유 금지기간은 1개월이다.

> **더 알아보기** ➡ 부당권유의 금지

부당권유 금지	• 불확실한 사항이거나 잘못된 내용에 대하여 단정적으로 제공하거나 확실하다고 오인하게 할 소지가 있는 내용 제공 • 투자권유 요청을 받지 않은 불초청권유 행위(단, 증권, 장내파생상품은 예외 인정) • 거부한 고객에게 계속하여 투자권유하는 행위(단, 특정 상품에 대한 투자권유를 거부한 뒤 1개월이 경과, 다른 종류의 금융투자상품 권유 가능) • 투자자로부터 요청받지 않은 금전의 대여, 중개, 주선 등의 조건으로 투자권유하는 행위
투자권유 준칙	• 투자권유를 함에 있어 임직원이 준수해야 할 규칙을 제정하고, 인터넷 홈페이지 등을 통해 공시 • 금융투자협회가 제정한 표준투자권유준칙 활용

21 일반적인 설명의무에 속하지 않는 것은?

① 펀드의 투자목적, 주요 투자전략
② 펀드의 특별자산에 대한 중요정보
③ 환매방식, 수수료 등에 관한 사항
④ 최대손실 가능금액 등 투자위험에 관련된 사항

> **해설**
> 특별자산에 관한 설명은 일반적인 설명의무에 속하지 않고 추가적인 설명의무에 속한다.

22 「자본시장법」상 영업행위 규칙에 해당되지 않는 내용은?

① 신의성실의무
② 이해상충의 방지
③ 정보교류의 차단
④ 투자자 이익의 관리

해설

투자자 이익의 관리는 고객에 대한 기본적인 업무내용으로 최선을 다하여 투자수익을 올려야 함을 의미한다. 「자본시장법」상의 영업행위 규칙에는 포함되지 않는다.

23 투자권유 시 재권유 금지의 예외사항이 아닌 것은?

① 투자성 있는 보험계약에 대하여 투자권유를 하는 행위
② 투자권유를 받은 자가 이를 거부하는 취지의 의사를 표시한 후 2주일이 지난 후에 다시 투자권유를 하는 행위
③ 채무증권, 지분증권, 장내파생상품에 대한 투자 자문계약 또는 투자 일임계약, 기타 신탁재산에 대한 신탁계약 등의 종류를 달리하여 투자권유를 하는 행위
④ 비투자 금융상품에 대하여 투자권유를 하는 행위

해설

투자권유를 받은 자가 이를 거부하는 취지의 의사를 표시한 후 1개월이 지난 후에 다시 투자권유를 하는 행위는 가능하다.

24 펀드 판매 시 부당권유 행위로 보기 어려운 것은?

① 투자자가 예상 수익률을 요구하여 연평균 15% 선이라고 설명하였다.
② 고객의 성향이 보수적이므로 채권형펀드를 권유하였다.
③ VIP 고객을 방문하여 펀드 내의 정보를 알려주며 투자를 권유하였다.
④ 펀드의 예상 목표 수익률이 연평균 약 12% 선으로 안정적인 면을 강조하였다.

해설

고객의 성향에 맞는 적합성 원칙으로 펀드를 권유하였기에 부당한 행위가 아니다.

25 투자권유대행인의 투자권유에 대한 설명으로 가장 적절하지 못한 것은?

① 고령 투자자에게 판매 시 강화된 고령 투자자 보호기준을 준수하여야 한다.

② 투자자가 거부의사를 표시하면 1개월 경과 후에 재권유가 가능하다.

③ 투자자에 따라 설명의 정도를 달리하여 차별하여서는 안 된다.

④ 회사 또는 자기계산에 따른 거래를 위해 투자권유하여서는 안 된다.

해설

투자자의 투자경험과 금융투자상품에 대한 지식수준 등 투자자의 이해수준을 고려하여 설명의 정도를 달리할 수 있으며, 투자자가 주요 손익구조 및 손실위험을 이해하지 못하는 경우 투자권유를 계속하여서는 안 된다.

26 펀드 판매 시 금지된 부당권유의 유형으로 볼 수 없는 것은?

① 거짓의 내용을 알리는 경우

② 일반투자자로부터 요청을 받지 않고 투자권유하는 경우

③ 전문투자자로부터 요청을 받지 않고 투자권유하는 경우

④ 단정적 판단을 제공하거나 오인을 할 소지가 있는 내용을 알리는 경우

해설

금지되는 경우는 일반투자자이며 전문투자자나 신용공여를 받아 투자경험을 한 일반투자자는 제외한다.

27 투자권유의 원칙에 대한 설명 중 틀린 것은?

① 관계법령 등을 준수하며, 신의성실원칙에 따라 정직하고 공정하게 업무를 수행한다.

② 고객에 대하여 선량한 관리자로서 주의의무를 다한다.

③ 고객에게 합리적 의사결정을 하는 데 필요한 정보를 충분히 제공한다.

④ 이해상충발생 가능성이 있는 거래에 대하여는 고객이익이 침해받지 않도록 최소한의 조치를 취한 후 매매하고, 이해상충이 불가피한 경우에는 회사 내에서 적절한 조치를 취한다.

해설

이해상충발생 가능성 있는 거래에 대하여는 고객이익이 침해받지 않도록 최대한의 조치를 취한 후 매매하고, 이해상충이 불가피한 경우에는 고객에게 통지하고 적절한 조치를 취한다.

28 **고객 투자권유 규제 중 적합성의 원칙이 아닌 것은?**

① 금융투자업자는 투자자가 일반투자자인지 전문투자자인지 확인하여야 한다.

② 금융투자업자는 일반투자자에게 투자권유를 하기 전에 투자자의 투자목적, 재산상황 및 투자경험 등의 정보를 파악하여야 한다.

③ 금융투자업자는 일반투자자에게 금융투자상품의 투자를 권유하는 경우 투자자가 이해할 수 있도록 설명해야 한다.

④ 금융투자업자는 일반투자자에게 투자권유를 하는 경우에 그 일반투자자에게 적합하지 아니하다고 인정되는 투자권유를 하여서는 아니 된다.

> **해설**
>
> 적합성의 원칙이 아니라 설명의무이다.

29 **다음은 판매보수와 판매수수료에 대한 설명이다. 틀린 것은?**

① 판매보수는 매일의 집합투자재산의 규모에 비례하여 투자자로부터 징구한다.

② 판매보수의 한도는 집합투자재산의 연평균가액의 100분의 1 이내이다.

③ 판매수수료는 일시에 받거나 투자기간 동안 분할하여 받을 수 있다

④ 판매수수료는 납입금액 또는 환매금액의 100분의 2 이내이다.

> **해설**
>
> 판매보수는 매일의 집합투자재산의 규모에 비례하여 집합투자기구로부터 징구한다.

30 **투자신탁에서 환매연기 절차로 맞는 것은?**

① 자산운용회사 환매연기 결정 → 수익자총회 결의 → 수익자 통지

② 자산운용회사 환매연기 결정 → 수익자총회 결의 → 금감위보고 → 수익자 통지

③ 수익자총회 결의 → 자산운용회사 환매연기 결정 → 수익자 통지

④ 자산운용회사 환매연기 결정 → 금감위 보고→ 수익자총회 결의 → 수익자 통지

> **해설**
>
> 환매연기란 집합투자재산의 처분이 불가능하여 환매에 응할 수 없거나 형평성을 해칠 염려가 있는 경우, 자산운용회사가 해산 등의 이유로 환매할 수 없는 경우에 한해 실행할 수 있으며, 금감위 보고는 불필요하다.
>
> **더 알아보기** ➡ **환매연기 절차**
>
> | (1단계) 환매연기 결정 → (2단계) 연기 결정일로부터 6주 이내 집합투자자 총회에서 환매 관련 의결 → (3단계) 환매연기 관련 의결 사항을 지체 없이 투자자에게 통지 → (4단계) 환매연기사유의 일부 또는 전부 해소 시 투자자에게 통지하고 환매대금 지급 |

31 환매에 관한 설명 중 틀린 것은?

① 현금환매가 원칙이나 집합투자자 전원 동의가 있으면 실물지급이 가능하다.
② 자산운용회사가 집합투자증권을 직접판매하는 경우 MMF에 한해 제한적으로 고유재산으로 재매수할 수 있다.
③ 환매수수료는 환매금액 또는 이익금을 기준으로 징구한다.
④ 환매기간은 원칙적으로 환매청구를 받은 날부터 15일 이내여야 한다.

해설

자산운용회사는 직접판매를 하는 경우에도 재매수를 할 수 없다.

32 투자신탁 수익자총회에 관한 설명 중 틀린 것은?

① 자산운용회사의 대표이사가 수익자총회의 의장이 된다.
② 총회에 출석하지 않고 서면으로 의결권을 행사할 수 있다.
③ 연기수익자총회 소집 시 연기수익자총회일 1주 전까지 소집을 통보한다.
④ 반대수익자가 수익증권의 매수청구권을 행사하는 경우 서면으로 청구할 수 있다.

해설

수익자총회 의장은 수익자총회에서 선출한다.

더 알아보기 ➡ 의결권 행사 금지

- 동일 종목 투자한도, 동일 회사 발행주식 투자한도, 계열회사 발행주식 투자한도 등을 위반하여 초과 취득한 주식의 의결권 행사 금지
- 제3자와의 계약에 의한 의결권 교차 행사 행위금지
- 의결권행사 제한 규정위반 시 금융위는 6개월 이내에 해당 주식의 처분을 명령

33 다음의 설명 중 투자설명서와 관련하여 가장 바르지 않은 것은?

① 집합투자업자는 연 1회 이상 다시 고친 투자설명서를 금융위원회에 추가로 제출하여야 한다.
② 투자설명서는 발행인인 집합투자업자의 본점, 금융위원회, 한국거래소, 청약사무를 취급하는 판매회사의 청약사무 담당 장소 등에 비치하여야 한다.
③ 투자설명서는 증권신고서에 기재된 내용과 다른 내용을 표시하거나 그 기재사항을 누락하면 안 된다.
④ 증권신고서 효력이 발생한 이후 15일 이내에 금융위원회에 제출하여야 한다.

해설

집합투자업자는 투자설명서를 증권신고의 효력이 발생하는 날에 금융위원회에 제출하여야 한다.

34 부당권유의 금지에 대한 설명으로 바르지 못한 것은?

① 파생상품 투자권유를 거부한 투자자에게 증권을 다시 권유하는 것은 무방하다.

② 증권과 장내파생상품의 경우 고객의 요청을 받지 않고 권유할 수 있다.

③ 투자권유에 대한 거부의사를 표현한 후 3개월이 경과하면 다시 권유할 수 있다.

④ 단정적인 판단 또는 확실하다고 오해할 소지가 있는 내용을 제공해서는 안 된다.

> **해설**
>
> 투자성 있는 보험계약에 대한 권유, 거부의사를 표시한 후 1개월이 경과한 후의 재권유, 다른 종류의 금융투자상품에 대하여 투자권유하는 행위는 예외로 허용된다.

35 집합투자재산에 관한 수시보고사항으로 틀린 것은?

① 집합투자기구의 회계기간 종료

② 집합투자기구의 계약기간 종료

③ 집합투자기구의 해지 또는 해산 사유 발생

④ 집합투자자산의 수수료 변경

> **해설**
>
> 수시보고사항으로는 ① 집합투자기구의 회계기간 종료, ② 집합투자기구의 계약기간 또는 존속기간 종료, ③ 집합투자기구의 해지 또는 해산 사유가 발생한 경우 사유발생일부터 2월 이내에 금융위 및 금융투자협회에 결산서류를 제출해야 한다.

36 집합투자재산의 평가방법에 대한 설명으로 틀린 것은?

① 집합투자재산은 원칙적으로 공정가액으로 평가한다.

② MMF에 대해서는 장부가평가를 허용하고 있다.

③ 공정가액이란 집합투자재산에 속한 자산의 종류별로 집합투자재산평가위원회가 충실의무를 준수하고 평가의 일관성을 유지하여 평가한 가격을 말한다.

④ 장부가평가 시 장부가에 따라 평가한 기준가격과 시가·공정가액으로 평가한 기준가격의 차이가 1,000분의 5를 초과하거나 초과할 염려가 있는 경우에는 필요한 조치를 취해야 한다.

> **해설**
>
> 집합투자재산은 원칙적으로 시가로 평가하고, 시가를 구할 수 없는 경우에는 공정가액으로 평가해야 한다. 여기서 시가란 증권시장에서 거래된 최종시가, 장내파생상품이 거래되는 파생상품시장에서 공표되는 가격을 말한다. 다만, MMF에 대해서는 장부가평가를 허용하고 있다.

37 집합투자기구에 대한 설명 중 틀린 것은?

① 수익자총회를 소집하는 경우 예탁결제원의 명의로 된 명부에 의거 소집한다.

② 연기수익자총회는 1회에 한하여 소집한다.

③ 투자회사의 감사는 내부감사가 없고 외부감사가 의무화되어 있다.

④ 해당 투자회사의 발기인은 최초 감독이사의 선임 시에는 제외시켜야 한다.

> **해설**
>
> 수익자총회를 소집하는 경우 예탁결제원 명의의 명부가 아니라, 투자자 이름이 기재되어 있는 실질수익자 명부에 의거 소집한다. 실질수익자 명부는 판매회사에도 보관되어 있다.

38 「자본시장법」의 증권신고서 제도에 관한 내용 중 틀린 것은?

① 집합투자증권 발행자는 투자자에게 펀드를 판매하기 전에 증권신고서를 금융위에 제출한다.

② 공모펀드는 투자신탁, 투자회사 등 법적 형태에 관계없이 금융위원회에 펀드등록을 하고 펀드신고서를 제출하여야 한다.

③ 사모펀드는 증권신고서 제출의무만 있고 펀드등록의무는 없다.

④ 증권신고서 제도는 「자본시장법」상 투자자 보호의 필요성이 있는 모든 증권에 대해 판매 전에 금융위원회에 증권신고서를 제출하도록 하는 것으로 투자자를 보호하기 위한 제도이다.

> **해설**
>
> 사모펀드는 펀드등록의무만 있으며 증권신고서 제출의무는 없다.

39 집합투자업자는 집합투자재산을 운용함에 있어 이해관계인과 거래를 할 수 없는데, 이해관계인의 범위에 속하지 않는 것은?

① 집합투자업자가 운용하는 전체 집합투자기구의 집합투자증권을 30% 이상 판매·위탁판매한 투자매매업자 또는 투자중개업자

② 집합투자업자가 운용하는 전체 집합투자기구의 집합투자재산의 30% 이상을 보관·관리하고 있는 신탁업자

③ 집합투자업자 및 계열회사 임직원과 그 배우자

④ 증권시장 등 불특정 다수인이 참여하는 공개시장을 통한 거래

> **해설**
>
> 집합투자업자는 집합투자재산을 운용함에 있어 이해관계인과 거래를 할 수 없다. 이해관계인의 범위에는 다음과 같은 자가 포함된다. ① 집합투자업자의 임직원 및 그 배우자, ② 집합투자업자의 대주주 및 그 배우자, ③ 집합투자업자의 계열회사, 계열회사의 임직원 및 그 배우자, ④ 집합투자업자가 운용하는 전체 집합투자기구의 집합투자증권을 30% 이상 판매, 위탁 판매한 투자매매업자 또는 투자중개업자, ⑤ 집합투자업자가 운용하는 전체 집합투자기구의 집합투자재산의 30% 이상을 보관 관리하고 있는 신탁업자, ⑥ 집합투자업자가 법인이사인 투자회사의 감독이사 등이다.

40 신탁업자의 보고서에 기재하는 사항이 아닌 것은?

① 신탁약관 혹은 정관의 주요기재사항
② 회계감사인 선임에 관한 사항
③ 총회의 의결사항
④ 기준가격의 변경에 관한 사항

해설
기준가격은 집합투자업자의 업무사항으로, 기준가격의 변경에 관한 사항도 집합투자업자의 업무에 관한 사항이다.

41 투자설명서의 종류에 속하지 않는 것은?

① 일반투자설명서
② 예비투자설명서
③ 간이투자설명서
④ 요약투자설명서

해설
투자설명서의 종류는 일반투자설명서, 예비투자설명서, 간이투자설명서가 있다.

42 투자회사에 대한 설명 중 틀린 것은?

① 법인이사는 투자회사를 대표한다.
② 당해 투자회사의 집합투자업자가 법인이사가 된다.
③ 집합투자업자는 직무의 범위를 정하여 임직원 중 법인이사를 선임할 수 있다.
④ 감독이사는 1인 이상이어야 한다.

해설
투자회사는 법인이사 1인과 감독이사 2인 이상을 선임하여야 한다.

43 일반투자자에게 집합투자증권을 투자권유하는 경우의 규제에 대한 설명으로 가장 거리가 먼 것은?

① 투자권유 전에 미리 면담 등을 통해 투자목적, 재산상태, 투자경험 등을 파악하고 그 투자자로부터 확인을 받아야 한다.
② 확인은 서명, 기명날인, 녹취의 방법으로 해야 하며, 전자우편이나 전화자동응답시스템의 방법으로는 할 수 없다.
③ 투자목적 등에 비추어 그 투자자에게 적합하지 않다고 인정되는 투자권유를 해서는 안 된다.
④ 투자권유대상인 집합투자증권의 내용과 위험, 기타 중요사항에 대해 그 투자자가 이해할 수 있도록 설명해야 한다.

해설
전자우편이나 전화자동응답시스템의 방법으로도 확인할 수 있다.

44 집합투자업자를 비롯한 펀드 관련 회사들의 인허가 기관은?

① 국무총리
② 금융투자협회
③ 금융위원회
④ 판매인력관리 위원회

> **해설**
>
> 집합투자업자를 비롯한 펀드 관련 회사들의 인허가 기관은 금융위원회이다. 과거에는 기획재정부에서 인허가를 담당하였으나 「자본시장법」상에서는 금융위원회가 모든 금융기관의 인허가를 담당하고 있다.

45 펀드의 투자회사에 대한 설명 중 틀린 것은?

① 일반적으로 직원을 두고 있는 회사가 아니다.
② 투자업무를 위주로 수행하고 있다.
③ 실체가 없는 서류상의 회사이다.
④ 본질적인 업무를 제외한 대부분의 일을 외부의 전문가에게 위탁한다.

> **해설**
>
> 투자회사는 모든 업무를 외부의 전문가(운용회사, 판매회사, 신탁업자, 일반사무관리회사)에게 위탁해야 한다.

46 투자자의 장부·서류 열람청구권에 관한 설명 중 틀린 것은?

① 다른 투자자에게 손해를 끼칠 가능성이 명백할 경우 이를 거부할 수 있다.
② 정당한 사유가 있어도 반드시 응해야 한다.
③ 해산된 펀드의 장부, 서류의 보존기간 등의 사유로 요청에 응하지 못할 수 있다.
④ 청구대상 장부, 서류 중에는 펀드 재산 명세서도 포함된다.

> **해설**
>
> 다른 투자자에게 손실을 끼칠 수 있다든지 하는 정당한 사유가 있으면 응하지 않아도 된다.

47 펀드 투자광고 시 준수해야 할 사항에 대한 설명 중 틀린 것은?

① 투자광고안을 금융투자협회의 심사를 받을 것
② 준법감시인의 사전 혹은 사후 확인을 받을 것
③ 수익률이나 운용실적을 좋은 기간의 것만으로 표시하지 말 것
④ 금융투자업자의 경영 실태평가 등을 다른 금융투자업자의 것과 비교 광고하지 말 것

> **해설**
>
> 펀드 투자광고는 금융투자협회에서 규제하며 금융투자회사는 준법감시인의 사전 확인을 받아야 한다.

44 ③ 45 ④ 46 ② 47 ② **정답**

48 집합투자의 정의에서 제외되는 경우의 특별법으로 볼 수 없는 것은?

① 부동산투자회사법
② 수신전문금융업법
③ 선박투자회사법
④ 산업발전법

> **해설**
> ①, ③, ④ 외에 '여신전문금융법'에 의거 사모방식인 경우 집합투자의 정의에서 제외된다.

49 투자회사의 해산에 관한 설명이다. 틀린 것은?

① 투자회사의 존립기간 만료는 해산사유에 해당한다.
② 투자회사가 법원의 명령 등으로 해산되는 경우에는 집합투자업자가 청산인 및 청산 감독인을 선임한다.
③ 주주총회의 의결, 합병, 파산, 법원의 해산 명령 등은 해산사유에 해당한다.
④ 투자회사의 존립기간 만료, 주주총회의 의결로 해산되는 경우에는 법인이사 및 감독이사가 청산인 및 청산감독인이 된다.

> **해설**
> 투자회사는 「상법」상의 주식회사이므로 주식회사의 청산규정을 준용해야 한다. 따라서 법원의 명령 등으로 해산되는 경우에는 금융위원회가 청산인 및 청산 감독인을 선임한다.

50 사모펀드에 대한 설명 중 틀린 것은?

① 사모펀드는 49인 이하의 투자자로 구성된다.
② 사모펀드는 일반적으로 헤지펀드와 PEF로 구분된다.
③ 사모펀드에서는 파생상품 매매에 따른 위험평가액을 순자산의 400%까지 허용하고 있다.
④ 사모펀드에서 금전의 대여를 할 경우 대여금의 회수 수단(담보권 등)을 확보한 후에 대여할 수 있다.

> **해설**
> 사모펀드는 공모펀드와는 달리 금전의 대여의 경우 담보권 등 회수 수단의 확보가 없이도 가능하다.

더 알아보기 ➡ 사모펀드(PEF ; Private Equity Fund)

의 미	경영권 참여, 사업구조·지배구조의 개선 등을 위해 지분증권에 투자·운용하는 투자합자회사
구 성	• 총사원은 49인 이하 • 무한책임사원과 유한책임사원으로 구성되며 무한책임사원만 업무집행사원 • 출자는 현금출자가 원칙이나 사원 전원 동의 시 증권출자 가능

51 집합투자증권의 설명의무 및 적합성원칙에 대한 설명으로 바르지 못한 것은?

① 일반투자자에게 투자권유하지 않고 파생상품 등의 금융상품을 판매하는 경우에는 고객정보를 파악하지 않아도 된다.

② 일반투자자에게 투자권유하는 경우 투자자의 투자목적, 재산상황, 투자경험 등에 비추어 투자자에게 적합하지 않다고 인정되는 경우에는 권유를 해서는 안 된다.

③ 설명의무 불이행 등으로 입은 손해에 대해 금융투자업자에게 손해배상책임이 부여되며, 그 손해액은 원본손실액으로 추정된다.

④ 설명의무와 적합성원칙 등의 의무는 일반투자자에게만 적용되고 전문투자자에게는 적용되지 않는다.

> **해설**
> 일반투자자에게 투자권유를 하지 않고 파생상품 등을 판매하려는 경우에는 면담, 질문 등을 통하여 일반투자자의 투자목적, 재산상황 및 투자경험 등의 정보를 파악해야 한다. 그 과정에서 파생상품이 적합하지 않다고 판단된 경우 그 사실을 알리고 그 일반금융소비자로부터 서명, 기명날인, 녹취 등의 방법으로 확인을 받아야 한다는 적정성의 원칙이 적용된다.

52 다음은 집합투자기구의 종류이다. 집합투자기구로 구분하기에 가장 바르지 않은 것은 무엇인가?

① 투자신탁
② 투자유한회사
③ 투자합자회사
④ 투자합명회사

> **해설**
> 투자합명회사는 법에 의한 집합투자기구 분류에서 제외된다.

53 집합투자업자의 설립 및 등록에 대한 설명 중 틀린 것은?

① 투자신탁 및 익명투자조합은 해당 집합투자업자가 금융위에 등록한다.
② 회사형펀드 및 투자조합은 당해회사 및 조합이 금융위에 등록한다.
③ 투자신탁 이외의 펀드는 등록 당시 자본금 혹은 출자금이 10억원 이상이어야 한다.
④ 금융위에서 등록한 집합투자기구의 내용이 변경된 경우에는 2주 이내에 변경등록해야 한다.

> **해설**
> 투자신탁 이외의 펀드는 등록 당시 자본금 혹은 출자금이 1억원 이상이어야 한다.

54 투자신탁의 관계당사자가 아닌 자는?

① 집합투자업자　　　　　　　② 신탁업자
③ 수익자　　　　　　　　　　④ 수탁회사

①, ②, ③은 투자신탁의 관계당사자이고 수탁회사는 과거 집합투자법상의 수탁자이다.

55 금융투자상품의 투자권유 시 금융위가 정해놓은 원칙에 해당하지 않는 것은?

① 요청하지 않은 투자권유금지
② 수익성 원칙
③ 적합성 원칙
④ 재권유금지

투자권유 시 원칙으로는 설명의무, 적합성 원칙, 요청하지 않은 투자권유금지, 재권유금지 등이 있다.

더 알아보기 ➡ 투자목적 등에 적합하여야 할 의무

적합성의 원칙	• 금융투자업자는 일반투자자에 투자권유를 하는 경우 일반투자자의 투자목적, 재산상황 및 투자경험 등에 비추어 적합하지 아니하다고 인정되는 투자권유 금지 • 투자자 구분 → Know Your Customer Rule → 투자자 확인 → 투자자에게 제공 → 적합하지 않은 투자권유 금지
적정성의 원칙	• 투자권유대행인에게 위탁할 수 있는 투자권유의 범위에서 파생상품 등은 제외 • 장외파생상품 매매 및 그 중개, 주선 또는 대리의 상대방이 일반투자자인 경우 그 일반투자자가 대통령령으로 정한 위험회피 목적의 거래를 하는 경우에 한함
Know-Your-Customer-Rule	• 고객이 일반투자자인지 전문투자자인지를 확인해야 하는 의무 • 이 중 일반투자자로부터 서명(전자서명 포함), 기명날인, 녹취, 전자우편, 전자통신, 우편, 전화 자동응답시스템의 방법으로 확인을 받고, 그 내용을 투자자에게 지체 없이 제공

56 투자회사에 대한 설명 중 틀린 것은?

① 감독이사는 회계 감사인에 대하여 회계감사에 관한 보고를 요구할 수 있다.
② 해당 투자회사의 발기인은 어떠한 경우에도 감독이사가 될 수 없다.
③ 투자회사의 대주주 및 특수관계인은 감독이사가 될 수 없다.
④ 법인이사로부터 계속적으로 보수를 받고 있는 자는 감독이사가 될 수 없다.

해당 투자회사의 발기인은 최초 감독이사 선임 시에 한하여 감독이사가 될 수 없다.

57 투자신탁 수익자총회에서 반대 수익자의 매수청구권에 대한 매수가격은?

① 매수청구기간 개시일의 기준가격
② 매수청구기간 중의 평균기준가격
③ 매수청구기간 종료일의 기준가격
④ 매수청구기간 종료일 다음날의 기준가격

> **해설**
> 매수가격은 매수청구기간 종료일 다음날의 기준가격으로 한다.

58 투자설명서에 대한 설명 중 틀린 것은?

① 투자설명서는 법정 투자 권유문서이다.
② 투자설명서의 내용은 증권신고서 내용과 일정 부분 달리할 수 있다.
③ 투자설명서는 증권신고서 효력 발생 후에만 사용할 수 있다.
④ 예비투자설명서는 증권신고서 효력 발생 전에 사용할 수 있다.

> **해설**
> 투자설명서의 내용은 증권신고서 내용과 원칙적으로 동일해야 한다.

59 집합투자증권의 발행에 대한 설명 중 틀린 것은?

① 집합투자증권을 공모로 발행하는 경우에는 증권신고서 규정을 적용받는다.
② 증권신고서가 금융위에 제출된 후 수리되기 전에도 일정한 규모의 집합투자증권의 모집, 매출이 가능하다.
③ 집합투자증권의 투자권유는 투자설명서에 의해서만 할 수 있다.
④ 집합투자증권을 공모발행한 후에는 발행실적 보고서를 제출해야 한다.

> **해설**
> 「자본시장법」상 펀드 발행 시 증권신고서가 금융위에 제출되어 수리되기 전에는 집합투자증권의 모집, 매출을 할 수 없다.

60 투자권유 시 투자자 정보파악에 대한 설명 중 적절하지 않은 것은?

① 파악해야 하는 투자자 정보는 현재 투자자금성향을 파악하는 것이 중요하다.
② 투자자정보는 반드시 투자자가 자필로 작성해야 한다.
③ 투자자정보는 본인으로부터 서명 등의 방법으로 확인받아야 한다.
④ 직원이 면담과정에서 파악한 정보를 컴퓨터에 입력하고 이를 출력하여 투자자에게 확인받는 것도 가능하다.

> **해설**
> 투자자정보는 불가피한 상황 시 반드시 투자자가 자필로 작성하지 않아도 된다.

61 투자신탁 재산의 보관, 관리업무를 담당하는 자는?

① 집합투자업자　　　　　　　　② 신탁업자
③ 수탁회사　　　　　　　　　　④ 자산보관회사

> **해설**
> 「자본시장법」상의 투자자산의 보관 및 관리를 담당하는 자는 신탁업자이다.

62 집합투자업자가 직접 자산의 취득 및 매각을 할 수 있는 경우가 아닌 것은?

① 단기대출
② CD의 매매
③ 모든 장내외 파생상품의 매매
④ 외국환거래법에 의한 대외지급수단의 매매

> **해설**
> 장외파생상품은 집합투자업자가 직접 자산의 취득 및 매각을 할 수 없고 헤지 목적으로의 매매만 가능하다.

63 단기금융집합투자기구(MMF)에 대한 설명으로 적절하지 않은 것은?

① 투자대상은 단기금융상품으로 제한된다.
② 증권을 대여하거나 차입하는 방법으로 운용하는 것은 금지된다.
③ 남은 만기가 1년 이상인 국채증권에 집합투자재산의 10% 이내로 운용해야 한다.
④ 집합투자재산의 남은 만기의 가중평균된 기간이 75일 이내여야 한다.

> **해설**
> 남은 만기가 1년 이상인 국채증권에 집합투자재산의 5% 이내로 운용해야 한다.

64 종류형 집합투자기구에 대한 설명으로 가장 적절한 것은?

① 정해진 다른 집합투자기구로 전환할 때에는 환매수수료를 징구하지 않는다.
② 다른 집합투자기구가 발행하는 집합투자증권을 취득하는 구조의 집합투자기구를 말한다.
③ 전통적인 인덱스펀드의 단점을 제도적으로 보완한 특수한 형태의 인덱스펀드이다.
④ 집합투자기구에 부과되는 판매보수, 판매수수료의 차이로 인하여 기준가격이 다른 수종의 집합
　투자증권을 발행하는 집합투자기구를 말한다.

> **해설**
> 집합투자기구에 부과되는 판매보수, 판매수수료의 차이로 인하여 기준가격이 다른 수종의 집합투자증권을 발행하는 집합투자기구를 말한다. 통상적으로 멀티 클래스펀드라고 부른다. 종류형 집합투자기구는 판매보수, 판매수수료를 제외하고는 각 종류의 집합투자증권별로 같도록 해야 한다.

65 전문투자형 사모집합투자기구에 대한 설명으로 적절하지 않은 것은?

① 금융위원회에 등록을 위하여는 10억원 이상의 자기자본을 갖추어야 하고 상근 임직원을 3명 이상 갖추어야 한다.

② 적격투자자란 개인 또는 법인, 그 밖의 단체의 경우 1억원 이상을 투자하는 경우에 한정한다.

③ 광고 시 전문투자자 또는 「자본시장법」 시행령이 정하는 투자자만을 대상으로 해야 한다.

④ 설정·설립 시 그 날로부터 2주일 이내에 금융위원회에 보고해야 한다.

> **해설**
>
> 전문투자형 사모집합투자기구의 투자자에는 전문투자형 집합투자기구의 계산으로 금전을 차입하는 경우 그 차입금의 총액을 뺀 가액의 200%를 초과하지 아니하는 전문투자형 사모집합투자기구에 투자하는 경우에는 1억원, 그 외의 전문투자형 사모집합투자기구에 투자하는 경우에는 3억원 이상을 투자하는 개인 또는 법인, 그 밖의 단체 등이 있다.

66 외국 집합투자증권의 설명으로 적절하지 않은 것은?

① 외국 집합투자증권의 국내 판매 시 판매회사를 통해 판매해야 한다.

② 자산운용보고서 작성 시 3개월마다 1회 이상 투자자에게 제공해야 한다.

③ 기준가격은 판매회사의 본·지점에 1개월마다 공고·게시해야 한다.

④ 국내 판매현황은 매월 말일을 기준으로 다음달 20일까지 판매회사를 통하여 금융감독원장 및 금융투자협회에 보고해야 한다.

> **해설**
>
> 외국집합투자업자 또는 외국투자회사 등은 국내에서 판매하는 외국 집합투자증권의 기준가격을 국내에서 판매 대행하는 판매회사의 본·지점에 매일 공고·게시해야 한다.

67 투자신탁의 해지에 대한 설명으로 틀린 것은?

① 투자신탁의 해지란 해지권자의 일방적 의사표시로 투자신탁의 효력을 소멸시키는 행위를 말한다.

② 투자신탁이 해지되면 투자신탁관계는 종료하고 신탁재산은 투자자에게 지급된다.

③ 수익자 전원이 동의하는 경우라도 금융위의 승인을 받아야 하는 것이 원칙이다.

④ 수익자의 총수가 1인이 되는 경우 지체 없이 투자신탁을 해지하고, 금융위에 보고한다.

> **해설**
>
> 투자신탁의 해지란 투자신탁계약의 해지로서 해지권자의 일방적인 의사표시로 투자신탁계약의 효력을 장래에 향하여 소멸시킬 수 있다. 따라서 금융위의 별도 승인을 받을 필요는 없다. 개방형펀드의 경우는 투자신탁 계약기간이 정해지지 않고 투자신탁 최초 설정일부터 투자신탁 해지일까지로 정하는 것이 일반적이다. 폐쇄형펀드의 경우는 계약기간이 정해지나, 계약기간 만료 전에 투자신탁계약을 해지할 수 있다.

68　집합투자증권의 발행에 대한 설명 중 틀린 것은?

① 집합투자증권은 실물 발행을 하지 않고 예탁결제원에 일괄예탁 방식으로 발행한다.
② 수익자(주주) 명부에는 집합투자업자가 1인 수익자(주주)로 등재된다.
③ 투자회사의 주권은 당해 투자회사가 발행한다.
④ 투자회사의 주식은 보통주로만 발행해야 한다.

> **해설**
> 수익자(주주) 명부에는 예탁결제원이 1인 수익자(주주)로 등재된다. 다만, 수익자총회(주주총회) 시에는 실질수익자(실질주주) 명부를 제출받아 작성하는 것이 실질수익자(실질주주) 명부이다.

69　「금융소비자보호법」상에 대한 주요 내용이다. 틀린 것은?

① 「금융소비자보호법」상에서 규정하는 금융상품에는 예금성 상품, 투자성 상품, 보장성 상품, 대출성 상품이 있다.
② 「은행법」·「자본시장법」·「보험법」·「여신전문금융업법」 등에 각각 규정된 설명의무를 「금융소비자보호법」으로 통합 이관하였다.
③ 「금융소비자보호법」상 위반이 있을 경우 판매업자에게 부과되는 과태료는 최대 5,000만 원이다.
④ 투자성 계약은 계약서류 제공일 또는 계약체결일로부터 7일 이내로 청약철회가 가능하다.

> **해설**
> 「금융소비자보호법」상 위반이 있을 경우 판매업자에게 부과되는 과태료는 최대 1억 원이다.

70　집합투자업자나 투자회사 등이 집합투자증권을 환매하는 경우 환매가격에 대한 설명 중 틀린 것은?

① 환매청구일 후에 산정되는 기준가격으로 판매하는 것이 원칙이다.
② 「국가재정법」에 따라 여유자금을 통합하여 운용하는 경우로서 환매청구일에 공고되는 기준가격으로 환매한다는 집합투자규약이 있는 집합투자증권을 판매하는 경우에도 반드시 환매청구일 후에 산정되는 기준가격으로 판매해야 한다.
③ 투자매매업자나 투자중개업자가 단기금융집합투자기구의 집합투자증권을 판매한 경우로서 금융투자상품 등의 매수에 따른 결제대금 지급을 위하여 단기금융집합투자기구의 집합투자증권을 환매청구일에 공고되는 기준가격으로 환매하기로 투자자와 미리 약정한 경우에는 환매청구일 이전에 산정된 기준가격으로 환매할 수 있다.
④ 투자매매업자나 투자중개업자가 단기금융집합투자기구의 집합투자증권을 판매한 경우로서 정기적 채무의 이행을 위해 단기금융집합투자기구의 집합투자증권을 환매청구일에 공고되는 기준가격으로 환매하기로 투자자와 미리 약정한 경우에는 환매청구일 이전에 산정된 기준가격으로 환매할 수 있다.

> **해설**
> 「국가재정법」 제81조에 따라 여유자금을 통합하여 운용하는 경우로서 환매청구일에 공고되는 기준가격으로 환매한다는 내용의 집합투자규약이 있는 단기금융집합투자기구의 집합투자증권을 판매하는 경우에는 환매청구일 이전에 산정된 기준가격으로 환매할 수 있다(신설).

01 펀드의 판매광고는 투자광고의 매체, 크기, 시간 등을 고려하여 금융위원회가 정하여 고시하는 사항 등을 포함해야 한다. ( )

02 투자설명서는 전문투자자와 일반투자자 모두에게 교부해야 한다. ( )

03 수익률이나 운용실적을 표시하는 경우 좋은 기간의 것만 표시할 수 없으며, 광고 시 준법감시인의 사전승인을 받아야 한다. ( )

04 투자조합의 경우 자본금이나 출자금이 존재하지 않으므로 등록신청 시 자본금 또는 출자금의 제한요 건이 없다. ( )

05 공모, 사모펀드 모두 투자자 전원의 동의가 있는 경우 현물로 납입이 가능하다. ( )

06 사모의 경우 증권신고서 제출의무가 없으므로 투자설명서를 교부하지 않아도 된다. ( )

07 투자설명서의 경우 전자문서에 의해 투자설명서를 받을 것을 전자문서 발신자가 동의해야 한다. ( )

정답

01 ○
02 × 일반투자자에게만 투자설명서를 교부하면 된다.
03 ○
04 × 투자조합은 등록신청 시 출자금이 1억원 이상이어야 한다.
05 × 현물납입은 공모펀드는 안 되며, 사모펀드는 투자자 전원의 동의가 있는 경우 현물(증권, 부동산, 실물자산)납입 이 가능하다.
06 ○
07 × 투자설명서를 전자문서로 받는 것을 수신자가 동의해야 한다.

08 특별자산에 관한 설명은 일반적인 설명의무에 속하지 않고 추가적인 설명의무에 속한다. (   )

09 투자권유를 받은 자가 이를 거부하는 취지의 의사를 표시한 후 6개월이 지나야지만 다시 투자권유를 하는 행위가 가능하다. (   )

10 투자설명서는 발행인인 집합투자업자의 본점, 금융위원회, 한국거래소, 청약사무를 취급하는 판매회사의 청약 사무담당 장소 등에 비치하여야 한다. (   )

11 집합투자기구는 수익자총회를 소집하는 경우 예탁결제원의 명의로 된 명부에 의거 소집한다. (   )

12 사모펀드는 증권신고서 제출의무만 있고 펀드등록 의무는 없다. (   )

13 투자자의 장부 · 서류 열람청구권은 다른 투자자에게 손해를 끼칠 가능성이 명백할 경우 이를 거부할 수 있다. (   )

14 투자설명서의 종류에는 일반투자설명서, 예비투자설명서, 간이투자설명서가 있다. (   )

정답

08 ○
09 × 투자권유를 받은 자가 이를 거부하는 취지의 의사를 표시한 후 1개월이 지난 후에 다시 투자권유를 하는 행위가 가능하다.
10 ○
11 × 수익자총회를 소집하는 경우 예탁결제원 명의의 명부가 아니라, 투자자 이름이 기재되어 있는 실질수익자 명부에 의거 소집한다.
12 × 사모펀드는 펀드등록 의무만 있으며 증권신고서 제출의무는 없다.
13 ○
14 ○

15 투자회사가 법원의 명령 등으로 해산되는 경우에는 집합투자업자가 청산인 및 청산 감독인을 선임한다. ( )

16 사모펀드는 공모펀드와는 달리 금전의 대여의 경우 담보권 등 회수 수단의 확보가 없이도 가능하다. ( )

17 증권신고서가 금융위에 제출된 후 수리되기 전에도 일정한 규모의 집합투자증권의 모집, 매출이 가능하다. ( )

18 고객은 본인의 투자성향보다 투자 위험도가 높은 집합투자증권을 매입하고자 하는 경우 해당 집합투자증권의 투자 위험성을 고지받았다는 사실을 서명으로 확인하고 매입할 수 있다. ( )

19 「금융소비자보호법」상에서 규정하는 금융상품에는 예금성 상품, 투자성 상품, 보장성 상품, 대출성 상품이 있다. ( )

정답

15 ✕ 투자회사는 「상법」상의 주식회사이므로 주식회사의 청산규정을 준용해야 한다. 따라서 법원의 명령 등으로 해산되는 경우에는 금융위가 청산인 및 청산 감독인을 선임한다.
16 ○
17 ✕ 「자본시장법」상 펀드 발행 시 증권신고서가 금융위에 제출되어 수리되기 전에는 집합투자증권의 모집, 매출을 할 수 없다.
18 ○
19 ○

CHAPTER **02**

영업실무

01 환매 시 평가금액 산정 산식으로 적합한 것은?

① 환매 시 평가금액 = (환매좌수 × 환매 익일 기준가격)/1,000
② 환매 시 평가금액 = (환매좌수 × 환매 익일 기준가격)/100
③ 환매 시 평가금액 = (환매좌수 × 환매 시 기준가격)/100
④ 환매 시 평가금액 = (환매좌수 × 환매 시 기준가격)/1,000

해설
환매 시 평가금액 = (환매좌수 × 환매 시 기준가격)/1,000(원 미만 절상)

02 펀드의 과세제도에 대한 설명 중 틀린 것은?

① 상장채권의 양도차익은 과세한다.
② 상장주식의 양도차익은 비과세한다.
③ 장내, 장외파생상품의 양도차익은 비과세한다.
④ 역외펀드의 수익증권 양도차익은 과세한다.

해설
장내파생상품은 비과세하고, 장외파생상품은 과세대상이다.

03 다음은 펀드의 과세시기이다. 틀린 것은?

① 투자신탁의 해약일 또는 환매일
② 투자신탁의 이익을 지급받은 날
③ 신탁 계약기간을 연장하는 경우에는 연장한 신탁 계약기간의 만료일
④ 원본에 전입하는 뜻의 특약이 있는 투자신탁의 수익이 그 특약에 의해 원본에 전입된 날

해설
신탁 계약기간을 연장하는 경우에는 연장하는 날이 과세시기이다.

정답 01 ④ 02 ③ 03 ③

04 「소득세법」상 과세대상이 아닌 것은?

① 채권의 할인액
② 환매조건부 채권의 매매차익
③ 비상장주식의 매매차익
④ 파생상품의 이익

해설

옵션, 선물과 같은 파생상품으로부터의 이익은 비열거소득에 해당한다.

05 「소득세법」에 따른 이자소득으로 볼 수 없는 것은?

① 증권의 이자와 할인액
② 저축성 보험의 보험차액
③ 국내외에서 받은 투자신탁의 이익
④ 비영업대금의 이익

해설

국내, 국외에서 받은 투자신탁의 이익은 모두 배당소득에 포함된다.

06 「소득세법」상 과세대상에 해당하는 것은?

① 채권 증권의 할인액
② 채권의 매매차익
③ 선도로부터의 매매차익
④ 보험 차익

해설

채권과 선도, 보장성 보험의 매매를 통한 차익은 비열거소득에 해당한다.

07 「소득세법」상 집합투자기구의 일부손익과세 제외 규정과 관련된 설명으로 틀린 것은?

① 상장주식의 매매차익은 과세 제외된다.
② 비상장주식의 매매차익은 과세 제외된다.
③ 채권매매차익은 과세 대상이다.
④ 배당과 채권 이자소득은 과세 대상이다.

해설

비상장주식의 경우에는 과세 대상이다.

08 펀드의 재투자 및 저축재산의 지급에 대한 설명으로 틀린 것은?

① 저축재산의 일부만 지급 시에는 선입선출법에 의한다.
② 저축만료 기간 이전에 환매 청구시에는 수익증권 보유기간에 따른 환매수수료를 부담한다.
③ 재투자분의 환매는 선입선출법에 의거하되 환매수수료는 징수하지 않는다.
④ 재투자분에 대한 세금은 재투자 이후의 소득 발생분만 징수한다.

> **해설**
> 재투자분의 환매는 후입선출법에 의거하되 환매수수료가 징수되지 않는다.

09 펀드의 수익증권 권리에 관한 사항이 아닌 것은?

① 수익원본의 상환 및 이익분배금 청구권
② 수익증권의 환매 청구권
③ 집합투자업자 고유재산의 장부서류 열람권
④ 투자 대상 기업의 경영참여 의결권

> **해설**
> 집합투자업자의 고유재산은 자기의 자본으로 수익을 꾀하는 것이다. 따라서 고객의 재산과는 무관하기 때문에 장부서류 열람권은 당연히 없다.

10 환매수수료 금액에 대한 산식으로 적절한 것은?

① 환매수수료 = [환매좌수 × (환매 시 기준가격 + 매수 시 기준가격)/1,000] × 환매수수료율
② 환매수수료 = [환매좌수 × (환매 시 기준가격 + 매수 시 기준가격)/100] × 환매수수료율
③ 환매수수료 = [환매좌수 × (환매 시 기준가격 − 매수 시 기준가격)/1,000] × 환매수수료율
④ 환매수수료 = [환매좌수 × (환매 시 기준가격 − 매수 시 기준가격)/100] × 환매수수료율

> **해설**
> 환매수수료 = [환매좌수 × (환매 시 기준가격 − 매수 시 기준가격)/1,000] × 환매수수료율(원 미만 절사)

11 펀드 판매 시 투자자에게 투자설명서를 교부하고, 주요내용설명확인서를 징구하는 절차는?

① 투자자정보 파악 단계
② 투자자에게 적합한 펀드선정 단계
③ 펀드에 대한 설명 단계
④ 투자자 의사확인 단계

> **해설**
> 투자자가 동의할 경우 투자설명서를 교부하고, 주요내용설명확인서를 징구하며, 펀드 매수절차를 진행하는 단계는 투자자 의사확인 단계에 속한다.

12 적합성 보고서의 교부대상 상품이 아닌 것은?

① ELF

② ELS

③ ETF

④ ELT

> **해설**
>
> 신규투자자, 고령투자자, 초고령투자자에게 ELS · ELF · ELT · DLS · DLF · DLT를 판매하는 경우 계약체결 이전에 투자자에게 적합성 보고서를 교부해야 한다.

13 세액에 대한 산식으로 적절하지 못한 것은?

① 세액 = 매입가액 × 적용세율

② 세액 = 매도가액 × 적용세율

③ 세액 = 실제소득 × 적용세율

④ 세액 = 과세소득 × 적용세율

> **해설**
>
> 세액은 과세대상 소득에 해당 소득에 해당하는 세율을 적용하여 선출한다.

14 펀드의 과세 등에 관한 설명이다. 적절하지 못한 것은?

① 주가 상승 시에는 기준가격이 과표기준가격보다 낮고, 주가 하락 시에는 기준가격이 과표기준가격보다 높다.

② Income Gain에는 채권의 이자, 주식의 배당금 등이 있으며, Capital Gain에는 유가증권의 매매수익, 해외 투자 시의 수익이 포함된다.

③ 과표는 과표기준가 상승분에서 과표환매수수료를 차감하여 계산한다.

④ 세금우대형의 경우 세금은 9%이다.

> **해설**
>
> 주가 상승 시에는 기준가격이 과표기준가격보다 높고, 주가 하락 시에는 기준가격이 과표기준가격보다 낮을 수 있다. 과표에서 제외되는 자본손실(주식손실)로 인해 과표기준가격보다 높을 수가 있다.

15 금융소득종합과세에 관한 설명으로 옳지 않은 것은?

① 금융소득에는 이자소득과 배당소득이 있다.
② 거주자의 소득은 종합소득, 양도소득, 퇴직소득으로 분류한다.
③ 종합소득은 이자소득, 배당소득, 사업소득, 근로소득, 연금소득, 기타소득을 합산하여 비례세율로 과세하는 것을 말한다.
④ 현행「소득세법」은 거주자별로 연간 금융소득의 합계액이 2천만원 이하인 경우에는 원천징수하고, 2천만원을 초과하는 경우에는 그 초과분은 다른 소득과 합산하여 누진세율로 과세한다.

> **해설**
> 종합소득은 누진세율(6~12%)로 과세한다.

16 투자신탁 회계기간의 종료, 펀드의 만기 또는 해지에 따라 펀드의 운용결과 발생한 수익금에서 신탁보수, 제비용을 공제하고 투자자에게 지급되는 금액을 무엇이라 하는가?

① 이익분배금
③ 배당금
② 상환금
④ 이 자

> **해설**
> 원금은 상환금, 수익은 이익분배금이다.

> **더 알아보기** ➡ 이익분배금과 상환금의 비교

구 분	이익분배금	상환금
정 의	집합투자재산의 회계기간의 종료 및 해지 또는 해산 등에 따라 동 기간 중 발생한 수익금 중 투자자에게 지급되는 금액	투자신탁의 신탁계약기간의 종료 및 신탁계약의 해지 등에 따라 투자신탁을 결산하고 수익자에게 귀속되는 이익분배금을 제외한 원본 해당금액
지급방법	• 이익금을 투자자에게 금전 또는 새로 발행하는 집합투자증권으로 분배 • 투자회사가 이익금 전액을 새로 발행하는 주식으로 분배하려는 경우 이사회 결의	• 집합투자업자는 신탁기간의 종료 및 투자신탁 해지 시 지체 없이 투자신탁 원본의 상환금 및 이익분배금을 수익자에게 지급 • 임의해지 또는 법정해지하는 경우 신탁계약이 정하는 바에 따라 투자신탁에 속하는 자산을 해당 수익자에게 지급 가능 • 자신의 매각지연 등의 사유로 상환금 등의 지급이 곤란한 경우에는 한국예탁결제원을 통하여 수익자에게 그 사실을 통지

17 펀드 수익증권의 과세기준일에 대한 설명이다. 틀린 것은?

① 투자신탁의 해약일 또는 환매일
② 원본에 전입하는 뜻의 특약이 있는 경우 원본에 전입된 날
③ 신탁계약을 연장하기로 한 경우는 그 익일
④ 투자신탁의 이익을 지급받는 날

> **해설**
> 신탁계약을 연장하기로 한 경우 연장하기로 한 날이 과세기준일이다.

18 집합투자기구에서 과세가 제외되는 대상이 아닌 것은?

① 국내의 증권시장에 상장된 외국증권
② 벤처기업의 주식 및 출자지분
③ 외국법령에 따라 설립된 외국 집합투자기구의 주식 또는 수익증권
④ 국내 증권시장에 상장된 증권을 대상으로 하는 파생상품

> **해설**
> 외국법령에 따라 설립된 외국 집합투자기구의 주식 또는 수익증권은 과세된다.

19 펀드 수익증권저축의 종류와 관련된 내용이다. 다음 중 틀린 것은?

① 임의식 : 저축기간, 저축금액을 정하지 않고 임의로 저축하는 방식이다.
② 목적식 : 목표식 저축의 하나이다.
③ 자유적립식 : 일정기간 동안 금액제한 없이 수시로 저축할 수 있다.
④ 거치식 : 일정기간 이상 저축하면서 이 기간 중에 수익금 범위 내에서만 저축재산을 인출할 수
  있다.

> **해설**
> 목표식은 저축 목표금액을 정해서 납입하는 방식으로 목적식과 구별된다.

20 「법인세법」에 의하여 배당으로 처분된 금액을 의미하는 것은?

① 인정배당   ② 의제배당
③ 이익배당   ④ 배당소득

> **해설**
> 「법인세법」에 의하여 배당으로 처분된 금액을 인정배당이라 부르며, 귀속자가 주주나 출자자인 경우에 그 귀속자에
> 대한 배당으로 처분하고, 이를 배당소득으로 과세하는 것을 말한다.

21 내국법인으로부터 받은 이익이나 잉여금의 배당 또는 분배금은?

① 인정배당   ② 의제배당

③ 이익배당   ④ 배당소득

해설

이익배당에 대한 설명이다. 이익배당은 현금으로 배당하는 현금배당, 주식으로 배당하는 주식배당, 그리고 금전이 아닌 현물로 배당하는 현물배당이 가능하다.

22 가장 일반적인 출금거래 형태로서 일정금액을 정하여 출금하는 경우를 통칭하는 용어는?

① 금액출금   ② 좌수출금

③ 이익금출금   ④ 현물출금

해설

금액출금에 대한 설명으로, 금액출금은 통상적으로 전액출금과 일부출금으로 구분한다.

23 출금 산식에 대한 설명 중 잘못된 것은?

① 환매수수료는 원 미만을 절사한다.

② 세액은 원 미만 절사한다.

③ 환매 시 평가금액은 원 미만 절사한다.

④ 과세소득은 별도의 절사 절차가 없다.

해설

출금금액 = 환매 시 평가금액 − 환매수수료 − 세액, 세액은 10원 미만의 금액을 절사한다.

24 일정금액을 일정기간 이상 저축하면서 저축기간 중 수익금 범위 내에서 저축재산을 인출할 수 있는 수익증권저축의 종류는?

① 임의식   ② 거치식

③ 정액식   ④ 자유적립식

해설

거치식에 대한 설명이다. 수익증권저축은 임의식과 목적식으로 구분하고, 목적식은 거치식과 적립식으로 나뉘며, 적립식은 정액적립식과 자유적립식으로 구분된다.

25 펀드 판매와 관련한 사항에 대하여 잘못 설명한 것은?

① 투자자에 대한 일반정보는 10년 이상 보존하여야 한다.
② 투자자에게 펀드권유 시마다 투자정보를 확인할 필요는 없다.
③ 투자자 정보제공은 불가피한 경우 대리인이 할 수도 있다.
④ 투자자정보 확인결과 점수가 40~60점이면 위험 중립형에 해당한다.

> **해설**
> 투자권유 시마다 투자정보를 재확인해야 하며 변동이 없을 시에는 '변동 없음'을 확인받아야 한다.

26 현물출금이 가능한 경우에 해당하지 않는 것은?

① 현물환매의 경우
② 현물지급의 경우
③ 현물보유수익자의 이익분배금 지급의 경우
④ 금액이 아닌 일정좌수를 기준으로 출금하는 경우

> **해설**
> 좌수출금에 대한 설명이다. 출금거래 유형으로는 금액출금, 이익출금, 이익분배금 및 상환금출금, 현물출금, 좌수출금이 있다.

27 펀드영업실무에 대한 설명 중 틀린 것은?

① 판매회사는 수익증권을 1좌 단위로 매각 및 환매한다.
② 저축기간을 일단위로 정한 경우 최초 매수일은 계산하지 않는다.
③ 저축기간 종료 후에도 인출하지 않는 경우 인출 청구 시까지 저축기간이 계속된 것으로 본다.
④ 판매회사가 집합투자규약에 의거 신탁계약을 해지하는 경우 저축계약의 해지로 본다.

> **해설**
> 일단위로 만기일을 정한 경우 최초 매수일을 계산하여 만료되는 날의 익영업일을 만기 지급일로 한다.

28 배당소득의 과세대상이 아닌 것은?

① 법인으로 보는 단체로부터 받는 배당 또는 분배금
② 외국법인으로부터의 배당
③ 채권투자에 따른 매매차익
④ 의제배당

> **해설**
> 「소득세법」상 채권에 대한 과세는 표면이자수입에 대해서는 이자소득세를 부과하며, 매매차익에 대해서는 비열거소득으로서 과세하지 않는다.

29 **집합투자증권의 양도에 대한 설명 중 틀린 것은?**

① 원칙적으로 채권 등은 보유기간 과세제도를 적용한다.
② 회사형 집합투자증권의 양도는 양도소득으로 과세한다.
③ 양도는 실물양도만 해당하며, 계좌 간 이체는 양도로 보지 않는다.
④ 투자신탁형 집합투자증권의 양도는 배당소득으로 과세한다.

해설

실물양도 및 계좌 간 이체도 양도로 간주한다.

30 **이익분배금 등 펀드영업실무에 대한 설명 중 틀린 것은?**

① 이익분배금 신탁보수 및 준비금 등을 제하고 투자자별로 지급한다.
② 이익분배금은 반드시 투자자에게 지급하여야 하며 유보할 수 없다.
③ 재투자 시의 기준가격은 회계기간 종료일 익영업일이다.
④ 재투자 시의 기준가격은 반드시 1,000원이 아닐 수도 있다.

해설

집합투자규약에서 정해놓은 경우 이익금의 분배를 유보할 수 있다.

31 **집합투자기구의 세제에 대한 설명 중 틀린 것은?**

① 변액보험은 「소득세법」으로 투자신탁의 세제를 준용한다.
② 투자신탁의 이익은 배당소득으로 과세한다.
③ 투자합자회사는 「세법」상 투자회사로 간주하여 과세한다.
④ 장내파생상품의 매매차익은 비과세 대상이다.

해설

변액보험은 「자본시장법」상 투자신탁으로 분류되나 「소득세법」으로는 저축성 보험의 보험차익으로 과세된다.

32 펀드의 수익증권의 재교부와 양도에 관한 설명으로 가장 거리가 먼 것은?

① 현물보유 수익자는 분실이나 도난 등의 사유로 수익증권을 멸실하는 경우 공시최고에 의한 제권판결의 정본이나 등본을 첨부하여 집합투자업자에게 수익증권의 재교부를 청구할 수 있다.
② 집합투자업자는 수익증권을 재교부하는 경우 현물보유 수익자에게 비용을 부담시킬 수 없다.
③ 수익권의 양도 시에는 수익증권을 교부하여야 하며 수익증권 점유자는 적법한 소지인으로 추정된다.
④ 수익권의 이전은 취득자의 성명과 주소를 수익자명부에 기재하지 않으면 집합투자업자 및 신탁업자에 대항하지 못한다.

> 해설
>
> 집합투자업자는 수익증권을 재교부하는 경우 현물보유 수익자에게 실비를 청구할 수 있다.

33 판매수수료와 판매보수에 대한 설명으로 가장 적절하지 못한 것은?

① 판매수수료와 판매보수 모두 투자자가 부담한다.
② 판매수수료는 장기투자를 유도하는 효과가 있다.
③ 판매수수료는 기준가격에 영향을 미치지 않는다.
④ 판매보수는 투자자의 체감 수수료를 낮추어 준다.

> 해설
>
> 판매수수료의 부담주체는 투자자이지만, 판매보수의 부담주체는 집합투자기구이다.

34 수익증권 입출금 업무에 대한 설명 중 틀린 것은?

① 입금산식 원칙은 좌수절상, 금액절사 제도이다.
② 금액으로 입금하여 수익증권 수납 및 금전을 지급하기 위해 환매좌수를 정하는 경우 모두 절상한다.
③ 좌수의 평가를 위해서는 원 미만을 절상한다.
④ 이익금의 출금 시 전액출금과 일부출금으로 구분한다.

> 해설
>
> 입금 시는 좌수절상, 금액절사이고 금액으로 입금하여 수익증권 수납 시는 절상하며 금전을 지급하기 위해 환매좌수를 정하는 경우는 절사한다.

32 ② 33 ① 34 ② **정답**

35 펀드 수익증권저축의 종류와 저축방식에 대한 설명 중 틀린 것은?

① 거치식 : 일정금액을 일정기간 이상 저축하면서 지축기간 중 수익금 범위 외에도 저축 재산을 인출할 수 있는 방식
② 자유적립식 : 일정기간 동안 금액의 제한 없이 수시로 저축하는 방식
③ 정액적립식 : 일정기간 동안 일정금액 또는 좌수를 정하여 매월 저축하는 방식
④ 임의식 : 저축기간 및 저축금액을 정하지 아니하고 임의로 저축하는 방식

> **해설**
> 거치식은 은행의 정기예금과 같은 성격을 가지고 있으며, 수익금 범위 내에서만 인출이 가능하다. 일반적으로 자유적립식보다는 정액적립식이 대부분이다. 그리고 목표식도 있지만 많이 활용되고 있지 않다.

36 펀드의 세제에 대한 설명 중 틀린 것은?

① 펀드의 소득은 투자단계에서 배당소득으로 과세한다.
② 대금업을 하지 않고 수령한 금전대여의 이익은 비영업대금의 이자로 이자소득에 포함된다.
③ ELS, DLS, ELW의 소득은 배당소득으로 간주한다.
④ 신용위험의 지표를 통한 증권의 수익은 배당소득으로 간주한다.

> **해설**
> ELS, DLS는 배당소득으로 간주하나, ELW는 권리행사로 인한 소득으로 이자소득이나 배당소득 어디에도 해당되지 않는다.

37 펀드 투자신탁의 세제에 대한 설명 중 적절하지 못한 것은?

① 투자신탁의 수입시기란 과세시기를 의미한다.
② 투자신탁의 수입시기는 집합투자기구로부터 이익을 지급받는 날이다.
③ 투자신탁에 투자손실을 본 경우에는 납부할 세금이 없다.
④ 종합소득세는 다음 해 5월 말까지 주소지 관할 세무서에 신고, 납부한다.

> **해설**
> 투자신탁에 투자 후 주식 등에 투자하여 전체적으로 손실을 본 경우라도 과세대상 소득이 있다면 세금을 납부해야 한다.

38 집합투자기구의 이익분배금에 대한 설명으로 바르지 못한 것은?

① 이익금을 투자자에게 금전 또는 새로 발행하는 집합투자증권으로 분배한다.

② 이익분배금의 재투자 시 배당소득으로 인식하여 과세한다.

③ 재투자의 의미는 실질적인 평가금액은 감소하지만 증권 수는 늘어나는 것이다.

④ 집합투자기구로부터 발생한 수익금 중 투자자에게 지급되는 금액이다.

해설

재투자의 의미는 실질적인 평가금액은 감소하지 않고 증권 수가 늘어나는 것이다.

39 「소득세법」상의 투자신탁의 요건으로 볼 수 없는 것은?

① 「자본시장법」상의 집합투자기구

② 매년 1회 이상 결산, 분배하는 집합투자기구

③ 금전으로 위탁받아 금전으로 환급할 것

④ 「자본시장법」상의 사모 집합투자기구로서 투자자가 거주자 1인이고 투자자가 자산운용에 참여하지 않는 경우

해설

「자본시장법」상의 사모 집합투자기구로서 투자자가 거주자 1인이고 사실상 자산운용에 관한 의사결정을 하는 경우이다.

40 상환금의 지급에 대한 설명으로 잘못된 것은?

① 상환금은 수익자에게 귀속되는 이익분배금을 제외한 원본해당금액으로, 운용실적이 좋지 않아 기준가격이 하락한 경우 상환금이 권면액에 미달하는 경우도 있다.

② 판매회사는 신탁업자로부터 인도받은 상환금을 반드시 수익자에게 지급할 필요는 없다.

③ 투자신탁재산인 증권 등 자산의 매각지연 등의 사유로 상환금 등의 지급이 곤란한 경우 한국예탁결제원을 통하여 수익자에게 그 사실을 통지해야 한다.

④ 이익분배금 또는 상환금의 지급청구기간 5년이 경과하면 수익자는 그 권리를 상실하고 집합투자업자가 아니라 판매회사가 이를 취득할 수 있다.

해설

판매회사는 신탁업자로부터 인도받은 상환금을 수익자에게 지급해야 한다.

41 투자자 보호가 이루어지고 있다고 인정되는 증권으로서 대통령령으로 정하여 투자자 보호 조치 적용이 면제되는 증권이 아닌 것은?

① 국가 또는 지방자치단체가 원리금의 지급을 보증한 채무증권
② 주식·사채 등의 전자등록에 관한 법률 제59조에 따른 단기사채 등으로서 만기가 6개월 이내인 증권
③ 지방공사가 발행한 채권
④ 국제금융기구가 금융위와의 협의를 거쳐 기획재정부 장관의 동의를 받아 발행한 증권

> **해설**
> 주식·사채 등의 전자등록에 관한 법률 제59조에 따른 단기사채 등으로서 만기가 3개월 이내인 증권은 적용 면제 증권에 해당한다.

42 이자소득에 대한 설명으로 가장 적절하지 못한 것은?

① 채권 중도매매 시 상환기간 중 보유기간의 이자상당액도 이자소득에 포함한다.
② 시장지수연동 정기예금(ELD)의 이자소득은 이자소득에 해당한다.
③ 상호저축은행의 신용부금으로 인한 이익은 이자소득에 포함되지 않는다.
④ 대금업에 해당하지 않는 금전대여로 인한 이자도 이자소득에 해당한다.

> **해설**
> 상호저축은행의 신용부금으로 인한 이익도 이자소득에 포함한다.

43 집합투자증권 판매에 관한 설명 중 틀린 것은?

① 판매회사의 판매담당 임직원은 판매관련 교육을 이수해야 한다.
② 판매회사는 그 임직원이 준수해야 할 투자권유준칙을 제정하여 공시해야 한다.
③ 판매광고 시 과거 운용실적은 포함할 수 없다.
④ 집합투자재산 회계감사 의견이 한정인 경우 그 사유 해소 전에는 판매가 제한된다.

> **해설**
> 광고에 반드시 포함시켜야 할 사항은 다음과 같다.
> • 취득 전 투자설명서 또는 간이투자설명서를 읽어볼 것을 권고
> • 투자원금손실가능성과 손실은 투자자 귀속사실
> • 과거 운용실적이 미래 수익률을 보장하지 않는 사실

44 미매각 펀드의 보유를 원칙적으로 금지하고 있지만 단기금융펀드의 경우 예외가 되는 금액이 있는데 이에 해당하는 것은?

① 판매금액의 8%에 상당하는 금액 또는 50억원 중 큰 금액 범위 내
② 판매금액의 5%에 상당하는 금액 또는 100억원 중 큰 금액 범위 내
③ 판매금액의 3%에 상당하는 금액 또는 50억원 중 큰 금액 범위 내
④ 판매금액의 3%에 상당하는 금액 또는 100억원 중 큰 금액 범위 내

> **해설**
> 원칙적으로 판매회사가 고객의 환매 요청 시 자기의 계산으로 펀드를 매입할 수 없으나 개인의 MMF의 경우 5%와 100억원 중 큰 금액 범위 이내에서 환금성을 위하여 매입할 수 있다.

45 투자설명서에 거짓 기재를 하여도 책임을 지지 않는 자는?

① CD 증권신고서 신고 후 발행인의 이사
② 증권신고서의 내용이 정확하다고 서명한 공인회계사
③ 투자설명서를 작성하거나 교부한 자
④ 증권의 인수계약을 체결한 자

> **해설**
> 증권신고서 신고 당시 발행인의 이사가 책임이 있고 신고를 한 후 발행인의 이사는 책임이 없다.

46 수익증권저축제도에 대한 설명 중 틀린 것은?

① 목표식의 경우 만기일까지 저축 목표금액이 미달 시에는 저축기간이 연장된다.
② 저축자의 요청에 의한 경우 저축기간의 연장이나 목표 저축액의 증액이나 감액이 가능하다.
③ 저축금액의 최고 및 최저액은 제한하지 않는 것이 원칙이다.
④ 임의식 및 목적식 모두 저축금액을 정하여야 한다.

> **해설**
> 임의식은 저축금액을 정하지 않지만 목적식은 저축금액을 정해야 한다.

47 「자본시장법」상 투자신탁 이외의 신탁으로 볼 수 없는 것은?

① 특정금전신탁
② 변액보험
③ 신탁법에 의한 신탁
④ 재산신탁

해설

「자본시장법」상 변액보험은 투자신탁에 해당하지만 세법으로는 저축성보험의 보험차익으로 과세한다.

48 판매수수료 및 판매보수에 대한 다음 설명 중 틀린 것은?

① 판매수수료는 납입금액 또는 환매금액의 5%를 한도로 한다.
② 판매보수는 펀드 연평균가액의 1%를 한도로 한다.
③ 사모펀드의 경우는 한도의 상한선을 두고 있지 않다.
④ 판매방법, 판매금액에 따라 차등하여 받을 수 있다.

해설

판매수수료의 상한선은 2%, 판매보수의 상한선은 1%이다. 과거에는 모두 상한선이 5%이었으나 개정되었다.

49 집합투자기구의 과세소득의 계산에 대한 설명으로 바르지 않은 것은?

① 환매수수료, 판매수수료 등 각종 수수료는 투자자의 과세소득을 계산함에 있어 합산된다.
② 집합투자기구가 유가증권을 직접 취득한 경우에만 과세제외한다.
③ 일부손익 과세제외규정은 직접투자와의 과세형평을 고려한 규정이다.
④ 일부손익과세제외규정은 이익뿐 아니라 손실도 과세제외한다.

해설

집합투자기구로부터의 이익은 「자본시장법」에 따른 각종 보수, 수수료 등을 뺀 금액으로 한다. 따라서 「자본시장법」에 의하여 집합투자업자, 신탁업자, 투자매매·중개업자가 받는 모든 보수와 수수료는 투자자의 과세소득을 계산함에 있어서 차감된다.

50 펀드 투자회사의 세제에 대한 설명으로 적절하지 못한 것은?

① 투자회사는 법인이므로 법인세의 납부의무가 있다.
② 투자회사는 배당가능이익의 70% 이상 배당하면 법인세가 면제된다.
③ 투자회사의 자산평가는 발생주의 회계를 적용하고 있다.
④ 투자회사는 「상법」상 상업등기가 필요하므로 등록세를 납부해야 한다.

> **해설**
>
> 투자신탁은 법리에 따라 투자신탁의 이익은 비과세하고 있다. 투자회사의 경우에도 결산기에 배당가능이익의 90% 이상을 투자자에게 분배하는 경우 법인세 부담을 주지 않고 있다.

51 펀드와 관련된 다음 설명 중 바르지 못한 것은?

① 집합투자증권 중 수익증권의 기본거래단위를 '좌'라 한다.
② 집합투자증권 중 투자회사주식 기본거래단위를 '주'라 한다.
③ 기준가격이란 집합투자증권을 매매하는데 기준이 되는 가격으로 1좌당 순자산 가액을 말한다.
④ 기준가격은 통상 1,000좌 단위로 표시하고 원 미만은 절사한다.

> **해설**
>
> 기준가격은 원 미만 둘째 자리까지 계산한다.

52 펀드의 수익증권 기준가와 관련된 내용이다. 다음 중 설명이 틀린 것은?

① 기준가 : 개별신탁자산의 실질 자산가치를 의미한다.
② 과세기준가 : 세금은 실제 수익금에 대해 산정된다.
③ 과표기준가 : 펀드 내 소득 중 과세대상소득만으로 산출된 기준가이다.
④ 매매기준가 : 이 기준가의 등락에 따라 보유기간 동안의 수익이 결정된다.

> **해설**
>
> 세금은 실제 수익금이 아니라 과표기준가(기준가격에서 비과세 되는 부분은 제외)에 의거 산정된다. 기준가격에서 과세 제외 소득을 차감하면 과표기준가격이 된다. 일반적으로 기준가격이 과표기준가격보다 크나 주식 등의 매매손이 많이 발생하는 경우에는 과표기준가격이 매매기준가보다 클 경우도 있다.

53 펀드 판매 시 출금금액에 대한 산식으로 적절하지 못한 것은?

① 환매 시 평가금액 = (환매좌수 × 환매 시 기준가격) / 1,000

② 환매수수료 = [환매좌수 × (환매 시 기준가격 − 매수 시 기준가격) / 1,000] × 환매수수료율

③ 세액 = 과세소득 × 적용세율

④ 과세소득 = [환매좌수 × (환매 시 과표기준 가격 − 매수 시 과표기준가격) / 1,000 − 환매수수료]

> **해설**
> 과세소득은 [환매좌수 × (환매 시 과표기준 가격 − 매수 시 과표기준가격) / 1,000]에서 환매수수료를 차감하여야한다.

54 「소득세법」상 투자신탁소득에 대한 설명으로 가장 올바른 것은?

① 투자신탁소득은 모두 배당소득이다.

② 투자신탁소득은 모두 분류과세된다.

③ 투자신탁소득은 모두 비과세된다.

④ 투자신탁소득은 모두 금융소득이다.

> **해설**
> 투자신탁소득은 모두 배당소득으로 분류된다.
>
> **더 알아보기 ➡ 배당소득**
>
> - 현물배당, 주식배당 모두 배당소득
> - 일반적인 이익배당
> - 인정배당
> - 의제배당
> - 집합투자기구로부터의 이익 등

55 펀드의 과세제도에 대한 다음 설명 중 틀린 것은?

① 집합투자기구가 간접 취득한 상장주식의 평가손익은 비과세한다.

② 집합투자기구의 이익에서 각종 보수, 수수료를 차감한 후의 금액을 기준으로 과세한다.

③ 집합투자기구의 과세시기는 투자자에게 소득이 분배되는 때이다.

④ 2007년 1월 이후의 투자신탁의 이익은 모두 배당소득으로 과세한다.

> **해설**
> 집합투자기구가 직접 취득한 상장주식의 평가손익은 비과세이나 간접 취득의 경우는 과세대상이다.

56 펀드 저축제도에 대한 다음 설명 중 틀린 것은?

① 거치식은 수익금 인출식과 일정금액 인출식이 있다.

② 적립식은 정액적립식과 자유적립식이 있다.

③ 정액적립식은 3개월 이상 소정의 저축금을 납입하지 않는 경우 계약을 해지할 수 있다.

④ 자유적립식의 경우 저축기간이 종료한 후에 일부 인출하는 경우 환매수수료를 징구하지 않는다.

해설

3개월이 아니고 6개월이다. 즉, 6개월이 경과하면 펀드를 해지할 수 있다.

57 투자권유 후 투자자 사후관리에 대한 서비스 중 적절하지 않은 것은?

① 펀드잔고 통보

② 투자자 보고서(자산운용보고서) 발송

③ 판매절차 적정성 점검

④ 설명서 교부 및 확인서 징구

해설

설명서 교부 및 확인서를 징구하는 단계는 5단계 투자자 의사 확인 단계에서 이루어진다.

더 알아보기 ➡ 자산운용보고서 작성 및 열람 공지

- 자산운용보고서 : 자산, 부채, 기준가격, 운용경과 개요, 손익사항, 보유자산 종류별 평가금액과 비율, 해당 운용기간 중 매매 주식 총수, 매매금액 및 매매회전율 등과 관련된 내용 기재(단, 투자자의 거부, 평가금액 10만원 이하, MMF · 폐쇄형펀드의 운용공시 교부의무면제)
- 장부서류의 열람 : 투자자는 서면으로 관련 장부 및 서류 열람, 등 · 초본의 교부를 청구 가능(단, 정보 이용 및 타인에게 제공이 명백할 경우, 다른 투자자의 손해가 염려될 경우, 보존기한 경과로 열람요청에 응하는 것이 불가능할 경우 열람 거절 가능)

58 배당소득에 대한 설명으로 가장 적절하지 못한 것은?

① 국외에서 받은 집합투자기구로부터의 이익도 배당소득에 해당한다.

② 법인격으로 보지 않고 공동사업자로 보는 단체로부터 받는 배당 또는 분배금 등도 배당소득에 해당한다.

③ 형식상으로는 배당이 아니더라도 사실상 회사의 이익이 주주 등에게 귀속되는 경우 이를 배당소득으로 간주한다.

④ 내국법인으로부터 받는 이익이나 잉여금의 배당 또는 분배금은 배당소득이다.

해설

법인으로 보는 단체로부터 받는 배당 또는 분배금만 배당소득에 해당되며, 법인으로 보지 않고 공동사업자로 보는 단체로부터 받는 분배금 등은 사업소득에 해당한다.

59 일반투자자에 대한 투자권유절차를 올바르게 나열한 것은?

> 가. 투자자 유형 분류
> 나. 투자자 정보 확인
> 다. 펀드에 대한 설명
> 라. 투자자에게 적합한 펀드 선정

① 가 – 나 – 다 – 라
② 가 – 라 – 나 – 다
③ 나 – 가 – 다 – 라
④ 나 – 가 – 라 – 다

해설
투자자에 대한 기본 정보를 확인한 뒤 이를 바탕으로 투자자를 유형화하고 해당 투자자에게 적합한 펀드를 선정하여 설명한다.

60 펀드상품에 가입한 후 기준가격이 100원 상승하였는데, 기준가격의 상승분에서 이자 및 배당소득이 60원이고, 나머지는 자본소득(주식)이었다면 과표기준은?

① 100원
② 40원
③ 60원
④ 160원

해설
이자 및 배당소득에 대해서는 과세하나 자본소득은 과세하지 않는다. 따라서 60원이 과세 대상이다.

61 다음 중 집합투자기구 외의 신탁에 적용되는 수입시기인 것은?

① 환매청구로 이익을 수령한 날
② 결산분배금을 받은 날
③ 재투자특약에 의하여 원본에 전입한다는 특약이 있는 경우, 원본에 전입되는 날
④ 소득이 신탁재산에 귀속되는 날

해설
①, ②, ③의 경우에는 집합투자기구의 수입시기인데 반해, ④는 집합투자기구 외의 신탁에 적용되는 수입시기이다.

62 펀드의 수익증권저축제도에 대한 설명 중 옳지 않은 것은?

① 수익증권 현물거래의 불편을 해소하기 위해 고안된 제도이다.

② 투자신탁의 대중화를 촉진함으로써 투자신탁의 발전에 크게 기여하였다.

③ 고객으로부터 저축금을 받아 그 자금으로 수익증권을 매입하여 보관, 관리하고 저축자에게 통장을 발행, 교부하는 제도이다.

④ 수익증권은 현물거래보다 세금 면에서 유리하여 수익증권저축제도가 대부분 이용되고 있다.

> **해설**
> 현물거래 시와 저축거래 시의 세금 면에서는 동등하다.

63 펀드 판매 시 주의해야 할 내용 중 틀린 것은?

① 일반투자자에게 투자권유 전 투자목적·재산상황·투자경험 등을 파악하기 위해서는 대면의 방법만이 가능하다.

② 파생상품 등의 거래 시에는 투자권유가 없더라도 고객정보를 파악하여 거래의 적정성 여부를 확인하여야 한다.

③ 최근 5년 중 1년 이상의 기간 동안 금융투자상품을 월말평균잔고 기준으로 5천만원 이상 보유한 경험이 있는 가운데 본인의 소득이 1억원 이상인 개인은 전문투자자로의 지정을 신청할 수 있다.

④ TV홈쇼핑을 통하여 투자광고를 하는 경우 금융투자상품에 대한 설명은 금융투자회사의 임직원이 직접 해야 한다.

> **해설**
> 고객 정보파악은 대면만이 아닌 전화 등 사실상 기록, 보관이 가능한 여러 가지 매체를 이용한 방법이 가능하다.

64 소규모 투자신탁을 해지함에 있어 저축자가 그 상환금으로 판매회사로부터 안내받은 수익증권을 매수하여 저축하고 그 수익증권을 환매하는 경우 면제받는 비용이 아닌 것은?

① 선취판매수수료

② 판매보수

③ 후취판매수수료

④ 환매수수료

> **해설**
> 판매회사로부터 안내받은 수익증권 매수 시 선취판매수수료를 면제하고, 그 수익증권 환매 시 후취판매수수료와 환매수수료를 면제한다.

62 ④ 63 ① 64 ② **정답**

65 수익증권저축의 종류에 대한 설명으로 잘못된 것은?

① 거치식은 동일 계좌에 추가납입할 수 없다.
② 적립식은 저축 기간 중 일부 인출이 가능하다.
③ 목표식은 저축목표금액의 감액 또는 증액이 가능하다.
④ 기존에 정한 저축 기간의 종료 이후에도 저축 기간을 연장할 수 없다.

> **해설**
> 기존에 정한 저축 기간의 종료 이후에도 저축 기간을 연장할 수 있다.

66 투자설명서에 관한 설명 중 틀린 것은?

① 투자설명서 필수기재사항을 법에서 정하고 있다.
② 투자설명서에 적힌 운용계획에 따라 펀드를 운용해야 한다.
③ 투자자에게 제공하고, 그 주요내용을 설명해야 한다.
④ 판매회사가 작성한다.

> **해설**
> 투자설명서는 자산운용회사가 작성한다.

67 판매보수 및 수수료에 관한 설명 중 틀린 것은?

① 판매보수는 집합투자재산의 일정비율로 징구한다.
② 판매수수료는 가입시점 또는 환매시점에 받는다.
③ 판매금액에 따라 판매수수료를 달리 받을 수 있다.
④ 판매보수는 집합투자재산 연평균가액의 2%를 초과할 수 없다.

> **해설**
> 판매보수, 수수료는 그 징구 근거가 다르다. 따라서 두 가지 모두 받을 수 있고, 판매보수만 받거나 판매수수료만 받을 수 있다. 판매보수 상한은 연 1%이다.

68 다음은 판매보수와 판매수수료에 대한 설명이다. 올바른 것은?

① 판매보수는 집합투자재산의 연평균가액의 1%를 한도로 투자자로부터 취득하는 보수이다.

② 선취판매수수료는 판매 시 일시에 납입금액의 2%를 한도로 집합투자기구로부터 취득하는 보수이다.

③ 판매보수 및 판매수수료의 취득한도는 사모 집합투자기구에 대하여 적용하지 않는다.

④ 판매수수료는 기준가격 산정 시 직접 영향을 미친다.

> **해설**
>
> 판매보수는 집합투자기구로부터 취득하고, 선취판매수수료는 투자자로부터 취득하며, 판매수수료는 기준가격에 영향을 미치지 않는다.

69 다음은 환매수수료에 대한 설명이다. 잘못 설명한 것은?

① 환매수수료는 집합투자증권의 환매를 청구하는 해당 투자자가 부담한다.

② 투자자가 부담한 환매수수료는 판매회사가 취득한다.

③ 환매수수료는 환매금액 또는 이익금 등을 기준으로 부과할 수 있다.

④ 환매수수료는 환매를 청구한 투자자가 그 집합투자증권을 보유한 기간별로 징구한다.

> **해설**
>
> 투자자가 부담한 환매수수료는 집합투자재산에 귀속된다.

70 펀드투자권유대행인이 준수해야 할 펀드 판매절차에 대한 설명 중 틀린 것은?

① 「투자자정보 파악 – 투자자 유형 분류 – 투자자에게 적합성이 있는 펀드 선정 – 펀드 설명 – 투자자 의사 확인 – 판매절차 적정성 검토 등의 사후관리 서비스」 순으로 진행된다.

② 투자자가 투자자정보 파악 절차를 거부하는 경우에는 투자자의 서명을 받고 투자자가 요구하는 펀드를 판매해야 한다.

③ 투자자가 자신의 투자성향에 비해 위험성이 높은 펀드에 투자하기를 스스로 원하는 경우에는 부적합 금융투자상품 거래 확인내용을 포함하는 확인서를 받고 판매하거나 해당 거래를 중단해야 한다.

④ 신규투자자, 투자성향 부적합투자자, 고령투자자에게 ELS·ELF·ELT·DLS·DLF·DLT를 판매하는 경우에는 계약을 체결한 후에 반드시 투자자에게 적합성보고서를 교부해야 한다.

> **해설**
>
> 신규투자자, 투자성향 부적합투자자, 고령투자자에게 ELS·ELF·ELT·DLS·DLF·DLT를 판매하는 경우에는 계약 체결 이후가 아닌 이전에 투자자에게 적합성보고서를 교부해야 한다.

01 투자자에게 투자권유를 하는 경우 투자설명사항을 투자자가 이해할 수 있도록 설명하여야 하고, 설명한 내용을 투자가가 이해하였음을 서명 등의 방법으로 확인받아야 한다. ( )

02 장내파생상품은 비과세하고, 장외파생상품은 과세대상이다. ( )

03 펀드의 과세시기는 신탁 계약기간을 연장하는 경우에는 연장한 신탁 계약기간의 만료일까지이다. ( )

04 수익증권은 기명식으로 발행함이 원칙이나 수익자의 청구로 무기명식으로 변경할 수 있다. ( )

05 집합투자업자와 판매회사는 수익자명부의 작성업무를 예탁원에 위탁하여야 하고 예탁원은 수익자 명부를 작성, 비치하여야 한다. ( )

06 판매회사는 수익증권을 10좌 단위로 매각 또는 환매할 수 있으며, 저축자는 신탁계약에 의해 환매가 제한된 경우 외에는 언제든지 저축재산의 전부 또는 일부에 대한 인출을 청구할 수 있다. ( )

07 판매회사는 월간 매매내역 등을 다음 달 30일까지, 반기동안 매매가 없는 계좌에 대해서는 반기말 잔액현황을 그 반기 종료 후 30일까지 저축자에게 통지하여야 한다. ( )

정답

01 ○
02 ○
03 × 신탁 계약기간을 연장하는 경우에는 연장하는 날이 과세시기이다.
04 ○
05 ○
06 × 판매회사는 수익증권을 1좌 단위로 매각 또는 환매할 수 있으며, 저축자는 신탁계약에 의해 환매가 제한된 경우 외에는 언제든지 저축재산의 전부 또는 일부에 대한 인출을 청구할 수 있다.
07 × 판매회사는 월간 매매내역 등을 다음 달 20일까지, 반기동안 매매가 없는 계좌에 대해서는 반기말 잔액현황을 그 반기 종료 후 20일까지 저축자에게 통지하여야 한다.

08 임직원 등은 투자자가 일반투자자인지 전문투자자인지 구분하여야 한다. ( )

09 저축금액의 최고 및 최저한도는 제한하지 않은 것이 원칙이며 목적식저축은 저축기간을 정하여야 하고 저축기간은 수익증권의 최초 매수일부터 기산한다. ( )

10 투자권유 시마다 투자정보를 재확인해야 하며 변동이 없을 시에는 '변동 없음'을 확인받아야 한다. ( )

11 집합투자업자는 수익증권을 재교부하는 경우 현물보유 수익자에게 비용을 부담시킬 수 없다. ( )

12 거치식은 은행의 정기예금과 같은 성격을 가지고 있으며, 수익금 범위 내에서만 인출이 가능하다. ( )

13 투자자의 3분의 2 이상의 동의가 있으면 현금이 아니라 집합투자재산으로 환매할 수 있다. ( )

14 집합투자기구의 경우 펀드단계의 소득에 대해 별도과세되며, 투자단계에서 집합투자기구의 이익은 배당소득에서 과세된다. ( )

15 집합투자증권의 양도로 발생한 이익에 대하여 집합투자기구로부터의 이익에 해당하지 않는 것으로 보아 배당소득을 과세하지 않는다. ( )

정답

08 ○
09 ○
10 ○
11 × 집합투자업자는 수익증권을 재교부하는 경우 현물보유 수익자에게 실비를 청구할 수 있다.
12 ○
13 ○
14 × 집합투자기구의 경우 펀드단계의 소득에 대해 별도의 과세는 없으며, 투자단계에서 집합투자기구의 이익은 배당소득에서 과세된다.
15 × 집합투자증권의 양도로 발생한 이익에 대하여 집합투자기구로부터의 이익에 해당하는 것으로 보아 배당소득을 과세한다.

CHAPTER 03 직무윤리

01 타 산업에 비하여 금융투자산업에서 직무윤리가 특별히 강조되는 이유와 가장 거리가 먼 것은?

① 법규가 엄격한 금융 분야에서 직무윤리가 법규의 맹점을 보완하기 때문이다.

② 자본시장은 직무윤리가 공정성, 신뢰성, 효율성 확보의 전제조건이 되기 때문이다.

③ 금융투자상품의 손실가능성으로 인한 고객과의 분쟁발생이 가능하기 때문이다.

④ 직무윤리 준수의 주된 목적이 업무종사자를 보호하는 것이기 때문이다.

해설

직무윤리 준수의 주된 목적은 소액투자자보호이며 업무종사자보호는 그에 파생된 결과이다.

더 알아보기 ➡ 금융산업에서의 직무윤리

- 법규가 엄격한 금융분야에서 윤리가 법규의 맹점(Grey Area)을 보완한다.
- 고객의 돈을 관리하는 자본시장은 윤리가 공정성, 신뢰성, 효율성 확보의 전제조건이다.
- 직무윤리는 자본시장과 종업원의 신뢰성 확보 및 경쟁력 강화의 요소가 된다.
- 투자상품은 원본손실위험으로 고객과의 분쟁가능성 상존으로 윤리만이 신뢰를 구축한다.
- 고객에 대해 법적 의무보다 투자자보호를 위한 법 이상의 윤리적 자세가 요구된다.
- 직무윤리 준수가 외부의 부당요구로부터 금융종사원을 보호하는 안전판 역할을 한다.

02 「자본시장법」을 통해서 고객의 권리를 보호할 수 있음에도 불구하고 직무윤리가 강조되는 배경과 가장 거리가 먼 것은?

① 「자본시장법」에서는 금융소비자보호에 관한 법제적 장치가 강화되었다.

② 「자본시장법」은 유가증권의 개념과 범위에 관하여 열거주의가 도입되었기 때문이다.

③ 법적 규제의 수준이 높아짐에 따라 그에 상응하여 요구되는 윤리적 의무의 수준도 한층 높아졌다.

④ 새로운 업무와 상품에 대한 전문적 지식과 함께 금융소비자에 대한 고도의 윤리의식이 요구되고 있다.

해설

과거 「자본시장법」에서는 유가증권의 개념과 범위를 구체적으로 나열하는 열거주의를 취하였지만 최근에는 금융투자상품의 기능에 기초하여 포괄적으로 정의하는 포괄주의가 적용되고 있다. 이 과정에서 법의 사각지대를 메워주는 직무윤리의 중요성이 더욱 증대하고 있다.

03 매년 각 국가의 부패지수를 조사하여 발표하는 국제기구에 대한 설명으로 옳지 않은 것은?

① 국제투명성기구(TI ; Transparency International)에서 매년 부패인식지수(CPI)를 발표하고 있다.
② 우리나라는 아직도 경제규모에 비해 윤리수준이 낮게 평가되어 국제경쟁력 등에 부정적인 영향을 받고 있다.
③ 부패지수는 기업의 비리와 부패수준을 나타내는 지수이다.
④ 각 국가별 전문가, 기업인, 애널리스트들의 견해를 반영한다.

> **해설**
> 부패지수는 각 국가별로 전문가, 기업인, 애널리스트들의 견해를 반영하여 정부, 공무원들과 정치인 등 공공부분의 부패수준의 정도를 지수로 나타낸 것이다.

04 비윤리적인 기업의 국제거래를 규제하는 다자간 협상을 뜻하는 용어는?

① Global Standard
② Blue Round
③ Ethics Round
④ Green Round

> **해설**
> 윤리라운드(ER ; Ethics Round)는 윤리적 행위를 기업 경영에 적용하여 비윤리적인 방법으로 거래하는 것을 불공정한 거래로 인정하고, 윤리강령을 실천하는 기업의 제품과 서비스만을 국제거래하도록 하자는 것이다.

> **더 알아보기 ➡ 윤리경영의 국제적 환경**
>
> 가. 개방화 시대에는 기업윤리의 수준이 글로벌 기준(Global Standard)에 적합하여야 한다. 비윤리적기업은 시장에서 퇴출되고 윤리적으로 선한 기업이 강한 기업이 된다.
> 나. WTO와 OECD 등 국제기구의 국제무역 규범인 New Round의 내용
> • Green Round : 무역과 환경문제를 연계
> • Blue Round : 무역과 노동문제를 연계
> • Technology Round : 무역과 기술을 연계
> • Ethics Round : 무역과 윤리를 연계

05 오늘날 윤리경영과 직무윤리를 강조하는 이유와 가장 거리가 먼 것은?

① 기업윤리는 지속적인 성장을 위한 윤리 인프라가 된다.

② 윤리경영은 가치 있는 장기생존을 목적으로 하는 것으로, 능력과 윤리는 전문가가 지녀야 할 핵심요소이다.

③ 기업의 비윤리적인 행동으로 인한 신뢰와 평판의 실추를 만회하기 위해서는 더 큰 비용과 시간이 소요된다.

④ 고도의 윤리의식으로 고객의 신뢰를 확보하는 것은 평판위험을 관리하는 차원에서 더욱 중요하다.

해설

오늘날 일반적인 직무윤리의 중요성이 강조되는 이유가 아닌 「자본시장법」상 자본시장 종사자들이 준수해야 할 직무윤리의 역할에 대한 설명이다.

더 알아보기 ➡ 윤리경영과 직무윤리 강조의 이유

- 고도의 정보기술과 시스템의 오용으로 엄청난 파국의 가능성이 존재한다.
- 기업윤리는 공정하고 자유로운 경쟁의 전제조건이다.
- 전문가가 구비해야 할 2대 요소는 능력과 윤리이다.
- 윤리경영과 직무윤리는 조직구성원의 사기양양으로 경영성과 개선에 유리하다.
- 윤리경영은 신뢰와 평판이 좋아져서 기업전체의 비용이 절감된다.
- 오늘날에는 고객들이 신용, 믿음 등의 무형가치를 위하여 기꺼이 지불하려 하므로 신용 등도 중요한 무형자산이 된다.
- 직무윤리는 법규와는 달리 자율성을 가진다.
- 기업의 사회적 책임에 대한 관심 고조로 윤리경영의 필요성이 강조된다.

06 윤리경영의 필요성에 대한 설명으로 가장 거리가 먼 것은?

① 직무윤리는 새로운 무형의 자본이 되고 있기 때문이다.

② 위험비용을 제외한 거래비용의 최소화를 요구하기 때문이다.

③ 직무윤리는 공정하고 자유로운 경쟁의 전제조건이기 때문이다.

④ 고도로 정보화·시스템화되어 가면서 잘못 사용되는 경우를 방지하기 위하여 이를 다루는 자들에게 직무윤리가 요구된다.

해설

위험비용을 포함하여 거래비용의 최소화를 요구하고 있다.

07 다음의 서술 중 잘못된 것은?

① 직업윤리의 근거에는 칼뱅주의를 토대로 한 베버의 사상이 있다.

② 윤리경영이 기업의 경쟁력을 좌우하는 중요한 요인임이 점차 인식되고 있다.

③ 우리나라의 경우 부패인식지수(CPI) 측정 결과 부패에 대한 인식이 개선되고 있음을 알 수 있다.

④ 미국의 다우존스지수를 근거로 조사한 결과 사회적 책임을 중요시 여기는 기업이 장기적 생존율이 높은 것으로 확인되었다.

> **해설**
>
> 우리나라의 부패인식지수는 2016년 전체적인 순위가 떨어지고, 2017년에도 회복되지 못하였다.

> **더 알아보기** ➡
>
> 존 칼빈은 금욕적 생활윤리를 주장하며 모든 신앙인은 노동과 직업이 신성하다는 소명의식을 가져야 하며 근면, 정직, 절제로 부를 얻는 것은 신앙인의 정당한 의무라고 주장한다. 베버는 칼뱅의 영향을 받아 '프로테스탄티즘의 윤리와 자본주의 정신'에서 서구문화는 세속적 금욕생활과 직업윤리로 형성된 것이라고 하여 근대 자본주의의 발전 동인을 설명하였다.

08 다음 중 사실과 다른 것은?

① 세계적 무역기구는 GR, BR, TR, ER 등의 규범을 통해 무역을 규제하고 있다.

② 현재 국내외 금융시장은 점차 높은 수준의 투명성을 요구하고 있다.

③ CPI는 국내의 부문별 부패인식 수준을 확인할 수 있는 지표이다.

④ 2016년 9월부터 국내에서는 청탁금지법이 시행되었다.

> **해설**
>
> 부패인식지수(CPI)는 1995년 이래 국가별 부패인식 수준을 확인하기 위해 국제투명성기구에서 발표하는 지수이다.

09 다음의 서술 중 잘못된 것은?

① 직무윤리는 「자본시장법」에 명시된 강제적 성격을 지닌다.

② 직무윤리를 위반한 경우 대부분은 법적 강제수단과 중첩된다.

③ 금융투자업종사자는 이해상충의 문제에 직면하는 경우가 많다.

④ 이해상충의 문제가 발생하는 경우 금융소비자 > 주주 > 임직원의 순서대로 가치를 두어야 한다.

> **해설**
>
> 직무윤리는 일종의 자율규제의 성격을 지닌다.

07 ③ 08 ③ 09 ① **정답**

10 직무윤리강령 중 윤리적 의무이자 법적 의무인 신의성실의 원칙의 양면성에 대한 사항으로 볼 수 없는 것은?

① 권리의 행사 의무 이행 시의 행위준칙이 된다.
② 법규의 형식적 적용으로 인한 불합리와 오류를 시정하는 역할을 한다.
③ 법률관계 해석의 지침이 된다.
④ 신의칙 위반이 법원에서 다투어지는 경우, 당사자의 주장이 있어야 위반 여부를 판단할 수 있다.

해설

신의칙 위반이 법원에서 다투어지는 경우는 강행법규에 대한 위반이기 때문에, 당사자가 주장하지 않더라도 법원은 직권으로 신의칙 위반 여부를 판단할 수 있다.

더 알아보기 ➡ 신의성실 관련 의무

구 분	내 용	사 례
전문지식 배양의무	항상 담당 직무에 관한 이론과 실무를 숙지하고 그 직무에 요구되는 전문능력을 유지하고 향상시켜야 한다.	• 업무가 바쁘다는 이유로 각종 교육프로그램에 참석하지 않았다. • 파생상품에 대해서 잘 모르면서 고객에게 적당하게 설명하였다.
공정성 유지의무	해당 직무를 수행함에 있어서 공정한 입장에 서야 하고 독립적이고 객관적인 판단을 하도록 하여야 한다.	• 고객에 대하여 특별한 이유없이 친구회사의 주식을 추천하였다. • 애널리스트가 평소 친한 기업에 대한 리포트에 부정적인 내용을 거의 싣지 않고 있다.
법규 등 준수의무	직무와 관련된 윤리기준 그리고 이와 관련된 모든 법률과 그 하부규정, 정부공공기관 또는 당해 직무활동을 규제하는 자율단체의 각종 규정(관계법규)을 숙지하고 그 준수를 위하여 노력하여야 한다.	특정고객의 운용실적 향상을 위하여 타 펀드의 자금으로 특정고객 보유주식을 집중 매입하여 그의 수익률을 향상시켰다.
소속회사 등의 지도·지원의무	소속한 회사 및 중간감독자는 당해업무 종사자가 관계법규 등에 위반되지 않고 직무윤리를 준수하도록 필요한 지도와 지원을 하여야 한다.	금융투자회사 간부인 A는 친구회사가 자사주를 매각한다는 말을 듣고 애널리스트 B에게 지시하여 친구회사가 획기적인 제품개발에 성공했다는 보고서를 내어 주가상승을 유도한 후 자사주 매각을 성공리에 하도록 도와주었다.

11 직무윤리강령에 대한 설명 중 맞는 것은?

① 직무윤리를 준수하여야 할 의무는 해당 업무의 담당자뿐만 아니라 소속회사와 중간감독자에게도 있다.

② 직무윤리의 준수에 있어서 관련 업무종사자 간의 경쟁관계가 주된 것이고, 상호협조관계는 부차적인 것이다.

③ 도덕은 법의 최소한이다.

④ 신의성실의무는 단순히 윤리적 기준에 그치고 법적 의무는 아니다.

해설

② 자본시장에 몸담고 있는 자들은 상호 경쟁관계에 있기도 하지만, 공동의 목적을 지향하는 동업자의 한사람으로서 서로 협력하여야 하는 상호협조의무를 지닌다.

③ 법은 도덕의 최소한이다.

④ 신의성실의무는 법적 의무로서의 측면과 윤리적 의무로서의 측면이 상당부분 중첩되어 있다.

12 직무윤리에 있어서 모든 윤리기준의 근간(뿌리)이 되는 것은?

① 법규 등 준수의무

② 공정성 유지의무

③ 전문지식 배양의무

④ 신의성실의무

해설

신의성실의무는 직무윤리 중에서 으뜸으로, 다른 윤리기준은 이에서 도출되는 것들이다.

더 알아보기 ➡ 신의성실의 원칙

- 수행하는 업무가 갖는 사회적 역할의 중요성을 감안하여 성실하고 윤리적으로 업무를 수행하고 당해 시장 및 종사자에 대한 신용의 향상을 위하여 서로 노력하여야 한다.
- 신의성실의 원칙은 종사자가 지켜야 할 윤리적 의무이자 나아가 법적 의무이다.
- 계약 이전 관계에서의 금융소비자보호 의무와 계약체결 이후 단계의 선관주의 의무에도 적용된다.
- 사례: 애널리스트가 기업보고서 작성에 있어서 기업을 직접 방문하지 않고 방문한 것처럼 작성하여 보고하였다.

13 「자본시장법」에서 직무윤리의 역할에 대한 설명으로 가장 적절한 것은?

① 「자본시장법」상 직무윤리는 법적의무 부여 수준보다 좀 더 적극적으로 금융소비자를 보호하기 위한 조치이다.

② 「자본시장법」에서 금융투자상품을 포괄적으로 정의함으로써 그 적용대상과 범위가 확대됨에 따라 법의 사각지대를 메워 주는 직무윤리의 중요성이 강조된다.

③ 전문투자자의 경우 일반투자자와 달리 직무윤리 책임도 한결 완화되어 적용된다.

④ 「자본시장법」이 내부통제 중심의 자발적 직무윤리를 강화하는 이유는 고객 보호보다는 금융기관의 평판리스크 관리를 위함이다.

해설

「자본시장법」이 열거주의에서 포괄주의로 변경됨에 따라 다양한 신종 금융상품이 개발되고 다양한 금융 업무를 수행하게 되었다. 이 과정에서 직무윤리의 중요성이 강조되고, 이와 더불어 법적의무를 한층 강화하였다.

더 알아보기 ➡ 고객우선의 원칙과 신의성실의 원칙

금융투자업에서의 직무윤리는 고객우선의 원칙, 신의성실의 원칙, 본인·회사·사회에 대한 윤리로 분류될 수 있다.

고객우선의 원칙		신임관계 및 신임의무	
신의성실의 원칙	이해상충 방지 (충실의무)	이해상충가능성의 파악·관리·고지·회피	
		정보교류차단	
		조사분석자료 작성·제공 제한	
		자기거래금지	
	금융소비자보호 (주의의무)	판매 이전	KYC-Rule
			적합성의 원칙
			적정성의 원칙
			설명의무
			합리적 근거 제공 의무
			적정표시의무
			불초청권유 금지
		판매 이후	보고 및 기록 의무
			정보 누설 및 부당이용 금지
			공정성 유지

14 **고객 사이의 신임관계 및 신임의무에 대한 설명으로 틀린 것은?**

① 금융투자업자와 금융소비자의 관계는 기본적으로 신임관계이다.

② 수임자는 위임자에 대하여 진실로 충실하고 또한 직업적 전문가로서 충분한 주의를 가지고 업무를 처리해야 할 의무를 가진다.

③ 수임자와 신임자의 이익이 충돌하는 경우 최선의 효율적인 방안이라면 제3자의 이익을 우선시하여 고려할 수 있다.

④ 신임의무의 주된 내용은 충실의무(Duty of Loyalty)와 주의의무(Duty of Care)이다.

> **해설**
>
> 수임자와 신임자의 이익이 충돌하는 경우 회사나 제3자의 이익을 우선시하는 것은 금지되어 있다.

15 **자본시장과 금융투자업에 관한 법률 제37조 제1항에서 명시적으로 규정하고 있는 금융투자업자의 영업행위규칙으로서 윤리적 성격을 띠는 것에 해당하지 않는 것은?**

① 적합성의 원칙

② 효율성의 원칙

③ 적정성의 원칙

④ 부당권유의 금지

> **해설**
>
> 효율성의 원칙은 「자본시장법」 제37조 제1항의 신의성실원칙에서 파생된 것이 아닌 본인에 대한 윤리에 해당한다.
>
> **더 알아보기** ➡ 적정성의 원칙
>
> ┌───┐
> │ 「자본시장법」 제46조의2(적정성의 원칙 등)
> │ • 금융투자업자는 일반투자자에게 투자권유를 하지 아니하고 파생상품, 그 밖에 대통령령으로 정하는 금융투자
> │   상품(이하 "파생상품 등"이라 한다)을 판매하려는 경우에는 면담·질문 등을 통하여 그 일반투자자의 투자목적,
> │   재산상황 및 투자경험 등의 정보를 파악하여야 한다.
> │ • 금융투자업자는 일반투자자의 투자목적·재산상황 및 투자경험 등에 비추어 해당 파생상품 등이 그 일반투자
> │   자에게 적정하지 아니하다고 판단되는 경우에는 대통령으로 정하는 바에 따라 그 사실을 알리고, 일반투자자로
> │   부터 서명, 기명날인, 녹취, 그 밖에 대통령령으로 정하는 방법으로 확인을 받아야 한다.
> └───┘

16 **투자권유 업무에서 요구되는 직무윤리에 대한 서술 중 틀린 것은?**

① 투자권유자문인력은 직무윤리 준수 대상이다.

② 금융투자행위에 종사하는 자는 원칙적으로 직무윤리 준수 대상이다.

③ 잠재적 고객은 아직 정식 고객이 아니므로 직무윤리를 준수할 대상이 아니다.

④ 금융투자업에 관련된 일체의 직무활동은 직무행위에 해당한다.

> **해설**
>
> 잠재적 고객 역시 금융투자업종사자가 준수하여야 할 직무윤리의 대상이다.

17 이해상충방지와 관련하여 설명한 것 중 틀린 것은?

① 이해상충발생을 방지하기 위해 금융소비자가 동의한 경우를 제외하고는 금융투자업자가 거래당사자가 되거나 자기 이해관계인의 대리인이 되어서는 안 된다.

② 이해상충발생가능성을 금융소비자에게 미리 알리고 이해상충발생가능성을 충분히 낮춘 후에만 거래할 수 있다.

③ 금융투자업자는 고객에게 검증되지 않은 정보를 주어 손해가 유발할 수 있는 상황을 방지하기 위해 정보교류 차단벽(Chinese Wall)을 구축할 의무가 있다.

④ 금융투자업자는 이해상충발생가능성을 파악·평가하고 적절히 관리하여야 한다.

해설

금융투자업자는 영위하는 금융투자업 간 또는 계열회사 및 다른 회사와의 이해상충의 발생을 방지하기 위해 정보교류 차단벽(Chinese Wall)을 구축할 의무가 있다.

18 이해상충의 발생 원인이 아닌 것은?

① 공적 업무영역이 사적 업무영역의 정보를 이용하는 경우 이해상충이 발생한다.

② 금융투자업자와 금융소비자 간 발생하는 정보의 비대칭 때문이다.

③ 금융투자업종사자가 금융소비자의 이익을 희생하여 본인 또는 제3자의 이익을 추구할 가능성이 크기 때문이다.

④ 금융투자업자의 겸영 업무 허용범위가 점차 엄격히 관리되면서 좁아지고 있기 때문이다.

해설

금융투자업자의 겸영 업무 허용범위가 넓어졌기 때문이다.

19 투자일임계약 고객과 투자상담사 간에 이해상충이 발생할 가능성이 가장 큰 것은?

① 과당매매

② 선행매매

③ 사기적거래

④ 시세조종

해설

위의 모든 거래가 불공정거래이다. 이 중에서 고객과의 문제는 정보의 비대칭성으로 인해 유발될 수 있다. 금융투자업자가 금융소비자의 이익을 희생하면서 회사나 자신의 이익을 도모할 수 있는 상황이 여기에 해당한다. 구체적으로는 상담사 또는 회사에는 이익이 되나 고객에게는 손실이 발생할 가능성이 가장 높은 것은 고객의 이익과 무관하게 지나치게 잦은 매매를 하는 과당매매이다.

20 직무윤리강령(각칙)에서 고객에 대한 의무에 해당되지 않는 것은?

① 고객과 이행상충의 금지
② 투자목적에 적합하여야 할 의무
③ 고지 및 설명의무
④ 증권 등 가격의 인위적인 조작 금지

해설

①, ②, ③ 외에도 합리적 근거의 제공 및 적정한 표시의무, 허위·과장·부실표시의 금지, 업무의 공정한 수행을 저해할 우려가 있는 사항에 관한 주지의무 등이 있다. 증권 등 가격의 인위적인 조작 금지는 자본시장에 대한 의무이다.

더 알아보기 ➡ 고객에 대한 의무

> 고객과의 관계
> • 법률상의 의무 없이 단순히 호의로 고객의 업무를 처리해 주는 경우
> • 계약 또는 법률관계에 기한 경우 : 대리, 대행, 중개, 위임, 신탁, 이행보조자 등의 법률관계 성립
>
> 기본적 관계 및 기본적 의무(신임관계 및 신임의무)
> 신임(Fiduciary)의무 : 신임관계에 기하여 위임자로부터 신임을 받은 수임자는 자신에게 신뢰를 부여한 위임자에 대하여 진실로 충실하고 직업적 전문가로서 충분한 주의를 가지고 임무를 처리하여야 할 의무이며, 신임의무의 핵심은 충실의무와 주의의무이다.
> 가. 충실의무
>   • 고객·회사·기타 신임관계에 있는 자(고객)의 최선의 이익을 위하여 충실하게 그 업무를 수행하여야 하고 자기 또는 제3자 등의 이익을 고객의 이익에 우선하여서는 아니 된다.
> 나. 주의의무
>   • 고객 등의 업무를 수행함에 있어서 그때마다 구체적인 상황에서 전문가로서 충분한 주의를 기울여야 한다

21 다음의 지문은 법적의무로서의 충실의무 중 무엇을 위반한 사례에 해당하는가?

> 투자권유대행인은 위임자의 투자자문행위 과정에서 위임자가 최근 해외 이주 준비를 위한 외화예금 관리의 필요성이 높아지고 있음을 알게 되었다. 이에 고객의 편의를 도모하기 위해 학교 동문인 외국 환은행에서 일하고 있는 지인에게 고객의 상황을 전달해 주었다.

① 직무 수행 과정에서 알게 된 고객 정보를 활용한 기타 활동
② 위임자의 이익구조와 상충되는 내용의 투자 관련 활동
③ 위임자의 재산을 활용한 제3자의 이익도모 행위
④ 수익자를 거래상대방으로 한 수임자의 투자 관련 행위

투자대행업무 수행 과정에서 추가적으로 알게 된 고객 관련 정보들의 경우에는 해당 고객에게 편의성 내지 추가적인 수익을 제공하기 위한 목적이라 하더라도 고객의 동의 없이는 이를 활용하지 못하는 것이 원칙이다.

더 알아보기 ➡ 법적 의무로서의 충실의무를 위반한 사례

- 위임자의 재산을 이용하여 수임자 자신이나 제3자의 이익을 도모하는 행위
- 수임자가 수익자의 거래상대방이 되는 행위(특별한 경우 제외)
- 직무를 통해서 알게 된 고객정보를 이용하는 행위(비밀유지 의무)
- 수익자의 이익에 경합 또는 상충되는 행위

22 신용융자에 있어 담보유지비율 100% 미만 고객에게 그 내용을 충분히 고지하지 않고 처분한 경우는 어떠한 주의의무를 위반한 것인가?

① 반대매매 시점의 주의의무
② 주식형수익증권 수익성 보장
③ 주가하락 시 처분의무
④ 부당권유

해설

신용융자에 있어 담보유지비율 100% 미만 고객에게 그 내용을 충분히 고지하지 않고 처분한 경우 회사는 반대매매 시점의 주의의무를 위반한 것으로 미상환융자금의 일부에 대하여 책임을 져야 한다.

더 알아보기 ➡ 법적 의무로서의 주의의무를 위반한 사례

의무 위반을 인정한 사례
- 주식형수익증권 수익성 보장 : 고객에 대한 위험고지의무 위반에 대한 배상책임 인정
- 일임매매 보호의무 : 주가 하락국면에 고객의 부재를 이용하여 과다거래 및 단기회전매매는 회사수수료는 증대시키는 반면 고객의 자본금 손실을 초래하므로 상담사 및 회사의 배상책임 인정
- 반대매매 시점의 주의의무(1) : 신용융자에 있어 담보유지비율 100% 미만 고객에게 그 내용을 충분히 고지하지 않고 처분한 경우 회사는 미상환융자금의 일부에 대하여 책임 인정
- 부당권유 : 초보투자자에게 위험 등을 충분히 고지하지 않은 경우 투자자보호의무 위반 인정
- 전문가 책임 위반 : 고도의 주의의무 위반 및 충실의무 위반

의무 위반을 부정한 사례
- 주가하락 시 처분의무 : 하락 시의 주식처분에 대하여 고객으로부터 구체적인 위임이 없었다면 처분하지 않더라도 주의의무 위반이 아님
- 신용거래가 위임범위에 속하는지 여부 : 신용거래를 하지 않기로 약속하지 않는 한 주의의무 위반이 아님
- 반대매매 시점의 주의의무(2) : 신용융자 상황 등을 위한 반대매매 시점이 적절하지 않았다고 하여 주의의무 위반에 해당하는 것은 아님

23 투자상담사가 객관적인 근거없이 낙관적인 전망만을 제시하였다면 이는 어떤 윤리기준을 정면으로 위배하는 것이 되는가?

① 모든 고객을 평등하게 취급할 의무
② 부당한 금품수수의 금지의무
③ 품위유지의무
④ 합리적인 근거를 제시할 의무

[해설]
투자상담업무종사자는 중립적이고 객관적인 자료에 근거하여 투자권유 업무를 수행해야 한다.

24 금융소비자보호의무와 관련된 설명 중 틀린 것은?

① 윤리적 의무인 동시에 법적인 의무이다.
② 신의성실의 원칙에 바탕을 두고 있다.
③ 전문투자자에 대해서도 법적으로 일부 보호하고 있다.
④ 금융소비자보호의무는 고객을 위한 것으로 회사의 평판위험(Reputation Risk) 관리와는 무관하다.

[해설]
일반투자자에 비해 적기는 하지만 전문투자자에 대해서도 법적으로 일부 보호하고 있으며, 금융투자업자의 윤리적 책임을 면할 수 없다. 금융소비자보호의무는 회사의 평판위험(Reputation Risk) 관리와도 관련이 있다.

25 다음 지문은 직무윤리에 대한 설명 중 어떠한 원칙에 대한 것인가?

> 일반투자자에게 투자권유를 하지 아니하고 파생상품 등과 같이 위험성이 큰 투자상품을 판매하는 경우에는 금융소비자보호를 위해 각별한 주의를 기울이고, 해당 파생상품이 그 금융소비자에게 적정하지 아니한 경우에는 그 사실을 알리고 확인을 받아야 한다

① 합리적 근거의 제공 및 적정한 표시의무
② 적정성의 원칙
③ 고객 우선의 원칙
④ 적합성의 원칙

[해설]
적정성의 원칙을 설명한 것이다.

26 적합성의 원칙에 따라 파악하여야 할 고객정보와 가장 거리가 먼 것은?

① 고객의 재산상태　　　　　　　② 고객의 고정수입
③ 고객의 투자경험　　　　　　　④ 고객의 소비성향

> **해설**
>
> 고객의 소비패턴은 적합성의 원칙과 아무 관계가 없다.

> **더 알아보기** ➡ 투자목적 등에 적합하여야 할 의무
>
> Know-Your-Customer-Rule
> • 투자권유 이전에 고객의 재산상황, 투자경험, 투자목적, 위험허용도를 정확하게 파악하여야 한다.
>
> 적합성의 원칙
> • 투자권유를 하는 경우 고객의 재무상황이나 투자목적, 투자경험을 고려하여 개별적으로 적합하여야 한다.
>
> 적정성의 원칙
> • 적합성의 원칙과 설명의무는 파생상품을 포함한 금융투자상품에 대한 규정으로, 투자권유를 하는 경우에 적용되는 규정이다. 이에 반해 적정성의 원칙은 위험성이 보다 큰 파생상품을 판매하는 경우에 추가적으로 적용되는 규정으로, 투자권유를 하지 않는 경우에도 준수해야 할 원칙이다.
> • 적정성의 원칙이란 파생상품 등을 판매할 때에는 투자권유를 통한 것이 아닌 경우에도 면담 등으로 파악한 일반투자자의 투자목적·재산상황·투자경험 등을 파악하여 이에 비추어 해당 상품이 해당 투자자에게 적정하지 않은 경우에는 이를 투자자에게 알리고 서명 등의 방법으로 확인을 받아야 한다는 것이다.

27 해외 주식시장에 투자하는 펀드 투자를 권유하고자 할 때 반드시 설명해야 할 내용으로 가장 거리가 먼 것은?

① 환율 변화로 인한 투자 손실 발생 가능성
② 펀드 투자에 구성될 세부 종목 비중
③ 투자 방식 및 운용전략
④ 투자를 통해 얻게 될 확정수익률

> **해설**
>
> 투자권유 시에 가장 주의해야 할 내용은 투자 결과로 얻게 되는 수익률에 대해 단정적으로 언급하는 것이다. 투자 시 제시할 수 있는 것은 과거 수익률을 통한 예상 수익률 정도이지 이를 확정수익률로 설명해서는 안 된다.

> **더 알아보기** ➡
>
> 펀드 권유 시 반드시 설명할 내용에는 펀드의 특징(기초자산 유형별 비중, 유형의 특징, 벤치마크, 운용방법, 위험성), 운용전략(매니저 의사결정 방식, 운용스타일) 등이 있다. 또한 「자본시장법」 제47조 제3항은 투자자의 투자판단, 투자상품가치에 중대한 영향을 미칠 수 있는 사항을 반드시 설명하도록 하고 있다.

28 자본시장과 금융투자업에 관한 법률상의 적정성의 원칙에 대한 설명으로 잘못된 것은?

① 적정성의 원칙을 적용하는 경우에는 주권상장법인을 일반투자자의 범위에 포함하고 있다.

② 모든 금융투자상품의 판매에 대하여 적용된다.

③ 일반투자자를 상대로 하는 경우에만 적용된다.

④ 금융투자업자는 투자자의 투자목적 등에 비추어 해당 상품이 그 투자자에게 적정하지 않다고 판단되는 경우에는 그 사실을 알려주어야 한다.

해설

적정성의 원칙은 파생상품과 같이 위험성이 특히 큰 금융투자상품에 대하여 적용되는 것으로 「자본시장법」에서 이를 도입하고 있다(「자본시장법」 제46조의2). 파생상품의 경우에는 Know-Your-Customer-Rule, 적합성의 원칙, 설명의무 외에 적정성의 원칙이 추가적으로 적용된다.

29 다음 보기의 내용을 Know-Your-Customer-Rule 실행 순서에 맞게 배열한 것은?

> 가. 투자권유 전 금융소비자가 투자권유를 원하는지 원하지 않는지를 확인하여야 한다.
> 나. 일반투자자인지 전문투자자인지 확인한다.
> 다. 일반투자자인 경우 추가 질의를 통해 투자목적, 재산상황, 투자경험 등의 정보를 파악한다.
> 라. 파악된 금융소비자의 투자성향 등 정보를 서명(전자서명을 포함), 기명날인, 녹취, 그 밖에 전자우편 또는 그 밖에 이와 비슷한 전자통신, 우편, 전화자동응답시스템의 방법으로 확인을 받는다(이에 관하여 금융투자업자는 별도로 유지·관리하여야 한다).
> 마. 확인받은 내용을 투자자에게 지체 없이 제공한다.

① 가 - 다 - 나 - 라 - 마
② 가 - 나 - 다 - 라 - 마
③ 다 - 가 - 나 - 라 - 마
④ 다 - 가 - 나 - 마 - 라

해설

투자권유를 원하는 고객이 일반투자자인 경우, 고객의 정보를 파악하고 고객에게 확인받는 등의 절차를 거쳐야 한다.

더 알아보기 ➡ Know-Your-Customer-Rule

> 투자권유나 투자상담을 적합 또는 적정하게 할 수 있도록 권유 또는 상담 전에 금융소비자에 관한 정보를 파악하고 상황에 따라 수정해 나아가야 한다는 원칙을 말한다.

30 직무윤리와 관련된 설명으로 가장 거리가 먼 것은?

① 상담사와 소비자는 기본적으로 신임관계에 놓여 있다.
② 신임의무(Fiduciary Duty)는 금융투자업종사자와 금융소비자의 이해가 상충할 때 문제가 된다.
③ 적합성 원칙은 상품 판매 단계부터 적용된다.
④ 강행법규를 위반한 경우에는 법원이 위반 여부를 직권으로 판단할 수 있다.

> **해설**
> 적합성 원칙은 상품 판매 이전 단계에서 적용된다.

31 직무윤리기준을 위반하는 행동으로 가장 거리가 먼 것은?

① 고객을 강하게 설득하기 위하여 필요하다면 투자성과가 어느 정도 보장된다는 취지로 설명하는 것도 가능하다.
② 개인적인 차원에서 확실히 수익성이 있다고 생각되는 투자 상품을 권한다.
③ 투자권유는 객관적 사실에 기초하여 수행하여야 하며 사실과 의견을 구분하여야 한다.
④ 투자란 미래에 수익을 거두기 위한 내용이므로 현재보다는 미래의 전망을 위주로 하여 설명한다.

> **해설**
> ① 투자로 인해 손실이 유발될 수 있음에도 불구하고 보장을 언급하는 것은 직무윤리 중 적정표시의무 위반 내용이다.
> ② 객관적인 근거 없이 개인적인 차원의 확인만을 통해 투자를 권유하는 것은 직무윤리 중 합리적 근거 제공의무 위반이다.
> ④ 투자권유 시 투자자가 투자판단에 필요한 충분한 정보를 바탕으로 한 투자결정을 하여 자기판단·자기책임의 전제가 될 수 있도록 설명해야 할 설명의무를 위반한 것에 해당한다.

32 투자권유업무를 담당하고 있는 자가 고객에 대하여 투자를 권유할 때 직무윤리기준을 위반한 행동과 가장 거리가 먼 것은?

① 중요한 사실이 아니라면 오히려 그것을 설명함으로써 고객의 판단에 혼선을 가져줄 수 있는 사항은 설명을 생략할 수 있다.
② 주가는 미래의 가치를 반영하는 것이므로 투자정보를 제시할 때에 현재의 객관적인 사실보다는 미래의 전망을 위주로 하여 설명한다.
③ 고객을 강하게 설득하기 위하여 필요하다면 투자성과가 어느 정도 보장된다는 취지로 설명하는 것도 가능하다.
④ 정밀한 조사·분석을 거치지는 않았지만 자신의 주관적인 예감에 확실히 수익성이 있다고 생각되는 투자상품을 권한다.

> **해설**
> ② 사실과 의견의 구분 의무 위반
> ③ 투자성과 보장 등에 관한 표현의 금지 의무 위반
> ④ 객관적 근거에 기초하여야 할 의무 위반

33 주주가치의 극대화를 위해서 금융투자업종사자가 준수하여야 할 사항이 아닌 것은?

① 회계자료의 정확성과 신뢰성을 유지하여야 한다.

② 의사결정과정의 절차를 마련하여야 한다.

③ 탁월한 성과창출로 회사의 가치를 높여야 한다.

④ 금융사고의 방지를 위해 경영환경에 보수적으로 대처해야 한다.

해설

금융사고 등 제반 위험을 미연에 방지하고 경영환경에 능동적으로 대처할 수 있어야 한다.

더 알아보기 ➡ 주주가치의 극대화를 위해서 금융투자업종사자가 준수하여야 할 사항

- 주주의 이익보호를 위하여 탁월한 성과창출로 회사의 가치를 높여야 한다.
- 투명하고 합리적인 의사결정과정과 절차를 마련하고 준수하여야 한다.
- 회계자료의 정확성과 신뢰성을 유지하여야 한다.
- 주주와 금융소비자에게 필요한 정보를 관련 법규 등에 따라 적시에 공정하게 제공하여야 한다.
- 효과적인 리스크 관리체계 및 내부통제시스템을 운영하여 금융사고 등 제반 위험을 미연에 방지하고 경영환경에 능동적으로 대처할 수 있어야 한다.
- 주주와 금융소비자의 정당한 요구와 제안을 존중하여 상호 신뢰관계를 추구하여야 한다.

34 「자본시장법」상 금융투자업종사자의 설명의무에 대한 설명으로 가장 거리가 먼 것은?

① 투자자의 투자경험과 금융투자상품 지식수준 등을 고려하여 설명의 정도를 달리할 수 있다.

② 설명의무를 위반한 경우에는 이로 인해 발생한 일반투자자의 손해를 배상할 책임이 있다.

③ 금융투자업자는 설명내용을 일반투자자가 이해하였음을 서명, 기명날인, 녹취 등의 방법으로 확인을 받아야 한다.

④ 일반투자자뿐만 아니라 전문투자자를 상대로 한 투자권유에서도 적용된다.

해설

일반투자자를 상대로 투자권유하는 경우에 적용된다.

더 알아보기 ➡ 「자본시장법」상 설명의무

「자본시장법」 제47조(설명의무)

- 금융투자업자는 일반투자자를 상대로 투자권유를 하는 경우에는 금융투자상품의 내용, 투자에 따르는 위험, 그 밖에 대통령령으로 정하는 사항을 일반투자자가 이해할 수 있도록 설명하여야 한다.
- 금융투자업자는 제1항에 따라 설명한 내용을 일반투자자가 이해하였음을 서명, 기명날인, 녹취, 그 밖의 대통령령으로 정하는 방법 중 하나 이상의 방법으로 확인을 받아야 한다.
- 금융투자업자는 제1항에 따른 설명을 함에 있어서 투자자의 합리적인 투자판단 또는 해당 금융투자상품의 가치에 중대한 영향을 미칠 수 있는 사항(이하 "중요사항"이라 한다)을 거짓 또는 왜곡(불확실한 사항에 대하여 단정적 판단을 제공하거나 확실하다고 오인하게 할 소지가 있는 내용을 알리는 행위를 말한다)하여 설명하거나 중요사항을 누락하여서는 아니 된다.

35 「약관의 규제에 관한 법률」상 금융투자업종사자의 명시·설명의무에 대한 설명으로 잘못된 것은?

① 투자상품이 해외투자상품인 경우에는 외래어를 그대로 사용하여 정확성을 기한다.

② 고객이 요구할 경우 그 약관의 사본을 고객에게 내주어 고객이 약관의 내용을 알 수 있게 하여야 한다.

③ 약관에 정하여져 있는 중요한 내용을 고객이 이해할 수 있도록 설명하여야 한다.

④ 사업자가 명시·설명의무를 위반하여 계약을 체결한 때에는 해당 약관을 계약의 내용으로 주장할 수 없다.

> **해설**
>
> 업자는 고객이 약관의 내용을 쉽게 알 수 있도록 한글로 작성하고, 표준화·체계화된 용어를 사용하며, 약관의 중요한 내용을 부호·문자·색채 등으로 명확하게 표시하여 알아보기 쉽게 약관을 작성하여야 한다.

> **더 알아보기** ➡ 「약관의 규제에 관한 법률」상 명시·설명의무
>
> - 약관이란 그 명칭이나 형태를 불문하고, 계약의 일방 당사자가 다의 상대방과 계약을 체결하기 위하여 일정한 형식에 의하여 미리 마련한 계약의 내용을 말한다(약관규제법 제2조 제1호).
> - 사업자는 고객이 약관의 내용을 쉽게 알 수 있도록 한글로 작성하고, 표준화·체계화된 용어를 사용하며, 약관의 중요한 내용을 부호·문자·색채 등으로 명확하게 표시하여 알아보기 쉽게 약관을 작성하여야 한다(동법 제3조 제1항).
> - 사업자는 계약을 체결할 때에는 고객에게 약관의 내용을 계약의 종류에 따라 일반적으로 예상되는 방법으로 분명하게 밝히고, 고객이 요구할 경우 그 약관의 사본을 고객에게 내주어 고객이 약관의 내용을 알 수 있게 하여야 한다(동법 제3조 제2항).
> - 사업자는 약관에 정하여져 있는 중요한 내용을 고객이 이해할 수 있도록 설명하여야 한다. 다만, 계약의 성질상 설명하는 것이 현저하게 곤란한 경우에는 그러지 아니한다(동법 제3조 제3항).
> - 사업자가 명시·설명의무를 위반하여 계약을 체결한 때에는 해당 약관을 계약의 내용으로 주장할 수 없다(동법 제3조 제4항). 고객 측에서 사업자의 명시·설명이 없었다는 것을 주장하면, 사업자 측에서 명시·설명을 하였음을 입증하여야 한다.

36 중립적이고 객관적인 자료에 근거하여 투자권유를 하지 않고 다분히 '장밋빛' 전망을 기초로 하여 투자를 권유하였다면, 이는 어떠한 윤리기준을 정면으로 위배한 것인가?

① 모든 고객을 평등하게 취급할 의무

② 합리적인 근거를 제시할 의무

③ 품위유지의무

④ 부당한 금품수수의 금지의무

> **해설**
>
> 투자상담업무종사자는 정밀한 조사분석에 입각하여 합리적인 근거에 의하여야 한다는 윤리기준을 위반하고 있다.

37 특별한 호재나 악재가 없고 개인적으로 친분이 있는 회사의 주식을 고객에게 매수추천을 하였다면 윤리기준 중 어느 의무를 위반한 것인가?

① 법규 등의 준수의무
② 신의성실의무
③ 공정성 유지의무
④ 전문지식 배양의무

> **해설**
>
> 개인적인 인간관계로 인하여 특정기업의 주식을 추천하였다면 이는 본인에 대한 윤리 중 품위유지에 해당하는 공정성 유지의무, 즉 공정한 입장에서 객관적인 판단을 하여 추천하여야 할 의무를 위반한 것이다.

38 자기거래금지의 원칙이 적용되지 않는 경우는?

① 투자중개업자가 투자자로부터 매매의 위탁을 받아 다자간 매매체결회사를 통해 매매가 이루어지는 경우
② 투자매매업자가 자기가 판매한 집합투자증권을 매수하는 경우
③ 기타 금융감독원이 고시하는 경우
④ 투자중개업자가 자기가 판매한 집합투자증권을 매수하는 경우

> **해설**
>
> 자기거래의 금지는 상대방이 우연히 결정되어 투자자의 이익을 해칠 가능성이 없는 경우 예외적으로 허용된다. 그중 공정한 가격 형성과 거래의 안정성·효율성 도모 및 투자자 보호에 우려가 없는 경우로서 금융위원회가 정하여 고시하는 경우가 여기에 해당한다.

39 합리적인 근거제공 및 적정한 표시의무에 해당하지 않는 것은?

① 정밀한 조사 및 분석에 근거할 의무
② 사실과 의견의 구분의무
③ 중요사실에 대한 정확한 표시의무
④ 기대성과에 대한 과장 금지

> **해설**
>
> 합리적인 근거제공 및 적정한 표시의무에는 위 ①, ②, ③과 투자성과보장 등에 관한 표현 금지의무가 있다. 기대성과 등에 대한 허위의 표시, 업무 내용 및 인적사항 등에 대한 부실표시 금지의무는 허위·과장·부실표시 금지의 의무에 속한다.

> **더 알아보기** ➡ 중요사실에 대한 정확한 표시의무
>
> 중요사실이란 투자대상에 대한 중요정보뿐 아니라 수익에 영향을 줄 수 있는 외국의 정보를 포함한 모든 정보를 말한다. 또한 정확한 표시란 중요사항을 빠짐 없이 모두 충분히 명료하게 포함할 것을 말하며 표시 방법으로는 구두, e-mail 등도 사용 가능하다.

37 ③ 38 ③ 39 ④ **정답**

40 다음의 사례에서 A와 K는 각각 어느 직무윤리강령의 윤리기준을 위반하고 있는가?

> 권유인 A는 직무보수 교육이 있었지만, 업무가 바쁘다는 이유로 센터장인 K가 출석을 허락하지 않아 참가하지 못하였다.

① A : 공정성 유지의무,   K : 신의성실의무
② A : 법규 등 준수의무,   K : 자기혁신의무
③ A : 자기혁신의무,   K : 신의성실의무
④ A : 자기혁신의무,   K : 소속회사 등의 지도·지원 의무

해설

권유인 A는 "항상 해당 직무에 이론과 실무를 숙지하고 그 직무에 요구되는 전문능력을 유지하고 향상시켜야 한다"는 윤리기준인 자기혁신의무 중 전문지식배양의무를 위반하였으며, 센터장인 K는 "소속 임직원이 직무행위기준에 위반되지 않도록 지도하고 지원하여야 한다"는 윤리기준을 위반하고 있다.

더 알아보기 ➡ 본인·회사·사회에 대한 윤리

금융투자업에서의 직무윤리는 고객우선의 원칙, 신의성실의 원칙, 본인·회사·사회에 대한 윤리로 분류될 수 있다.

본인에 대한 윤리	법규 등 준수의무	
	자기혁신의무	
	품위유지의무	
	공정성 및 독립성유지 의무	
	사적이익 추구 금지	부당금품 수수 금지
		정보의 사적 이용 금지
		직위의 사적 이용 금지
회사에 대한 윤리	상호존중	
	공용재산의 사적 사용 금지	
	경영진 책임	
	정보보호	
	위반행위의 보고	
	대외활동	
	고용계약 종료 후의 의무	
사회 등에 대한 윤리	시장질서 존중	
	주주가치의 극대화	
	사회적 책임	

41 펀드매니저가 특정고객의 운용실적 향상을 위하여 타 펀드의 자금으로 특정고객 보유주식을 집중 매입하여 그의 수익률을 향상시켰다면, 다음 중 어느 의무위반에 해당하는가?

① 신의성실의무
② 전문지식 배양의무
③ 공정성 유지의무
④ 법규 등 준수의무

해설

금융투자업무종사자는 관련 법규, 규정 및 윤리기준을 숙지하고 그 준수를 위하여 노력하여야 한다. 이 펀드매니저는 「자본시장법」에 직접 위반되는 행위를 하였다.

42 고객 상담 업무를 수행하기 위해 자주 갔던 커피전문점에서 모은 마일리지가 상당 수준 적립되었다. 이러한 마일리지를 활용해 텀블러를 구입해 개인적으로 활용했다면 이 같은 행위는 어느 직무윤리기준의 위반인가?

① 직위의 사적 이용
② 비밀업무 위반
③ 사적이익 추구금지
④ 품위유지

해설

회사의 경비처리를 통해 축척하게 된 마일리지는 원칙적으로 회사 재산이다. 따라서 이를 자신의 사적인 용도로 사용하는 행위는 회사재산을 부당하게 이용한 것이다. 따라서 공용재산의 사적 이용은 사적이익 추구금지와 관련한 사항이다.

43 부당한 금품수수 금지의무 위반의 행위와 가장 거리가 먼 것은?

① 명절에 고급양복 티켓을 선물로 받은 행위
② 계약 시 약정 수수료 외에 추가로 금액을 받은 행위
③ 홍보용 고급운동복을 받은 행위
④ 시가가 200만원 하는 명품가방을 10만원에 받은 행위

해설

홍보용 물품은 불특정다수인에게 무료로 제공하는 상품이므로 이를 받는 것은 사회통념상 불법행위가 아니다.

44 K는 업무상 해외출장이 잦은 관계로 유럽 왕복권 2장에 상당하는 마일리지를 적립하였다. 그래서 이번 여름 휴가기간 동안 유럽여행을 다녀왔다. 이 같은 행위는 어느 직무윤리기준에 저촉되는가?

① 직무전념의무의 위반
② 성실의무의 위반
③ 품위유지의무의 위반
④ 회사재산의 부당한 사용금지의무의 위반

해설
회사비용으로 적립된 마일리지는 원칙적으로 회사의 재산에 속한다. 따라서 K가 이를 회사가 정한 마일리지 처리방법에 의하지 않고 이를 자신의 사적인 용도로 사용하는 행위는 회사재산을 부당하게 이용한 행위에 해당한다.

45 금융종사자가 준수해야 할 윤리 내용 중 본인에 대한 윤리 내용이 아니라 회사와의 관계와 관련된 항목은?

① 품위유지　　　　　　　② 상호존중
③ 자기혁신　　　　　　　④ 법규준수

해설
상호존중은 회사와의 관계에서 적용되는 윤리이며, 다른 세 항목은 본인에 대한 윤리이다.

46 상담사가 근무시간 중 예기치 못한 고교동창의 방문으로 장시간 사무실을 이탈하였다면 이는 어떠한 의무의 위반인가?

① 이해가 상충되는 지위의 취임금지
② 직무전념의 의무
③ 성실의무
④ 모든 고객을 동등하게 대우해야 할 의무

해설
직무전념의 의무 위반이다. 장시간 이석으로 업무에 지장을 초래하므로 사전에 승인을 얻어야 한다.

47 금융투자회사에서 투자상담업무를 담당하고 있는 P가 회사의 동의 없이 사이버공간에서 가명으로 유료의 투자상담업무를 수행하고 있다면, 이는 어떠한 직무윤리기준을 위반한 것이 되는가?

① 요청하지 않은 투자권유의 금지의무의 위반
② 미공개 중요정보의 이용 및 전달금지의무의 위반
③ 직무전념, 이해상충금지 의무의 위반
④ 업무의 공정한 수행을 저해할 우려가 있는 사항에 관한 주지의무

해설
P는 소속회사의 직무에 영향을 줄 수 있는 지위를 겸하거나 업무를 수행하고 있어 소속회사에 대한 직무전념의 의무를 위반하고 있으며, 사이버공간에서 별도의 투자상담업무를 수행하고 있는 것은 회사와 이해상충관계에 있다. 또한 「상법」에 의한 겸업금지의무에도 반하는 것으로 해임 및 손해배상의 사유가 된다.

48 회사 공용재산의 사적 사용과 수익금지 원칙에 대한 설명으로 가장 거리가 먼 것은?

① 회사의 비품이나 자재를 사적인 용도로 사용하는 행위
② 회사의 업무와 무관한 인터넷 쇼핑몰사이트를 방문하거나 게임을 하는 행위
③ 준법감시인 등 회사의 사전 승인 없이 언론매체와 접촉하는 행위
④ 회사의 정보를 무단으로 유출하는 행위

> **해설**
> 회사의 사전 승인 없이 언론을 통해 활동하는 행위는 대외활동 관련 준수의무를 위반한 것이다.

49 금융투자업종사자의 소속 회사에 대한 의무를 설명한 것 중 잘못된 것은?

① 회사에 대한 선관주의의무는 퇴직과 함께 종료된다.
② 회사의 재산은 회사의 이익을 위한 용도로만 사용되어야 하며, 개인의 사적 이익을 위해 부당하게 사용되어서는 아니 된다.
③ 회사, 주주 또는 고객과 이해상충이 발생할 수 있는 대외활동을 하는 경우 해당 활동의 성격, 이해상충의 정도 등에 따라 소속 부점장, 준법감시인 또는 대표이사의 사전승인을 받아야 한다.
④ 임직원과 고객 간의 이메일은 사용 장소에 관계없이 표준내부통제기준 및 관계법령 등의 적용을 받는다.

> **해설**
> 회사에 대한 선관주의의무는 퇴직 등의 사유로 고용관계가 종료된 이후에도 상당기간 지속된다.

50 직무윤리에 대한 다음 설명 중 틀린 것은?

① 중요한 정보를 소비자의 상황에 따라 차별적으로 제공할 수 있다.
② 금융소비자의 매매 관련 이력들은 모두 중요한 정보에 해당한다.
③ 관련 규정이 개정되어 이러한 사실을 모르고 업무를 수행했다 하더라도 이는 정상 참작의 대상이 될 수 없다.
④ 업무 수행 중 알게 된 회사 또는 금융소비자의 정보를 누설하거나 부당하게 이용하여서는 아니 된다.

> **해설**
> 중요한 정보는 소비자의 상황과 무관하게 동등하게 제공되어야 한다.

51 준법감시인이 영업점에 대한 준법감시업무를 위임하기 위하여 영업관리자를 지명할 때, 영업관리자가 갖추어야 할 요건이 아닌 것은?

① 준법감시·감사업무를 1년 이상 수행한 경력이 있는 자일 것
② 해당 영업점에 근무 중일 것
③ 영업점에서 1년 이상 근무경력이 있을 것
④ 해당 영업관리자가 대상 영업점 모두에 상근하고 있을 것

해설

해당 영업관리자가 대상 영업점 1개의 영업점에 상근하고 있을 때 업무 위임이 가능하다.

더 알아보기 ➡ 준법감시인의 업무 위임시, 수임 영업관리자의 요건

> 준법감시인이 영업점에 대한 준법감시업무를 위하여 지명하는 영업점별 영업관리자는 다음 각 요건을 모두 구비한 자이어야 한다.
> ㉠ 영업점에서 1년 이상 근무한 경력이 있거나 준법감시·감사업무를 1년 이상 수행한 경력이 있는 자로서 당해 영업점에 상근하고 있을 것
> ㉡ 본인이 수행하는 업무가 과다하거나 수행하는 업무의 성격으로 인하여 준법감시업무에 곤란을 받지 아니할 것
> ㉢ 영업점장이 아닌 책임자급일 것. 다만, 당해 영업점의 직원 수가 적어 영업점장을 제외한 책임자급이 없는 경우에는 그러하지 아니하다.
> ㉣ 준법감시업무를 효과적으로 수행할 수 있는 충분한 경험과 능력, 윤리성을 갖추고 있을 것. 다만, 다음 각 요건을 모두 충족하는 경우 단일 영업관리자가 2 이상의 영업점의 영업관리자의 업무를 수행할 수 있다.
> • 감독대상 영업직원 수, 영업규모와 내용 및 점포의 지역적 분포가 단일 영업관리자만으로 감시·감독하는 데 특별한 어려움이 없을 것
> • 해당 영업관리자가 대상 영업점 중 1개의 영업점에 상근하고 있을 것
> • 해당 영업관리자가 수행할 업무의 양과 질이 감독업무 수행에 지장을 주지 아니할 것

52 「자본시장법」상의 시장질서교란행위에 대한 설명으로 적합한 것은?

① 타인을 거래에 끌어들이는 등 거래의 목적성이 있어야 한다.
② 단순 프로그램 오류로 시세에 영향을 미치는 경우는 위반행위가 아니다.
③ 해킹 등을 통한 정보 취득임을 알면서도 전달하는 행위 역시 금지하고 있다.
④ 정보의 1차 수령자에게만 적용대상이 된다.

해설

① 목적성이 없더라도 시세에 부당한 영향을 주는 행위는 적용대상에 해당하는 것으로 「자본시장법」이 개정되었다.
② 단순 프로그램 오류로 시세 급변이 초래되는 경우도 시장질서교란으로 볼 수 있다.
④ 「자본시장법」이 개정되어 1차 수령자, 자신의 직무 관련 정보를 생산하거나 알게 된 자, 해킹 등 부정한 방법으로 이를 알게 된 자, 이들로부터 나온 정보임을 알면서도 전달받은 자도 적용대상이 되었다.

53 금융투자회사의 표준윤리규칙 중 금융투자업종사자의 대외활동에 대한 설명으로 옳지 않은 것은?

① 회사의 공식의견이 아닌 의견은 표명할 수 없다.

② 대외활동으로 인하여 금전적 보상을 받게 되는 경우 회사에 신고해야 한다.

③ 공정한 시장질서 유지와 건전한 투자문화 조성을 위해 최대한 노력해야 한다.

④ 다른 금융투자회사를 비방해서는 아니 된다.

해설

회사의 공식의견이 아닌 경우 사견임을 명백히 표현해야 한다.

더 알아보기 ➡️ 금융투자회사의 표준윤리준칙 중 대외활동에 대한 규정

임직원은 외부강연, 기고, 언론매체 접촉, SNS 등 전자통신수단을 이용한 외부활동을 할 때에는 다음 사항을 준수해야 한다.

㉠ 회사의 공식의견이 아닌 경우 사견임을 명백히 표현하여야 한다.

㉡ 대외활동으로 인하여 회사의 주된 업무 수행에 지장을 주어서는 아니 된다.

㉢ 금전적인 보상을 받게 되는 경우 회사에 신고하여야 한다.

㉣ 공정한 시장질서를 유지하고 건전한 투자문화 조성을 위해 최대한 노력하여야 한다.

㉤ 불확실한 사항을 단정적으로 표현하거나 다른 금융투자회사를 비방하여서는 아니 된다.

54 Y금융투자회사의 투자상담전문가인 M은 민간단체가 개최하는 증권투자권유에 관한 제도개선 세미나에 발표자로 초청을 받아 퇴근시간 이후에 대가를 받고 참석하려고 한다. M은 이 세미나에서 자신이 소속한 Y금융투자회사의 공식적인 견해와는 무관한 자신의 개인적인 의견을 발표하고자 한다. M이 밟아야 할 내부통제절차로 부적절한 것은?

① 직장 상사 또는 준법감시부서에 이 사실을 통보한다.

② 회사의 입장과 배치될 우려가 있는 견해를 제시할 경우 그 견해가 Y금융투자회사의 공식적인 견해가 아니라는 점을 명백히 밝혀야 한다.

③ 우선 M은 Y금융투자회사의 직무에 전념할 의무가 있다.

④ 근무시간 외의 시간이므로 직장상사에게 보고하지 않아도 된다.

해설

대외활동 시 준수해야 할 규정에 대한 문제이다. 근무시간 외라도 일정한 대가를 받고 참석하는 것이므로 이를 통보해야 한다.

55 내부통제기준에 대한 설명 중 올바른 것은?

① 금융투자회사가 내부통제기준을 변경하려면 주주총회의 특별결의를 거쳐야 한다.

② 금융투자회사는 반드시 준법감시인을 두어야 한다.

③ 금융투자회사의 임시직에 있는 자는 내부통제기준의 적용대상이 아니다.

④ 금융투자회사는 내부통제기준을 반드시 두어야 한다.

해설

① 내부통제기준을 변경하려면 이사회 결의를 거쳐야 한다.

② 투자자문(일임)회사는 규모에 따라 준법감시인을 두지 않을 수 있다.

③ 임시직에 있는 자도 내부통제기준의 적용대상이 된다.

더 알아보기 ➡

> 내부통제기준이란 금융투자업자가 법령을 준수하고, 자산을 건전하게 운용하며, 이해상충방지 등 투자자보호를 위하여 그 임직원이 직무수행에 있어서 준수하여야 할 적절한 기준 및 절차를 말한다.

56 금융투자회사의 표준내부통제기준에 따른 준법감시인에 관한 설명 중 틀린 것은?

① 대표이사의 지휘를 받아 그 업무를 수행한다.

② 이사회의 지휘를 받아 그 업무를 수행한다.

③ 내부통제기준의 적정성을 정기적으로 점검하여야 한다.

④ 준법감시업무는 담당 임직원에게 위임할 수 없다.

해설

관련 규정상 조건 충족 시 준법감시업무 중 일부를 준법감시업무 담당 임직원에게 위임할 수 있다.

57 내부제보제도에 관한 설명 중 틀린 것은?

① 제보자의 신분 및 제보사실은 어떠한 경우라도 보장된다.

② 제보자는 육하원칙에 따라 정확한 사실만을 제보하여야 한다.

③ 제보의 대상은 법규 위반, 윤리기준 위반 및 성희롱 등이 포함된다.

④ 제보자가 제보로 인하여 인사상의 불이익을 당한 경우 준법감시인이 회사에 시정조치를 요구할 수 있다.

해설

악의적인 제보인 경우 신분 등의 비밀보장 등은 적용되지 않는다.

58 다음은 무엇에 대한 설명인가?

> 금융투자협회는 금융투자업자와 소속 임직원이 관련 법령을 준수하도록 하며, 위반자에 대하여 종사자의 등록 및 관리권과 회원의 제명 또는 그 밖의 제재권을 발동할 수 있다.

① 자율규제
② 내부제보제도
③ 금융위원회 제재권
④ 금융감독원의 기능

해설
자율규제에 대한 설명이다. 금융투자협회는 회원 간의 건전한 영업질서 유지 및 투자자 보호를 위한 자율규제업무를 담당한다.

59 직무윤리 및 내부통제기준 위반 시 6개월 이내의 업무의 전부 또는 일부의 정지, 위법행위의 시정명령 또는 중지명령, 위법행위로 인한 조치를 받았다는 사실의 공표명령 등의 제재를 가할 수 있는 기관은?

① 금융투자협회 자율규제위원회
② 증권선물위원회
③ 금융감독원
④ 금융위원회

해설
금융투자업자에 대하여 6개월 이내의 업무의 전부 또는 일부의 정지, 위법행위의 시정명령 또는 중지명령, 위법행위로 인한 조치를 받았다는 사실의 공표하고 게시할 수 있는 권한은 금융위원회에 부여되어 있다.

60 금융위원회의 행정제재에 대한 설명으로 가장 거리가 먼 것은?

① 금융투자업자의 내부통제기준 변경
② 금융투자업자에 대한 금융업등록 취소권
③ 금융투자업자의 직원에 대한 면직, 정직 등 조치권
④ 금융위원회의 처분 또는 조치에 대한 이의신청권 인정

해설
조치명령권, 위법행위 시정명령권 등은 가지고 있으나 직접 내부통제기준을 변경할 권한은 없다.

58 ① 59 ④ 60 ① 정답

- 금융위원회의 업자에 대한 제재권 : 감독권, 조치명령권, 승인권, 보고요구권, 검사권, 금융업등록 취소권, 6개월 이내 업무정지 명령권, 계약의 인계명령권, 위법행위 시정명령 또는 중지명령권, 조치사실 공표명령, 기관경고, 기관주의, 기타 행정조치
- 금융위원회의 업자의 임원에 대한 조치권 : 해임요구, 6개월 이내 직무정지, 문책경고, 주의적 경고, 주의, 기타 조치
- 금융위원회의 업자의 직원에 대한 조치권 : 면직, 6개월 이내 정직, 감봉, 견책, 경고, 주의, 기타 조치
- 청문 및 이의신청 : 금융위원회의 조치 전 청문을 하는 경우와 조치 후 이의신청을 인정하고 있다.

61 「자본시장법」상 금융위원회의 업자의 임원에 대한 제재 조치와 가장 거리가 먼 것은?

① 해임요구
② 6개월 이내의 정직
③ 문책경고
④ 주 의

해설

6개월 이내의 직무정지를 조치할 수 있으며, 6개월 이내의 정직은 직원에 대한 제재 조치권이다.

62 금융위원회의 업자에 대한 제재권에 해당하지 않는 것은?

① 감독권
② 조치명령권
③ 보고요구권
④ 면 직

해설

면직은 업자에 대한 제재권이 아니라 직원에 대한 행정제재 권한이다.

63 금융위원회의 업자의 직원에 대한 조치권에 해당하지 않는 것은?

① 면 직
② 6개월 이내 정직
③ 감 봉
④ 인계명령권

해설

인계명령권은 금융위원회의 업자에 대한 조치권이다.

01 신의성실의 의무는 직무윤리의 근간이며, 다른 윤리는 이에 파생된 기준들이다. 이외에도 소속회사 등의 지원·지도의무가 있다. ( )

02 금융투자업종사자는 관련 법규, 규정 및 윤리기준을 숙지하고 그 준수를 위해 노력해야 한다. ( )

03 「자본시장법」상에서는 직무윤리와 내부통제의 역할과 중요성이 예전에 비해 감소되었다. ( )

04 준법감시인은 내부통제기준 준수여부를 점검하고 위반하는 경우 이를 조사하는 자이다. ( )

05 고객의 판단이 틀리다고 판단할 경우 대리인이 이를 인위적으로 수정가능하다. ( )

06 직무윤리강령(총칙) 원칙 중에서 전문지식 배양의무가 가장 으뜸이 되는 포괄적 원칙이다. ( )

07 법률행위 하자의 경중에 따라 중대한 경우 무효, 가벼운 경우 취소로 한다. ( )

정답

01 ○
02 ○
03 × 최근 들어 더욱 증가추세이다.
04 ○
05 × 고객의 판단이 틀리다고 판단할 경우 고객에게 그 이유를 설명하여야 하며, 그럼에도 불구하고 고객이 주장하면 그 지시를 따라야 한다.
06 × 직무윤리강령(총칙) 원칙 중에서 신의성실의 원칙이 가장 으뜸이 되는 포괄적 원칙이다.
07 ○

CHAPTER 04 투자권유와 투자자분쟁예방

01 금융분쟁에 관한 설명으로 가장 거리가 먼 것은?

① 금융투자업 영위과정에서 거래관계가 수반되는 권리의무에 대한 상반된 주장이 분쟁이라는 형태로 도출된다.

② 금융수요자 등이 금융업무 등과 관련하여 이해관계 등이 발생함에 따라 금융관련기관을 상대로 제기하는 분쟁이 금융분쟁이다.

③ 금융관련기관이 금융업무와 관련하여 금융관련기관을 상대로 제기하는 분쟁도 금융분쟁에 해당된다.

④ 금융투자 관련 금융분쟁은 주로「상법」상에 부여된 금융투자업자에게 부여하는 의무이행 여부가 쟁점이 된다.

해설

금융투자 관련 금융분쟁은 주로「자본시장법」등에서 부여하는 금융투자업자에게 부여하는 의무이행 여부가 쟁점이 된다.

더 알아보기 ➡ 금융투자상품 관련 분쟁의 유형

임의매매	고객이 증권회사 또는 선물회사 직원에게 금융투자상품의 관리를 맡기지 아니하였고 금융투자회사 직원이 매매주문을 받지 않았음에도 고객의 예탁자산으로 마음대로 매매한 경우
일임매매	투자일임업자가 고객과 투자일임계약을 체결한 상태에서 당초의 일임계약 취지를 위반하여 수수료 수입목적 등의 사유로 인하여 과도한 매매를 일삼은 경우 등 고객충실의무 위반이 인정될 수 있는 경우
부당권유	증권회사 또는 선물회사 등의 금융투자회사 또는 은행, 보험 등의 겸영 금융투자회사 직원이 고객에게 투자권유를 하면서 금융투자상품에 대한 설명의무를 충실히 이행하지 않아 위험성에 대한 투자자의 인식형성을 방해하거나, 과대한 위험성이 있는 투자를 부당하게 권유한 경우
펀드 등 금융투자상품 불완전판매	금융투자상품의 불완전판매도 부당권유의 한 유형으로 분류되고 있으며, 이러한 추세는 점차 증대되고 있음
주문관련	고객이 낸 주문을 증권회사, 선물회사 등 투자중개업인 금융투자회사가 다르게 처리하거나, 주문권한이 없는 자로부터의 매매주문을 제출받아 처리한 경우
기타분쟁	전산장애의 발생으로 인한 손해, 금융투자회사의 부적절한 반대매매처리로 인한 분쟁, 기타 부자격상담사로 인한 분쟁 사례 등의 경우

02 금융투자회사의 임직원은 회사의 승인을 받은 경우에도 대외활동을 함에 있어서 자신의 이익을 위해 회사의 자산이나 인력 등을 사용해서는 안 된다는 사실은 다음 중 어느 의무에 해당하는가?

① 고객이익 최우선의 원칙
② 소속회사에 대한 충실의무
③ 정확한 정보제공 의무
④ 고객을 동등하게 대우해야 할 의무

> **해설**
> 소속회사에 대한 충실의무에는 직무전념의무, 이해상충 관계에 있는 지위 또는 업무수행금지, 대회활동 시 회사 자산 및 인력사용금지, 이해상충 관리, 고용기간 종료 후의 의무 등이 있다.

03 회사의 정보에 관한 설명 중 잘못된 것은?

① 일반적으로 회사정보유출에 대하여는 「부정경쟁방지 및 영업비밀보호에 관한 법률」에서 포괄적으로 규제하고 있다.
② 임직원이 고객 또는 회사의 비밀정보를 관련법령에 따라 제공하는 경우에도 준법감시인의 사전승인을 받아 직무수험에 필요한 최소한의 범위 내에서 제공하여야 한다.
③ 확정되지 아니한 기획단계의 상품에 대해 언급할 수 있다.
④ 회사의 사전허락을 받고 강연, 방송 등에 참여하는 경우 내용, 원고 등을 준법감시인의 사전승인을 받은 후 사용하여야 한다.

> **해설**
> 확정되지 아니한 기획단계의 상품에 대해 언급해서는 안 된다.

04 아래 법 중 다른 법과 그 법적 지위가 다른 것은?

① 「신용정보의 이용 및 보호에 관한 법률」
② 「개인정보보호법」
③ 「금융실명거래 및 비밀보장에 관한 법률」
④ 「전자금융거래법」

> **해설**
> 일반법과 특별법의 관계에 있어 특별법에 의거하여 우선 처리하고 특별법이 정함이 없으면 일반법을 적용한다. 「개인정보보호법」은 개인정보의 처리 및 보호에 관한 사항을 정한 일반법이다.

05 「개인정보보호법」 제정의 배경이 아닌 것은?

① 「개인정보보호법」의 시행에 따라 공공부문과 민간부문 구별없이 개인정보의 처리기준이 마련되었다.

② 「개인정보보호법」은 특별법으로 일반법에 우선하여 적용하여 개인정보보호 기능을 강화하였다.

③ 금융회사에서 개인정보를 보호하기 위한 목적으로 제정된 법규에는 신용정보의 이용 및 보호에 관한 법률과 금융실명거래 및 비밀보장에 관한 법률, 전자금융거래법 등이 있다.

④ 「개인정보보호법」은 개인정보 침해를 방지하고 사생활의 비밀을 보호하기 위한 법이다.

해설

「개인정보보호법」은 일반법으로서 관련 특별법이 있을 경우는 해당 법의 적용이 우선된다.

더 알아보기 ➡ 개인정보보호의 개념

> 개인정보보호란 개인정보처리자가 정보주체의 개인정보를 정당하게 수집 및 이용하고 개인정보를 보관, 관리하는 과정에서 정보주체의 개인정보 자기결정권이 제대로 행사되도록 보장하는 일련의 행위를 말한다. 이와 관련한 기본 개념은 다음과 같다.
> * 정보주체 : 처리되는 정보에 의하여 알아볼 수 있는 사람으로서 되는 사람
> * 개인정보파일 : 개인정보를 쉽게 검색할 수 있도록 일정한 규칙에 따라 체계적으로 배열하거나 구성한 개인정보의 집합물(集合物)
> * 개인정보처리자 : 업무를 목적으로 개인정보파일을 운용하기 위하여 스스로 또는 다른 사람을 통하여 개인정보를 처리하는 공공기관, 법인, 단체 및 개인

06 「개인정보보호법」에서 보호하는 개인정보에 대한 설명으로 잘못된 것은?

① 법률상의 개인정보는 자연인(自然人)에 관한 정보만 해당한다.

② 이미 사망한 사람의 개인정보도 포함한다.

③ 법률상의 개인정보에 해당되기 위해서는 그 정보로 특정 개인을 알아볼(식별할) 수 있어야 한다.

④ 해당 정보만으로는 특정 개인을 식별할 수 없다 하더라도 다른 정보와 쉽게 결합하여 식별 가능하다면, 개인정보에 해당한다.

해설

법률상의 개인정보는 생존하는 자연인에 관한 정보만 해당되며, 이미 사망하였거나 민법에 의한 실종선고 등 관계법령에 의해 사망한 것으로 간주되는 자에 관한 정보는 법률상의 개인정보로 볼 수 없다.

07 「개인정보보호법」상 개인정보유출 시 처벌에 관한 다음 설명 중 잘못된 것은?

① 정보유출에 대한 손해배상을 강화하면서 징벌적 손해배상제도를 도입하였다.

② 개인정보유출 시 처벌은 개인에게도 적용된다.

③ 개인정보유출로 인해 피해를 입었을 경우 구체적 피해액을 입증하지 못하더라도 법원 판결을 통해 정해진 일정금액을 보상받는 법정손해배상제도를 도입하였다.

④ 고의, 중과실로 개인정보를 유출한 기관에 대해 가중된 책임을 물어 피해액의 최대 10배까지 배상액을 중과할 수 있도록 하였다.

> **해설**
>
> 고의, 중과실로 개인정보를 유출한 기관에 대해 가중된 책임을 물어 피해액의 최대 3배까지 배상액을 중과할 수 있도록 하였다.

08 다음 지문이 설명하고 있는 대상은 누구인가?

> 업무를 목적으로 개인정보파일을 운용하기 위하여 스스로 또는 사람을 통하여 개인정보를 처리하는 공공기관, 법인, 단체 및 개인 등

① 정보주체

② 개인정보파일

③ 개인정보처리자

④ 신용정보 회사

> **해설**
>
> 개인정보처리자에 대한 설명이며, 개인정보처리자는 개인정보의 처리 목적을 명확하게 하여야 하고 그 목적에 필요한 범위에서 최소한의 개인정보만을 적법하고 정당하게 수집하여야 한다.

09 정보주체가 자신의 개인정보 처리에 대해 가질 수 있는 권리에 해당하는 것은?

> 가. 정보의 처리에 관한 정보를 제공받을 권리
> 나. 정보의 처리에 관한 동의 여부와 동의 범위 등을 선택하고 결정할 권리
> 다. 처리 여부를 확인하고 개인정보에 대하여 열람을 요구할 권리
> 라. 개인정보의 처리 정지, 정정·삭제 및 파기를 요구할 권리

① 가, 나, 다   ② 나, 다, 라

③ 가, 다, 라   ④ 가, 나, 다, 라

> **해설**
>
> 모두 포함된다. 이외에도 개인정보의 처리에 대해 피해가 발생할 경우 이에 대해 신속한 처리를 통해 구제받을 권리도 갖고 있다.

10 개인정보처리자의 개인정보 보호 원칙 중 옳지 않은 설명은?

① 개인정보의 처리방침 등 개인정보의 처리에 관한 사항을 공개하여야 한다.
② 정보주체의 사생활 침해를 최소화하는 방법으로 개인정보를 처리하여야 한다.
③ 개인정보의 정확성, 완전성, 최신성이 보장되도록 하여야 한다.
④ 개인정보의 처리목적에 필요한 범위에서 적합하게 개인정보를 처리하여야 하며, 그 목적 외에도 고객의 보호를 위해서는 사용가능하다.

> **해설**
> 개인정보의 처리목적에 필요한 범위에서 적합하게 개인정보를 처리하여야 하며, 그 목적 외의 용도로 활용해서는 안 된다.

11 개인정보처리 시 개인정보를 수집하여 이용할 수 있는 경우에 해당하지 않는 것은?

① 정보주체의 동의를 받은 경우
② 법령상 의무를 준수하기 위하여 불가피한 경우
③ 소관 업무의 수행을 위하여 불가피한 모든 경우
④ 정보주체 또는 제3자의 급박한 생명, 신체, 재산의 이익을 위하여 필요하다고 인정되는 경우

> **해설**
> 공공기관이 법령 등에서 정하는 소관 업무의 수행을 위하여 불가피한 경우에만 국한되며, 민간 부분은 해당하지 않는다. 이 밖에도 정보주체 또는 그 법정대리인이 의사표시를 할 수 없는 상태에 있거나 주소불명 등으로 사전 동의를 받을 수 없는 경우, 정보주체와의 계약체결 및 이용을 위해 불가피하게 필요한 경우에 가능하다.

12 개인정보 수집과정에 대한 설명으로 잘못된 것은?

① 그 목적에 필요한 최소한의 개인정보를 수집하여야 한다.
② 최소한의 개인정보 수집이라는 입증책임은 정보주체가 부담한다.
③ 고객이 개인정보 제공에 동의하지 않았다는 이유로 서비스 제공을 거부해서는 안 된다.
④ 필요한 최소한의 정보 외의 개인정보 수집에는 동의하지 아니할 수 있다는 사실을 구체적으로 알리고 개인정보를 수집하여야 한다.

> **해설**
> 개인정보를 수집하는 경우 그 목적에 필요한 최소한의 개인정보를 수집하여야 한다. 이 경우 최소한의 개인정보 수집이라는 입증책임은 개인정보처리자가 부담한다.

13 개인정보처리자가 특정 개인의 정보를 제3자에게 제공해야 할 경우, 정보주체에게 알려야 할 내용에 해당하는 것은?

> 가. 개인정보를 제공받는 자
> 나. 개인정보를 제공받는 자의 개인정보 이용 목적
> 다. 개인정보를 제공받는 자의 개인정보 보유 및 이용 기간
> 라. 개인정보의 항목

① 가, 나, 다
② 나, 다, 라
③ 가, 다, 라
④ 가, 나, 다, 라

해설

모두 해당한다. 이외에도 동의를 거부할 권리가 있다는 사실 및 동의 거부에 따른 불이익이 있으면 해당 불이익에 대해서도 알려야 한다.

14 개인정보의 보유기간이 경과하거나 처리목적이 달성되는 등 개인정보가 불필요하게 된 경우 올바른 처리 방법에 해당하는 것은?

① 일단은 개인정보는 보존하고 있어야 한다.
② 개인정보 내용 중 주민번호 등의 기초적인 인적사항을 빼고는 안전을 위해 삭제한다.
③ 다른 법령에 따른 보존의무가 있는 경우를 제외하고 지체 없이 개인정보를 파기하는 것이 원칙이다.
④ 개인에게 돌려준다.

해설

개인정보의 악이용을 막기 위해 원칙적으로 삭제한다.

더 알아보기 ➡

> 그 밖에도 개인정보 파기 시에는 복구 또는 재생되지 않도록 조치해야 하고, 개인정보를 보존하여야 하는 경우에는 개인정보파일을 다른 개인정보와 분리하여 저장 관리한다. 주민등록번호의 경우에는 내외부망의 구분 없이 암호화하여 안전하게 보관해야 하며, 정보주체의 동의를 받았더라도 법령 근거가 없는 경우에는 원칙적으로 처리가 금지되므로 2016년 8월 6일까지 수집된 주민등록번호를 삭제해야 한다.

15 금융투자업자와 투자자 사이의 분쟁을 예방하기 위한 제도에 대한 설명으로 가장 거리 먼 것은?

① 금융투자협회는 자율규제기관으로서 회원인 금융투자업자에 대해서는 직접적인 제재가 가능하다.
② 금융투자협회가 내부통제기준을 제정한다.
③ 내부통제기준 및 직무윤리를 위반할 경우 민·형사상의 제재를 받을 수 있다.
④ 투자자에 대하여 선량한 관리자의 주의로서 집합투자재산을 운용해야 한다.

해설

금융투자업자가 내부통제기준을 제정한다.

16 금융투자업자가 설정·운용해야 할 내부통제기준에 관한 설명 중 틀린 것은?

① 내부통제에 관하여 사전적·사후적으로 통제·감독하기 위한 목적이다.
② 내부통제기준 역시 위반시 행위에 대해 법적 제재가 취해진다.
③ 준법감시제도는 사후적 조치를 위해 필요하다.
④ 내부통제기준 위반 시 위반행위자뿐만 아니라 해당 법인도 함께 벌금형 등이 부과될 수 있다.

해설
준법감시제도는 상시적인 내부통제시스템을 통한 사전적인 예방장치를 위해 필요하다.

17 내부통제기준 위반 시 제재(징계)에 속하지 않는 것은?

① 시말서를 제출하도록 한다.
② 해당 직원을 해고하였다.
③ 회사가 해당 직원에게 손해배상을 청구하였다.
④ 구두로 훈계하였다.

해설
내부통제기준 위반 시 제재(징계)의 종류는 견책, 경고, 감봉, 정직, 해고가 있다.

18 분쟁조정제도에 대한 설명으로 잘못된 것은?

① 분쟁조정제도란 본회 회원의 영업행위와 관련한 분쟁에 대하여 소송에 따른 비용과 시간의 문제점을 해결하고 당사자 간의 원만하고 신속한 분쟁 해결을 유도함으로써 시장 참가자들의 편의를 제공하기 위한 제도이다.
② 분쟁 당사자는 금융투자상품에 대한 전문적 지식과 경험을 갖춘 인사들로 구성된 분쟁조정위원회의 분쟁조정을 이용함으로써 신속, 공정하게 분쟁을 해결할 수 있다.
③ 당사자가 본회 분쟁조정위원회의 조정안을 수락한 경우 법률적 효력은 없다.
④ 증권회사의 영업행위와 관련된 투자자와의 분쟁에 대하여 간편하고 신속한 분쟁조정절차를 통하여 합리적인 분쟁해결을 증권투자자에게 무료로 제공함으로써 투자자의 권익보호를 위함이 그 목적이다.

해설
당사자가 분쟁조정위원회의 조정안을 수락한 경우 민법상 화해계약의 효력을 갖게 된다. 다만, 금융감독원의 분쟁조정위원회의 조정안을 수락하는 경우에는 재판상 화해계약의 효력을 갖는다.

더 알아보기 ➡ 분쟁조정제도

ⓐ 의 미

주장과 사실을 확인하고 이에 대한 합리적인 분쟁해결 방안이나 의견을 제시하여 당사자 간의 합의에 따른 원만한 분쟁해결을 도모하는 제도로 분쟁조정은 법조계, 학계, 소비자단체, 업계 전문가로 구성된 분쟁조정위원회를 구성·운영한다.

ⓑ 장·단점

장 점	단 점
• 추가적인 비용부담 없음 • 시간 절감 • 전문가의 조언 및 도움을 받을 수 있음 • 개인투자자가 확인하기 어려운 금융투자회사의 보유자료 등을 조정기관을 통해 간접적으로 확인 가능	• 합의가 도출되지 아니하면 지연됨 • 실제 소송 결과 동일하지 않을 수 있음 • 조정안에 대한 최종 수용 여부는 당사자가 판단함

19 분쟁조정제도에 대한 설명으로 가장 적절하지 못한 것은?

① 복잡한 금융 관련 분쟁에 대해 전문가의 도움을 받는 것이 장점이다.
② 분쟁조정 신청이 접수되면 분쟁조정기관은 중립적인 조정안을 제시한다.
③ 분쟁조정기관을 통하더라도 개인투자자가 확인하기 어려운 금융투자회사의 보유자료는 직접적으로 확인해야 한다는 것이 단점이다.
④ 분쟁조정제도는 소송 수행으로 인한 추가적인 비용부담 없이 최소한의 시간 내에 합리적으로 분쟁을 처리할 수 있다는 것이 가장 큰 장점이다.

해설

개인투자자가 확인하기 어려운 금융투자회사의 보유자료 등을 분쟁조정기관을 통해 간접적으로 확인할 수 있다는 것이 장점이다.

20 다음은 금융투자협회의 분쟁조정절차를 순서대로 나열한 것이다. 괄호 안에 들어갈 내용으로 적절한 것은?

분쟁조정신청접수/통지 → (ⓐ) → (ⓑ) → 회부 전 처리 → 위원회 회부 → 심의 → 각하/조정결정 → (ⓒ) → 조정의 성립 → (ⓓ)

	ⓐ	ⓑ	ⓒ	ⓓ
①	사실조사	합의권고	조정안 통지	재조정신청
②	사실조사	합의권고	재조정신청	조정안 통지
③	사실조사	조정안 통지	합의권고	재조정신청
④	조정안 통지	사실조사	재조정신청	합의권고

해설

분쟁조정절차는 신청인이 금융투자협회에 신청서를 제출함으로써 시작되고 진행은 「분쟁조정신청접수/통지 → 사실조사 → 합의권고 → 회부 전 처리 → 위원회 회부 → 심의 → 각하/조정결정 → 조정안 통지 → 조정의 성립 → 재조정신청」 순으로 이루어진다.

19 ③ 20 ① **정답**

21 ( )에 들어갈 숫자를 순서대로 올바르게 나열한 것은?

> 금융감독원장은 분쟁조정의 신청을 받은 날로부터 ( )일 이내에 당사자 간의 합의가 이루어지지 않은 경우에는 지체 없이 이를 금융분쟁조정위원회에 회부하여야 한다.
> 금융분쟁조정위원회가 조정의 회부를 받은 때에는 ( )일 이내에 이를 심의하여 조정안을 작성하여야 한다.

① 10, 30
② 20, 20
③ 30, 60
④ 40, 90

해설

금융감독원장은 분쟁조정의 신청을 받은 날로부터 30일 이내에 조정위원회에 회부하고, 조정위원회가 60일 이내에 조정안을 작성해야 한다.

22 금융투자협회의 분쟁조정제도에 대한 설명으로 잘못된 것은?

① 본인이 직접 신청해야 한다.
② 분쟁조정신청서, 관련증거서류 또는 자료, 신청인 신분증이며 대리인이 신청하는 경우 위임장 (신청인의 인감도장 날인), 신청인 인감증명서 및 대리인의 신분증이 추가된다.
③ 분쟁의 원만한 해결을 위하여 당사자가 합의하도록 함이 상당하다고 인정되는 경우 구두 또는 서면으로 합의를 권고한다.
④ 분쟁조정신청 취하서가 접수되거나 수사기관의 수사진행, 법원에의 제소, 신청내용의 허위사실 등 일정한 사유에 의한 경우 위원회에 회부하지 않고 종결처리할 수 있다.

해설

신청인 본인이 직접 신청함이 원칙이나 원하는 경우 대리인도 신청이 가능하며 협회로 직접방문 또는 우편으로 신청이 가능하다.

23 분쟁조정제도의 장·단점에 대한 설명으로 가장 적절하지 못한 것은?

① 양 당사자의 합의가 도출되지 않으면 분쟁처리가 지연될 수 있다.
② 금융감독원, 금융투자협회, 한국거래소 등이 분쟁조정제도를 운영한다.
③ 분쟁조정의 결과와 실제 소송의 결과는 거의 대부분 일치한다.
④ 복잡한 금융 관련 분쟁에 대해 전문가의 도움을 받을 수 있다.

해설

분쟁조정의 단점은 판단기관에 따라 결과가 달라질 수 있다는 점이다.

24   분쟁조정위원회에 회부하지 않고 종결처리할 수 있는 사유인 것은?

> 가. 수사기관이 수사 중이거나 법원에 제소된 경우
> 나. 직접적인 이해관계가 없는 자가 조정신청을 하는 경우
> 다. 협회의 사실조사를 정당한 사유 없이 거부하거나 사실조사 등을 통하여 신청서의 중요내용이 허위임이 드러난 경우
> 라. 신청인이 조정의 신청을 취하하는 경우

① 가, 나, 다   ② 나, 다, 라
③ 가, 다, 라   ④ 가, 나, 다, 라

해설

모두 해당한다.

더 알아보기 ➡️

> 위원회 회부 전 종결처리 사유에는 이 밖에도 법원 또는 다른 분쟁조정기관에 조정신청을 한 경우, 동일한 내용으로 다시 신청됐거나 신청인의 명의와 실제 신청인이 상이한 경우, 조정신청의 내용이 관련 법령, 판례 또는 조정 선례 등에 비추어 명백하게 받아들일 수 없다고 인정되는 경우, 신청 내용이 분쟁조정 대상으로서 적합하지 않다고 인정되는 경우, 당사자의 주장이나 제출자료 등을 통해 사실관계를 명백하게 확정하기가 곤란한 경우가 있다.

25   금융투자상품의 내재적 특성에 대한 설명으로 잘못된 것은?

① 원금손실 가능성
② 투자상품에 대한 지속적인 관리 요구
③ 투자결과에 대한 본인책임 원칙
④ 금융투자회사 직원에 대한 높은 의존성

해설

모든 금융투자상품이 투자회사 직원에 절대적으로 의존하는 것은 아니다.

26   증권거래와 관련한 분쟁에 대한 설명으로 가장 적절하지 못한 것은?

① 제3자의 과실로 손해배상하는 경우 그 제3자에게 구상권을 행사할 수 있다.
② 근거없는 판단제공 행위는 부당권유로 배상책임이 부여된다.
③ 원리금보장조건을 제시하여 권유하는 것은 부당권유 행위에 해당한다.
④ 계좌주가 아닌 자로부터의 매매주문 이행은 임의매매에 해당한다.

해설

계좌주가 아닌 제3자로부터의 매매주문을 이행하여 손해가 발생한 경우 지시에 의해 매매하였으므로 임의매매에 해당하지 않는다.

27 분쟁사례분석에 관한 설명 중 잘못된 것은?

① 신용융자거래 만기에 이르러 고객의 동의 없이 증권사가 임의로 신용융자기간을 연장하고 반대매매를 하지 않아 이후에 주가하락으로 손해가 확대되었다 하더라도 증권사가 불법행위로 인한 손해배상책임을 부담하지는 않는다.

② 미국달러선물거래로 인한 반대매매와 관련하여 위탁증거금을 추가예탁한 직후에 반대 매매 주문하였으나 시장의 유동성부족 등으로 당일에는 매매가 체결되지 못하고 익일에 다시 주문하여 체결된 경우 증권사에게 배상책임을 물을 수 없다.

③ 고객이 보유 중인 주식을 매도하여 차익실현을 하려고 했지만 전산장애 발생으로 인해 매도하지 못했다고 주장하는 경우 손해배상하여야 한다.

④ 분쟁이 일단 발생할 경우 당사자 간의 해결이 쉽지 않기 때문에 사전 예방이 더욱 우선시되어야 한다.

해설

고객이 보유 중인 주식을 매도하여 차익실현을 하려고 했으나 전산장애 발생으로 인해 매도하지 못했다고 주장하는 경우 당시 매도의사를 확인할 아무런 증거가 없어 배상이 불가하다.

28 임의매매 관련 분쟁사례분석의 내용 중 틀린 것은?

① 고객이 증권회사 직원에게 주식매매를 포괄일임하였다고 하더라도 직원이 고객의 특정종목에 대한 매수금지 지시에 불응하여 동 종목을 매수한 행위는 임의매매에 해당한다.

② 비록 직원이 고객으로부터 포괄적인 일임을 받았다고 하더라도 별도의 권한을 위임받지 않고 행한 신용거래의 경우 임의매매에 해당한다.

③ 고객이 직원의 임의매매 사실을 알고도 즉시 이에 대한 배상요구를 하지 않은 경우 임의매매를 추인한 것으로 볼 수 있다.

④ 잘못된 정보를 제공받아 임의매매를 인정하는 취지의 말을 한 경우 임의매매 추인을 부정한다.

해설

고객이 직원의 임의매매 사실을 알고도 즉시 이에 대한 배상요구를 하지 않았다고 하여 임의매매를 추인한 것으로 보기는 어렵다는 것이 판례의 입장이다.

01 법률상의 개인정보에 해당하기 위해서는 그 정보로 특정 개인을 알아볼(식별할) 수 있어야 한다.
( )

02 「개인정보보호법」의 시행에 따라 공공부문과 민간부문 구별없이 개인정보의 처리기준이 마련되었다.
( )

03 고객확인주기는 고위험고객 2년, 중위험고객 3년, 저위험고객 4년이다.
( )

04 금융회사는 고객확인기록, 금융거래기록, 의심되는 거래 및 고액현금거래 보고서를 3년 이상 보존해야 한다.
( )

05 증권에 대한 투자매매업자만이 금융위원회가 정하여 고시하는 업무와 관련한 대출업무를 겸영할 수 있다.
( )

06 통정매매(Matched Orders), 가장매매(Wash Sale)의 경우는 허위표시에 의한 시세조종 행위에 해당한다.
( )

07 준법감시인은 대표이사에게만 직무수행 내용을 보고하면 된다.
( )

08 모든 금융투자회사는 준법감시인을 반드시 보유해야 한다.
( )

정답

01 ○
02 ○
03 × 고위험고객 1년, 중위험고객 2년, 저위험고객 3년
04 × 5년 이상 보존해야 한다.
05 ○
06 × 통정매매(Matched Orders), 가장매매(Wash Sale)의 경우는 위장거래에 의한 시세조종에 해당된다.
07 × 준법감시인은 대표이사는 물론 감사(감사위원회)에게도 아무런 제한 없이 보고할 수 있어야 한다.
08 × 투자일임업자, 투자자문회사의 경우에는 반드시 준법감시인을 두어야 하는 것은 아니다.

CHAPTER 05

투자권유 사례분석

01 투자권유를 희망하지 않은 투자자에 대하여 고지하여야 할 유의사항에 해당하지 않는 것은?

① 투자설명서 교부 불가
② 투자에 따른 손익은 모두 투자자에게 귀속된다는 사실
③ 파생상품 등의 거래가 제한될 수 있음
④ 원금손실 가능성

해설
②, ③, ④의 유의사항을 알리고 투자설명서를 교부하여야 한다.

02 고객의 투자성향 파악에 해당되지 않는 것은?

① 선호하는 투자기간
② 현재 부채현황
③ 과거 투자경험과 지식수준 정도
④ 투자위험 수용도

해설
현재 부채현황은 고객의 투자능력의 파악에 해당된다.

03 투자자 성향을 분류하는 방식에 대한 설명으로 바르지 않은 것은?

① 점수화(Scoring) 방식 : 객관화된 답변을 통해 투자자의 투자성향 파악이 용이하다.
② 추출(Factor-out) 방식 : 판매하는 상품들에 대하여 분석하고 질문항목별로 세부적으로 분류할 수 있는 시스템을 갖추어야 한다.
③ 혼합 방식 : 점수화방식보다는 절차가 간단하다.
④ 상담보고서 방식 : 신탁·자문·일임·포트폴리오투자 등에 적합한 방식이다.

해설
혼합 방식은 투자권유 시마다 현재 투자자금성향에 대하여 확인하여야 하므로, 투자성향 점수화 방식보다는 다소 절차가 복잡하다.

04 투자권유 시 설명의무에 대한 내용으로 적정하지 않은 것은?

① 상품측면뿐만 아니라 투자자의 경험 및 인식능력 등을 고려하여 설명하여야 한다.

② 동일 또는 유사 상품에 대한 투자경험이 있을 경우에는 전문적인 부분까지 세심하게 상담한다.

③ 계속적 거래가 발생하는 단순한 구조의 상장증권의 경우에는 최초 계좌개설 시에만 설명의무를 이행한다.

④ 외화증권에 투자권유 시 환위험 헤지 여부, 환율위험 및 대상국가에 대한 위험 등 추가적인 설명을 하여야 한다.

> **해설**
> 동일 또는 유사 상품에 대한 투자경험이 있거나 해당 상품에 대한 지식수준이 높은 투자자에게는 간단한 설명이 가능하다.

05 투자권유대행인 금지사항에 해당하지 않는 것은?

① 투자자를 대리하여 계약을 체결하는 행위

② 투자목적, 재산상황 및 투자경험 등을 감안하지 아니하고 투자자에게 지나치게 투자권유를 하는 행위

③ 투자자성향 및 금융투자상품의 특성을 고려하여 장기투자가 유리하다고 판단되는 경우 장기투자를 권유하는 행위

④ 투자자로부터 금전·증권, 그 밖의 재산을 수취하는 행위

> **해설**
> ③은 금지사항이 아닌 권장사항으로 볼 수 있다.

06 생애재무설계의 의의가 아닌 것은?

① 재무관리는 계획이다.

② 재무관리는 체계적인 접근과 전략을 필요로 한다.

③ 재무관리는 현재의 불확실성에 대해서 대비하는 것이다.

④ 재무관리는 일생 동안의 과정이다.

> **해설**
> 재무관리는 일생 동안의 과정이므로 현재의 문제뿐만 아니라 미래의 불확실성에 대해서 대비하는 것이다.

07 재무설계의 필요성이 아닌 것은?

① 생애 소비만족을 극대화하기 위하여
② 미래의 불확실성에 대비하기 위하여
③ 자신이 바라는 생활양식을 달성하기 위하여
④ 금융자산의 감소에 대비하기 위하여

> **해설**
> 재무설계를 통해 달성하고자 하는 목표는 금융자산의 축적이 아니라 금융자산을 통한 윤택한 삶을 구성하는 데 있다. 생활양식의 달성, 생애 소비만족의 극대화, 미래의 불확실성에 대한 대비, 사회경제적 환경변화 대비 등이 해당한다.

08 생애재무설계에 대한 설명 중 가장 거리가 먼 것은?

① 인생의 현 단계뿐만 아니라 미래까지 포함한 전 기간을 대상으로 하고 있다.
② 재무설계를 다른 말로 생애재무설계 또는 생애재무관리라고 한다.
③ 재산을 효율적이고 안정적으로 투자하고 보존할 수 있도록 설계하는 것이다.
④ 자신의 재산상태를 고려하여 특정한 재무문제를 해결하기 위해 특정한 재무관리 수단을 사용하는 것이다.

> **해설**
> 생애재무설계는 전 생애에 걸친 과정으로 재무목표를 설정하고 재무목표를 달성하기 위한 행동계획의 개발과 실행을 말한다. 그러므로 생애재무설계는 재무문제를 해결하기 위해 특정한 재무수단의 사용에 초점을 두기보다는 개인이나 가계의 모든 재무목표에 기초한 전반적인 재무문제를 해결하기 위하여 통합적인 계획의 개발에 초점을 둔다.

09 재무설계에 대한 설명으로 가장 거리가 먼 것은?

① 가계소득은 생애주기 전 기간 동안 소비지출을 담당할 만큼 항상 충분하지는 않다.
② 대체로 중년기의 가계소득이 생애주기에서 가장 높다.
③ 이자율이 내릴 것이라고 생각되면 단기저축이 장기저축보다 유리하다.
④ 이자율은 복리방식이 단리방식보다 수익률이 높다.

> **해설**
> 이자율 하락 시에는 장기저축이 유리하다.

10 재무설계가 필요하게 된 배경이 아닌 것은?

① 금융상품의 다양화 ② 금융자산의 증대
③ 고령화사회로의 진입 ④ 실질구매력의 상승

> **해설**
> 시간의 흐름에 따라 발생하는 물가상승은 실질구매력을 하락시킨다.

11 생애재무설계의 목표가 아닌 것은?

① 노후대비를 위한 부의 축적
② 소득과 부의 극대화
③ 재무 안전감의 달성
④ 소비 극대화의 실천

> **해설**
> 생애재무설계의 목표에는 소득과 부의 극대화, 효율적인 소비의 실천, 재무생활만족의 실천, 재무 안전감의 달성, 노후대비를 위한 부의 축적 등이 있다.

12 생애재무관리 단계에 대한 설명으로 가장 거리가 먼 것은?

① 노년기 때 완벽한 재무설계
② 효율적인 수입과 지출의 관리
③ 자산의 증대
④ 노후설계와 상속

> **해설**
> 생애재무관리의 단계로는 효율적인 수입과 지출의 관리, 소득과 자산의 보호, 자산의 증대, 노후설계와 상속이 있다. 이 단계를 거쳐 전 생애에 걸친 완벽한 재무관리를 하는 것이 재무관리의 목표단계가 되는 것이다.

13 재무목표 설계와 관련하여 가장 거리가 먼 것은?

① 재무목표는 추상적인 용어로 기술해야 한다.
② 재무목표는 현실적이어야 한다.
③ 재무목표는 단기, 중기, 장기목표로 나누어진다.
④ 재무목표의 설정은 성공적인 재무관리에서 가장 중요한 작업이다.

> **해설**
> 재무목표는 구체적이고 측정 가능한 용어로 기술해야 한다.

10 ④ 11 ④ 12 ① 13 ① **정답**

14 재무자원의 손실 또는 필요 증대를 요하는 상황이 아닌 것은?

① 실업과 질병
② 화재와 도난
③ 교통사고
④ 이사, 주택구입

> **해설**
> 이사는 해당사항이 아니다. 통상적으로 인생의 5대 생활자금에는 가정의 생활자금, 주택구입 및 확장을 위한 주택자금, 자녀의 성장과 독립을 위한 자녀교육 및 결혼자금, 기타 급히 필요할 수 있는 긴급예비자금, 노후를 대비한 노후자금 등에 해당한다. 이러한 자금들은 일상적인 소요자금이므로 별도의 재무자원의 필요 요인이라 할 수 없다.

15 고객재무관리에 관한 설명 중 가장 거리가 먼 것은?

① 고객재무관리는 소비, 지출, 자산보호, 투자의 4가지로 이루어진다.
② 재무설계는 매우 복잡하고 다양한 활동이다.
③ 개인과 가족 전체에 대한 종합적인 자산관리이다.
④ 고객의 재무관리는 일회성, 단기성 관리가 바람직하다.

> **해설**
> 고객의 재무관리는 계속적이고 장기적인 관리가 필요하다.

16 고객재무관리의 의사결정단계에 있어서 고객의 현재 재무상태의 파악과 관련이 깊은 것은?

① 재무목표 달성을 위한 대안모색 및 평가
② 재무목표의 설정
③ 재무행동계획의 수립 및 실행
④ 재무상태의 평가

> **해설**
> 재무상태의 평가 단계는 자산상태표, 개인현금수지상태표 등을 활용하여 현재의 재무상태를 파악하는 것이다.

17 다음 보기에서 고객재무관리 과정을 순서대로 연결하면?

가. 재무상태평가
나. 목표설정
다. 대안모색 및 평가
라. 실 행
마. 재평가 및 수정

① 가 – 나 – 다 – 라 – 마
② 가 – 다 – 나 – 라 – 마
③ 가 – 라 – 나 – 다 – 마
④ 나 – 가 – 다 – 라 – 마

해설

고객재무관리 과정은 재무상태의 평가 – 목표설정 – 대안모색 및 평가 – 실행 – 재평가 및 수정 순으로 이루어진다.

18 다음 설명에 해당하는 고객재무관리의 의사결정단계는?

고객의 재무목표를 구체화하고 우선순위를 결정하며 그에 따른 구체적인 행동유형을 결정한다.

① 재무상태의 평가
② 재무목표의 설정
③ 재평가와 수정
④ 재무행동계획의 수립 및 실행

해설

재무상태평가 이후 진행되는 2단계 재무목표의 설정 단계에 대한 설명이다.

19 재무상태를 나타내는 개인 대차대조표는 무엇인가?

① 자산상태표
② 현금흐름표
③ 손익계산서
④ 현금변동흐름서

해설

자산상태표란 개인의 재무상태를 나타내는 개인대차대조표이다. 이것을 작성함으로써 자산 및 부채 포트폴리오가 적절한가, 즉 한 종류의 자산에 너무 편중되어 있지는 않은지, 부채나 자산을 보유한 목적이 무엇인지를 검토해 보고 재정상태의 건전성을 평가할 수 있다.

20 현금 유입과 유출을 나타내는 것으로 지출의 원천을 파악하고 지출의 건전성을 평가할 수 있는 것은?

① 자산상태표
② 재무상태표(구 대차대조표)
③ 손익계산서
④ 개인현금수지상태표

> **해설**
> 개인현금수지상태표란 고객의 현금 유입과 유출을 나타내는 것으로써, 지출의 원천을 파악하고 지출의 건전성을 평가함으로써 잉여자금 마련을 도울 수 있다.

21 개인현금수지상태표에 관한 설명으로 옳지 않은 것은?

① 개인현금수지상태표는 크게 수입, 지출, 손익결산으로 구성된다.
② 개인현금수지상태표는 기업대차대조표 같은 저량(Stock) 개념이다.
③ 손익결산은 수입과 지출의 차액이며 양수일 때 흑자를 의미한다.
④ 현금유출은 고정지출과 변동지출로 구분한다.

> **해설**
> 개인현금수지상태표는 저량(Stock) 개념이 아니라 유량(Flow) 개념이다.

22 개인현금수지상태표에 대한 설명 중 옳지 않은 것은?

① 고객의 현금 유입과 유출을 나타내는 표이다.
② 재무관리 계획을 수립하기 위해 개인현금수지상태표상의 계정 내용을 다양한 형태로 비율 분석한다.
③ 개인현금수지상태표와 이를 바탕으로 한 비율분석은 상담의 근거가 된다.
④ 개인현금수지상태표와 재무비율은 주관적인 판단근거라는 한계점이 있다.

> **해설**
> 개인현금수지상태표와 이를 바탕으로 한 재무비율은 시간 변화에 따라 재무적 능력의 평가가 가능하기 때문에 객관적인 판단근거가 된다.

23 개인현금수지상태표에 대한 설명 중 옳지 않은 것은?

① 재무개념상 대차대조표는 저량의 개념이고, 개인수지상태표는 유량의 개념으로 이해될 수 있다.

② 자산상태에서 순자산의 가치가 높다는 것은 언제나 재무상태가 안정하다는 것을 의미한다.

③ 자산은 보통 금융자산과 실물자산으로 구분한다.

④ 일정기간 동안 현금의 흐름이 어디서 어디로 지출되었는지 확인할 수 있다.

> **해설**
>
> 순자산이란 총자산에서 총부채를 뺀 것으로 자산상태의 평가는 상대적인 평가로서 반드시 순자산이 높다고 해서 재무상태가 안정적인 것은 아니다. 예를 들어 부동산을 많이 보유하고 있는 경우에는 유동성의 문제가 발생할 수 있다.

24 자산상태표에 관한 설명 중 가장 거리가 먼 것은?

① 자산은 부채와 순자산을 포함한 것이다.

② 왼쪽에 소유재산을 항목별로 열거하고 총합계를 구하여 기록한다.

③ 오른쪽에 부채를 항목별로 열거하고 좌변의 합과 총부채의 차이를 계산하여 순자산을 구한다.

④ 순자산은 현재 사용가능한 돈을 의미한다.

> **해설**
>
> 순자산은 현재 사용가능한 돈을 의미하는 것은 아니다.

25 재무상태평가지표 중 성장성지표에 해당하는 것은?

① 부채부담지표

② 가계수지지표

③ 비상자금지표

④ 저축성향지표

> **해설**
>
> 저축성향지표는 투자성향지표, 유동성지표와 함께 성장성지표에 포함되며, ①, ②, ③은 위험대비지표와 함께 안정성지표에 포함된다.

23 ② 24 ④ 25 ④ **정답**

26 재정상태평가지표인 안정성지표에 관한 설명 중 가장 거리가 먼 것은?

① 위험대비지표는 적정수준이 바람직하다.
② 부채부담지표는 높을수록 바람직하지 않다.
③ 가계수지지표가 1을 넘는다는 것은 적자생활을 의미한다.
④ 비상자금지표가 높을수록 비상사태에 대한 적응력이 낮다.

> **해설**
> 비상자금지표가 높을수록 비상사태에 대한 적응력이 높다.

27 재정상태평가지표인 유동성지표에 관한 설명 중 가장 거리가 먼 것은?

① 긴급사태대처 시 유용하다.
② 수익성을 높이는 데 기여한다.
③ 총자산을 금융자산으로 나누어서 구한다.
④ 자산증대를 위한 대기자금 역할을 한다.

> **해설**
> 금융자산을 총자산으로 나누어서 구한다.

28 노인 가계를 대상으로 자산관리 운용을 상담할 때 고려해야 할 사항을 열거한 것 중에서 가장 부적합한 것은?

① 명확한 목표의식을 가지고 자산을 배분한다.
② 고정적인 추가 소득이 없고, 금리가 낮은 상황에서 생활자금을 마련하기 위해서는 안정성을 가장 우선적인 요인으로 고려해야 한다.
③ 연금만으로 생활비를 이용한다.
④ 질병, 사고등 예기치 않은 위협에 대비 유동성을 높인다.

> **해설**
> 연금만으로 생활비가 부족하므로 월이자지급식 상품을 이용한다.

29 고령자에 대한 금융투자상품 판매 시 보호기준으로 적정하지 않은 것은?

① 고령투자자라 하더라도 일반 고객을 상담하는 직원을 통해 동일한 수준의 판매절차가 이루어질 수 있도록 한다.

② 판매직원이 아닌 지점장 등 관리직 직원의 투자권유적정성 사전확인 절차가 필요하다.

③ 초고령자가 투자권유 유의상품에 해당하는 금융투자상품 가입시 신중한 투자판단을 할 수 있도록 1일 이상 투자숙려기간을 부여한다.

④ 고령투자자를 주요대상으로 설명회 등 개최 시 허위·과장정보, 투자광고물이 사용되지 않도록 세심한 주의를 기울인다.

> **해설**
> 고령투자자에 대하여 투자권유 시 전담직원(전담창구)을 통하여 판매절차가 이루어져야 한다.

30 공격투자형 고객이 수행하는 투자 전략은?

① 위험선호형
② 이자소득형
③ 주식펀드선호형
④ 고수익채권형

> **해설**
> 공격투자형은 고위험 고객으로 위험선호형의 투자 방식을 선호한다.

31 투자자 성향을 분류하는 방식이 아닌 것은?

① 점수화 방식
② 추출 방식
③ 혼합 방식
④ 개인재무상태표 활용 방식

> **해설**
> 개인재무상태표는 재산 상태를 확인하는 것이지 투자자 성향을 확인하는 것은 아니다.

29 ① 30 ① 31 ④ **정답**

01 고객에게 투자의 수익률과 위험성에 대한 충분한 인지를 시키지 못하면 최악의 경우 집단 소송·재판으로까지 이어질 수 있다. ( )

02 개인수지상태표상 현금유출의 기록은 대금의 결제방법과 상관없이 실제 현금지출이 일어난 시점을 기준으로 지출액을 산출한다. ( )

03 고객재무관리과정은 「재무상태의 평가 → 대안모색 및 평가 → 목표설정 → 실행 → 재평가 및 수정」 순으로 이루어진다. ( )

04 재무상태의 평가 단계는 현재의 재무상태를 파악하는 것이다. ( )

05 자본축적비율은 총자산에서 투자자산의 비중을 나타낸 것이다. ( )

06 공격투자형 고객이 수행하는 투자 전략은 위험선호형의 투자 방식이다. ( )

정답

01 ○
02 × 현금유출의 기록은 대금의 결제방법과 상관없이 소비가 일어난 시점을 기준으로 지출액을 산출한다.
03 × 고객재무관리과정은 「재무상태의 평가 – 목표설정 – 대안모색 및 평가 – 실행 – 재평가 및 수정」 순으로 이루어진다.
04 ○
05 × 자본축적비율은 총자산이 아니라 순자산에서 투자자산의 비중을 나타낸 것이다.
06 ○

제3과목

부동산펀드

합격의 공식 **시대에듀**

제1장 부동산펀드 법규

■ **부동산집합투자기구(부동산펀드)**
① 펀드재산의 50%를 초과하여 '부동산 등'에 투자하는 펀드
② '부동산 등'에는 부동산을 기초자산으로 하는 파생상품, 부동산 개발과 관련된 법인에 대한 대출, 그 밖에 대통령령으로 정하는 방법으로 부동산 및 대통령령으로 정하는 부동산과 관련된 증권에 투자하는 경우를 포함
③ 「자본시장법」은 부동산의 관리 및 개량, 부동산의 임대 및 운영, 부동산의 개발, 부동산과 관련된 권리에 투자하는 경우도 부동산 투자 범위에 포함

■ **환매금지형펀드의 설정·설립**
부동산펀드는 환매금지형(폐쇄형)으로 설정·설립되어야 하는 것이 원칙이며, 환매금지형일 경우 최초 설정·설립일부터 90일 이내에 증권시장에 상장을 해야 한다(상장의무는 투자신탁과 투자회사에만 국한됨).

■ **금전의 차입**
① 차입대상은 은행, 한국산업은행, 중소기업은행, 한국수출입은행, 투자매매업자 또는 투자중개업자, 증권금융회사, 상호저축은행, 보험회사, 「국가재정법」에 따른 기금, 다른 부동산펀드 등
② 차입한도는 순자산액의 200%(대여한도는 순자산액의 100%) 이내

■ **부동산의 평가**
부동산펀드의 재산은 '시가'에 따라 평가해야 하고, 평가일 현재 신뢰할 만한 시가가 없는 경우에는 '공정가액'으로 평가해야 함

제2장 부동산펀드 영업

■ **실물형부동산펀드**
① 펀드재산의 50%를 초과하여 실물로서의 '부동산'에 투자하는 부동산펀드
② 실물형부동산펀드에는 매매형부동산펀드, 임대형부동산펀드, 개량형부동산펀드, 경공매형부동산펀드, 개발형부동산펀드가 있음

■ 임대형부동산펀드

① 특 징
- 기본적인 수익원천은 임대수익과 매각시점에서 발생하는 매각차익임
- 임대수익을 낮추는 위험요인 : 공실률 증가, 임대료 하락, 제반경비 과다(광열비, 전기 및 수도료, 보안비용, 청소비, 관리인건비, 각종 보험료, 광고료), 차입규모 과다

② 주요 점검사항
- 임대료와 공실률에 영향을 미치는 요소 등에 대해 우선적으로 점검 필요
- 임대형 펀드가 차입을 하는 경우 차입규모가 과다하면 대출이자에 대한 부담이 증가하므로 차입규모가 적정한지 사전 점검 필요

■ 경공매형부동산펀드

① 특 징
- 법원이 실시하는 경매 자산관리공사가 실시하는 공매를 통해 주로 업무시설, 상업시설 등을 저가에 취득하여 매각차익만을 획득하거나 임대수익과 매각차익을 동시에 획득하는 것을 주된 목적으로 하는 부동산펀드임
- 저평가된 부동산에 투자하는 '가치투자형 부동산펀드'임
- '사전불특정형 방식(Blind 방식)'임
- 경공매 부동산의 미확보 상태가 지속되는 경우에는 기간이 경과할수록 펀드의 수익률은 하락함
- 경매시장이 과열될 경우 낙찰가율이 증가하므로 목적한 수익률 달성이 어려움

② 주요 점검사항
- 부동산 운용 전문인력의 전문성 보유 여부
- 경공매형부동산펀드 규모의 적정성 여부
- 체계적이고 투명한 펀드 운용 가능성 여부
- 펀드 관련 비용의 적정성 여부

■ 개발형부동산펀드

① 특 징
- 부동산을 취득한 후 직접 부동산 개발사업을 추진하여 부동산을 분양·매각하거나 또는 임대 후 매각함으로써 부동산 개발사업에 따른 개발이익을 획득하는 것을 목적으로 함
- '직접개발방식의 부동산펀드'라고도 함
- 사전에 사업계획서를 작성한 후 적정성 여부에 대해 감정평가업자의 확인을 받아야 함
- 추진하던 부동산개발사업이 지연되거나 실패할 경우, 분양 또는 임대에 장기간 소요되거나 분양실적 또는 임대실적이 저조할 경우 투자자에 대한 이익분배금지급의 곤란을 겪는 것은 물론, 펀드원본 손실까지도 초래할 위험이 있음

② 주요 점검사항
- 부동산 개발사업을 성공적으로 추진하기 위해 필요한 요소들이 사업계획상에 충분히 포함되어 있는지
- 부동산 개발사업을 추진하기 위해 필요한 사업부지가 완전히 확보되어 있는지
- 토지를 조성하거나 건축물 등을 신축하기 위해 우량한 시공사가 선정되어 있는지
- 부동산 개발사업을 추진함에 필요한 인허가는 받았는지 또는 받을 가능성이 충분한지
- 당해 부동산 개발사업의 사업성이 충분한지

■ 프로젝트 파이낸싱(Project Financing)
① 담보대출 또는 신용대출 형태를 띠는 기존 기업금융 방식에 비해 자금공급 규모가 큰 것이 일반적임
② '비소구금융 혹은 제한적 소구금융'의 특징이 있음
③ '부외금융'의 성격을 가짐
④ 다양한 주체의 참여가 가능하고 참여한 주체별로 위험배분이 가능

■ 대출형부동산펀드
① 특 징
- 펀드재산의 50%를 초과하여 부동산개발사업을 영위하는 법인 등에 대한 대출을 주된 운용행위로 하고 해당 시행사로부터 대출이자를 지급받고 원금을 상환받는 것을 목적으로 함
- '프로젝트 파이낸싱형 부동산펀드'라고도 함
- 「자본시장법」은 대출형부동산펀드가 시행사에 대출 시 담보권을 설정, 시공사의 지급보증 등 대출금 회수를 위한 적절한 수단을 확보할 것을 요구하고 있음(법적 강제사항은 아님)
- 시행사의 부동산개발사업이 다양한 변수로 지연되거나 실패할 경우 펀드원본의 손실까지 초래될 수 있음
- 우선적으로 시행사가 대출을 받아 소유하게 된 사업부지인 부동산에 대해 담보권을 설정하고 중첩적으로 시공사 등의 지급보증 또는 채무인수 등을 받아두는 것이 일반적임
② 주요 점검사항
- 시행법인의 사업부지확보 관련
- 시공사의 신용평가등급 등 관련
- 시행법인 인허가 관련
- 부동산개발사업의 사업성 관련

■ **부동산시장의 특징**

① 수요자와 공급자 수의 제약

② 부동산 상품의 비동질성

③ 정보의 비공개성 및 비대칭성

④ 높은 거래비용

■ **부동산 투자전략(투자 목표와 투자 리스크에 따라 구분)**

① 핵심(Core)전략 : 양호한 현금흐름을 창출하는 우량 부동산에 대한 저위험·저수익 전략

② 핵심플러스(Core-plus)전략 : 가치제고 활동을 수반하거나 입지여건의 개선이 기대되는 부동산에 투자함으로써 핵심전략보다 다소 높은 리스크를 감수하며 보다 높은 수익을 추구하는 전략

③ 가치부가(Value added)전략 : 관리방법 변경이나 물리적 개선 등을 실행하고 시장이 좋을 때 되파는 중위험·고수익 전략

④ 기회추구(Opportunistic)전략 : 개발이 되지 않은 토지에 투자하여 개발하거나 저평가된 토지에 투자하는 고위험·고수익 전략

■ **부동산 투자의 위험관리 대책**

① 가격변동 위험 : 파생금융상품 활용

② 유동성 위험 : 사전옵션계약, 풋백옵션

③ 관리운영과 임대위험 : 장기임대계약, 아웃소싱, 리싱 패키지

④ 개발 위험 : 확정 가격에 의한 일괄도급계약

⑤ 비체계적 위험 : 분산투자

■ **해외 부동산펀드 리스크**

① 리스크 유형 : 해당국의 정치·경제·법률적 차이, 현지인 위험, 제도 및 실사비용 위험, 조세 위험, 환매 유동성 위험, 환율 위험, 펀드 정보의 제한, 글로벌 신용경색의 위험

② 위험 관리방안

– 투자성과가 꾸준한 펀드 선택

– 역외펀드 가입 시 판매사를 통해 미리 환헤지 고려

– 캐나다에 투자하는 사업의 경우 미국 달러화에 대해 환헤지 후 다시 미국 달러화와 캐나다 달러 간에 환헤지를 해야 완전한 환헤지 가능

– FX Swap보다는 Put Option 매입을 통한 환헤지가 적절

– 기준가 변동 시 투자자에게 고지

제1장 부동산펀드 법규

01 부동산집합투자기구(부동산펀드)에 대한 설명이다. 틀린 것은?

① 부동산펀드는 펀드재산의 50%를 초과하여 부동산 및 부동산 관련 자산에 투자하는 펀드이다.

② 부동산펀드 투자에는 부동산 실물투자 외에도 부동산의 관리 및 개량, 임대 및 운영, 개발 등도 포함한다.

③ 부동산 개발과 관련된 법인에 대출을 하는 경우도 부동산펀드에 해당한다.

④ 부동산펀드는 환매금지형일 경우 최초 발행한 날로부터 60일 이내에 증권시장에 상장해야 한다.

> **해설**
>
> 부동산펀드는 환매금지형으로 설정·설립해야 하는 것이 원칙이며, 환매금지형일 경우 최초 발행한 날로부터 90일 이내에 증권시장에 상장해야 한다.

02 부동산펀드의 투자대상에 포함되지 않는 것은?

① 「자본시장법」상의 부동산인 '토지와 그 정착물'

② 부동산을 기초자산으로 하는 파생상품

③ 지상권·지역권·전세권·임차권·분양권

④ 「부동산투자회사법」에 따른 부동산회사가 발행한 주식

> **해설**
>
> 「자본시장법」상이 아닌 「민법」상의 부동산인 '토지와 그 정착물'이다.

03 부동산펀드에서 부동산을 취득하는 경우 당해 부동산펀드의 계산으로 금전을 차입할 수 있는 차입기관으로 거리가 먼 것은?

① 한국산업은행   ② 감정평가법인

③ 보험회사   ④ 다른 부동산펀드

> **해설**
>
> 은행, 한국산업은행, 중소기업은행, 한국수출입은행, 투자매매업자 또는 중개업자, 증권금융회사, 상호저축은행, 보험회사, 「국가재정법」에 따른 기금, 다른 부동산펀드 등이 차입가능기관이다.

정답 01 ④ 02 ① 03 ②

04 다음 보기의 빈칸에 들어갈 말로 바르게 연결된 것은?

> 「자본시장법」에 따라 부동산펀드재산에 속한 부동산은 원칙적으로 (가)(으)로 평가하
> 되, 평가일 현재 신뢰할 만한 (가)(이)가 없는 경우 (나)(으)로 평가하여야 한다.

① 가 : 시가   나 : 공정가액
② 가 : 공정가액   나 : 시가
③ 가 : 장부가   나 : 시가
④ 가 : 시가   나 : 장부가

해설

부동산펀드가 보유하는 부동산에 대해서도 원칙적으로 '시가'에 따라 평가해야 하고, 평가일 현재 신뢰할
만한 시가가 없는 경우에는 '공정가액'으로 평가해야 한다.

제2장 부동산펀드 영업

05 실물형부동산펀드에 해당하지 않는 것은?

① 임대형부동산펀드   ② 권리형부동산펀드
③ 개량형부동산펀드   ④ 경공매형부동산펀드

해설

실물형부동산펀드는 펀드재산의 50%를 초과하여 실물로서의 '부동산'에 투자하는 부동산펀드를 지칭한다.
이러한 실물형부동산펀드에는 매매형부동산펀드, 임대형부동산펀드, 개량형부동산펀드, 경공매형부동산
펀드, 개발형부동산펀드가 있다. 권리형부동산펀드는 펀드재산의 50%를 초과하여 '지상권, 지역권, 전세
권, 분양권 등 부동산 관련 권리'를 취득하는 부동산펀드를 말한다.

---

06 임대형부동산펀드의 수익률을 낮추는 요인이 아닌 것은?

> ㉠ 공실률 감소   ㉡ 임대료 하락
> ㉢ 과다한 차입규모   ㉣ 최소한의 제반경비

① ㉠, ㉢   ② ㉠, ㉣
③ ㉡, ㉢   ④ ㉢, ㉣

해설

임대형부동산펀드의 수익률을 낮추는 요인으로는 공실률 증가, 임대료 하락, 제반경비 과다, 차입규모 과다
등이 있다. 공실률 감소, 최소한의 제반경비는 수익률을 높이는 요인이 된다.

07 경공매형부동산펀드의 주요 점검사항에 대한 설명으로 틀린 것은?

① 경공매형부동산펀드의 운용과정에서는 높은 수준의 경공매 분야에 대한 지식과 경험이 필요하므로, 이러한 요건에 부합하는지를 사전에 점검해야 한다.
② 경공매형부동산펀드의 규모가 너무 크면 펀드 내 미운용자금의 비중이 높아 펀드의 수익률이 낮아질 수밖에 없으므로 펀드의 규모는 작을수록 좋다.
③ '사전 불특정형 방식'으로 운용되는 펀드이므로, 체계적이고 투명하게 펀드를 운용할 수 있는 운용체제를 구축하고 있는지 사전에 점검해야 한다.
④ 각 분야의 전문가들에게 아웃소싱할 때 이에 따른 과다한 비용이 펀드수익률을 저하시킬 수 있으므로 주의해야 한다.

> **해설**
> 경공매형부동산펀드의 규모가 너무 크면 펀드 내 미운용자금의 비중이 높아 펀드의 수익률이 낮아질 수밖에 없고, 규모가 너무 작으면 소수의 경공매 부동산에 집중투자되므로 펀드의 위험이 커질 수 있다.

08 다음 지문에 해당하는 부동산펀드는?

> (   )는 펀드재산의 50%를 초과하여 부동산을 취득한 후 직접 부동산개발사업을 추진하여 부동산을 분양, 매각하거나 또는 임대 후 매각함으로써 부동산개발사업에 따른 개발이익을 획득하는 것을 목적으로 하는 실물형부동산펀드이다.

① 매매형부동산펀드   ② 개발형부동산펀드
③ 대출형부동산펀드   ④ 재간접형부동산펀드

> **해설**
> 개발형부동산펀드에 대한 설명이다.

09 개발형부동산펀드에 대한 설명으로 옳지 않은 것은?

① 해당 펀드가 직접 부동산 개발사업을 영위하는 법인(시행사) 역할을 수행함으로써 적극적으로 부동산 개발사업의 이익을 획득한다는 측면에서 직접개발방식 부동산펀드이다.
②「자본시장법」은 부동산개발에 대한 투자한도를 40%로 제한하고 있다.
③ 개발형부동산펀드의 경우 사전에 사업계획서를 작성하고, 해당 사업계획서가 적정한지의 여부에 대해 감정평가업자의 확인을 받아야 한다.
④ 사업계획서는 인터넷 홈페이지 등에 공시하도록 의무화하고 있다.

> **해설**
>「자본시장법」은 부동산개발에 대한 투자한도에 대해 별도의 제한을 두지 않고 있다.

정답 07 ② 08 ② 09 ②

10 프로젝트 파이낸싱(PF)에 대한 설명으로 옳지 않은 것은?

① 비소구금융 혹은 제한적 소구금융의 특징을 가진다.
② 기존의 기업금융방식에 비해 자금공급의 규모가 작은 편이다.
③ 부외금융(Off-balance Sheet Financing)의 성격을 가진다.
④ 다양한 주체의 참여가 가능하고, 참여한 주체별로 위험배분이 가능하다.

해설
프로젝트 파이낸싱은 기존의 기업금융방식에 비해 일반적으로 자금공급의 규모가 크다. 즉 금융기관 또는
부동산펀드 등은 해당 프로젝트의 사업성에 따라 자금을 공급하므로 단순히 담보 또는 신용에만 의존하는
기업금융방식에 비해 자금공급의 규모가 큰 편이다.

11 대출형부동산펀드에 대한 설명으로 맞지 않는 것은?

① 펀드재산의 50%를 초과하여 부동산개발사업을 영위하는 법인 등에 대한 대출을 주된
운용행위로 하고 해당 시행사로부터 대출이자를 지급받고 원금을 상환받는 것을 목적
으로 한다.
② '프로젝트 파이낸싱형 부동산펀드'라고도 한다.
③ 우리나라는 대부분 출자방식으로 시행법인에 자금을 제공한다.
④ 대출형부동산펀드는 대출을 하고 이자를 받아 수익을 올리는 펀드이지만 시행사의 사
업부지 확보 위험에 노출될 수 있다.

해설
우리나라는 대부분 대출방식으로 시행법인에 자금을 제공한다.

12 부동산시장의 특징이 아닌 것은?

① 수요자와 공급자 수의 제약
② 부동산 상품의 동질성
③ 정보의 비대칭성
④ 높은 거래비용

해설
아파트의 경우 같은 단지, 같은 평수, 같은 동일지라도 최소한 아파트의 방향과 전망이 완전히 같지는 않다.
부동산시장의 특징으로는 수요자와 공급자 수의 제약, 부동산 상품의 비동질성, 정보의 비공개성 및 비대칭
성, 높은 거래비용을 들 수 있다.

10 ② 11 ③ 12 ② **정답**

13 다음 지문의 빈칸에 들어갈 단어로 적절한 것은?

> - (㉠)은 중심지역이나 교통의 요지에 존재하는 부동산에 대한 투자로 가장 보수적인 낮은 리스크를 감수하며 낮은 기대수익을 추구한다.
> - (㉡)은 고위험을 감수하며 최고의 수익을 추구하는 전략으로 개발되지 않은 토지에 투자하여 개발하거나 저평가된 시장이나 교통이 덜 발달한 지역의 토지 등에 투자한다.

① ㉠ 핵심전략   ㉡ 가치부가전략
② ㉠ 핵심플러스전략   ㉡ 기회추구전략
③ ㉠ 가치부가전략   ㉡ 기회추구전략
④ ㉠ 핵심전략   ㉡ 기회추구전략

> **해설**
> 핵심전략은 저위험·저수익 전략이며, 기회추구전략은 고위험·고수익 전략이다.

14 부동산 투자의 위험관리 대책으로 잘못 짝지어진 것은?

① 유동성 위험 – 사전옵션계약
② 관리운영 위험 – 풋백옵션(Put Back Option)
③ 개발 위험 – 확정 가격에 의한 일괄도급계약
④ 가격변동 위험 – 파생금융상품 활용

> **해설**
> 풋백옵션은 유동성 위험 관리 대책 중 하나이다. 관리운영 위험에 대한 대책은 임차인과의 장기임대계약, 아웃소싱, 리싱패키지이다.

15 해외 부동산펀드에 투자할 때 고려해야 할 사항이 아닌 것은?

① 해외 부동산펀드는 해외 부동산에 직접 투자하는 것만 가능하다.
② 역외펀드에 투자하면 투자자가 별도로 환위험을 헤지해야 하는 경우가 많아 환율에 따른 위험이 존재한다.
③ 많은 투자정보를 제공해주고 투자 가이드를 해줄 판매사 및 운용사를 찾는 것이 중요하다.
④ 해외 부동산펀드의 경우 투자대상국 통화로는 수익이 발생한다 해도 원화로 환산했을 때는 수익률이 떨어질 수 있다.

> **해설**
> 해외 부동산펀드는 해외 부동산에 직접 투자하는 것뿐만 아니라 개발사업에 대출하는 펀드, 해외 수익형 부동산 관련 기업의 주식이나 리츠에 투자하는 펀드도 속한다.

정답 13 ④   14 ②   15 ①

안심Touch

CHAPTER 01 부동산펀드 법규

01 펀드자산의 50%를 초과하여 부동산 또는 부동산 관련 자산에 투자한 펀드는?

① 부동산펀드　　　　　　　　　② 혼합자산펀드
③ 파생상품펀드　　　　　　　　④ 권리형펀드

해설

부동산펀드에 대한 설명이다.

02 부동산펀드에 대한 개념적 정의로 잘못 표현된 것은?

① 「민법」상 부동산이라 함은 '토지와 그 정착물'을 말한다.
② 부동산펀드가 주로 투자하는 부동산은 상가, 오피스빌딩 등 임대료를 수취하는 수익형 부동산
이다.
③ 부동산 관련 대출 행위는 부동산펀드에 포함되는 대상이 아니다.
④ 「자본시장법」은 「간접투자법」에 비해 부동산펀드의 범위를 훨씬 더 확대하고 있다.

해설

「자본시장법」은 부동산 실물에 투자하는 경우뿐만 아니라 부동산과 관련된 자산에 투자하는 경우, 부동산과 관련된
대출 등의 투자행위까지도 부동산펀드의 투자대상 범위로 넓게 확대하였다.

03 부동산펀드의 운용방법에 해당하는 것은?

> 가. 관 리
> 나. 임 대
> 다. 개량 및 개발
> 라. 취득 또는 매각

① 가, 나, 다　　　　　　　　　② 가, 다, 라
③ 나, 다, 라　　　　　　　　　④ 가, 나, 다, 라

해설

부동산펀드의 운용방법에는 부동산의 취득 또는 매각을 통한 운용뿐만 아니라 부동산의 관리, 임대, 개량, 개발을
추가적인 운용방법으로 규정하고 있다.

01 ①　02 ③　03 ④　정**답**

04 부동산펀드의 법적 형태에 따른 구분에 대한 설명 중 틀린 것은?

① 「상법」상의 부동산투자회사
② 「민법」상의 부동산투자유한회사
③ 「민법」상의 부동산투자조합
④ 「상법」상의 부동산투자익명조합

> **해설**
> 부동산투자유한회사는 「상법」상 유한회사 형태의 회사이다.

05 정관을 작성해야 하는 집합투자규약을 가지고 있는 부동산펀드가 아닌 것은?

① 익명조합
② 투자회사
③ 유한회사
④ 합자회사

> **해설**
> 익명조합은 익명조합계약이 집합투자규약이다.

더 알아보기 ➡ 정관을 작성해야 하는 집합투자규약을 가지고 있는 부동산펀드

부동산투자회사, 부동산투자합자회사, 부동산투자유한회사, 부동산투자유한책임회사

06 다음 보기에서 설명하는 부동산집합투자기구의 형태는?

- 집합투자업자가 펀드 설정 및 운용 주체이다.
- 신탁업자가 펀드재산 보관 및 관리 주체이다.
- 수익자총회를 열어야 한다.

① 부동산투자회사
② 부동산투자신탁
③ 부동산투자합자조합
④ 부동산투자유한책임회사

> **해설**
> 부동산투자신탁에 관한 설명이다.

07 부동산펀드의 설정·설립의 주체가 다른 하나는?

① 부동산투자회사
② 부동산투자합자회사
③ 부동산투자유한회사
④ 부동산투자유한책임회사

해설

부동산투자회사의 설립주체는 발기인이고, 나머지는 집합투자업자가 설립한다.

08 부동산펀드의 법적형태 중에서 부동산 개발사업을 수행하기에 적합한 것은?

① 부동산투자신탁
② 부동산투자유한회사
③ 부동산투자합자조합
④ 부동산중개업

해설

부동산펀드가 직접 부동산개발 시행주체가 되기 위해서는 책임이 제한(유한책임)되면서 법인격을 갖추고 있는 형태인 부동산투자회사와 부동산투자유한회사가 적합하다.

09 「자본시장법」상 부동산펀드의 법적 형태 중 빈칸에 공통으로 들어갈 알맞은 형태는?

( )를 설립하는 집합투자업자는 정관을 작성하여 사원 또는 비사원인 업무집행자(집합투자업자) 1인이 기명날인 또는 서명하여야 하고, 이후 집합투자업자는 ( )의 설립등기를 하여야 하며, 설립된 경우 ( )를 금융위원회에 등록하여야 한다.

① 부동산투자유한책임회사
② 부동산투자회사
③ 부동산투자유한회사
④ 부동산투자합자회사

해설

부동산투자유한책임회사에 대한 설명이다. 「자본시장법」상 부동산펀드는 법적 형태에 따라 부동산투자신탁, 부동산투자회사, 부동산투자유한회사, 부동산투자합자회사, 부동산투자유한책임회사, 부동산투자합자조합, 부동산익명조합 등으로 구분할 수 있다. 집합투자업자는 위와 같은 부동산펀드의 법적 형태 중에서 자유롭게 선택하여 부동산펀드를 설정·설립할 수 있으며, 이러한 부동산펀드들은 법적 형태에 따른 차이를 제외하고 기본적으로 동일한 내용과 기능을 수행하고 있다.

07 ① 08 ② 09 ① 정답

10 부동산펀드의 설정·설립에 대한 설명으로 옳지 않은 것은?

① 부동산투자합자조합은 집합투자업자가 조합계약을 작성하고 업무집행조합원 1인과 유한책임조합원 1인이 기명날인해야 한다.
② 부동산투자회사는 발기인이 정관을 작성하고 전원이 기명날인 또는 서명해야 한다.
③ 부동산투자합자회사는 집합투자업자가 정관을 작성하고, 무한책임사원 1인과 유한책임사원 2인이 기명날인해야 한다.
④ 부동산펀드의 설정·설립 시에는 당해 부동산펀드를 금융위원회에 등록해야 한다.

해설

부동산투자합자회사는 집합투자업자가 정관을 작성하고, 무한책임사원 1인과 유한책임사원 1인이 기명날인해야 한다.

11 「부동산투자회사법」상 규정하는 부동산투자회사의 유형과 가장 거리가 먼 것은?

① 개발전문 부동산투자회사
② 위탁관리 부동산투자회사
③ 자기관리 부동산투자회사
④ 파생상품 부동산투자회사

해설

「부동산투자회사법」상 규정하는 부동산투자회사의 유형에는 자기관리 부동산투자회사, 위탁관리 부동산투자회사, 기업구조 조정부동산투자회사, 개발전문 부동산투자회사 등이 있고, 파생상품 부동산투자회사는 「자본시장법」상 부동산펀드의 유형이다.

12 「자본시장법」의 적용을 받는 펀드에 해당하는 것은?

① 공모 리츠(REITs)
② 사모 리츠(REITs)
③ 협동조합 리츠(REITs)
④ 보험 리츠(REITs)

해설

50인 이상의 투자자로부터 공모방식으로 설립되는 공모부동산투자회사(공모 리츠)도 「자본시장법」의 적용을 받는 펀드이다.

13 다음 빈칸에 들어갈 알맞은 단어는?

> 파생상품펀드는 펀드재산의 (   )%를 초과하여 위험회피 외의 목적으로 '부동산을 기초자산으로 한 파생상품'에 투자하는 펀드이다.

① 10 ③ 20
② 30 ④ 40

해설

기존 「간접투자법」은 펀드재산의 10%를 초과하여 위험회피 외의 목적으로 '부동산을 기초자산으로 한 파생상품'에 투자하는 펀드를 '파생상품펀드'로 보았던 반면, 「자본시장법」은 '부동산을 기초자산으로 한 파생상품'을 부동산펀드의 투자대상자산으로 인정하면서, 펀드재산의 50%를 초과하거나 또는 필요한 경우에는 펀드재산의 전부로 이러한 '부동산을 기초자산으로 한 파생상품'에 투자하는 펀드를 부동산펀드의 한 종류(파생상품형 부동산펀드)로 인정하고 있다.

14 「자본시장법」상 부동산펀드에 대한 설명으로 바르지 못한 것은?

① 개발, 관리, 임대 및 그 부수업무는 제3자에게 위탁 가능하다.
② 부동산펀드는 개방형펀드로만 설정·설립할 수 있다.
③ 부동산펀드는 집합투자증권을 최초로 발행한 날로부터 90일 이내에 증권시장에 상장해야 한다.
④ 부동산을 취득하거나 처분하는 경우 실사보고서를 작성·비치해야 한다.

해설

「자본시장법」은 펀드의 투자대상 자산의 현금화가 곤란한 사정 등을 고려하여 부동산펀드 등에 대해서는 환매금지형 펀드로만 설정·설립하도록 하고 있다. 다만 부동산펀드인 경우에도 현금화가 가능한 자산에 투자하는 경우에는 해당 부동산펀드를 환매금지형 펀드로 설정·설립하지 않아도 된다.

15 부동산펀드에 대한 설명으로 올바른 것은?

① 부동산펀드는 현금 및 부동산으로 납입하는 것이 원칙이다.
② 일반 법인에 대한 대출 등의 투자행위도 부동산펀드의 투자대상 자산이다.
③ 채권금융기관이 채권자인 부동산을 담보로 한 금전채권도 투자할 수 있다.
④ 부동산투자회사가 발행한 주식은 부동산펀드의 투자대상 자산이 될 수 없다.

해설

부동산펀드에 현금으로 납입하는 것이 원칙이며, 다른 투자자 전원이 동의하는 경우 시가 또는 공정가액에 기초하여 집합투자재산 평가위원회가 정한 가격으로 현물(부동산)납입이 가능하다. 일반 법인에 대한 대출은 부동산펀드의 투자대상 자산으로 볼 수 없다. 다만 부동산과 관련성이 있는 투자행위로 부동산 개발과 관련한 법인에 대한 대출은 투자대상 자산으로 인정된다. 부동산투자회사가 발행한 주식은 부동산펀드의 투자대상 자산이 될 수 있다.

16 부동산펀드 투자대상으로서 부동산과 관련된 권리에 속하지 않는 것은?

① 저당권   ② 지역권

③ 전세권   ④ 임차권

> **해설**
> 부동산과 관련된 권리로는 지상권, 지역권, 전세권, 임차권, 분양권 등이 속한다. 저당권은 제외된다.

17 다음 설명 중 올바른 것은?

① '채권금융기관이 채권자인 부동산개발과 관련된 금전채권의 신탁수익권'에 투자하는 펀드를 「간접투자법」에서는 파생상품펀드로 인정하였으나, 「자본시장법」에서는 혼합자산펀드로 인정된다.

② '채권금융기관이 채권자인 부동산개발과 관련된 금전채권의 신탁수익권'에 투자하는 펀드를 「간접투자법」에서는 혼합자산펀드로 인정하였으나, 「자본시장법」에서는 파생상품펀드로 인정된다.

③ '채권금융기관이 채권자인 부동산개발과 관련된 금전채권의 신탁수익권'에 투자하는 펀드를 「간접투자법」에서는 특별자산펀드로 인정하였으나, 「자본시장법」에서는 부동산펀드로 인정된다.

④ '채권금융기관이 채권자인 부동산개발과 관련된 금전채권의 신탁수익권'에 투자하는 펀드를 「간접투자법」에서는 부동산펀드로 인정하였으나, 「자본시장법」에서는 특별자산펀드로 인정된다.

> **해설**
> 기존 「간접투자법」에서는 '채권금융기관이 채권자인 부동산개발과 관련된 금전채권의 신탁수익권'에 투자하는 펀드를 특별자산펀드로 분류하고 있으며, 「자본시장법」에서는 부동산펀드로 분류하고 있다.

18 기존 「간접투자자산운영업법」에서 특별자산으로 보았던 것에 해당하는 것은?

① 채권금융기관이 채권자인 부동산관련 금전채권

② 부동산과 관련된 증권의 취득

③ 부동산을 기초자산으로 한 파생상품

④ 부동산개발과 관련된 법인에 대한 대출

> **해설**
> 기존 「간접투자자산운영업법(간접투자법)」에서는 채권금융기관이 채권자인 부동산관련 금전채권을 특별자산으로 분류했다.

19 부동산과 관련된 증권으로 볼 수 없는 것은?

① 지상권, 지역권, 분양권
② 부동산개발회사가 발행한 증권
③ 부동산투자회사가 발행한 주식
④ 부동산 관련 자산을 기초로 하는 유동화증권의 유동화자산 가액이 50% 이상인 유동화증권

해설

부동산 관련 자산을 기초로 하는 유동화증권의 유동화자산 가액이 50% 이상이 아니라 70% 이상인 유동화증권이 부동산과 관련된 증권이다.

20 부동산펀드 투자대상으로서의 증권으로 펀드재산의 50%를 초과하여 상기 부동산 등에 투자한 후 나머지 펀드재산으로 투자할 수 있는 채무증권이 아닌 것은?

① 국채증권
② 출자증권
③ 사채증권
④ 기업어음증권

해설

• 채무증권 : 국채증권, 지방채증권, 특수채증권, 사채증권, 기업어음증권 등
• 지분증권 : 주권, 신주인수권, 출자증권, 출자지분 등

21 부동산을 기초자산으로 한 파생상품에 펀드 자산을 55% 투자한 경우 이러한 펀드를 「자본시장법」에서는 어떻게 분류하는가?

① 채권형펀드
② 부동산펀드
③ 파생상품펀드
④ 특별자산펀드

해설

「자본시장법」에서는 부동산을 기초자산으로 한 파생상품에 펀드재산의 50%를 초과하여 투자할 경우 이를 부동산펀드로 분류한다.

22 부동산펀드의 운용제한에 대한 설명으로 옳지 않은 것은?

① 국내 부동산 중 「주택법」에 따른 주택은 1년 이내에 처분할 수 없다.
② 국내 부동산 중 「주택법」에 따른 주택에 해당하지 않는 부동산은 1년 이내에 처분할 수 없다.
③ 국외부동산은 원칙적으로 3년 이내에 처분할 수 없다.
④ 부동산펀드가 합병·해지 또는 해산되는 경우에는 해당 토지를 처분할 수 있다.

해설

국외에 있는 부동산의 처분금지기간은 집합투자규약으로 정하는 기간으로 한다.

19 ④ 20 ② 21 ② 22 ③ **정답**

23 부동산펀드에 대한 설명 중 옳은 것은?

① 부동산펀드란 펀드재산의 30% 이상을 부동산에 투자하는 펀드이다.
② 부동산펀드가 합병·해지 또는 해산되는 경우에는 해당 토지를 처분할 수 있다.
③ 부동산펀드가 취득한 국내 부동산은 어떠한 경우에도 5년이 경과되어야만 매각 가능하다.
④ 부동산펀드는 순자산총액의 100% 범위 이내에서 자금차입이 가능하다.

> **해설**
> 부동산펀드에서는 원칙적으로 토지를 취득한 후 처분하는 행위를 할 수 없지만 부동산펀드가 합병·해지 또는 해산되는 경우, 관련 법령의 제정·개정 또는 폐지 등으로 인하여 사업성이 뚜렷하게 떨어지는 경우 해당 토지를 처분할 수 있다.
> 부동산펀드의 경우 부동산에 50% 이상을 투자하는 펀드이며, 「자본시장법」상 부동산펀드의 운용제한과 관련하여 펀드에서 취득한 국내 부동산은 1년 이내에는 원칙적으로 매각이 금지되어 있다. 예외적으로 부동산개발사업 관련 분양, 부동산펀드 합병 등의 경우에는 1년 이내 매각 가능하다. 부동산펀드는 순자산총액의 200% 범위 이내에서 자금차입이 가능하다.

24 부동산펀드 운용특례에 대한 설명 중 틀린 것은?

① 취득 내지 처분 시 실사보고서를 작성 후 비치하여야 한다.
② 부동산 취득을 위한 차입금은 펀드 순자산액의 50%를 초과할 수 없다.
③ 부동산펀드가 아니더라도 해당 펀드에 속하는 부동산에서 차입할 수 있다.
④ 부동산펀드에서 금전을 대여하는 경우, 그 대여금의 한도는 순자산액의 100분의 100으로 한다.

> **해설**
> 부동산 취득을 위하여 차입하는 경우 펀드 순자산액의 200% 이내이다.

25 다음 빈칸에 들어갈 말로 적절하게 연결된 것은?

• 집합투자업자는 펀드재산으로 부동산을 취득하거나 처분하는 경우 (가)를 작성한 후 비치해야 한다.
• 집합투자업자가 펀드재산으로 부동산개발사업에 투자하는 경우 (나)를 작성한 후 감정평가업자에게 적정성 여부를 확인받아야 한다.

---

① 가 : 실사보고서   나 : 사업계획서
② 가 : 실사보고서   나 : 투자계획서
③ 가 : 사업계획서   나 : 실사보고서
④ 가 : 사업계획서   나 : 투자계획서

> **해설**
> 가는 실사보고서, 나는 사업계획서이다.

26 집합투자업자가 펀드재산으로 부동산을 취득하거나 처분하는 경우 작성하여 비치하는 실사보고서에 포함되는 사항이 아닌 것은?

① 부동산의 거래가격
② 부동산 관련 재무자료
③ 담보권 설정 등 부동산과 관련한 권리의무관계에 관한 사항
④ 추정손익에 관한 사항

> **해설**
> 집합투자업자가 펀드재산으로 부동산개발사업에 투자하는 경우 작성하는 사업계획서에 포함되는 내용이다.
>
> **더 알아보기** ➡ 실사보고서에 포함되는 사항
>
> - 부동산의 현황
> - 부동산의 거래가격
> - 부동산의 거래비용
> - 부동산과 관련된 재무자료
> - 부동산의 수익에 영향을 미치는 요소
> - 담보권 설정 등 부동산과 관련한 권리의무관계에 관한 사항
> - 실사자에 관한 사항

27 부동산펀드에서 펀드재산으로 부동산을 취득하는 경우 운용특례로서 당해 부동산펀드의 계산으로 금전을 차입할 수 있는데, 차입가능한 기관이 아닌 것은?

① 한국산업은행
② 중소기업은행
③ 한국수출입은행
④ 예금보험공사

> **해설**
> 부동산펀드에서 펀드재산으로 부동산을 취득하는 경우 운용특례로서 당해 부동산펀드의 계산으로 금전을 차입할 수 있다. 이때 차입기관으로는 은행, 한국산업은행, 중소기업은행, 한국수출입은행, 투자매매업자, 투자중개업자, 증권금융회사, 종합금융회사, 상호저축은행, 보험회사, 국가재정법에 따른 기금 등이 있다.

28 부동산펀드 사업계획서에 포함되는 내용이 아닌 것은?

> 가. 부동산개발사업 추진일정 및 추진방법
> 나. 건축계획, 자금조달, 투자, 회수에 관한 사항
> 다. 추정손익과 위험에 관한 사항
> 라. 공사시공 등 외부용역에 관한 사항
> 마. 외부용역과 수익자에 관한 사항

① 나, 다
② 나, 마
③ 가, 라
④ 마

외부용역과 수익자에 관한 사항은 부동산펀드 사업계획서에 포함되는 내용이 아니다.

더 알아보기 ➡ 사업계획서에 포함되는 사항

- 부동산 개발사업 추진일정 및 추진방법
- 건축계획, 자금조달, 투자, 회수에 관한 사항
- 추정손익과 위험에 관한 사항
- 공사시공 등 외부용역에 관한 사항
- 그 밖에 투자자를 보호하기 위하여 필요한 사항으로서 금융위원회가 정하여 고시하는 사항

---

29 부동산펀드의 운용특례 중 금전 대여에 대한 설명으로 잘못된 것은?

① 부동산 개발사업을 영위하는 법인에 대하여 금전을 대여할 수 있다.
② 금전을 대여하기 위해서는 집합투자규약에서 금전의 대여에 관한 사항을 정하고 있어야 한다.
③ 공모펀드 구분 없이 집합투자업자가 부동산에 대하여 담보권을 설정하거나 시공사 등으로부터 지급보증을 받는 등 회수하기 위한 적절한 수단을 확보해야 한다.
④ 대여금의 한도는 해당 부동산펀드의 순자산액의 200%로 한다.

해설
대여금의 한도는 해당 부동산펀드의 순자산액(자산총액에서 부채총액을 뺀 가액)의 100%로 한다.

---

30 부동산펀드의 운용특례에 대한 설명이다. 다음 빈칸에 들어갈 적절한 단어는?

> 부동산펀드는 다른 펀드와는 달리 금전차입 및 금전대여가 허용되는데, 원칙적으로 금전차입은 ( )에 운용하는 경우에 한정되며, 금전대여는 ( )에 대한 대여로 한정된다.

① 부동산, 부동산 개발사업   ② 부동산, 부동산 임대사업
③ 동산 및 부동산, 부동산 개발사업   ④ 임대자산, 부동산 개발사업

해설
금전차입은 부동산에 운용하는 경우에 한정되며, 금전대여는 부동산 개발사업에 대한 대여로 한정된다.

---

31 다음 보기는 무엇에 대한 설명인가?

> 부동산펀드의 펀드재산에 속한 부동산에 대해 감정평가업자가 제공한 가격을 기초로 하여 펀드재산 평가위원회가 충실업무를 준수하고 평가의 일관성을 유지하여 평가한 가액

① 공정가액   ② 매입가액
③ 시장가액   ④ 기준가액

해설
공정가액에 대한 설명이다.

32 부동산펀드의 부동산운용전문인력에 대한 설명 중 잘못된 것은?

① 부동산 관련 분야의 석사학위 이상 소지자로 관련 업무에 3년 이상 종사한 경력이 있는 자
② 감정평가사로서 감정평가 분야 또는 부동산 관련 분야에서 5년 이상 종사한 경력이 있는 자
③ 금융위원회가 인정하는 부동산 관계회사나 기관 등에서 부동산운용업무에 3년 이상 종사한 경력이 있는 자
④ 부동산 투자 · 운용업무를 주된 업무로 수행하는 외국의 부동산투자회사에서 5년 이상 근무한 자로서 부동산운용업무에 5년 이상 종사한 경력이 있는 자

> **해설**
>
> 부동산 투자 · 운용업무를 주된 업무로 수행하는 외국의 부동산투자회사에서 5년 이상 근무한 자로서 부동산운용업무에 3년 이상 종사한 경력이 있는 자에 해당한다.

33 다음 보기가 설명하는 부동산 개념은?

> 등기 · 등록 등의 공시방법을 갖춤으로써 부동산에 준하여 취급되는 특정의 동산이나 동산과 일체로 된 부동산의 집단(등기된 선박이나 자동차, 항공기, 건설기계, 광업 및 공장재단, 어업권, 입목 등)

① 협의의 부동산
② 준부동산
③ 복합부동산
④ 간접부동산

> **해설**
>
> ① 협의의 부동산 : 토지 및 그 정착물, 토지 및 그 정착물 이외의 물건은 동산
> ② 준(의제)부동산 : 등기 · 등록 등의 공시방법을 갖춤으로써 부동산에 준하여 취급되는 특정의 동산이나 동산과 일체로 된 부동산의 집단(등기된 선박이나 자동차, 항공기, 건설기계, 광업 및 공장재단, 어업권, 입목 등)
> ③ 복합부동산 : 토지와 그 정착물과의 권리관계가 특별하게 설정되어 있거나 영향력이 복합개념의 관계에 있는 경우

34 다음 중 준부동산펀드를 구분하는 기준은?

① 펀드재산의 50%를 초과하거나 또는 필요한 경우에는 펀드재산의 전부로 부동산개발과 관련된 법인에 대한 대출을 하는 펀드
② 펀드재산의 50%를 초과하거나 또는 필요한 경우에는 펀드재산의 전부로 이러한 '부동산 관련 권리를 취득'하는 펀드
③ 펀드재산의 50%를 초과하거나 또는 필요한 경우에는 펀드재산의 전부로 이러한 '부동산관련 증권을 취득'하는 펀드
④ 증권펀드나 특별자산펀드 또는 혼합자산펀드에 해당하지만, 어떠한 형태로든지 부동산과 관련성이 있는 펀드

> **해설**
>
> 증권펀드, 특별자산펀드, 혼합자산펀드와 같이 다른 종류의 펀드에 해당하지만, 그 실질적인 내용 및 경제적인 효과 측면에서 부동산과 관련성이 있는 경우에는 해당 펀드를 일종의 준부동산펀드로 분류할 수 있다.

01 「자본시장법」에서는 부동산투자 범위를 실물 부동산뿐만 아니라 부동산 관리 및 개량, 임대 및 운영 등도 포함시킨다. ( )

02 법인이사가 집합투자업자이고 주주총회를 여는 부동산집합투자기구는 부동산투자유한회사이다. ( )

03 집합투자업자가 설립주체로 무한책임사원과 유한책임사원이 존재하고 사원총회를 여는 부동산집합투자기구는 부동산투자합자회사이다. ( )

04 부동산펀드는 환매금지형으로 설정·설립해야 하는 것이 원칙이다. ( )

05 부동산펀드에서는 국내 부동산을 취득한 후 3년 이내에는 처분할 수 없다. 단 부동산 개발사업에 따라 조성한 토지·건축물 등을 분양하는 경우, 부동산펀드가 합병·해지 또는 해산되는 경우는 제외된다. ( )

06 「자본시장법」상 부동산펀드가 차입할 수 있는 금융기관에는 한국산업은행, 상호저축은행, 보험회사, 새마을금고, 투자매매업자 또는 투자중개업자 등이 해당한다. ( )

정답

01 ○
02 × 법인이사가 집합투자업자이고 주주총회를 여는 부동산집합투자기구는 부동산투자회사이다.
03 ○
04 ○
05 × 부동산펀드에서는 국내 부동산을 취득한 후 1년 이내에는 처분할 수 없다.
06 × 신용협동기구인 새마을금고는 제외된다.

07 부동산펀드에서 토지를 취득한 후 부동산펀드가 합병·해지 또는 해산되는 경우 해당 토지를 처분할 수 있다. ( )

08 집합투자업자는 펀드재산으로 부동산을 취득하거나 처분하는 경우에는 사업계획서를 작성하여야 한다. ( )

09 공모부동산펀드의 차입한도는 순자산액의 200%이고, 대여한도는 순자산액의 100%이다. ( )

10 부동산펀드가 아닌 펀드에서 부동산을 취득하는 경우 금전 차입금의 한도는 해당 부동산가액의 100분의 50%까지 차입할 수 있다. ( )

11 부동산의 개발, 관리 및 개량, 임대 및 운영 업무는 제3자에게 위탁할 수 있다. ( )

12 부동산펀드의 재산은 공정가액으로 평가하되, 신뢰할 만한 공정가액이 없는 경우에는 시가로 평가한다. ( )

정답

07 ○
08 × 집합투자업자는 펀드재산으로 부동산을 취득하거나 처분하는 경우에는 실사보고서를 작성하여야 한다.
09 ○
10 × 해당 부동산가액의 100분의 70%까지 차입가능하다.
11 ○
12 × 부동산펀드의 재산은 시가로 평가하되, 신뢰할 만한 시가가 없는 경우에는 공정가액으로 평가한다.

CHAPTER 02 부동산펀드 영업

01 실물형부동산펀드에 대한 설명 중 가장 적절하지 않은 것은?

① 매매형부동산펀드는 매매차익을 획득하는 것을 주목적으로 운용하므로 임대 등을 통한 수익에는 적극적이지 않다.

② 임대형부동산펀드의 기본적인 수익원천은 임대수익과 매각시점에서 발생하는 매각차익이다.

③ 개량형부동산펀드는 해당 부동산 실물을 개선하는 과정에서 이윤을 추구하지만, 개발형부동산펀드는 개발사업 자체에서 이익을 추구하는 차이점이 있다.

④ 경공매형부동산펀드의 규모가 너무 작으면 미운용자금의 비중이 증가될 수 있기 때문에 수익률 저하의 위험이 존재할 수 있다.

해설

경공매형부동산펀드의 규모가 너무 크면 미운용자금의 비중이 증가될 수 있어 수익률 저하의 위험이 존재할 수 있다.

02 매매형부동산펀드에 대한 설명으로 가장 거리가 먼 것은?

① 높은 수익이 기대된다 하더라도 향후 신축될 부동산을 사전에 매입할 수는 없다.

② 매매형부동산펀드는 취득가격 대비 장래의 매각가격이 낮게 되면 자본이득이 아닌 자본손실이 발생하게 되고 이는 목표수익률에 도달하지 못할 위험이 발생하게 된다.

③ 매매수익을 확정하기 위해 매입 당시에 사전에 협의한 가격으로 매각하기로 하는 사전매입약정을 체결할 수 있다.

④ 단순히 보유하여 매각하는 것을 주목적으로 하므로, 부동산가치를 높이는 적극적인 활동 대신 소극적인 유지보수를 한다.

해설

높은 수익이 기대되면 장래 신축될 부동산을 사전에 매입할 수 있다.

03 일반적으로 프로젝트 파이낸싱형 부동산펀드로 불리는 것은?

① 임대형부동산펀드   ② 권리형부동산펀드

③ 대출형부동산펀드   ④ 증권형부동산펀드

해설

일반적으로 대출형부동산펀드를 프로젝트 파이낸싱형 부동산펀드로 지칭한다.

04 부동산펀드에 대한 설명으로 가장 바르지 못한 것은?

① 대출형부동산펀드는 부동산 개발사업을 영위하는 법인 등에 대한 대출을 주된 운용행위로 한다.

② 임대형부동산펀드는 임대소득과 매매차익을 획득하는 것이 주된 운용전략이다.

③ 매매형부동산펀드는 단순히 부동산을 취득하여 보유한 후 매각하는 것이 아니라 임대나 개량 등 수익가치를 높일 수 있는 제반활동을 병행한다.

④ 자산의 50%를 초과하여 부동산 관련 증권에 투자하는 경우 투자대상이 증권이지만 증권펀드가 아니라 부동산펀드로 구분한다.

> **해설**
> 매매형부동산펀드는 단순한 취득 후 매각 이외에 부동산의 수익가치를 높이기 위한 활동을 하지 않고, 매각차익에 따른 자본소득 획득을 목표로 한다.

05 '부동산개발과 관련된 법인에 대한 대출' 형태의 투자행위를 하는 부동산펀드가 대출형부동산펀드로 분류되기 위해서는 부동산개발과 관련된 법인에 펀드재산 중 몇 %를 투자해야 하는가?

① 20   ② 30

③ 40   ④ 50

> **해설**
> 펀드재산의 50%를 초과하여 부동산개발과 관련된 법인에 대출이 이루어져야 대출형부동산펀드로 분류될 수 있다.

06 권리형부동산펀드로 구분되기 위해 취득한 부동산 관련 권리에 해당하지 않는 것은?

① 지상권   ② 전세권

③ 경매권   ④ 분양권

> **해설**
> 펀드재산의 50%를 초과하여 부동산 관련 권리를 취득하는 데 사용할 경우 권리형부동산펀드로 구분된다. 여기서 부동산 관련 권리란 지상권·지역권·전세권·임차권·분양권 등을 의미한다.

07 일반적인 매매형부동산펀드에 대한 설명에 해당하지 않는 것은?

① 임대사업을 추구하지 않는다.

② 해당 부동산을 개량하여 가치를 높이는 행위가 중요하다.

③ 이미 완성되지 않은 주택을 구매하는 것 역시 가능하다.

④ 매매차익을 통한 이윤 추구가 주된 수익원이다.

> **해설**
> 매매형부동산펀드는 취득한 부동산에 대한 관리행위도 일부 존재하지만, 이를 통해서 자산가치를 높이려는 의도보다는 기존에 획득한 부동산의 자산가치를 유지하는 데 더 큰 목적이 있다.

08 실물형부동산펀드에 해당하는 것으로만 모두 묶인 것은?

① 임대형부동산펀드, 개량형부동산펀드, 준부동산펀드
② 준부동산펀드, 임대형부동산펀드, 대출형부동산펀드
③ 경공매형부동산펀드, 개발형부동산펀드, 임대형부동산펀드
④ 매매형부동산펀드, 경공매형부동산펀드, 증권형부동산펀드

> **해설**
> 실물형부동산펀드는 매매, 임대, 개량, 경공매, 개발 등을 통해 수익을 창출한다.

09 부동산을 취득한 후 해당 부동산을 변경하여 이를 통해 해당 부동산의 수익가치와 자산가치를 증대시킨 후 추가적인 수익을 추구하는 펀드에 해당하는 것은?

① 임대형부동산펀드
② 개발형부동산펀드
③ 경공매형부동산펀드
④ 개량형부동산펀드

> **해설**
> 개량형부동산펀드는 부동산을 취득한 다음에 해당 부동산을 적극적으로 개량함으로써 부동산의 수익가치와 자산가치를 증대시킨 후 해당 부동산을 단순매각하거나 임대 후 매각하는 것을 목적으로 한다.

10 부동산펀드 중 직접 부동산의 개발에 참여하여 분양이나 임대를 통한 수익을 내는 펀드유형은?

① 경공매형부동산펀드
② 개발형부동산펀드
③ 임대형부동산펀드
④ 대출형부동산펀드

> **해설**
> 개발형부동산펀드는 다른 실물형부동산펀드와 달리 개발사업을 통해 이익을 추구하는 것이 다른데, 부동산을 취득한 후 직접 부동산개발사업을 추진하여 부동산을 분양·매각하여 이익을 취득하거나 혹은 임대 사업 후 매각함으로써 부동산개발사업에 따른 개발이익을 취득하는 것을 목적으로 하는 펀드이다.

11 부동산펀드에 대한 설명 중 가장 적절하지 않은 것은?

① 매매형부동산펀드는 매매차익을 획득하는 것을 주목적으로 운용하므로 임대 등을 통한 수익에는 적극적이지 않는다.

② 국내의 경우 부동산을 기반으로 한 파생상품펀드는 아직까지 활성화되고 있지 않다.

③ 개량형부동산펀드는 해당 부동산 실물을 개선하는 과정에서 이윤을 추구하지만, 개발형부동산펀드는 개발사업 자체에서 이익을 추구하는 차이점이 있다.

④ 임대형부동산펀드에서 공실률은 취득 당시부터 임대되지 않은 경우에 발생하므로 취득 시 공실이 없으면 공실로 인한 위험은 발생하지 않는다.

> **해설**
> 임대형부동산펀드가 취득 시 공실이 없더라도 운용 중에 공실이 발생할 수 있으므로 위험요인에 해당한다. 그러므로 틀린 설명이 된다.

12 임대형부동산펀드의 책임임대차계약의 주요 체결 대상 부동산에 해당하지 않는 것은?

① 기업의 사옥
② 대형 상업시설
③ 비즈니스호텔
④ 일반주거건물

> **해설**
> 현재 책임임대차계약의 체결은 목적성이 확실한 부동산에 해당하는 기숙사, 상업시설, 호텔, 회사 사옥, 영화관, 골프장 등을 대상으로 제한적으로 이루어지고 있다.

13 임대형부동산펀드에 대한 설명으로 잘못된 것은?

① 임대형부동산펀드의 기본적인 수익원천은 임대수익과 매각차익을 들 수 있다.

② 임대형부동산펀드는 실물형부동산펀드를 대표하는 펀드라고 할 수 있다.

③ 임대형부동산펀드는 매도자와의 사전 합의를 통해 펀드의 만기일 이후 특정 시점에 당해 부동산을 매입하도록 사전매매계약을 체결해 둔 경우 소기의 목적을 달성할 수 있다.

④ 임대형부동산펀드가 안정적인 수익 확보를 위해 임대료뿐만 아니라 관리비·주차료·전용선임대료 등의 기타소득도 병행하여 수령할 필요가 있다.

> **해설**
> 매도자 또는 제3자와의 사전 합의를 통해 확정한 매매가격으로 펀드의 만기일 이전 특정 시점에 당해 부동산을 매입하도록 하는 내용의 사전매매계약을 체결해 둔 경우 임대형부동산펀드의 목적을 달성할 수 있다.

14 임대형부동산펀드의 수익성을 저하하는 요인에 대한 설명으로 옳지 않은 것은?

① 임대형부동산펀드의 가장 대표적인 위험요인이 바로 공실률이다.

② 임대료 지급을 연체하거나 임차인에게 임대료를 지급할 수 없는 사정이 발생한 경우 임대수익이 감소한다.

③ 건물을 유지하는 데 투입되는 비용인 전기 및 수도료, 보안비용, 청소비, 관리인건비 등은 임대수익과는 무관하다.

④ 임대료 이외의 관리비·주차료·전용선임대료 등의 기타소득도 중요한 수익원이다.

> **해설**
>
> 임대형부동산펀드의 수익성을 저하하는 또 다른 요인으로는 해당 부동산을 임대함에 따라 수반되는 제반 경비인 전기 및 수도료, 보안비용, 청소비 등이 과다 투여되는 것이다.

15 실물형부동산펀드의 실제 운영 형태에 대한 설명으로 거리가 먼 것은?

① 시행사에서 분양하는 분양권을 취득하여 부동산을 획득한 후 해당 분양권을 재매각하여 추가적인 이득을 얻는 부동산펀드

② 오피스텔을 매입하여 다수의 사람들에게 임대한 후 임대소득을 획득한 뒤 다시 매각하여 매매차익을 거두는 행태

③ 경매를 통해 저렴하게 부동산을 취득한 후 각종 법률적인 제약조건을 해결한 뒤 이를 다시 재매각하여 수익을 거두는 행태

④ 낙후된 상가 건물을 매입하여 이를 리모델링하여 수익성을 개선시킨 뒤 다시 매각하여 수익을 창출하는 행태

> **해설**
>
> ①은 권리형부동산펀드에 해당한다.
> ②, ③, ④는 실물형부동산펀드의 종류로 각각 임대형, 경공매형, 개량형 수익 추구 방식이다.

16 매매형부동산펀드에서 사전에 점검해야 할 사항으로 가장 적절하지 않은 것은?

① 매도 시 매수자가 제시한 매도가격이 적정한지 검토한다.

② 해당 건물의 상태가 어떠한 수준인지 확인한다.

③ 기존의 권리관계로 제약을 받을 위험은 없는지 검토한다.

④ 투자 대상 지역이 선호 지역인지 확인한다.

> **해설**
>
> 매매형부동산펀드에 투자할 때에는 ㉠ 해당 부동산이 선호 지역인지 여부, ㉡ 매입가격은 적정한지, ㉢ 소유권의 이전 및 권리행사에 제약을 받을 위험, ㉣ 건물 자체의 문제점 여부, ㉤ 매각 시 부동산 관련시장 전망 등을 고려하여 결정한다.

17 매매형부동산펀드에서 완공되지 않은 부동산에 투자하고자 할 때 고려해야 할 내용이 아닌 것은?

① 시행사가 관련 인허가를 취득하였는지 점검한다.

② 해당 부동산 부지에 대한 완전한 권리를 획득했는지를 관련 등기부 등본을 통해 확인한다.

③ 완공되지 않는 부동산을 매입할 만큼 수익성이 우수한 상황인지 판단한다.

④ 시공사의 적절성 여부를 검토한다.

> **해설**
>
> 부동산의 시공 능력을 감독하는 역할은 전문건설관리회사(CM회사 ; Construction Management 회사)가 담당한다.
> 따라서 시공 전 부동산을 매입할 경우 이러한 전문건설관리회사를 두고 있는지 검토해야 한다.

18 매매형부동산펀드에 대한 설명으로 가장 적절하지 않은 것은?

① 매매형부동산펀드는 원칙적으로 임대사업 등은 수행하지 않으며, 매각차익을 통한 수익에 관심을 둔다.

② 사전에 특정인으로 하여금 매입약정을 체결해 둔 경우 위험 발생 요인은 완전히 없어진다.

③ 완성된 부동산을 취득할 때 부동산의 위치, 매입가격, 권리행사 등의 적정성 여부를 사전에 점검하여야 한다.

④ 건설 중인 부동산을 사전매매방식으로 취득할 때 시행사와 시공사에 대한 검토가 필요하다.

> **해설**
>
> 사전매입약정을 체결해 두었다 하더라도 해당 약정 내용을 이행하기 어려운 상황이 발생할 수 있기 때문에 위험 가능성
> 이 존재한다.

19 임대형부동산펀드의 소득에 해당하는 것으로 바르게 연결된 것은?

① 임대이익, 매각차익

② 매각차익, 개발이익

③ 권리임대이익, 개발이익

④ 임대이익, 개발이익

> **해설**
>
> 임대형부동산펀드는 임차인을 확보하여 임대함으로써 '임대소득을 획득'하고, 향후 해당 부동산을 매각함으로써 '매각
> 차익을 획득하는 것'을 주된 운용전략으로 한다.

20　임대형부동산펀드에 대한 설명으로 가장 적절하지 않은 것은?

① 실물형부동산펀드에 해당한다.
② 공실률이 하락할 경우 수익성이 저하된다.
③ 임대형부동산펀드와 유사한 내용을 가지고 있는 국내 및 외국의 부동산간접투자상품이 있다.
④ 임대형부동산펀드의 수익은 임대수익과 매매차익으로 인해 결정된다.

> **해설**
> 공실률이 하락할 경우 이용률이 증대된 것이기 때문에 수익성이 상승하는 것이 일반적이다.

21　개량형부동산펀드에 대한 설명으로 잘못된 것은?

① 펀드재산의 50%를 초과하여 취득한 부동산을 개량한 후 임대 및 매각을 목적으로 한다.
② 개량형부동산펀드의 수익성은 소요되는 개량 비용과 개량 후 임대수익 및 매각차익을 비교하여 결정된다.
③ 개량하기 위해 소요되는 개량비용은 해당 부동산과 관련된 광열비, 전기 및 수도료 등과 같은 일반적인 경비를 포함한다.
④ 개량비용의 규모가 일반적인 유지비용보다 상대적으로 크기 때문에 개량형부동산펀드는 사전에 면밀한 수익성 검토 작업이 진행되어야 한다.

> **해설**
> 개량비용은 해당 부동산과 관련된 광열비, 전기 및 수도료 등과 같은 일반적인 경비가 아니라 해당 부동산의 가치를 증가시키기 위한 일종의 자본적 지출(Capital Expenditure)을 의미한다.

22　경공매형부동산펀드에 대한 설명으로 잘못된 것은?

① 경공매형부동산펀드란 부동산을 취득하는 방식이 경매나 공매라는 것에 차이가 있을 뿐이지 수익을 창출하는 방식은 임대 내지 매각과정에서 달성된다.
② 경공매형부동산펀드의 장점은 경매 내지 공매를 통해서 해당 부동산을 저렴하게 구입할 수 있는 기회를 얻을 수 있다는 데 있다.
③ 경공매형부동산펀드를 흔히 '가치투자형 부동산펀드'라 부르기도 한다.
④ 경공매형부동산펀드는 경매 내지 공매를 통해서 투자할 부동산펀드를 사전에 투자자들에게 명확히 확정하여 공개한 뒤에 펀드를 모집한다.

> **해설**
> 다른 부동산펀드는 일반적으로 펀드재산으로 투자할 부동산 등을 명확히 사전에 결정하는 '사전특정형 방식(Designated 방식)'인데 반해, 경공매형부동산펀드는 투자할 부동산 등을 미리 특정하지 않고 펀드자금을 모집한 후에 투자할 부동산을 결정하는 '사전불특정형 방식(Blind 방식)'이다.

23 경공매형부동산펀드의 수익률을 결정하는 데 영향을 주는 요인에 대한 설명으로 잘못된 것은?

① 경공매부동산의 미확보상태가 지속되는 경우 펀드의 수익률이 하락한다.
② 경공매부동산 관련 법적 문제를 해결하는 데 소요되는 시간과 비용이 초과되면 수익률이 하락한다.
③ 경공매부동산시장이 과열되는 경우 낙찰가율이 증가하여, 매입가격을 상승시키는 요인으로 작용하여 수익률이 하락한다.
④ 환급성이 좋은 아파트 내지 토지가 상업용 건물 내지 업무용 건물에 비해 기대한 수익률을 달성할 가능성이 높다.

> **해설**
> 아파트나 토지 등은 경공매시장에 대한 참여율이 높아 낙찰가율이 높은 경우가 많으므로 수익률 달성이 용이하지 않다. 하지만 권리분석이나 명도과정이 복잡한 상업용·업무용 건물은 일반인들의 참여가 쉽지 않기 때문에 낙찰가율이 상대적으로 낮아 수익 실현이 용이하다.

24 경공매형부동산펀드에 대한 주요 점검사항에 해당하는 것을 모두 고르면?

> 가. 부동산운용전문인력의 전문성 보유 여부
> 나. 경공매형부동산펀드 규모의 적정성 여부
> 다. 체계적이고 투명한 펀드운용 가능성 여부
> 라. 펀드관련비용의 적정성 여부

① 가
③ 가, 나, 다
② 가, 나
④ 가, 나, 다, 라

> **해설**
> 경공매형부동산펀드는 다른 부동산펀드와 달리 해당 부동산과 관련된 법률적인 부분을 검토해야 할 뿐만 아니라 사전에 투자 대상을 결정하지 않았기 때문에 투명한 투자자금의 관리를 요구한다.

25 개발형부동산펀드에 대한 설명으로 적절하지 않은 것은?

① '직접 개발방식의 부동산펀드'라고 부른다.
② 「자본시장법」은 개발형부동산펀드에 대한 투자비율 제한을 두고 있지 않다.
③ 개발형부동산펀드의 경우 사전에 사업계획서를 작성하고, 해당 사업계획서가 적정한지의 여부에 대하여 감정평가업자의 확인을 받아야 한다.
④ 개발형부동산펀드에서 감정평가업자로부터 확인받은 사업계획서는 신문지면을 통해 공개해야 한다.

> **해설**
> 개발형부동산펀드는 해당 사업계획서가 적정한지의 여부에 대하여 감정평가업자의 확인을 받도록 하고 있으며, 이를 인터넷 홈페이지 등에 공시하도록 의무화하고 있다.

26 개발형부동산펀드를 판매함에 있어서 사전에 점검할 주요 사항에 해당하지 않는 것은?

① 부동산개발사업에 부합하는 요소들이 사업계획서상에 충분히 포함되었는지 여부
② 부동산개발사업을 추진하기 위하여 필요한 완전한 사업부지 확보 여부
③ 신축 등을 추진해 줄 적절한 시행사 선정 여부
④ 부동산개발사업을 추진함에 필요한 인·허가를 받을 수 있는지 여부

해설

토지를 조성하거나 건축물 등을 신축하는 것은 시행사가 아니라 시공사의 업무에 해당한다고 볼 수 있다.

27 부동산펀드 중 프로젝트 파이낸싱(Project Financing) 방식의 자금대여를 주로 하는 부동산펀드는?

① 매매형부동산펀드   ② 대출형부동산펀드
③ 임대형부동산펀드   ④ 경공매형부동산펀드

해설

대출형부동산펀드는 일반적으로 '프로젝트 파이낸싱(PF ; Project Financing)형 부동산펀드'로 불리기도 한다.

28 경공매형부동산펀드에 대한 설명으로 가장 거리가 먼 것은?

① 사전에 투자 대상이 확정되지 않았기 때문에 투자자와 상담 과정이 필요하다.
② 펀드규모가 클수록 수익률에 유리하다.
③ 경공매 과정에서 원하는 매입가격에 해당 부동산을 얻을 수 없을 때 펀드운용이 어렵다.
④ 법률적인 권리를 확보하기 위해 투여되는 비용과 시간이 과다하게 소요된다.

해설

경공매형부동산펀드의 경우 적절한 투자 대상을 찾는 데 시간이 많이 소요되기 때문에 투자 대상 금액이 클 경우 미운용자금이 상대적으로 많아질 가능성이 높아 수익률이 떨어질 수 있다.

29 일반적인 부동산펀드와 달리 사전에 투자 대상을 확정하지 않은 부동산펀드는?

① 매매형부동산펀드   ② 개량형부동산펀드
③ 경공매형부동산펀드   ④ 개발형부동산펀드

해설

경공매형부동산펀드는 투자 대상 부동산을 경매 내지 공매를 통해서 획득하기 때문에 사전에 투자 대상이 명확히 확정되지 않는다는 특징이 있다.

30 경공매형부동산펀드에 투자 시 반드시 점검해야 할 사항으로 적절한 것은?

① 경매 내지 공매는 전문적인 법률지식이 요구되므로 외부가 아닌 내부에서 철저히 점검할 필요가 없다.

② 펀드 규모가 너무 크면 펀드 내 미운용자금의 비중이 낮아져 펀드의 수익률이 상당기간 낮은 상태를 유지하게 된다.

③ 사전특정형 방식으로 운용되므로 체계적이고 투명하게 펀드를 운용할 수 있는 운용프로세스를 갖추고 있는지 점검해야 한다.

④ 법률 분야에 대한 조언 내지 투자 대상에 대한 분석 작업이 필요하므로 해당 분야의 전문가들을 확보하거나 관련 비용을 점검하는 것이 중요하다.

> **해설**
>
> 경공매형부동산펀드는 높은 수준의 경공매 분야에 대한 지식과 경험이 필요하므로 아웃소싱의 필요성이 있으며, 이에 따른 과다한 비용 지출로 펀드수익률이 저하될 수 있다.

31 프로젝트 파이낸싱(Project Financing)에 대한 설명으로 적절하지 않은 것은?

① 기업금융과 마찬가지로 담보 내지 신용을 기반으로 해서 자금 지원이 이루어진다.

② 대규모 자금이 소요되고 공사기간이 장기인 프로젝트에 대한 자금제공 수단이다.

③ 당해 프로젝트 시행법인에 출자하여 실질적으로 프로젝트를 영위하는 자는 '프로젝트 파이낸싱'으로 인해 발생하는 제반 의무를 부담하지 아니하거나 일정한 범위 내에서 제한적으로 의무를 부담한다.

④ 금융회사의 경우 프로젝트 파이낸싱을 실시한 실질 사업자에 대해서는 대출채권의 회수와 관련된 어떠한 청구도 할 수 없거나 또는 제한된 범위 내에서만 청구를 할 수 있다.

> **해설**
>
> 기업금융과 달리 담보대출 또는 신용대출 형태를 요구하지 않으며, 기업금융방식에 비해 자금공급의 규모가 클 뿐만 아니라 해당 프로젝트의 사업성에 기인해서 자금 지원이 진행된다는 차이점이 있다.

32 프로젝트 파이낸싱(Project Financing)으로 인한 주된 법적 책임은 어느 주체에게 있는가?

① 보증을 부여한 금융기관

② 프로젝트 파이낸싱 시행법인

③ 실질 사업자

④ 예금보험공사

> **해설**
>
> '프로젝트 파이낸싱'은 비소구금융 혹은 제한적 소구금융(Non Or Limited Recourse Financing)으로 프로젝트 파이낸싱 시행법인이 '프로젝트 파이낸싱'에 있어서 법적 책임의 지위를 갖게 되는 경우가 일반적이며, 자금을 지원한 실질사업자는 제한된 영역에서만 책임을 갖게 된다.

33 프로젝트 파이낸싱(Project Financing)에서 당해 프로젝트로부터 발생되는 현금흐름의 범위 내에서 대출채권의 상환청구를 할 수 있는 권한에 대해 실질사업자는 어떠한 법적 지위를 갖게 되는가?

① 자금을 지원한 사람이므로 우선적이면서 전권을 갖게 된다.
② 자신이 투여한 자금 규모에 대해서만 권한을 갖는다.
③ 프로젝트 시행법인과 동등한 법적 지위를 갖는다.
④ 원칙적으로 어떠한 청구도 할 수 없지만, 경우에 따라 제한된 청구권을 가질 수 있다.

해설

실질사업자에 대해서는 대출채권의 회수와 관련된 어떠한 청구도 할 수 없거나 또는 제한된 범위 내에서만 청구를 할 수 있다는 것을 의미한다.

34 프로젝트의 시행과 관련하여 발생된 제반 부채에 대해 실질사업자는 어떻게 회계처리를 해야 하는가?

① 부채로 계상한다.
② 자본으로 계상한다.
③ 잉여금으로 계상한다.
④ 회계처리를 하지 않는다.

해설

프로젝트의 시행과 관련하여 발생된 제반 부채는 프로젝트 시행법인이 부담하므로, 실질사업자는 자신의 대차대조표 상에 당해 프로젝트와 관련된 부채를 계상하지 아니한다.

35 대출형부동산펀드에 대한 설명으로 바르지 않은 것은?

① 펀드재산의 50%를 초과하여 '부동산 개발사업을 영위하는 법인' 등에 대한 대출을 주된 운용행위로 하는 펀드를 말한다.
② 대출로부터 대출이자를 지급받고 또한 대출원금을 상환받는 것을 운용목적으로 한다.
③ 자금운용의 안정성을 위해 시행사의 재산에 대한 적절한 담보 내지 신용을 확보해 둔다.
④ 보다 탄력적이고 다양화된 대출채권담보장치를 강구할 필요가 있다.

해설

시행사는 일반적으로 자본금이 작으며, 이로 인해 신용평가 자체가 어려운 경우가 많기 때문에 별도의 대출채권담보장치를 마련할 필요가 있다.

36 시행사의 채무불이행 위험으로부터 대출채권을 담보하기 위한 방법이 아닌 것은?

① 시공사의 지급보증
② 선순위·부족자금 충당
③ 책임준공 확약
④ 채무인수

해설

시공사의 책임준공 확약, 시공사의 지급보증·채무인수·책임분양·공사비 후순위·부족자금 충당에 대한 보완장치를 마련해 둘 필요가 있다.

37 대출형부동산펀드에 대한 주요 점검사항에 대해 잘못 설명한 것은?

① 시행사의 사업부지확보 관련
② 시행사의 신용평가등급 등 관련
③ 시행사의 인허가 관련
④ 부동산 개발사업의 사업성 관련

해설

시행사는 일반적으로 자본금이 적으며, 이로 인해 신용평가 자체가 어렵다. 신용상태를 확인해야 할 대상은 시공사이다.

38 권리형부동산펀드에 대한 설명 중 올바른 것을 모두 고르면?

> 가. 펀드재산의 50%를 초과하여 '지상권·지역권·전세권·임차권·분양권 등 부동산관련 권리의 취득'의 방법으로 투자하는 펀드이다.
> 나. '부동산관련 물권에 투자하는 권리형부동산펀드'와 '부동산관련 채권에 투자하는 권리형부동산펀드'로 구분할 수 있다.
> 다. 지상권, 지역권, 전세권은 물권에 해당한다.
> 라. 임차권과 분양권 및 별도로 규정하고 있는 부동산담보부 금전채권은 대표적인 채권에 해당한다.

① 가, 나, 다, 라   ② 가, 나, 다
③ 나, 다, 라   ④ 가, 다, 라

해설

펀드재산의 50%를 초과하여 '지상권·지역권·전세권·임차권·분양권 등 부동산관련 물권 내지 채권 취득'에 투자하는 부동산펀드를 의미하며, 이 중 지상권, 지역권, 전세권이 물권에 해당하고, 임차권, 분양권 등은 채권에 해당한다.

39 부동산 관련 권리에 대한 설명 중 잘못된 것은?

① 지상권 : 자신의 토지에 건물 기타 공작물이나 수목을 소유하기 위하여 그 토지를 사용할 수 있는 권리
② 지역권 : 일정한 목적을 위하여 타인의 토지를 자기토지의 편익에 이용할 수 있는 권리
③ 전세권 : 전세금을 지급하고 타인의 부동산을 점유하여 사용하며, 그 부동산에 대하여 전세금의 우선변제를 받을 수 있는 권리
④ 분양권 : 건물이 완공되기 전에 해당 건물을 분양자로부터 분양받은 후 향후 완공시 등기할 수 있는 채권적 성격의 권리

> **해설**
> 지상권은 타인의 토지에 건물 기타 공작물이나 수목을 소유하기 위하여 그 토지를 사용할 수 있는 권리를 말한다.

40 개발형부동산펀드에 대한 설명으로 가장 적절한 것은?

① 개발형부동산펀드는 토지 위에 건축물을 신축하는 사업만을 의미한다.
② 부동산펀드 자산총액의 70%를 초과하여 부동산 개발사업에 투자하는 것을 금지한다.
③ 사전에 감정평가업자에게 사업계획서를 반드시 확인받아야 한다.
④ 개발형부동산펀드는 사전에 어떤 부동산을 개발할지에 대해 먼저 확정되지 않은 상태에서 자금을 모집한다.

> **해설**
> 개발형부동산펀드는 건물 이외의 해당 부동산의 전반적인 개발을 포괄하고 있다. 사전에 투자 대상이 미정인 부동산펀드는 경공매형부동산펀드에 해당한다.

41 개발형부동산펀드와 동일한 기능을 수행하는 회사로 「부동산투자회사법」에서 규정하고 있는 부동산투자회사는?

① 개발사업부동산투자회사
② 기업구조조정부동산투자회사
③ 개발전문부동산투자회사
④ 위탁관리부동산투자회사

> **해설**
> 개발전문부동산투자회사(개발형 REITs)의 업무 내용은 개발형부동산펀드와 동일한 수익구조를 갖고 있다.

42 「자본시장법」상 개발형부동산펀드를 운용할 경우 사전에 미리 작성하여 해당 내용이 적절한지의 여부를 감정평가업자로 하여금 확인받은 후 이를 인터넷 홈페이지 등에 공시해야 하는 것은?

① 사업계획서
② 재무제표
③ 감정평가 보고서
④ 운용계획서

해설

사전에 '사업계획서'를 작성하도록 하고 있고, 또한 해당 '사업계획서'가 적정한지의 여부에 대해 감정평가업자의 확인을 받도록 하고 있다.

43 프로젝트 파이낸싱(Project Financing)의 특징에 관한 설명으로 가장 거리가 먼 것은?

① 담보나 신용에 의존하는 기업금융방식에 비해 자금조달규모가 큰 것이 일반적이다.
② 투자 목적이 상이한 다양한 주체가 참여하며 참여한 주체별로 위험배분이 가능하다.
③ 부내금융의 성격을 가지고 있다.
④ 비소구금융의 특성을 가진다.

해설

프로젝트 파이낸싱(Project Financing)은 부외금융(Off-balance Sheet Financing)의 성격을 가진다. 즉, 프로젝트의 시행과 관련하여 발생된 제반 부채는 프로젝트 시행법인이 부담하므로, 실질사업자는 자신의 대차대조표상에 당해 프로젝트와 관련된 부채를 계상하지 아니한다. 따라서 실질사업자는 실질적으로 프로젝트를 영위하면서도 자신의 신용도에는 제한적인 영향만을 받게 된다.

44 분양권에 투자하는 권리형부동산펀드의 의미를 잘못 설명한 것은?

① 펀드재산의 50%를 초과하여 부동산관련 권리 중의 하나인 분양권에 투자하는 '부동산펀드'를 의미한다.
② 분양권에 투자하기 위해서는 분양권의 취득 및 전매 등의 거래와 관련된 제반 법규 및 정책상의 여건이 선제적으로 조성되어 있어야 한다.
③ 분양권에 투자하는 권리형부동산펀드란 물권형 성격의 투자이다.
④ 분양권을 평가하여 적정 수준의 분양권 프리미엄을 산정해 낼 수 있는 분양권 평가모델이 구축되어 있어야 한다.

해설

'분양권에 투자하는 권리형부동산펀드'란 분양권을 투자목적으로 향후 해당 분양권 자체를 매각하거나 또는 분양권에 의거 분양대금을 완납한 후 해당 아파트 등을 매각함으로써 수익을 실현하는 것을 목적으로 하는 채권적 성격의 부동산펀드라 볼 수 있다.

45 다음은 권리형부동산펀드의 투자 대상 중 무엇에 대한 설명인가?

> 이중으로 계약이 되어 있을 경우, 해당 부동산에 대해서 우선적인 권리를 가질 수 없는 위험이 있다. 계약서를 공증한다 하더라도 위험자체를 회피할 수 없다. 따라서 과거 경력 및 신용도를 충분히 파악하여 분양에 수반되는 제반 의무를 이행할 수 있는지의 여부를 점검할 필요가 있다.

① 분양권   ② 전세권

③ 지상권   ④ 지역권

해설

분양권의 경우 이중계약이 체결되어 있는 경우 해당 부동산에 대해서 우선적인 권리를 가질 수 없는 위험이 있으며, 그러한 위험은 분양계약서를 공증한다 하더라도 위험자체를 회피할 수 없다. 따라서 분양자의 과거 경력 및 신용도를 충분히 파악하여 분양에 수반되는 제반 의무를 이행할 수 있는지의 여부를 점검할 필요가 있다.

46 대출형부동산펀드에서 자금을 대출해 줄 때, 다양한 신용보강장치에 해당한다고 보기 어려운 것은?

① 금융기관의 담보대출확약

② 시공사의 지급보증

③ 시행사의 연대보증

④ 사업부지에 대한 법적 권한 설정

해설

시행사는 일반적으로 자본 규모가 작고 신용평가등급 자체가 없는 경우가 대부분이다. 따라서 시행사를 대상으로 한 연대보증은 큰 의미가 없다 할 수 있다.

47 부동산펀드가 투자할 수 있는 용익물권에 해당하지 않는 것은?

① 지역권   ② 지상권

③ 전세권   ④ 경매권

해설

부동산펀드 투자 대상 물권에는 지상권·지역권·전세권 등이 있으며, 저당권·분양권은 담보물권에 해당한다.

48 **권리형부동산펀드의 투자대상에 해당하지 않는 것은?**

① 증권화된 부동산 관련 신탁수익권
② 시공사의 지급보증부 금전채권
③ 부실화된 부동산담보부 금전채권
④ 신탁재산의 50% 이상을 차지하는 수익증권

해설

부동산관련 증권의 신탁수익권, 부동산관련 금전채권의 신탁수익권, 부동산의 신탁수익권, 시공사의 지급보증부 금전채권, 부동산담보부 금전채권, 부실화된 부동산담보부 금전채권(일종의 NPL)에 투자하는 부동산펀드는 권리형부동산펀드에 해당된다. 그러나 부동산이 신탁재산의 50% 이상을 차지하는 수익증권은 '특정 부동산자산관련 증권'에 해당한다.

49 **다음 설명에 해당하는 내용은?**

> 국내의 「부동산투자회사법」상의 부동산투자회사(REITs)가 발행한 주식뿐만 아니라 해외의 부동산 투자회사(REITs) 등이 발행한 주식에 투자하는 부동산펀드가 해당한다고 볼 수 있다.

① 권리형부동산펀드
② 주식형부동산펀드
③ 개발형부동산펀드
④ 증권형부동산펀드

해설

국내의 「부동산투자회사법」상의 부동산투자회사(REITs)가 발행한 주식뿐만 아니라 해외의 부동산투자회사(REITs) 등이 발행한 주식에 투자하는 부동산펀드도 증권형부동산펀드에 해당한다고 볼 수 있다.

50 **경공매형부동산펀드 상담 시 고려사항이 아닌 것은?**

① 평가 절하된 부동산 실물자산을 저가에 매수하여 일정기간 동안 임대 소득을 얻은 후 재매각을 통해 이익을 실현하는 형태의 펀드이다.
② 투자대상이 정해져 있어 투자자의 이해를 구하는 데 어려움이 없다.
③ 매입경쟁이 치열함으로 인해 펀드운용의 어려움이 있다.
④ 투자규모를 크게 할 경우 오히려 투자자금을 원활히 활용하지 못해 적절한 수익을 달성하지 못할 수도 있다.

해설

투자대상이 정해져 있지 않은 상태에서 펀드금액을 모집하므로 상담 시 투자자의 이해를 구하는 데 어려움이 있다.

51 부동산펀드 중 대출형부동산펀드에 대한 설명으로 가장 적절하지 않은 것은?

① 시행사의 담보 능력이 부족한 관계로 엄격한 대출채권담보장치를 반드시 마련해야 한다.

② 사업부지를 확보하지 못할 경우 대출형부동산펀드의 조기상환이 우려된다.

③ 지급보증 또는 채무인수 등을 요구할 대상은 시행사이다.

④ 시행사가 대출받은 자금으로 사업 부지를 매입한 후, 인허가를 획득하지 못한 경우 해당 사업부지를 시장에 매각하여야 한다.

해설

대출형부동산펀드에서 엄격한 대출채권담보장치의 확보에만 집착하면 프로젝트 파이낸싱 본래의 기능을 수행할 여지가 없게 된다. 그러므로 「자본시장법」의 규정에 따라 대출금을 회수하기 위한 적절한 수단을 확보하면서도 한편으로는 해당 부동산 개발사업의 성격 및 상황에 따라 보다 탄력적이고 다양화된 대출채권담보장치를 강구하여야 한다.

52 부동산펀드 유형 중 일반적으로 임대사업을 하지 않고 운용하는 유형은?

① 매매형부동산펀드

② 임대형부동산펀드

③ 개량형부동산펀드

④ 경공매형부동산펀드

해설

매매형부동산펀드의 경우 임대사업을 수행하기도 하지만, 일반적으로는 매매로 인한 차액이 수익 창출의 기본적인 모델이다.

53 분양권에 투자하는 부동산펀드에 대한 설명 중 틀린 것은?

① 청약·당첨된 부동산을 사용 및 수익할 권리에 투자하는 부동산펀드이다.

② 과거 「간접투자법」에서는 분양권에 관련한 권리에 대해서는 명시적으로 예시하지 않았다.

③ 「자본시장법」은 부동산펀드의 투자대상으로 분양권을 명시하여 열거하였다.

④ 정부정책은 흔히 부동산 경기가 위축될 경우 분양권의 전매를 금지한다.

해설

분양권의 전매는 부동산시장 과열의 주범으로 평가를 받아왔다. 따라서 정부는 부동산 경기가 과열되면 투기과열지구 등의 지정을 통해 분양권의 전매를 금지한다.

54 부동산펀드 중 임대형부동산펀드에 대한 설명 중 틀린 것은?

① 운용 목적은 임대소득과 매각을 통한 매매차익이다.
② 운용방법은 업무용 부동산(오피스빌딩 등) 또는 상업용 부동산(상가 등) 등을 매입하여 임대한다.
③ 매입·임대방식(Buy&Lease)이다.
④ 리츠(REITs)는 수익성 부동산을 매입하여 임대사업을 할 수 없다.

> **해설**
> 리츠(REITs)는 수익성 부동산을 매입하여 임대사업을 할 수 있다.

55 프로젝트 파이낸싱(Project Financing)을 통해서 자금 대여가 적합하지 않는 것은?

① 대규모 자금이 투여되어야 할 투자 대상
② 대출형부동산펀드
③ 개발형부동산펀드
④ 경공매형부동산펀드

> **해설**
> 프로젝트 파이낸싱의 경우 초기부터 명확한 자금 흐름에 대한 판단이 선행되어야 하기 때문에 투자 단계에서 어떠한
> 자산을 취득할지 명확히 알 수 없는 경공매형부동산펀드는 적합한 투자 대상이 아니다.

56 부동산펀드에 대한 내용 중 틀린 것은?

① 부동산펀드는 직접 부동산에 투자하는 것과는 달리 소액으로도 부동산에 투자하는 효과가 있다.
② 주택 관련 투자는 다른 투자에 비해 정부 정책에 대한 영향을 상대적으로 적게 받는다.
③ 취득세와 등록세 감면 등의 세제 혜택 여부에 따라 투자수익률이 달라진다.
④ 대출형부동산펀드는 국내 출시되고 있는 부동산펀드 중 대부분을 차지한다.

> **해설**
> 부동산 직접 투자는 주택경기의 호황·불황에 영향을 받으며, 이로 인해 정부 정책에 영향을 받게 된다.

57 대출형부동산펀드에 대한 설명 중 틀린 것은?

① 시행사에 자금을 대출해 준 뒤 약정한 대출이자를 받아 수익을 확보하는 형태이다.
② 확정된 이자를 받는다는 점에서 주식에 투자하는 것과 유사한 성격이다.
③ 시행사로부터 대출 원리금상환 및 지급을 담보하기 위하여 별도의 대출채권담보장치 마련이 요구된다.
④ 대출채권담보장치의 확보에 과도한 집착을 하는 경우 펀드의 본질적 기능이 약화될 우려가 있다.

> **해설**
> 자금을 제공하고 확정된 이자를 받는다는 점에서 회사채에 투자하는 것과 유사한 성격이다.

58 부동산펀드의 판매주체는?

① 신탁업자
② 투자매매업자
③ 집합투자업자
④ 일반사무 관리회사

> **해설**
> 판매주체는 투자매매업자와 투자중개업자이다. 주로 증권회사, 은행, 보험회사가 해당한다.

59 부동산펀드의 체크포인트로 점검해야 할 사항으로 잘못된 것은?

① 대출형부동산펀드의 경우 시행사 신용등급 리스크
② 개발형부동산펀드의 경우 사업부지 관련 리스크
③ 개발형부동산펀드의 경우 인허가 리스크
④ 경공매형부동산펀드의 경우 투명한 운용체계 보유 여부

> **해설**
> 신용등급에 대한 평가가 필요한 것은 시공사이다.

60 펀드 유형별 상담 시 고려해야 할 사항으로 가장 적절하지 않은 것은?

① 임대형부동산펀드의 판매사는 상담 시 투자자산이 속해 있는 지역의 공실률 동향, 부동산 거래 동향 등에 대해 파악해야 한다.
② 경공매형부동산펀드의 운용 전략, 운용사 실적, 운용인력의 전문성을 고려해야 한다.
③ 대출형부동산펀드는 직접 지분투자를 하기 때문에 투자자의 투자원금에 피해가 없도록 각종 리스크를 점검해야 한다.
④ 개발형부동산펀드의 판매자는 투자 프로젝트의 예상분양률, 시공사의 신용정보 등 리스크 관리 방안에 중점을 두어서 설명해 줄 필요가 있다.

> **해설**
> 대출형부동산펀드라 해서 투자자가 해당 부동산에 직접 투자를 하는 것이 아니다. 따라서 투자 시 위험에 대한 진단을 직접 투자자가 수행할 필요는 없다.

61 「자본시장법」상의 부동산펀드에서 부동산과 관련하여 투자하는 방법 중 가장 거리가 먼 것은?

① 부동산의 관리　　　　　　　　② 부동산의 개량
③ 부동산의 임대　　　　　　　　④ 부동산의 중개

> **해설**
>
> 부동산의 중개는 직접투자를 위한 투자자들에게 제공되는 직접투자와 관련된 내용이며, 부동산펀드와 같은 간접투자와 관련된 내용이 아니다.

62 집합투자기구가 다음의 투자대상자산 각각에 해당 집합투자재산 전체를 부동산 집합투자기구로 분류하기 어려운 경우는 무엇인가?

① 부동산투자회사의 주식
② 부동산개발회사의 증권
③ 부동산투자목적회사의 지분증권
④ 부동산이 자산의 대부분을 차지하는 상장 주식회사 지분

> **해설**
>
> 부동산이 자산의 대부분을 차지한다 하더라도 상장 주식회사의 지분은 단순히 주권으로 간주해야 한다. 단, 해당 주권에 집합투자재산의 대부분을 투자할 경우에는 그 집합투자기구는 증권집합투자기구로 분류할 수 있다.

63 대출형부동산펀드의 대출 시 고려사항이 아닌 것은?

① 시공사의 신용도　　　　　　　② 분양 능력
③ 정부의 부동산 세율 인상　　　　④ 사업 부지의 적절성

> **해설**
>
> 대출 시 고려사항으로는 시공사의 신용도와 개발능력, 해당 부동산 부지의 적절성, 인허가의 난이도, 분양 및 마케팅 능력이 있다.

64 경공매형부동산펀드에 대한 설명으로 틀린 것은?

① 임대소득이 주요 운용목적이다.
② 체계적이고 합리적인 펀드운용 프로세스 및 펀드운용 매뉴얼이 필요하다.
③ 규모가 너무 크면 펀드 수익률이 낮아진다.
④ 아웃소싱 내용이 많을 경우 유지비용 및 관리 비용이 높아져 수익률 저하를 가져온다.

> **해설**
>
> 임대형부동산펀드가 임대소득이 주된 운용목적인 반면, 경공매형부동산펀드는 시세차익에 의한 자본소득의 취득이 주된 운용목적이다.

　　　　　　　　61 ④　62 ④　63 ③　64 ① **정답**

65 다음 부동산펀드에 대한 설명으로 가장 적절하지 않은 것은?

① 대출형부동산펀드는 시행사로부터 별도의 대출채권담보장치를 마련하도록 요구된다.

② 경공매형부동산펀드에서 아웃소싱 전문기관을 어떻게 설정하느냐에 따라 비용 수준이 달라진다.

③ 개발형부동산펀드는 직접개발방식의 부동산펀드이므로 시공사의 선정과 인허가 가능성은 수익률에 영향을 미치지 않는다.

④ 대출형부동산펀드에서 대출하기 전에 시행사가 추진하는 부동산개발사업의 사업성 유무를 철저히 분석한 후 대출 여부를 결정해야 한다.

> **해설**
> 개발형부동산펀드는 시행사의 역할에 따라 개발사업의 이익이 달라진다. 따라서 부동산개발사업에 내재된 제반 위험요인들을 사전에 충분히 검토해야 한다.

66 부동산펀드의 수익률을 결정하는 요인을 바르게 설명한 내용을 모두 고르면?

> 가. 개발형부동산펀드 : 투자대상 부동산의 예상수익률 검토
> 나. 프로젝트 파이낸싱형 부동산펀드 : 임대료와 공실률 현황
> 다. 임대형부동산펀드 : 책임임대차계약 체결 유무
> 라. 경공매형부동산펀드 : 법적 문제의 처리시간과 비용 검토

① 가, 나, 다　　　　　　　　　② 가, 다, 라
③ 나, 다, 라　　　　　　　　　④ 가, 나, 다, 라

> **해설**
> 임대료와 공실률은 PF형부동산펀드(대출형부동산펀드)가 아니라 임대형부동산펀드에서 주로 고려해야 할 내용이다.

67 현실적으로 부동산 자체의 어떠한 성격이 너무 강할 경우 '부동산 자체를 기초자산으로 한 파생상품'이나 '기초자산인 부동산의 개별가격과 연계된 파생상품' 개발이 어려울 수 있다. 어떠한 성격을 말하는가?

① 개별성　　　　　　　　　　② 부동성
③ 부증성　　　　　　　　　　④ 영속성

> **해설**
> 현실적으로 부동산은 여타 파생상품의 기초자산과 달리 개별성이 강하기 때문에 기초자산으로 설정하기가 부적합한 경우가 많다. 이로 인해 부동산의 가격지수와 연계된 파생상품이 개발되고 있는 실정이나 이러한 상품도 현실적으로 개발되기는 어렵다.

68 「자본시장법」상 증권형부동산펀드의 요건을 충족하기 위해 펀드재산의 50%를 초과하여 투자해야 하는 부동산 관련 증권이 아닌 것은?

① 부동산개발 시행법인이 발행한 주식
② 부동산개발회사가 발행한 증권
③ 부동산 투자목적회사가 발행한 지분증권
④ 부동산 투자목적회사가 발행한 지분증권에 투자한 증권형 부동산펀드

해설

부동산개발 시행법인이 발행한 주식은 증권형부동산펀드의 요건을 충족하기 위한 부동산관련 증권으로 볼 수 없다.

69 증권형부동산펀드는 부동산 개발사업을 시행하기 위해 존속기간을 정하여 설립된 회사인 부동산개발회사가 발행한 증권에 투자할 수 있다. 이 부동산개발회사 중 「자본시장법」에 근거하지 않고 「법인세법」에 근거하는 회사는?

① 부동산투자유한회사
② 프로젝트금융투자회사
③ 부동산투자유한책임회사
④ 부동산투자합자회사

해설

프로젝트금융투자회사(PFV ; Project Financing Vehicle)에 대한 설명이다.

70 권리형부동산펀드와 관련된 설명으로 가장 거리가 먼 것은?

① 분양권은 물권을 확보할 수 있다.
② 지상권, 지역권, 임차권 등의 부동산관련 권리를 취득하여 운용하는 것을 목적으로 한다.
③ 부동산담보부금전채권에 투자하는 것도 가능하다.
④ 지역권이란 타인의 토지를 이용하여 투자자의 편익을 증대시키는 것과 관련된 권리를 말한다.

해설

분양권, 임차권, 부동산담보부금전채권은 '채권'이며, 지상권·지역권, 전세권은 '물권'으로 분류한다. 권리형부동산펀드는 이러한 채권과 물권에 모두 투자가 가능하다.

71 대출형부동산펀드에 대한 설명으로 가장 거리가 먼 것은?

① 시행사의 채무 이행 여부에 따라 수익성이 크게 결정된다.
② 대출 시점에서 부동산 개발사업의 사업성을 확인하기 어려운 것이 일반적이다.
③ 대출 원금상환을 담보하기 위해서는 시공사의 지급보증이 반드시 필요하다.
④ 부동산시장 경기가 크게 위축되면 부동산펀드는 손실이 발생할 수 있다.

> **해설**
> 대출형부동산펀드는 대출원금상환을 담보하기 위한 시공사의 지급보증이다. 하지만 반드시 설정해야 하는 의무사항은 아니다.

72 펀드재산의 50%를 초과하여 부동산을 개발하는 개발형부동산펀드가 투자할 수 없는 것은?

① 토지를 공장용지로 개발하는 사업
② 토지를 택지로 개발하는 사업
③ 건축물을 재축하는 사업
④ 건축물을 개량하는 사업

> **해설**
> 건축물을 개량하는 사업은 개량형부동산펀드에 해당된다.

73 경매시장의 경쟁으로 인해 나타나는 경공매형부동산펀드의 위험요인에 해당하는 것은?

① 운용인력의 전문성
② 유동화 방지에 따른 위험
③ 아웃소싱 관련 비용 증가에 따른 위험
④ 투자자산 미확보의 위험

> **해설**
> 경공매형부동산펀드는 사전에 투자자산을 확보하지 못한 상태에서 운영된다.

74 다음에서 설명하고 있는 부동산펀드의 형태는 무엇인가?

> 일반적으로 가치투자형 부동산펀드라고도 불리며, 사전에 투자 대상을 명확히 설정하지 않은 채 투자가 진행되는 것이 여타의 부동산펀드와의 차이점이라 할 수 있다.

① 경공매형부동산펀드　　　　　　　② 개발형부동산펀드
③ 개량형부동산펀드　　　　　　　　④ 매매형부동산펀드

해설
경공매형부동산펀드에 대한 설명이다. 경공매형부동산펀드는 경매나 공매와 같은 매각절차를 통해 상대적으로 저렴한 가격에 부동산을 취득하여 차후에 매각함으로써 매각차익을 추구한다.

75 임대형부동산펀드에 대한 설명으로 가장 적절하지 않은 것은?

① 임대형부동산펀드가 투자한 부동산의 공실위험을 줄이기 위해 임대기간을 가능한 단기로 체결하여 임차인 변동에 따른 위험을 최소화해야 한다.
② 관리비가 증가할 위험에 대비하여 관리비를 분석하고, 장래 물가상승률을 반영하여 관리하여야 한다.
③ 취득하는 부동산의 매입가격이 적정한지 유사거래 사례가격, 감정평가금액, 임대수익, 예상수익률 등을 종합적으로 고려하여 결정한다.
④ 임차인이 임대료 지급을 연체하거나 부도나 파산 등으로 인해 임대료를 받을 수 없는 위험에 대비하기 위해 임차인의 구성과 주요 임차인에 대한 재무상태 및 신용도를 파악하여야 한다.

해설
공실위험을 줄이기 위해 임대기간을 가능한 '장기'로 체결하는 것이 임차인 변동에 따른 위험을 최소화할 수 있다.

76 임대형부동산펀드의 임대수익에 영향을 주는 요인으로 적절하지 않는 것은?

① 관리비용이 많이 들 경우, 동일한 규모의 임대료를 받는다고 하더라도 수익률이 하락하게 된다.
② 임대수익에 영향을 주는 비용에는 전기 및 수도료, 청소비, 보험료 등이 해당된다.
③ 임대형부동산펀드가 차입을 하면 임대수익률을 올릴 수 있으므로 공실률의 위험에서 벗어나게 된다.
④ 임대수익에 가장 커다란 영향을 주는 요인 중 하나는 선호도가 높은 지역에 위치해 있는지 여부에 달려 있다.

해설
임대형부동산펀드에서 과다한 차입 관련 비용은 오히려 임대형부동산펀드의 수익률을 저하시키는 요인으로 작용할 수 있다.

77 부동산관련 권리의 하나로 인정되는 '부동산관련 신탁수익권'에 투자하는 권리형부동산펀드의 유형에 해당하는 것을 모두 고르면?

> 가. 부동산관련 증권의 신탁수익권에 투자하는 권리형부동산펀드
> 나. 부동산관련 금전채권의 신탁수익권에 투자하는 권리형부동산펀드
> 다. 부동산의 신탁수익권에 투자하는 권리형부동산펀드
> 라. 지상권, 전세권, 부동산임차권, 부동산소유권 이전등기 청구권에 투자하는 권리형부동산펀드

① 가, 나, 다
② 가, 다, 라
③ 나, 다, 라
④ 가, 나, 다, 라

> **해설**
> 부동산관련 권리의 하나로 인정되는 '부동산관련 신탁수익권'에 투자하는 권리형부동산펀드의 유형으로는 ⑤ '부동산관련 증권의 신탁수익권'에 투자하는 권리형부동산펀드, ⑥ '부동산관련 금전채권의 신탁수익권'에 투자하는 권리형부동산펀드, ⑥ '부동산의 신탁수익권'에 투자하는 권리형부동산펀드, ⑥ '지상권, 전세권, 부동산임차권, 부동산소유권 이전등기 청구권, 그 밖에 부동산관련 권리의 신탁수익권'에 투자하는 권리형부동산펀드 등을 들 수 있다.

78 파생상품에 대한 정의로 잘못된 것은?

① 날씨와 같은 예측이 어려운 대상은 파생상품의 기초자산으로 설정될 수 없다.
② 기초로 하는 지수 등에 의하여 산출된 금전 등을 수수하는 거래를 성립시킬 수 있는 권리를 부여하는 것을 약정하는 계약을 말한다.
③ 선물, 옵션, 선도 계약 등이 대표적인 파생상품의 유형이다.
④ 기초자산이나 기초자산의 가격·이자율 또는 이를 기초로 하는 지수 등에 의하여 산출된 금전 등을 장래의 특정 시점에 인도할 것을 약정하는 계약을 의미한다.

> **해설**
> 금융투자상품, 통화, 일반상품(농산물·축산물·수산물), 신용위험뿐만 아니라 그 밖에 자연적·환경적·경제적 현상도 파생상품 기초자산의 대상이 될 수 있다.

79 부동산을 대상으로 한 파생상품의 기초자산으로 선정하기에 적합하지 않는 대상은?

① 총수익지수연계 파생상품
② 가격지수연계 파생상품
③ 임대료 지수
④ 특정 건물의 공시지가 변동치

> **해설**
> 부동산파생상품펀드는 특정 부동산의 가격 변동의 경우 개별성이 강하기 때문에 가격지수와 연계된 총수익지수연계 파생상품, 임대료 지수 또는 공실률 지수 등을 통해 연계 파생상품을 구성한다.

80 공실률에 대한 설명으로 틀린 것은?

① 임대 대상 부동산이 임대기간 중 임대되지 않고 비어있는 기간의 비율을 의미한다.
② 공실률이 높을수록 임대수익이 감소한다.
③ 임대차 기간이 긴 경우보다 임대차 기간이 짧은 경우에 상대적으로 공실위험을 줄일 수 있다.
④ 임대형부동산펀드의 가장 대표적인 위험요인이 공실률이다.

> **해설**
> 임대차 기간을 장기간으로 하면 공실로 발생하는 위험을 줄일 수 있다.

81 부동산펀드 투자상담 시 고려해야 할 사항으로 가장 거리가 먼 것은?

① 부동산의 입지조건을 분석한다.
② 경기적 요인도 부동산펀드 투자 시 중요한 고려요인이 되므로 경기 침체기에는 개발형부동산펀드를 권유한다.
③ 고객의 특성을 고려한다.
④ 해외 부동산펀드는 국내 부동산시장이 침체되었을 때 상대적으로 투자대상으로 권유하기에 적합하다.

> **해설**
> 개발형부동산펀드는 경기 침체 시 위험이 더욱 증가하는 특징이 있다. 경기가 침체될 경우 부동산펀드 투자상담 시에는 경기적 요인을 고려했을 때 대출형부동산펀드를 권유하는 것이 보다 적합하다.

82 「자본시장법」에서 파생상품의 정의에서 사용하고 있는 '기초자산'에 해당하는 것으로만 모두 묶인 것은?

> 가. 금융투자상품
> 나. 외국의 통화
> 다. 농산물과 축산물
> 라. 당사자 또는 제3자의 신용등급의 변동, 파산 또는 채무재조정 등으로 인한 신용의 변동

① 가, 나 　　　　　　　　　　　② 가, 나, 다
③ 가, 나, 라 　　　　　　　　　④ 가, 나, 다, 라

> **해설**
> 「자본시장법」은 파생상품의 정의에서 사용하고 있는 '기초자산'을 다음 중 어느 하나에 해당하는 것으로 일반적으로 정의하고 있다.
> ㉠ 금융투자상품(증권, 파생상품을 의미)
> ㉡ 통화(외국의 통화를 포함)
> ㉢ 일반상품(농산물, 축산물, 수산물, 임산물, 광산물, 에너지에 속하는 물품 및 이 물품을 원료로 하여 제조하거나 가공한 물품, 그 밖에 이와 유사한 것을 말함)
> ㉣ 신용위험(당사자 또는 제3자의 신용등급의 변동, 파산 또는 채무재조정 등으로 인한 신용의 변동)
> ㉤ 그 밖에 자연적·환경적·경제적 현상 등에 속하는 위험으로서 합리적이고 적정한 방법에 의하여 가격·이자율·지표·단위의 산출이나 평가가 가능한 것

83 분양권에 투자하는 권리형부동산펀드에 대한 설명으로 가장 적절하지 않은 것은?

① 기존의 「간접투자법」은 명시적으로 부동산펀드의 투자대상을 예시하지 않았다.
② 「자본시장법」은 명시적으로 부동산펀드의 투자대상으로 분양권을 예시하였다.
③ 분양권 투자의 목적은 분양권프리미엄을 통한 차액이다.
④ 분양권은 이중분양의 위험이 존재하므로 가장 먼저 분양을 받아 해당 부동산에 대한 우선적인 권리를 주장해야 위험을 회피할 수 있다.

> **해설**
> 분양권은 이중분양되었을 경우 다른 사람들에 대해 우선권을 주장할 수 없다. 따라서 이러한 이중분양으로 인한 문제를 해결하기 위해 분양계약서를 공증한다고 하더라도 위험자체를 완전하게 회피할 수 없다. 따라서 분양자의 과거 경력 및 신용도를 충분히 파악하여 분양에 수반되는 제반 의무를 이행할 수 있는지 여부를 점검할 필요가 있다.

84 일정한 목적을 위하여 타인의 토지를 자기토지의 편익에 이용할 수 있는 민법상의 용익물권을 지칭하는 단어는?

① 분양권   ② 임차권
③ 지상권   ④ 지역권

> **해설**
> 지역권에 대한 설명이다.

85 특정 프로젝트 시행법인이 당해 '프로젝트 파이낸싱'에 있어서 차주의 지위를 가지게 되며, 당해 프로젝트 시행법인에 출자하여 실질적으로 프로젝트를 영위하는 자(이하 '실질사업자')는 '프로젝트 파이낸싱'으로 인해 발생하는 제반 의무를 부담하지 아니하거나 또는 일정한 범위 내에서 제한적으로 의무를 부담하는 것을 뜻하는 단어는?

① 부외금융
② 제한적 소구금융
③ 파생상품
④ 기업금융

> **해설**
> 제한적 소구금융에 대한 설명으로, 실질사업주는 '프로젝트 파이낸싱'으로 인해 발생하는 제반 의무를 부담하지 아니하거나 또는 일정한 범위 내에서 제한적으로 의무를 부담하는 것을 뜻하는 말이다. 비소구금융이라고도 한다.

86 이익을 실현하는 대상이나 방법을 달리하는 투자 형태는?

① 매매형부동산펀드
② 임대형부동산펀드
③ 개량형부동산펀드
④ 개발형부동산펀드

> **해설**
>
> 개발형부동산펀드는 부동산을 취득한 후 직접 부동산개발사업을 추진하여 부동산을 분양·매각하거나 또는 임대 후 매각함으로써 부동산개발사업에 따른 개발이익을 취득하는 것을 목적으로 하는 펀드로 개발사업 이익을 취하는 것을 목적으로 한다는 점에서 다른 유형의 실물형부동산펀드의 손익구조와 상이하다.

87 경공매형부동산펀드의 수익과 위험에 대한 설명으로 적절한 것으로만 모두 묶인 것은?

> 가. 경공매부동산의 미확보상태가 지속되는 경우에는 기간이 경과할수록 펀드의 수익률이 증가하게 된다.
> 나. 아파트나 토지가 낙찰률이 높아질 경우 기대했던 수익을 달성하기 어렵다.
> 다. 규모가 큰 업무용 또는 상업용 부동산에 투자하면 양호한 수익률을 실현할 가능성이 높다.
> 라. 경공매로 취득한 부동산은 다른 부동산에 비해 유동성이 부족한 특성이 있으므로 이에 대한 유동화 방안을 마련하기가 쉽지 않다.
> 마. 보유하고 있는 모든 경공매부동산을 펀드만기 이전에 매각하지 못하더라도 투자자에게 상환금이 지급된다.

① 가, 나, 다
② 나, 다, 라
③ 가, 다, 마
④ 나, 라, 마

> **해설**
>
> 경공매부동산시장의 위축 등으로 인한 경공매부동산의 미확보상태가 지속되는 경우에는 기간이 경과할수록 펀드의 수익률이 하락하게 되는 위험이 있을 수 있다. 또한 경공매형부동산펀드에서 보유하고 있는 모든 경공매부동산을 만기 이전에 매각하여 현금화시키지 못하는 경우에 펀드만기 시 투자자에게 상환금 등을 지급하지 못하게 되는 위험이 발생할 수 있다.

88 책임임대차계약의 주요 대상에 해당하지 않는 것은?

① 학교 기숙사
② 상업건물
③ 호 텔
④ 어 장

> **해설**
>
> 책임임대차계약의 체결은 주로 학교 기숙사, 기업의 사옥, 대형 상업시설, 비즈니스호텔, 멀티플렉스극장, 물류센터, 골프장 등과 같은 특정 용도의 부동산을 대상으로 하는 경우에 한하여 제한적으로 이루어진다.

89 다음 보기의 내용이 설명하고 있는 부동산 투자전략에 해당하는 것은?

> 중위험-고수익을 추구하는 전략으로 부동산 개량이나 일정수준의 재개발투자를 실행하고 시장이 좋을 때 되파는 전략을 사용한다.

① 핵심전략
② 핵심플러스전략
③ 가치부가전략
④ 기회추구전략

해설

가치부가전략에 대한 설명이다. 중위험-고수익을 추구하는 전략으로 부동산 개량이나 일정수준의 재개발투자를 실행하고 시장이 좋을 때 되파는 전략을 사용한다. 이 전략은 전통적으로 관리방법의 변경이나 물리적 개선 등을 수행하며 그러한 개선작업을 통해 임대수익의 제고를 추구한다.

90 다음 중 핵심플러스전략에 대한 설명으로 적합한 것은?

① 핵심전략보다는 다소 높은 리스크를 감수하며 보다 높은 수익을 추구하는 전략이다.
② 고위험을 감수하며 최고의 수익을 추구하는 전략으로 개발되지 않은 토지에 투자하여 개발하거나 저평가된 시장이나 교통이 덜 발달한 지역의 토지 등에 투자한다.
③ 중심지역이나 교통의 요지에 존재하는 부동산에 대한 투자로 가장 보수적인 낮은 리스크를 감수하며 낮은 기대수익을 추구한다.
④ 양호한 현금흐름을 창출하는 우량부동산에 대한 투자가 주된 전략이다.

해설

핵심전략보다는 다소 높은 리스크를 감수하며 보다 높은 수익을 추구하는 전략으로 다소 간의 가치 제고 활동을 수반하거나 입지여건의 개선이 기대되는 부동산에 투자한다. ②는 기회추구전략, ③과 ④는 핵심전략에 해당한다.

91 부동산펀드의 투자구조에 대한 설명 중 잘못된 것은?

① 부동산펀드는 그 투자대상과 투자지역 등에 따라 매우 복잡한 투자구조를 가질 수 있다.
② 해외부동산에 투자하는 경우 조세피난처 여러 곳에 특수목적회사(SPC)를 세우고 투자형식을 지분과 메자닌 등을 섞어 구조를 짜는 경우가 일반적이다.
③ 부동산투자와 관련하여서는 취득과 처분이 실물자산에 대한 직접적인 취득과 처분이 이뤄지는 경우(Hard-asset Deal)에 있어서는 그 구조가 비교적 복잡하다.
④ 단독투자의 경우에 있어서는 100% 주주로서 대표이사를 포함한 모든 이사, 감사 등을 선임할 수 있어 문제될 것이 없다.

해설

부동산투자와 관련하여서는 실물 부동산을 직접 취득 내지 처분하는 경우(Hard-asset Deal)에는 그 구조가 비교적 단순하지만, 이와는 달리 특수목적회사의 지분 등을 통해 취득 내지 처분하는 경우(Share Deal)에는 직접적으로 양수도 하는 지분 등과 관련하여 동 지분을 통해 지배하는 다른 특수목적회사에 대한 지배관계를 확인할 필요가 있다.

92 부동산펀드의 기대수익에 대한 설명 중 잘못된 것은?

① 부동산펀드는 취득 후 임대 등 운영에서 발생하는 운영수익과 자산매각 시 발생하는 처분이익을 수익의 원천으로 하고 있으며, 동 수익의 현금흐름에 대한 할인율을 적용하여 기대수익률을 산출하게 된다.

② 임대수익의 경우 공실률과 임대료 상승률을 보다 보수적인 수치로 가정할 때 수익률이 어느 정도 하락하는지에 대한 분석이 필요하다.

③ 부동산펀드는 통상 차입을 통한 레버리지를 사용하고 있기 때문에 금리가 상승할 경우 부담하게 될 이자비용의 증가와 할인율 상승에 따른 수익률의 하락이 어느 정도인지 등도 함께 고려해야 한다.

④ 부동산펀드에 투자할 때는 가장 최적화된 수익률을 달성할 수 있는 상황을 고객에게 제시함으로써 고객의 합리적인 투자 판단에 도움을 주어야 한다.

> **해설**
> 부동산펀드에 투자할 때는 발생가능한 여러가지 시나리오별 기대수익률을 분석하고, 최악의 상황을 감내할 수 있는지의 여부를 판단할 필요가 있다.

93 부동산펀드의 가격변동위험에 대한 설명 중 올바른 것을 모두 고르면?

> 가. 가격변동위험은 실물부동산의 가격변동에 따른 위험과 부동산펀드가 거래되는 시장에서 발생하는 집합투자증권 가격변동위험으로 나누어 볼 수 있다.
> 나. 청산을 앞둔 부동산펀드의 경우 단기적으로 거래가 활성화되기도 하는데 이는 청산배당에 따르는 과세부담을 회피하기 위한 거래적 수요에 따라 발생하는 현상으로 볼 수 있다.
> 다. 부동산펀드투자의 가격변동위험을 회피하기 위한 파생상품에 대한 접근이 용이하다.
> 라. 부동산펀드 기초자산의 가격변동위험을 헤지하는 방법으로는 부동산의 가격움직임과 상반관계에 있는 환율파생상품을 활용하는 방법이 있다.

① 가, 나   ② 가, 다
③ 나, 라   ④ 나, 다

> **해설**
> 다. 가격변동위험은 전통적으로는 파생상품을 활용하는 방법으로 관리하지만 부동산펀드투자의 경우에는 위험회피용 파생상품에 대한 접근이 용이하지 않다.
> 라. 부동산펀드 기초자산의 가격변동위험을 헤지하는 방법으로는 부동산의 가격움직임과 상반관계에 있는 금리파생상품을 활용하는 방법이 있다.

94 부동산펀드 투자 시 유의사항이 아닌 것은?

① 부동산펀드의 수익률은 전반적인 건설경기에 좌우된다.
② 자산운용회사의 시장평판은 투자 시 단순한 참고자료일 뿐이지 수익률에 직접적인 영향을 주지는 않는다.
③ 부동산펀드 투자 시 금융비용을 부담하는 형태로 투자할 경우 보수적인 의사결정이 필요하다.
④ 펀드 선택 시 펀드를 운용하는 자산운용사의 투자전략을 확인해야 한다.

> **해설**
> 부동산펀드의 수익률은 전반적인 부동산 경기에도 영향을 받는 것은 사실이지만, 해당 펀드가 투자하는 부동산 입지에 따라 결정되므로 입지분석이 가장 중요하다. 다시 말해 전반적인 부동산 경기가 좋다 하더라도 부동산펀드가 선택한 투자 대상은 이와는 상반된 수익을 거둘 수도 있으며, 반대로 전반적인 부동산 경기는 불황이지만 국지적인 호재성 투자대상을 잘 선택할 경우 높은 수익률을 거둘 수 있다.

95 부동산펀드 투자가 일반적인 투자와 다른 요인을 잘못 설명한 것은?

① 일반 펀드보다 장기 투자인 경우가 많기 때문에 여유자금이 있어야 한다.
② 아무리 좋은 자산에 투자한다고 하더라도 투자하는 시기가 투자 성패를 좌우한다.
③ 가장 높은 가격으로 올랐을 때 환급하는 것이 가장 적절한 투자전략이다.
④ 부동산투자도 마찬가지로 경기흐름의 방향을 잘 타는 것이 중요하다.

> **해설**
> 투자 과정에서 고점과 저점이 어느 지점인지를 사전에 확인하기란 어렵다. 이런 상황에서 꼭지(경기정점)를 알 수 없으므로 꼭지를 찍고 내려와 반등하는 시점에 파는 것이 효과적인 투자전략이다.

96 부동산 투자가 여타 투자와 다른 점으로 바르지 않은 것은?

① 증권시장과는 달리 유동성이 제약되기 때문에 매매시점을 적절히 택하는 것이 필요하다.
② 증권시장과 달리 물건소유자와 거래에 대한 흥정을 하게 된다.
③ 부동산을 매입하는 과정은 상당히 복잡하고 많은 시간과 발품을 요구한다.
④ 부동산의 경우에는 임대 수익 등을 거둘 수 있어 유지관리가 수월하다.

> **해설**
> 부동산을 보유함에 있어서도 유지관리와 임대차관리 등 보유부동산의 가치를 보전하고 제고하기 위한 노력을 게을리 하면 안 된다.

97 부동산 실물투자에 비해 부동산펀드 투자가 가지고 있는 장점이 아닌 것은?

① 실물부동산 투자에 필요한 노력을 자산운용회사가 대신해 준다.
② 부동산펀드 역시 일반적인 펀드와 마찬가지로 다양한 투자 상품이 존재한다.
③ 부동산펀드도 그 종류별로 수익성과 리스크가 다르다.
④ 부동산펀드 투자는 부동산 실물투자와 유사한 효과를 거둘 수 있다.

> **해설**
> 그간 부동산펀드의 경우 사모펀드를 조성하여 투자를 실행해왔기 때문에, 일반 투자자들이 부동산펀드에 대한 투자기회를 찾기가 용이하지 않았던 것이 사실이다.

98 교통이 덜 발달한 지역이나 아직 개발되지 않은 토지를 대상으로 한 투자전략은?

① 핵심(Core)전략
② 핵심플러스(Core Plus)전략
③ 가치부가(Value Added)전략
④ 기회추구(Opportunistic)전략

> **해설**
> 기회추구전략은 고위험을 감수하며 최고의 수익을 추구하는 전략으로 개발되지 않은 토지를 투자하여 개발하거나 저평가된 시장이나 교통이 덜 발달한 지역의 토지 등에 투자한다.

99 부동산펀드의 투자구조에 대한 설명 중 잘못된 것은?

① 특수목적회사의 투자자는 이사회에 참여할 이사의 지명권이나 지배권 등을 확보하는 것이 중요하다.
② 특수목적회사의 경우에도 일반 회사와 마찬가지로 직원과 이사회, 사원총회 등의 요건을 모두 갖추고 있다.
③ 공동투자의 경우에 있어서는 지배구조를 어떻게 정할 것인지가 매우 중요하다.
④ 해외부동산에 투자하는 경우 조세피난처 여러 곳에 특수목적회사(SPC)를 세우는 경우가 일반적이다.

> **해설**
> 일반적으로 특수목적회사는 직원이나 사무실이 없는 명목회사(Paper Company)로 설립되고 의사결정은 이사회나 사원총회 등을 통해 이뤄지게 된다.

100 특수목적회사의 지배권과 관련된 설명으로 잘못된 것은?

① 주주총회를 통한 지배의 경우에 일반적으로는 50% + 1주를 확보하면 지배권을 가질 수 있다.

② 소수 지분 투자의 경우에 있어서는 중요한 의사결정 시 주주전원의 합의 또는 이사회의 만장일치 등으로 결의요건을 강화하거나 거부권을 확보하고 있는지 여부 등을 확인하여야 한다.

③ 부동산의 경우에는 처분 시 일부지분이라도 보유하고 부분 매각하는 것이 유리하다.

④ 회사형태에 따라서는 지분을 양도하고자 하는 경우 공동투자자의 동의가 필요하거나 업무집행 사원이 별도로 있는 경우에는 업무집행사원의 동의가 필요할 수 있다.

해설

부동산의 경우 일부지분보다는 전체지분을 매각하는 것이 일반적으로 유리하기 때문에 지배지분을 갖고 있는 경우에 도 공동매각요구권(Drag-along right)을 확보하는 것이 중요하다.

101 부동산펀드 관련 기대수익률을 계산하는 방법의 주의사항이 아닌 것은?

① 부동산펀드의 원천은 취득 후 임대 등 운영에서 발생하는 운영수익과 자산매각 시 발생하는 처분 이익이다.

② 미래 경제 상황에 대한 전망이 바뀔 경우 이에 따라 기대수익률이 어느 정도 달라지는지에 대한 민감도를 분석해 보아야 한다.

③ 금리가 장기적으로 하락하면 투자의 자본환원율도 높아져 자산가격이 꾸준히 올라가는 것이 일 반적이다.

④ 부동산개발사업에 투자하는 경우에 있어서는 개발이 완료되고 운영이 안정화되기까지는 현금흐 름이 계속 부(-)의 흐름을 보인다.

해설

자본환원율은 미래추정이익을 현재가치로 전환하기 위해 적용하는 할인율을 말한다. 상업용부동산이나 비상장기업의 수익가치를 산정할 때 사용된다. 금리가 장기적으로 하락하면서 투자의 자본환원율도 낮아져 자산가격이 꾸준히 올라 가는 것이 일반적이다.

102 부동산펀드 투자비용에 대한 설명 중 옳지 않은 것은?

① 투자를 실행함에 따라 발생하는 비용과 함께 부동산펀드의 자산운용회사나 판매회사 등에 지불하는 수수료비용 등을 같이 고려하여야 한다.

② 투자를 실행함에 따라 발생하는 비용으로는 투자대상 부동산에 대한 실사비용과 중개수수료, 취득록세, 대출실행에 따라 부대되는 취급수수료 등 있다.

③ 부동산에 대한 실사비용으로는 법률실사, 재무실사, 감정평가, 물리실사 등이 있다.

④ 자산운용회사에 지급되는 자산매입수수료도 취득원가에 가산되며 이러한 매입부대비용은 대체로 부동산 취득가액의 5% 내외이다.

> **해설**
> 매입부대비용은 대체로 부동산 취득가액의 2% 내외이다.

103 부동산펀드 투자비용에 대한 설명 중 틀린 것은?

① 보유부동산의 평가액이 상승하더라도 운용보수와 판매보수는 변동하지 않는다.

② 부동산펀드 투자 시 제반 비용 외에도 이익분배금, 청산배당금, 지급받을 시의 세금 등을 고려해야 한다.

③ 판매회사에서는 이익분배금에 대해 일정률의 원천세를 공제하고 잔여금액을 지급하게 된다.

④ 부동산펀드에서 발생하는 이익분배금은 금융소득으로 분류과세되어 투자자가 개인일 경우 금융소득의 연간합산액 2천만원을 초과할 경우에는 종합과세 대상이다.

> **해설**
> 보유부동산의 평가액이 상승하는 경우 투자자는 그에 상응하여 운용보수와 판매보수를 추가로 부담하게 될 수 있다.

104 부동산펀드 투자 시 유발될 수 있는 리스크 요인 중 보기에서 설명하는 리스크 요인에 해당하는 것은?

> 부동산 펀드를 매매할 시점에 일시적으로 수급 상황이 어려워져 순자산가치보다 할인되어 거래되는 위험

① 가격변동위험   ② 유동성위험

③ 환율변동위험   ④ 운영위험

> **해설**
> 유동성위험이란 자신의 자산 형태를 변경하고 싶을 때 수급 상황의 어려움으로 인해 적정가격에 매매하지 못하는 위험을 말한다. 부동산펀드는 만기가 있고 만기가 도래할 즈음에는 기초자산인 부동산을 매각하게 됨에 따라 매각가격을 감안한 순자산가치 수준으로 거래가격이 수렴한다. 청산을 앞두고 거래가 활성화되는 것은 유동성위험에 따른 할인율이 최소화됨에 따른 현상으로 이해할 수 있다.

105 다음 보기에서 설명하는 리스크 요인에 해당하는 것은?

> 부동산펀드의 대상자산이 복잡한 상황에 대한 내용을 투자설명서나 제안서에 정확하게 기재하고 설명해야 하지만, 설명이 정확하지 않거나 오해를 유발하는 부분이 있는 경우에는 투자자가 펀드에 대해 정확하게 이해하지 못하거나 잘못된 정보에 의존해서 투자의사 결정을 할 수 있는 위험

① 가격변동위험
② 유동성위험
③ 환율변동위험
④ 불완전판매위험

해설

불완전판매로 인한 위험에 대한 설명이다. 불완전판매로 인해 투자자가 손해를 입게 되는 경우 투자자는 감독기관에 분쟁조정을 신청하거나 법원에 손해배상을 청구할 수 있다.

106 부동산펀드의 특수성으로 인해 부담하게 되는 비용에 대한 설명 중 잘못된 것은?

① 실물부동산투자에서 발생하는 비용을 모두 투자자가 부담하게 된다.
② 부동산펀드 판매보수는 투자자가, 판매수수료는 투자자와 투자회사가 공동 부담한다.
③ 부동산펀드 운용보수와 판매보수는 모두 부동산가액을 기준으로 부과된다.
④ 정확한 이익률을 산출하기 위해서는 투자 시 유발되는 수수료뿐만 아니라 관련 세금을 같이 고려해야 한다.

해설

부동산펀드 판매보수와 판매수수료는 모두 투자자가 부담한다.

107 부동산펀드의 가격변동 위험과 관련된 설명 중 옳지 않은 것은?

① 부동산펀드가 보유하고 있는 실물자산의 가격변동 위험은 고객에게 전가된다.
② 주식 및 채권 중심의 펀드에 비해 위험을 헤지하기 위한 파생상품시장이 발달되지 않았다.
③ 투자하고 있는 실물부동산의 가격변동이 없으면 부동산펀드 역시 가격변동이 발생하지 않는다.
④ 해외부동산펀드의 해당 부동산 투자대상의 시세뿐만 아니라 환율 변화로 인한 위험요인을 함께 내포하고 있다.

해설

투자하고 있는 실물부동산의 가격변동이 없더라도 부동산펀드는 수급요인에 따라 가격변동이 발생한다.

01 실물형부동산펀드에는 매매형부동산펀드, 임대형부동산펀드, 개량형부동산펀드, 경공매형부동산펀드, 개발형부동산펀드 등이 있다. ( )

02 사전특정형 펀드란, 펀드 투자자들에게서 펀드자금을 모집하기까지는 펀드의 투자대상 자산 또는 투자방식을 특정하지 않다가 펀드자금을 모집한 이후에 펀드의 투자대상 자산을 발굴하여 투자하는 방식의 펀드를 말한다. ( )

03 매매형부동산펀드는 단순히 매각하는 것을 주목적으로 하므로, 부동산가치를 높이는 적극적인 활동 대신 소극적인 유지보수를 한다. ( )

04 임대형부동산펀드는 안정적인 수익 확보를 위해 임대료뿐만 아니라 관리비 · 주차료 · 전용선임대료 등의 기타소득도 병행하여 수령할 필요가 있다. ( )

05 경공매형부동산펀드는 직접개발방식의 부동산펀드라고도 한다. ( )

06 프로젝트 파이낸싱(PF)은 비소구금융 혹은 제한적 소구금융의 특징을 지닌다. ( )

07 물가가 상승하면 실물에 대한 수요가 늘어나기 때문에 부동산에 대한 수요가 늘어나서 부동산 가격이 상승할 수 있다. ( )

정답

01 ○
02 × 사전불특정형 펀드에 대한 설명이다. 사전특정형 펀드란 펀드 투자자들에게서 펀드자금을 모집하기 이전에 펀드의 투자대상 자산 또는 투자방식을 특정하고, 펀드자금을 모집한 후에 사전에 특정된 투자대상 자산에 투자하는 방식의 펀드이다.
03 ○
04 ○
05 × 직접개발방식의 부동산펀드라고 부르는 것은 개발형부동산펀드이다.
06 ○
07 ○

08 가치부가전략은 일정 수준의 재개발투자를 실행하며, 시장이 좋을 때 되파는 전략이다. (　　)

09 기회추구전략은 고위험을 감수하며, 최고의 수익을 추구하는 전략이다. (　　)

10 부동산개발사업에 투자하는 경우에 있어서는 개발이 완료되고 운영이 안정화되기까지는 현금흐름이 계속 부(−)의 흐름을 보인다. (　　)

11 부동산펀드에서 발생하는 이익분배금은 금융소득으로 분류과세되어 투자자가 개인일 경우 금융소득의 연간합산액 2천만원을 초과할 경우에는 종합과세 대상이다. (　　)

12 부동산펀드는 기관투자자보다는 일반 개인투자자의 투자수단으로 활용된다. (　　)

13 대출형부동산펀드에서 초기 분양률이 높으면 위험이 존재하지 않는다. (　　)

14 해외 펀드 환매 시 투자자에게 현금 유입이 이루어지는 시점은 일반적으로 환매를 신청하고 3영업일 이후에나 가능하다. (　　)

15 해외 부동산펀드에 투자할 때는 해당 국가의 부동산 정보 및 경제성장률 등의 정보에 대해 사전에 파악해야 한다. (　　)

정답

08 ○
09 ○
10 ○
11 ○
12 × 부동산펀드는 다수의 소액투자자들에게서 자금을 조달하기보다는 거액의 자금을 투자할 수 있고 투자하기로 약속한 경우 반드시 이행할 것이라고 신뢰할 수 있는 소수 기관투자자의 자금을 선호한다.
13 × 초기 분양률이 높으면 조기상환 위험에 직면하게 된다.
14 × 6~8영업일 이후에나 가능하다.
15 ○

부록

최종모의고사

제1회 최종모의고사

01 펀드의 자산운용보고서에 관한 설명이다. 틀린 것은?

① 집합투자업자는 신탁업자의 확인을 받아야 한다.
② 제공 방법으로는 원칙적으로 판매회사를 통해 우송하는 방법을 취한다.
③ 투자자가 컴퓨터 통신으로 수령의 의사가 있는 경우는 컴퓨터 통신을 이용하여 제공한다.
④ 6개월에 1회 이상 투자자에게 제공하여야 한다.

02 집합투자업자의 회계업무에 관한 설명 중 틀린 것은?

① 회계기간은 집합투자업자마다 상이하다.
② 펀드재산과 고유재산을 구분하여 회계처리한다.
③ 금융위는 회계처리준칙을 금융감독원에 위탁한다.
④ 금융위가 정하는 회계처리준칙 및 기업회계기준을 적용한다.

03 펀드재산의 10%를 초과하여 동일 종목에 투자하는 것을 금지하고 있으나 일부 예외규정을 두고 있다. 다음 중 펀드재산의 100%를 투자할 수 있는 투자증권에 해당하는 것은?

① 국 채
③ 최고우량주식
② 지방채
④ 은행 CD

04 일반형펀드와 모자형펀드로 구분하는 분류 기준은?

① 펀드의 운영구조(환매가능여부)
② 펀드설정 구조
③ 법적 형태
④ 추가설정 여부

05 외국 집합투자기구의 집합투자업자 및 펀드 요건에 대한 설명 중 틀린 것은?

① 최근 사업연도 말 운용자산규모가 1조원 이상이어야 한다.

② OECD 가맹국의 법률에 의한 펀드는 국내 판매가 가능하다.

③ 보수, 수수료 체계가 국제관례에 비추어 지나치게 낮으면 안 된다.

④ 투자자의 요구에 직·간접적으로 환매 등의 방법으로 회수가 가능해야 한다.

06 다수펀드의 통합 주문 시 자산의 배분 기준에 관한 사항이다. 틀린 것은?

① 다수펀드에서 동일한 자산을 매매하는 경우 통합매매를 효율성을 위해 허용하고 펀드별로 기재된 매매주문서와 펀드별 지분 배분 내역서를 작성한다.

② 취득·매각한 자산을 우수펀드의 우선원칙으로 결정한 가격으로 배분하여야 한다.

③ 취득·매각한 자산의 수량이 미리 정하여진 배분수량에 미달하는 경우에 미리 정해진 배분수량에 비례하여 배분한다.

④ 펀드별 매매주문서와 자산 분배내역을 전산으로 기록·보관한다.

07 파생펀드의 파생상품거래에 따른 설명 중 틀린 것은?

① 「자본시장법」상 파생결합증권은 증권의 범주에 속한다.

② 공모파생펀드의 파생결합증권 펀드 한도는 30%이다.

③ 파생상품투자에 따른 위험공시의무는 사모펀드의 경우에는 배제된다.

④ 파생상품 운용전문인력만이 파생펀드를 운용할 수 있으며, 때문에 위험평가액의 규제는 없다.

08 판매보수 및 판매수수료에 대한 설명 중 틀린 것은?

① 판매보수와 판매수수료는 두 가지 모두 받을 수 없다.

② 받을 수 있는 상한선이 정해져 있지만 사모펀드의 경우는 상한선이 없다.

③ 판매수수료는 집합투자규약에서 정하는 방법에 의해 차등하여 받을 수 있다.

④ 후취판매수수료는 환매시점에 받는다.

09 집합투자기구의 자산운용에 대한 다음의 설명 중 틀린 것은?

① 집합투자기구의 자산총액으로 동일 법인이 발행한 지분증권 총수의 30%를 초과하여 투자할 수 없다.
② 파생상품매매에 따른 위험평가액이 펀드재산의 100%를 초과하여 투자할 수 없다.
③ 기초자산 중 동일 법인이 발행한 증권의 가격변동으로 인한 위험평가액이 각 집합투자기구 자산총액의 10%를 초과하여 투자할 수 없다.
④ 동일거래 상대방과의 장외파생상품 매매에 따른 '거래상대방 평가위험액'이 각 집합투자기구 자산총액의 10%를 초과하여 투자할 수 없다.

10 다음 중 법정해지에 해당하는 경우는?

① 수익자총회에서의 투자신탁 해지결의
② 공모·개방형 펀드로서 설정하고 1년이 지난 후 1개월간 계속하여 투자 신탁원본액이 50억원에 미달하는 경우
③ 당해 투자신탁수익증권 전부 환매의 청구를 받아 투자신탁계약을 해지하고자 하는 경우
④ 수익자 전원이 동의하는 경우

11 집합투자기구 재산에 대한 운용제한에 대한 설명 중 틀린 것은?

① 동일 종목의 투자증권에는 10%를 초과하여 투자하는 것이 금지되어 있다.
② 투자증권의 동일 종목 시가총액이 10%를 초과하는 경우에도 10%를 초과하여 투자할 수 없다.
③ 집합투자기구에서 자금의 차입이나 채무보증은 원칙적으로 금지되어 있다.
④ 투자증권의 대여는 보유하고 있는 투자증권 총액의 50% 이내이다.

12 집합투자증권의 환매연기에 대한 설명 중 틀린 것은?

① 환매연기 기간 중에는 환매연기대상 집합투자증권의 발행 및 판매행위도 금지된다.
② 환매연기결정은 환매에 관하여 정한 사항의 실행이 불가능한 경우 계속해서 환매연기할 수 있다.
③ 부분환매연기란 재산의 일부가 환매연기사유에 해당하는 경우 그 일부에 대해서만 환매를 연기하고 나머지는 투자자의 지분에 따라 환매에 응하는 것을 말한다.
④ 계속적인 부분환매 연기를 위해서는 반드시 펀드분리를 해야 한다.

13 투자자에게 자산보관 및 관리보고서의 제공을 해야 하는 경우는?

① 투자가가 수령거부 의사를 서면으로 표시한 경우

② 10만원 이하의 투자자

③ 집합투자기구 자산총액이 100억원 이하인 소형 집합투자기구

④ MMF, 폐쇄형펀드, ETF로서 인터넷 홈페이지 등을 통해 공시하는 경우

14 공모펀드에서 성과보수를 받는 경우의 제한내용에 관한 설명 중 틀린 것은?

① 펀드의 최소 존속기간이 3년 이상이고 폐쇄형펀드여야 한다.

② 금융위가 정하는 최소 투자금액 이상을 투자하면 된다.

③ 성과보수가 금융위가 정하는 기준지표에 연동하여 산정되어야 한다.

④ 운용성과가 기준지표보다 낮은 경우 성과보수를 적용하지 않는 경우보다 적은 운용보수를 받는 보수체계를 갖추어야 한다.

15 외국집합투자기구의 국내 판매를 위한 규정에 대한 설명 중 틀린 것은?

① 외국집합투자증권을 국내에서 판매하려면 해당 외국집합투자기구를 금융위에 등록해야 한다.

② 자산운용보고서는 3개월에 1회 이상 제공하여야 한다.

③ 외국집합투자업자의 자산운용규모가 5조원 이상이어야 한다.

④ 외국집합투자증권은 OECD가맹국, 홍콩, 싱가포르 법률에 의해 발행되어야 한다.

16 펀드의 평가 시 공정가액에 대한 설명으로 틀린 것은?

① 믿을 만한 시가가 없는 경우에는 공정가액으로 평가한다.

② 평가위원회가 충실의무를 준수하여 일관성 있게 평가한 가격을 의미한다.

③ 가격평가시 취득가격, 거래가격, 전문가가 제공한 가격 등을 고려하여 평가한다.

④ 부실화된 자산은 3단계로 분류하여 평가(부실우려, 발생, 개선)한다.

17 다음 빈칸에 알맞은 내용은?

> 펀드의 환매기간은 15일을 넘지 않는 범위에서 집합투자규약에서 정할 수 있다. 다만, 집합투자기구 자산총액의 (㉮)%를 초과하여 시장성 없는 자산에 투자하는 경우와 집합투자기구 자산총액의 (㉯)%를 초과하여 외화자산에 투자하는 경우에는 환매기간을 15일을 초과하여 정할 수 있다.

	㉮	㉯			㉮	㉯
①	10%	30%		②	10%	50%
③	30%	30%		④	30%	50%

18 펀드의 환매연기에 대한 설명 중 틀린 것은?

① 환매연기를 결정한 날로부터 6주 이내에 총회를 개최해야 한다.
②「자본시장법」에서는 부분환매연기제도를 인정하지 않는다.
③ 환매연기대상자산과 정산자산을 분리하여 환매연기대상자산을 현물로 납입하고 별도의 펀드를 설립하는 것을 펀드분리라고 한다.
④ 집합투자업자 및 투자회사는 수익자 동의 없이 펀드를 분리할 수 있다.

19 파생상품 및 부동산의 운용에 대한 설명 중 틀린 것은?

① 파생상품매매의 위험평가액이 자산총액의 10%를 초과하는 경우 공시해야 한다.
② 장외파생매매의 위험평가액이 자산총액의 10%를 초과하는 경우 운용에 따른 위험관리 방법을 금융위에 신고해야 한다.
③ 집합투자기구가 부동산을 취득하는 경우 금융기관으로부터의 금전의 차입은 가능하나 다른 부동산 집합투자기구로부터는 차입은 금지된다.
④ 부동산 취득을 위해 차입한 금전은 부동산 취득에만 사용해야 한다.

20 투자신탁의 수익자총회에 대한 설명 중 틀린 것은?

① 서면에 의한 의결권 행사도 가능하다.
② 수익자총회는 수익증권 5% 이상 보유의 수익자면 총회를 소집할 수 있다.
③ 수익자총회는 신탁업자의 요구에 의해서도 소집할 수 있다.
④ 수익자총회의 의장은 집합투자업자가 된다.

21 환매금지형(폐쇄형) 집합투자기구에 대한 설명 중 틀린 것은?

① 펀드자산총액의 20%를 초과하여 시장성 없는 자산에 투자하는 경우 반드시 폐쇄형으로 하여야 한다.
② 존속기간을 정한 펀드에 한하여 폐쇄형으로 만들 수 있다.
③ 폐쇄형펀드는 최초로 발행한 날로부터 90일 이내에 증권시장에 상장하여야 한다.
④ 폐쇄형펀드는 최초 발행 이후 펀드를 추가로 발행할 수 없다.

22 집합투자업자가 주식의 의결권을 행사함에 있어서 중립적(Shadow Voting)으로 해야 하는 경우가 아닌 것은?

① 집합투자업자(그 이해관계인 및 사실상 지배자 포함)가 해당 주식 발행 법인을 계열회사로 편입하기 위한 경우
② 집합투자재산인 주식을 발행한 법인이 그 집합투자업자와 계열회사관계 혹은 사실상 지배자 관계에 있는 경우
③ 그 밖에 투자자 보호 또는 집합투자재산의 적정한 운용에 저해되는 경우
④ 집합투자재산에 손실이 초래될 것이 명백하게 예상되는 경우

23 집합투자업자의 주식 의결권 행사와 관련된 설명 중 틀린 것은?

① 집합투자업자가 자산 운용기준을 위반하여 초과 취득한 주식의 의결권은 행사할 수 없다.
② 제3자와 계약에 의거 의결권을 교차하여 행사하는 것은 금지된다.
③ 집합투자업자가 규정을 위반하여 의결권을 행사한 경우 금융위는 6개월 이내에 처분을 명할 수 있다.
④ 집합투자업자는 의결권 행사의 내용을 주총 1주일 전까지는 증권시장에 공시해야 한다.

24 펀드 판매회사의 불건전 영업행위로 볼 수 없는 것은?

① 일반투자자에게 빈번하게 투자를 권유하는 경우
② 재산상의 이익을 제공하거나 제공받는 행위
③ 전문투자자를 상대로 한 차별적인 판매촉진 노력
④ 투자자로부터 집합투자증권의 매수

25 집합투자기구의 자산운용에 대한 설명 중 틀린 것은?

① 각각의 집합투자기구는 동일 종목의 증권에 자산총액의 10%를 초과하여 투자할 수 없다.
② 동일 법인이 발행한 증권 중 지분증권과 지분증권을 제외한 것을 모두 합하여 동일 종목으로 본다.
③ 국채, 통안증권은 100%까지 투자할 수 있다.
④ 지방채, 파생결합증권은 30%까지 투자할 수 있다.

26 「자본시장법」에 의해 인정되는 부동산펀드에 해당하는 것으로 보기 어려운 것은?

① 매매형부동산펀드
② 준부동산펀드
③ 권리형부동산펀드
④ 파생상품형부동산펀드

27 공모 집합투자기구가 성과보수를 받을 수 있는 경우가 아닌 것은?

① 성과보수가 금융위가 정하는 일정한 기준지표에 연동하여 산정될 것
② 운용성과가 기준지표의 성과보다 낮은 경우 성과보수를 적용하지 않는 경우보다 적은 운용보수를 받게 되는 보수체계를 갖출 것
③ 운용성과가 기준지표의 성과를 초과하더라도 해당 운용성과가 부의 수익률을 나타내거나 일정 성과가 금융위가 정하는 기준에 미달하는 경우에는 성과보수를 받지 않을 것
④ 개방형펀드 형태여야 하며, 집합투자증권을 추가로 발행할 것

28 신탁업자가 수탁받은 펀드재산의 보관 및 관리에 대한 설명 중 틀린 것은?

① 수탁받은 펀드재산과 자기의 고유재산은 상호 거래하지 못한다.
② 투자회사의 신탁업자는 집합투자업자의 계열회사가 아니어야 한다.
③ 신탁업자는 집합투자업자의 기준가격 산출이 적정한지 확인해야 한다.
④ 수탁받은 펀드재산과 신탁업자의 고유재산은 함께 관리한다.

29 다음의 빈칸에 들어갈 내용으로 알맞은 것은?

> 집합투자업자는 매수청구가 있으면 매수청구기간(수익자총회 결의일로부터 20일 이내) 만료일로부터 (   ) 이내에 매수해야 한다.

① 7일　　　　　　　　　　② 10일
③ 15일　　　　　　　　　　④ 30일

30 펀드 판매 시 투자권유에 대한 다음 설명 중 틀린 것은?

① 고객의 점수가 60점에서 80점 사이인 경우에는 적극 투자형으로 구분한다.
② 투자자가 투자권유를 원하지 않는다면 투자권유를 할 수 없다.
③ 금융감독원은 일반투자자로 전환할 수 없는 전문투자자이다.
④ 지방자치단체는 일반투자자로 전환할 수 없는 전문투자자이다.

31 펀드 판매 시 각종 의무 및 제재에 대한 설명 중 틀린 것은?

① 정부 또는 감독기관과의 정보제공의 경우에는 준법감시인의 사전협의가 불필요하고 사후 통보하면 된다.
② 외부강연, 방송 등에 참여하는 경우 원고를 준법감시인에게 사전승인받아야 한다.
③ 법령을 위반하여 투자광고를 한 경우 1년 이하 징역이나 3천만원 이하의 벌금에 처할 수 있다.
④ 직무윤리 위반에 대해서 법적 제재가 없더라도 전문 직업인으로서의 업무수행에 장애를 받을 수 있다.

32 펀드의 투자권유에 대한 설명 중 틀린 것은?

① 투자자로부터 금전대여나 중개요청을 받지 않고 이를 조건으로 투자권유하는 것은 금지된다.
② 금융투자업자는 일반투자자를 투자 등급별로 차등화하여 투자권유준칙을 마련해야 한다.
③ 투자권유대행인이 되기 위해서는 반드시 자격시험만을 통해 자격증을 취득해야만 하며, 이후 판매업무에 종사할 수 있다.
④ 금융투자협회는 공통으로 사용가능한 표준투자권유 준칙을 제정할 수 있다.

33 직무윤리의 구체적 내용에 대한 설명 중 잘못된 것은?

① 고객에 대하여 투자권유와 투자관리 등의 서비스를 제공함에 있어서 이익을 확실하게 보장하는 듯한 표현을 사용하여서는 아니 된다.
② 투자정보를 제시할 때에는 사실과 의견을 명확히 구별하여야 한다.
③ 중요한 사실에 대해서는 모두 정확하게 표시하여야 한다.
④ 「자본시장법」 시행으로 운용방법에 따라 투자성과를 보장하는 상품이 가능해졌다.

34 다음 중 배당성향을 바르게 나타낸 것은?

① 배당 / 주당순이익
② 배당 × 주당순이익
③ 1 × 사내유보율
④ 1 / 사내유보율

35 내부통제기준 위반행위 발견 시 처리절차에 대한 설명 중 잘못된 것은?

① 준법감시부서는 직원 중에서 조사원을 임명한다.
② 필요한 경우 변호사 및 회계사와 같은 관련 분야 전문가의 자문을 의뢰한다.
③ 위반자에 대한 제재는 경고, 견책, 감봉, 정직에 한한다.
④ 범죄와 연루되었을 가능성이 있는 경우 감독·사법당국에 통보 및 고발을 검토한다.

36 다음 중 채권의 기본적 특성과 거리가 먼 것은?

① 이자지급증권
② 무기한부증권
③ 장기증권
④ 발행자격의 법적 제한

37 다음은 펀드의 운용 Process를 설명한 것이다. 맞는 것은?

A. 운용목표설정	B. 운용방침수립
C. 자산배분	D. 투자분석
E. 운용포트폴리오	F. 성과측정

① A → B → C → D → E → F
② A → B → D → C → E → F
③ B → C → A → D → E → F
④ B → A → D → C → E → F

38 준법감시인의 권한 및 의무에 대한 설명 중 바르지 않은 것은?

① 내부통제기준 준수여부에 대한 정기점검
② 업무전반에 대한 접근에 대한 자료나 정보의 제출 요구권
③ 주요 회의에 대한 참석 및 의견진술
④ 임직원의 위법·부당행위 관련 수시점검

39 대출형부동산펀드에 대한 설명으로 가장 적절한 것은?

① 일반적으로 시행사는 자본금이 많고 신용평가등급이 높은 수준이다.
② 지급보증 또는 채무를 인수하는 시공사의 신용평가등급을 확인하여야 한다.
③ 임대소득과 자본소득의 확보를 주요 운용목적으로 한다.
④ 시공사가 사업부지를 확보하지 못할 위험을 점검하여야 한다.

40 투자대상자산에 따른 부동산펀드의 유형과 관계가 없는 것은?

① 실물형부동산펀드
② 증권형부동산펀드
③ 권리형부동산펀드
④ 해외부동산펀드

41 부동산펀드에 관한 설명으로 가장 적절하지 않은 것은?

① 부동산 관련 신탁수익권에 투자하는 파생상품형부동산펀드를 설정·설립할 수 있다.

② 부동산펀드의 간접투자증권에 투자하는 부동산펀드를 설정·설립할 수 있다.

③ 분양권에 투자하는 권리형부동산펀드를 설정·설립할 수 있다.

④ 금융기관이 채권자인 부동산담보부 금전채권만이 부동산펀드 투자대상이 될 수 있다.

42 부동산펀드에 대한 설명 중 옳지 않은 것은?

① 개량형부동산펀드는 개량에 소요되는 비용이 매각차익 및 임대수익보다 더 작으면 투자할 수 있다.

② 부동산을 기초로 한 선물, 옵션 등에 투자하는 파생상품형부동산펀드는 활성화되고 있다.

③ 경공매형부동산펀드의 규모가 너무 크면 미운용자금의 비중이 증가될 수 있기 때문에 수익률 저하의 위험이 존재할 수 있다.

④ 매매형부동산펀드는 취득한 부동산을 매각하여 매매차익을 획득하는 것을 주목적으로 운용된다.

43 경공매형부동산펀드의 위험요인 중 가장 큰 것으로 평가받는 요인은?

① 부동산 펀드의 특수성을 고려하여 운용할 전문인력확보의 어려움에 따른 위험

② 투자 대상인 자산을 확보하기 어려운 점

③ 법적 처리 비용과 시간 소요 증가 위험

④ 여타 금융자산의 기초자산과 달리 부동산은 유동화가 쉽지 않은 점

44 펀드 조정 후 평가방식인 정보비율에 대한 설명 중 적절하지 못한 것은?

① 분자는 집합투자기구의 수익률과 벤치마크 수익률의 차이로 클수록 좋다.

② 분모는 위험개념을 도입하여 표시하였다.

③ 정보비율이 일정한 값 이상으로 높은 경우에는 집합투자운용자의 능력이 탁월하다고 판단할 수 있고, 일반적으로 0.5 이상이면 탁월하다고 본다.

④ 짧은 기간보다는 장기적인 관점에서 측정된 수치가 신뢰도가 크다.

45 다음 중 주식의 기술적 분석에 사용되는 방법이 아닌 것은?

① 추세분석
② 지표분석
③ PBR에 의한 분석
④ 패턴분석

46 개발형부동산펀드에 대한 설명으로 옳지 않은 것은?

① 프로젝트 파이낸싱형 펀드라고 불리는 것은 대출형부동산펀드이다.
② 「부동산투자회사법」상의 개발전문리츠와 유사한 수익구조를 가진다.
③ 부동산펀드가 개발사업을 시행하는 역할을 직접 수행한다.
④ 부동산 개발사업에 투자하고자 하는 경우, 감정평가업자에게 사업계획서 확인은 불필요하다.

47 자산배분전략을 비교한 내용으로 잘못된 것은?

① 전략적 자산배분전략은 장기적인 포트폴리오의 자산구성을 정하는 의사결정이다.
② 전략적 자산배분전략은 투자기간 중 기본적인 가정이 변화하지 않는 이상 포트폴리오의 자산구성을 변경하지 않는 매우 장기적인 의사결정이다.
③ 전술적 자산배분전략이란 시장의 변화를 바탕으로 사후적으로 자산구성을 변동시켜 나가는 전략이다.
④ 전술적 자산배분전략은 투자전망에 따라 중·단기적으로 변경하는 실행과정이다.

48 성과에 가장 큰 요인을 주는 변수를 골라내 이를 기준으로 펀드를 분류하는 기법은?

① 자산 투자비중 분석
② 종목 비중 분석
③ 거래특성 분석
④ 스타일 분석

49 펀드의 평가에서 개별, 그룹별 수익률 비교는 중요하다. 펀드의 평가에서 수익률에 대한 내용 중 맞게 설명한 것은?

① 금액가중수익률을 사용하는 이유는 투자자 또는 판매직원이 의사결정으로 인한 수익효과를 배제하고 순수하게 펀드 자체의 수익효과만을 측정하기 위한 목적이라고 할 수 있다.

② 시간가중수익률 측정방식은 최종적으로 얻어진 수익금과 현금흐름을 일치시키는 내부수익률 측정방법이다.

③ 금액가중수익률 측정방법은 주로 연기금 등과 같이 투자시기 및 규모에 대한 의사결정까지 모두 하는 경우에 사용한다.

④ 운용사, 펀드유형 그룹 수익률을 사용하는 이유는 일부펀드만으로 성과를 측정하여 전체 성과를 정확히 나타내지 못하는 생존계정의 오류를 제거하기 위함이다.

50 집합투자업자의 불건전 영업행위와 관계가 적은 것은?

① 자기 또는 관계인수인이 인수한 증권을 집합투자재산으로 매수하는 행위

② 특정집합투자기구의 이익을 해하면서 자기 또는 제3자의 이익을 도모하는 행위

③ 자기 또는 관계인수인이 인수업무를 담당한 법인의 특정증권에 대해 인위적 시세를 형성하기 위해 그 특정증권을 매매하는 행위

④ 집합투자업자와 이해관계인이 되기 6개월 이전에 체결한 계약에 따른 거래

51 신탁상품의 불건전 영업행위에 대한 설명 중 올바른 것은?

① 성과보수를 수취하는 경우 금융위원회에서 정한 기준지표에 연동하여야 한다.

② 신탁업을 겸영하는 투자중개업자의 신탁보수 외의 수수료 부과가 가능하다.

③ 월 1회 이상 신탁재산의 운용내역을 고객에게 통지하여야 한다.

④ 실적배당신탁상품은 매일의 배당률을 영업장에 비치하여서는 안 된다.

52 투자설명서는 법정 투자권유문서로 투자를 권유하는 경우 반드시 투자설명서에 의해야 한다. 이에 대한 설명 중 옳지 않은 것은?

① 예비투자설명서는 증권신고서 수리 후 효력발생 전에 사용할 수 있다.

② 투자설명서의 내용은 증권신고서의 기재내용과 원칙적으로 동일해야 한다.

③ 간이투자설명서는 효력발생 후는 물론 효력발생 전에도 사용할 수 있다 .

④ 개방형펀드는 최초 투자설명서 제출 후 매년 3회 이상 정기적으로 투자설명서를 갱신해야 한다.

53 다음 중 부동산 경기변동에 대한 설명으로 가장 적절하지 않은 것은?

① 호황국면에서는 거래가 활발하며, 건축 허가신청이 늘어나고 부동산가격이 상승한다.

② 경기후퇴국면에서는 일반적으로 가격이 하락하는 시기이므로 매도인 우위 시장에서 매수인 우위 시장으로 전환하는 분위기가 나타난다.

③ 불황국면에서는 부동산가격이 지속적으로 하락하면서 거래가 거의 이루어지지 않는다.

④ 경기회복국면에서는 부동산거래와 관련 고객 수가 감소하던 것이 멈추고 조금씩 증가하며 점유율이 감소한다.

54 펀드의 위험 조정 성과 측정 방법 중 펀드가 부담한 총 위험 한 단위에 대한 초과수익의 정도를 나타내는 것은?

① 베타계수　　　　　　　　　　　② Rating
③ 샤프지수　　　　　　　　　　　④ 정보비율

55 다음의 보기에서 A펀드의 샤프지수를 구하면?

> • A펀드 연평균수익률 : 0.13
> • 표준편차 : 0.18
> • 무위험이자율 : 0.08
> • 시장평균수익률 : 0.14

① 0.3　　　　　　　　　　　　　② 0.27
③ 0.35　　　　　　　　　　　　　④ 0.4

56 MMF에 대하여 환매청구를 받거나 환매에 응할 것을 요구받은 집합투자증권을 자기의 계산으로 취득하거나 타인에게 취득이 가능한 경우는?

① MMF를 판매한 투자매매・중개업자가 MMF 판매규모의 15%와 100억원 중 큰 금액의 범위 내에서 개인투자자로부터 환매하는 경우

② MMF를 판매한 투자매매・중개업자가 MMF 판매규모의 5%와 50억원 중 큰 금액의 범위 내에서 개인투자자로부터 환매하는 경우

③ MMF를 판매한 투자매매・중개업자가 MMF 판매규모의 10%와 50억원 중 큰 금액의 범위 내에서 개인투자자로부터 환매하는 경우

④ MMF를 판매한 투자매매・중개업자가 MMF 판매규모의 5%와 100억원 중 큰 금액의 범위 내에서 개인투자자로부터 환매하는 경우

57 다음 중 펀드에 대한 정의가 잘못된 것은?

① 해외펀드는 외국 법령에 의거하여 설정·설립되고, 외국 금융감독기관의 감독을 받는 펀드를 말한다.
② 국내펀드는 국내 법령에 의거하여 설정·설립되고, 국내 금융감독기관의 감독을 받는 펀드
③ 국내 부동산펀드는 국내 「자본시장법」에 의해 설정·설립되고, 국내 금융감독원의 감독을 받는 부동산펀드
④ 외국 부동산펀드는 국내 법령에 의거하여 설정·설립되고, 해당 국가의 금융감독기관에 의해 감독을 받는 펀드

58 다음 중 펀드에 대한 정의가 잘못된 것은?

① 인덱스펀드 : 비교지수를 정하고 펀드의 수익률이 그와 유사하도록 운용하는 펀드
② 섹터펀드 : 시장 내 특정 산업에 집중하여 투자하는 펀드
③ 패시브펀드 : 사전에 정해진 룰에 따라 펀드의 재산을 투자하는 펀드
④ 인핸스드 인덱스펀드 : 추적대상지수 수익률보다는 저조하지만 보다 안정적인 운용 전략을 추구하는 인덱스펀드

59 다음 중 판매수수료와 판매보수에 대한 설명으로 잘못된 것은?

① 판매수수료는 판매행위에 대한 대가이며, 판매보수는 지속적으로 제공하는 용역의 대가이다.
② 판매수수료와 판매보수를 모두 부담하는 주체는 투자자이다.
③ 판매수수료는 기준가격이 영향을 미치지 않지만, 판매보수는 기준가격이 영향을 미친다.
④ 판매수수료는 총부담금액이 사전에 명확히 확정되지만 판매보수는 사전에 명확히 확정되지 않는다.

60 다음 중 펀드에 대한 설명으로 잘못된 것은?

① 펀드는 '투자신탁'으로 해석할 수 있다.
② 관련 법률에서는 '간접투자기구'라는 용어를 사용하는데 이 역시 펀드를 지칭한다고 볼 수 있다.
③ 펀드는 직접투자와는 달리 전문투자가에게 자금을 맡겨서 운용하도록 한다.
④ 펀드의 투자 범위는 채권, 주식과 같은 금융자산에 국한된다.

61 다음 중 부동산투자 리스크에 대한 설명으로 가장 적절하지 않은 것은?

① 운영위험은 부동산의 관리, 근로자의 파업, 영업경비의 변동 등으로 야기되는 위험이다.
② 부동산은 급매를 통하여 처분이 가능하므로 유동성 위험이 낮은 자산이다.
③ 위험은 투자안으로부터 얻어지게 될 미래의 현금흐름 또는 수익에 대한 불확실성으로부터 발생한다.
④ 인플레이션 위험은 금융위험이나 운영위험 등 여러 가지 위험을 파생시킨다.

62 펀드투자의 장점을 잘못 설명한 것은?

① 분산투자를 통해 투자위험을 줄일 수 있다.
② 투자정보의 수집 및 분석, 투자결정 등을 운용사가 대행하고, 전문가들이 개발한 투자시스템을 적용하여 전문적인 투자가 가능하다.
③ 투자자의 성향에 따라서 다양한 투자를 실현할 수 있다.
④ 다양한 투자대상에 투자를 하는 과정에서 거래비용이 많이 유발되는 단점이 있다.

63 펀드운용에 참여하는 금융회사들의 역할에 대한 설명 중 잘못된 것은?

① 펀드는 펀드운용회사인 집합투자업자와 수탁회사인 신탁업자가 상호 계약을 체결하여 만들어진다.
② 투자자는 펀드운용회사로부터 펀드를 구입한다.
③ 판매회사는 고객들로부터 수취한 금액을 신탁업자에게 납입한다.
④ 펀드운용회사는 신탁업자에게 투자 내용에 따라 투자 대상 자산에 투자하도록 지시한다.

64 펀드 설정의 과정에 대한 설명 중 잘못된 것은?

> • 1단계 : 운용사 내의 상품개발팀이 투자자들이 원하는 상품 탐색 및 운용 전략 수립
> • 2단계 : 운용회사는 수탁회사와 펀드 운용과 관련된 약관 체결
> • 3단계 : 약관에 대해 한국거래소의 승인 획득
> • 4단계 : 펀드판매 시작

① 1단계   ② 2단계
③ 3단계   ④ 4단계

65 금융위원회의 승인 없이 투자신탁이 해지될 수 있는 사유에 해당되지 않는 것은?

① 수익자 전원 동의
② 수익증권 전부에 대한 환매 청구가 발생하였을 때
③ 투자신탁이 최초 설정일부터 3개월이 지나지 아니한 경우
④ 투자신탁으로서 설정 후 1년이 되는 날에 원본액이 50억원 미만인 경우

66 회사형 집합투자기구에 대한 설명으로 잘못된 것은?

① 투자회사는 모든 업무를 외부의 전문가에게 위탁해야 한다.
② 투자신탁과 회사형 집합투자기구는 법적 근거는 상이하지만 실질은 동일하다.
③ 회사형 집합투자기구는 투자회사, 투자유한회사, 투자합자회사, 투자유한책임회사 등으로 구분된다.
④ 현재 회사형 집합투자기구 중에서 가장 많이 활용되고 있는 형태는 투자유한회사 유형이다.

67 다음 중 집합투자기구의 형태가 아닌 것은?

① 투자신탁
② 투자회사
③ 투자익명조합
④ 투자기구회사

68 투자회사 형태의 집합투자기구가 내포하는 장점에 해당하는 것은?

① 펀드 설립비용 저렴
② 펀드의 임원선임 절차 간소화
③ 이사회 유지 비용 저렴
④ 타 회사의 계열사 편입 용이

69 다음 중 회사형 집합투자기구를 설립하는 것이 더욱 타당한 경우에 해당하는 것을 모두 고르면?

> 가. 기업인수증권투자회사(M&A Fund)
> 나. 부동산 및 선박펀드 투자회사
> 다. 사모투자전문회사(PEF ; Private Equity Fund)
> 라. 특수유형펀드

① 가
② 가, 나
③ 가, 나, 다
④ 가, 나, 다, 라

70 다음 지문에서 설명하고 있는 집합투자기구의 형태는?

> - 무한책임사원과 유한책임사원으로 구성된 회사
> - 투자회사의 해산·청산·합병 규정 준용
> - 유한책임사원은 출자를 이행한 금액을 한도로 책임 부담

① 투자회사
② 투자유한회사
③ 투자합자회사
④ 투자조합

71 증권집합투자기구에 대한 설명으로 잘못된 것은?

① 집합투자재산의 50%를 초과하여 증권에 투자하는 집합투자기구를 말한다.
② 「자본시장법」은 파생상품간접투자기구, 재간접투자기구를 증권집합투자기구에 통합한다.
③ 부동산집합투자기구, 특별자산집합투자기구는 포함하지 않는다.
④ 증권집합투자기구에는 파생상품은 원칙적으로 포함되지 않는다.

72 다음 중 증권집합투자기구에 포함되는 것으로 가장 올바른 것은?

① 부동산투자회사가 발행한 주식
② 선박투자회사가 발생한 주식
③ 부동산개발회사가 발행한 증권
④ 파생상품

73 부동산 집합투자기구로 분류되기 위해 적절한 투자대상이 아닌 것은?

① 부동산을 기초자산으로 하는 파생상품
② 집합투자재산의 40%를 초과하여 부동산 또는 부동산 관련 자산에 투자하는 집합투자기구
③ 부동산투자회사가 발행한 주식
④ 부동산 투자목적회사가 발행한 지분증권

74 투자대상을 확정하지 아니하고 가치 있는 모든 자산에 투자할 수 있는 집합투자기구의 형태에 해당하는 것은?

① 특별자산 집합투자기구　　　　　　② 혼합자산 집합투자기구
③ 증권 집합투자지구　　　　　　　　④ 단기금융 집합투자기구(MMF)

75 특별자산 집합투자기구의 주요 투자대상에 해당하지 않는 것은?

① 그 림　　　　　　　　　　　　　② 날 씨
③ 와 인　　　　　　　　　　　　　④ 부동산

76 환매금지형 집합투자기구(폐쇄형펀드)에 대한 설명 중 틀린 것은?

① 집합투자증권을 증권시장에 상장해야 한다.
② 펀드 존립기간을 정해야 하지만 최장 만기 제한은 없다.
③ 수탁회사(자산보관회사)의 확인을 받은 경우 집합투자증권을 추가발행할 수 있다.
④ 매월 1회 기준가격을 산정하여 공고해야 한다.

77 집합투자의 정의에 대한 설명으로 가장 바르지 않은 것은 무엇인가?

① 반드시 2인 이상의 투자자가 투자를 하여야 한다.
② 집합투자업자는 집합투자재산을 운용한 결과를 투자자에게 귀속시켜야 한다.
③ 집합투자재산으로 재산적 가치가 있는 투자대상자산을 취득·처분, 그 밖의 방법으로 운용하여야 한다.
④ 집합투자업자는 투자자로부터 일상적인 운용지시를 받지 아니하여야 한다.

78 투자신탁의 관계 당사자의 업무에 대한 설명으로 가장 적절하지 않은 것은?

① 집합투자업자는 투자신탁재산의 운용·운용지시의 업무를 담당한다.
② 신탁업자는 투자신탁재산의 보관 및 관리업무를 담당한다.
③ 신탁업자는 집합투자업자의 투자신탁재산에 대한 운용지시에 따라 수익증권 대금 및 이익금을 지급하는 업무를 담당한다.
④ 증권사는 판매회사로서 집합투자업자가 투자신탁재산으로 주식, 채권 등을 매매할 때 그 매매의 중개를 담당한다.

79 투자신탁 수익증권의 특징이 아닌 것은?

① 신탁업자의 확인을 받아 집합투자업자가 발행

② 금전 납입이 원칙, 수익자의 동의를 얻은 경우 증권·부동산·실물자산으로 납입 가능

③ 액면·기명식으로 발행하며 발행가액은 기준가격에 기초하여 정해진다.

④ 예탁결제원을 명의인으로 하여 일괄예탁방법으로 발행

80 대출형부동산펀드의 대출 시 고려사항이 아닌 것은?

① 개발회사의 신용도

② 분양 및 마케팅 능력

③ 정부의 부동산 세율 인상

④ 사업부지의 적절성

81 ETF에 대한 설명으로 옳지 않은 것은?

① ETF는 주식과 동일하게 매매되기 때문에 시간외 시장에서도 사고 팔 수 있다.

② 기존 인덱스펀드에 비해 투자의사결정과 실제 투자 간 시차가 크다.

③ 주가지수를 사고파는 증권상품이다.

④ 투자자와 시장에 부담을 주지 않으면서도 주가지수와 비슷한 수익률을 낼 수 있다.

82 뮤추얼펀드에 대한 설명으로 틀린 것은?

① 발행증권은 수익증권이다.

② 펀드 자체가 하나의 주식회사이다.

③ 은행과 금융투자회사 등에서 취급하는 상품이다.

④ 투자자의 지위는 주주가 된다.

83 집합투자기구의 형태별 분류에 대한 설명으로 틀린 것은?

① 회사형은 펀드가 법인격을 가지므로 법률적 행위의 주체가 될 수 있다.

② 폐쇄형은 「자본시장법」에서 환매금지형 집합투자기구로 정의하고 있다.

③ 운용대상이 증권으로 한정된다.

④ 펀드의 모집방법에는 공모와 사모의 방법이 있다.

84 주가지수연동 금융상품의 설명으로 옳은 것은?

① ELS의 상품형태는 수익증권이다.
② ELD는 예금자보호대상에 포함되지 않는다.
③ ELF는 중도환매가 가능하다.
④ ELS의 자금운용은 채권이 허용되지 않는다.

85 투자회사(회사형 집합투자기구)에 대한 설명으로 옳지 않은 것은?

① 수익증권과 비슷하나 투자자들의 지위가 주주라는 점이 다르다.
② 투자방법은 새로 설정되는 펀드에 가입하거나 주식시장에 상장되어 있는 투자회사의 주식을 매입하면 된다.
③ 운용수수료 외에 추가비용이 없는 점이 장점이다.
④ 펀드 자체가 주식회사가 된다.

86 다음은 상장지수집합투자기구(ETF)에 대한 설명이다. 틀린 것을 모두 고른 것은?

> ㉠ 투자 시에는 당일 종가로 설정되고, 환매 시에는 익일 종가로 결정되기 때문에 의사결정과 투자 간의 차이가 발생할 수밖에 없다.
> ㉡ 주식과 같이 공매도 또는 대주에 의한 매도가 가능하다.
> ㉢ ETF발행시장은 차익거래, 대규모 설정, 해지 시에만 이용하면 된다.
> ㉣ 특정주가지수를 따라가 수익을 내는 것을 목적으로 하는 인덱스 펀드다.
> ㉤ HTS(홈트레이딩시스템) 또는 전화로 매매가 불가능하다.

① ㉠, ㉤   ② ㉢, ㉤
③ ㉠, ㉡, ㉣   ④ ㉡, ㉣, ㉤

87 MMF에 대한 설명으로 옳지 않은 것은?

① 단기실적 배당상품이다.
② 운용 가능한 채권의 신용등급을 AA등급 이상으로 제한하고 있다.
③ 저축기간, 가입대상, 가입한도 모두 제한이 없다.
④ 환금성이 어려운 점이 단점이다.

88 다음의 해외펀드에 대한 설명 중 옳은 것은?

① 역내 펀드는 엄밀히 말하면 투자대상을 해외로 확대하였을 뿐 기존의 국내 펀드와 크게 다를 바 없다.

② 펀드운용자가 환위험관리주체가 된다.

③ 환매신청 후 3~4일 내외로 자금을 받을 수 있다.

④ 역외 해외펀드의 주식매매차익에 대해서는 2009년 말까지 한시적으로 비과세가 적용된다.

89 뮤추얼펀드에 대한 설명으로 옳지 않은 것은?

① 수익증권과 비슷하나 투자자들의 지위가 주주라는 점이 다르다.

② 펀드 자체가 주식회사가 된다.

③ 운용수수료 외에 추가비용이 없는 점이 장점이다.

④ 세금우대종합저축 한도 내에서 1년 이상 가입 시 세금우대 혜택을 받을 수 있다.

90 다음에서 설명하고 있는 금융상품은?

> 투자자가 시장 상황에 따라 다른 펀드로 자유롭게 전환할 수 있는 펀드로서, 공동으로 적용되는 집합투자규약 아래 여러 개의 하위 펀드가 있다.

① 엄브렐러펀드　　　　　　　　② 적립식펀드

③ 뮤추얼펀드　　　　　　　　　④ 스폿펀드

91 다음 적립식펀드에 대한 설명 중 옳지 않은 것은?

① 원하는 펀드, 주식형, 채권형 등을 혼합해서 적립식으로 투자한다.

② 적립식펀드로 주식만 매입할 경우 평균매입단가를 낮추는 효과가 있다.

③ 일반적으로 장기투자 시 더 유리한 상품이다.

④ 투자원금은 보장되지 않는다.

92 다음 중 고객관리를 해야 하는 이유가 아닌 것은?

① 고객욕구의 개별화와 다양화

② 경쟁의 과열

③ 수익성 위주의 금융기관 경영전략

④ 시장의 고도성장

93 다음 중 고객관리의 혜택이 아닌 것은?

① 예탁자산의 증대
② 고객유지율 감소
③ 구전을 통한 무료광고
④ 낮은 마케팅, 관리비용

94 다음 중 고객의 투자성향 파악에 해당하지 않는 것은?

① 고객이 희망하는 노후
② 고객의 현재 자금 상황
③ 고객의 투자 관련 지식
④ 투자위험에 대한 수용 정도

95 자산운용에 대한 일종의 정기공시에 해당되는 것으로 집합투자업자가 작성하여 해당 집합투자재산을 보관·관리하는 신탁업자의 확인을 받아 정해진 기간마다 해당 집합투자기구의 투자자에게 교부하여야 하는 것은?

① 자산운용보고서
② 매매명세
③ 월말 잔고현황
④ 월간 손익내역

96 다음 괄호 안에 들어갈 내용으로 맞는 것은?

(㉠)는 펀드운용결과를 설명하는 보고서로서 자산운용회사는 신탁업자의 확인을 받아 판매회사를 통하여 (㉡)개월마다 1회 이상 투자자에게 제공하여야 한다.

	㉠	㉡
①	자산운용보고서	3
②	자산운용보고서	6
③	펀드운용보고서	3
④	펀드운용보고서	2

97 다음 괄호 안에 들어갈 내용으로 맞는 것은?

> 투자매매회사나 투자중개업자가 집합투자증권의 판매 등에 의해 취득한 판매수수료는 납입금액의
> 100의 (   )을(를) 넘지 못한다.

① 1　　　　　　　　　　　　　　　　　② 2
③ 3　　　　　　　　　　　　　　　　　④ 4

98 ETF에 관한 설명으로 적절하지 않은 것은?

① 주식과 같이 공매도나 대주가 가능하다.
② 매매거래가격을 본인이 직접 결정할 수 있다.
③ 설정 해지에 따른 거래비용을 투자자가 부담한다.
④ 증권거래세 부담이 없다.

99 수익증권의 구분에 관한 설명으로 적절하지 않은 것은?

① 원본의 추가설정 여부에 따라 추가형과 단위형으로 구분한다.
② 환매가능 여부에 따라 개방형과 폐쇄형으로 구분한다.
③ 투자대상 자산의 위험도에 따라 주식형, 채권형, 혼합형으로 구분한다.
④ 조직형태에 따라 계약형과 회사형으로 구분한다.

100 만기 이전이라도 목표수익률을 달성한 경우 자유롭게 해지할 수 있는 펀드는?

① 하이일드펀드
② 스폿펀드
③ 뮤추얼펀드
④ 엄브렐러펀드

제2회 최종모의고사

01 신종 MMF에 관한 설명으로 적절하지 않은 것은?

① CD, CP, 국공채 및 금융채 등이 주요 투자대상이다.
② 운용실적에 따른 실적배당상품이다.
③ 소액자금을 장기 운용하는 데 적절한 상품이다.
④ 수시입출금이 가능하고 환매수수료가 없다.

02 적립식펀드 투자의 장점에 관한 설명 중 적절하지 않은 것은?

① 월급생활자의 목돈 마련 투자가 가능한 방법이다.
② 소액으로 다양한 자산에 분산투자가 가능하다.
③ 투자시점 분산으로 매입단가가 평준화된다.
④ 정확한 투자시점을 예측하여 집중하여 거치식 투자보다 수익률이 높다.

03 만기수익률에 관한 설명 중 틀린 것은?

① 만기수익률이 표면금리보다 낮으면 채권을 할인발행하여야 한다.
② 만기까지의 평균수익률의 개념이다.
③ 만기수익률은 이자의 재투자수익률도 고려한 개념이다.
④ 만기수익률이 표면금리와 일치하면 채권을 액면가로 발행한다.

04 다음 중 서로 동일한 개념을 내포하고 있는 것들을 모두 고른 것은?

가. 내부수익률	나. 유통수익률
다. 시장수익률	라. 발행수익률

① 가, 나, 다   ② 나, 다, 라
③ 가, 다, 라   ④ 가, 나, 다, 라

05 내부수익률에 대한 설명으로 가장 바르지 않은 것은?

① 내부수익률은 투자로부터 기대되는 현금유입의 현가와 현금유출의 현가를 같게 하는 할인율을 의미한다.

② 내부수익률은 투자자의 순현가가 0이 되는 할인율이다.

③ 혼합현금흐름인 경우에는 내부수익률이 존재하지 않거나 복수의 내부수익률이 존재할 수 있다.

④ 채권만기수익률은 곧 가중평균자본비용이다.

06 다음 빈칸에 공통적으로 들어갈 말로 적절한 것을 고르면?

> (   )을/를 재무의사결정의 기준으로 해야 하는 이유는 미래 (   )이/가 기업가치를 결정하기 때문이다. 기업은 미래에 보다 많은 (   )을/를 얻기 위해 현재의 현금유출을 통한 투자를 한다. 기업이 재투자를 하거나 부채상환 혹은 배당지급 시 필요한 것은 현금이지 이익이 아니기 때문에, 회계상의 이익은 현금의 형태로 전환되지 않는다면 실제적인 의미가 없다. 예를 들어, 유가증권 평가이익이 기업가치에 실제적인 효과가 있을 것인가? 그러므로 (   )이/가 모든 기업의 의사결정의 중심기준이 되는 것이다.

① 순현가 ② 자본비용
③ 투자수익률 ④ 위험관리

07 부동산펀드에 대한 내용 중 틀린 것은?

① 부동산펀드는 소액으로도 부동산에 투자하는 효과가 있다.

② 주택경기의 호황, 불황에 영향을 받지 않는다.

③ 취득세와 등록세 50% 감면의 세제혜택이 주어진다.

④ 부동산펀드 중 가장 활발한 것은 대출형부동산펀드이다.

08 경공매형부동산펀드 상담 시 고려사항이 아닌 것은?

① 평가 절하된 부동산 실물자산을 저가에 매수하여 일정기간 동안 임대 소득을 얻은 후 재매각을 통해 이익을 실현하는 형태의 펀드이다.

② 투자대상이 정해져 있는 상태에서 펀드금액을 모집하므로 상담 시 투자자의 이해를 구하는 데 어려움이 없다.

③ 경공매 시장의 규모가 협소하고 평가 절하된 부동산에 대한 매입경쟁이 치열함으로 인해 펀드운용의 어려움이 있다.

④ 투자규모가 크면 투자자금 활용이 원활하지 못해 적절한 수익을 달성하는 데 어려움이 있을 수 있다.

09 펀드평가회사의 펀드등급에 대한 일반적인 설명으로 거리가 먼 것은?

① 운용기간이 일정기간 이상 경과한 펀드에 등급을 부여하는 것이 일반적이다.
② 등급은 평가사별로 기호로 표시된 이미지를 이용하여 등급을 표시한다.
③ 해당 운용회사의 운용능력이나 성과원인 등에 대해서는 정확하게 설명하지 못한다.
④ 펀드의 등급은 계량적인 성과를 기준으로 미래성과를 예측하여 산정한다.

10 부동산펀드의 금전 대여에 대한 설명 중 틀린 것은?

① 부동산펀드는 펀드재산으로 부동산 개발사업을 영위하는 법인에 대하여 금전을 대여할 수 있다.
② 대여금의 한도는 펀드의 자산총액에서 부채총액을 뺀 가격의 50/100이다.
③ 집합투자규약에서 금전의 대여에 관한 사항을 정하고 있어야 한다.
④ 집합투자업자가 부동산에 대하여 담보권을 설정하거나 시공사 등으로부터 지급보증을 받는 등 대여금을 회수하기 위한 적절한 수단을 확보해야 한다.

11 부동산펀드의 차입기관으로 볼 수 없는 것은?

① 보험회사　　　　　　　　　　② 다른 부동산펀드
③ 건설회사　　　　　　　　　　④ 투자매매업자

12 펀드의 회계처리에 대한 다음의 설명 중 틀린 것은?

① 「자본시장법」에서는 펀드회계를 일반기업의 회계처리 기준과 동일하게 적용하고 있다.
② 「자본시장법」에서는 펀드의 회계기간에 대해서 별도의 규정을 두고 있지 않다.
③ 투자회사의 법인이사는 결산서류의 승인을 위해서 이사회 개최 1주일 전까지 결산서류를 이사회에 제출하여 승인을 얻어야 한다.
④ 자산총액이 50억원 이하인 집합투자기구는 펀드회계에 대해서 외부감사를 받지 않아야 된다.

13 펀드투자가 직접투자와 다른 점을 바르게 설명한 것은?

① 펀드투자와 동일한 방식의 투자를 직접투자로 수행하기 위해서는 막대한 금액이 필요하다.
② 펀드투자는 투자자가 전문성이 부족한 점을 극복할 수 있는 방법이 된다.
③ 다양한 펀드에 투자할 경우 분산투자로 인한 위험 감소를 누리게 된다.
④ 펀드투자는 환금성이 보장된 금융상품이다.

14 다음은 신탁계약의 주요내용 변경 시 수익자총회 의결사항이다. 틀린 것은?

① 신탁계약기간의 변경
② 투자신탁의 수익자가 투자신탁 관련 중요사항을 직접 결정
③ 폐쇄형펀드에서 개방형펀드로의 변경
④ 전체 수익자로 구성되며, 합병·환매연기·신탁계약 중요내용 변경에 대한 권한

15 다음은 무엇에 대한 설명인가?

> 가. 법인이사 및 감독이사로 구성
> 나. 과반수 출석과 출석이사 과반수의 찬성으로 의결

① 이사회
② 수익자총회
③ 금융위원회
④ 외부감사

16 다음 중 투자설명서를 교부해야 할 대상은?

① 전문투자자
② 모집매출 기준인 50인 산정대상에서 제외되는 자
③ 투자설명서를 받기를 거부한다는 의사를 서면으로 표시한 자
④ 무액면 기명식으로 발행된 펀드의 투자자

17 다음 중 투자신탁의 해지 사유에 해당하는 것을 모두 고르면?

> 가. 신탁계약에서 정한 신탁계약기간의 종료
> 나. 수익자총회의 투자신탁 해지 결의
> 다. 투자신탁의 피흡수합병 및 투자신탁의 등록 취소
> 라. 금융위의 승인

① 가, 나, 다   ② 나, 다, 라
③ 가, 다, 라   ④ 가, 나, 다, 라

18 다음 지문이 설명하고 있는 위험의 종류는 무엇인가?

> 중소형주가 대형주보다 낮고, 대형주 중 대주주 지분이 높은 경우 낮으며, 비상장기업의 주식에 투자하는 경우는 극히 제한된다.

① 시장위험
② 유동성위험
③ 개발위험
④ 체계적위험

19 다음 중 유동성위험에 대한 설명으로 바른 것을 모두 고르면?

> 가. 국고채를 제외한 채권의 유동성은 주식의 유동성에 비해 낮음
> 나. 채권의 거래단위는 절단하여 매매할 수 없음
> 다. 발행기업에 문제 발생시, 거래 중단 및 극단적 유동성위험 발생
> 라. 환급성과 관련된 위험

① 가, 나, 다   ② 나, 다, 라
③ 가, 다, 라   ④ 가, 나, 다, 라

20 사전에 정해진 룰에 따라 펀드의 재산을 투자하는 펀드는?

① 패시브펀드
② 액티브펀드
③ 인덱스펀드
④ 섹터펀드

21 다음 중 부동산펀드에 대한 설명으로 잘못된 것은?

① 집합투자재산의 100분의 50을 초과하여 부동산에 투자하는 경우 부동산펀드로 분류한다.
② 다른 투자자 전원의 동의를 받을 경우 부동산으로 납입이 가능하다.
③ 직접적인 부동산에 투자하지 않더라도 부동산과 관련된 증권 내지 권리에 투자해도 부동산펀드로 분류된다.
④ 부동산펀드로 분류되기 위해서는 부동산을 기초로 한 파생상품에 투자하는 것은 제외된다.

22 다음과 같은 투자 성향을 가진 투자자 분류는?

> 단기적인 손실 수용이 가능하며, 예·적금보다 높은 수익을 위해 자산 일부를 변동성 높은 상품에 투자할 의향이 있다.

① 안정형
② 안정추구형
③ 위험중립형
④ 적극투자형

23 다음 중 구조화형펀드(금융공학형펀드)의 설명으로 옳은 것을 모두 고르면?

> 가. 시뮬레이션 등을 통해 산출된 목표수익 구조를 사전에 제시하고 금융공학을 기법으로 운용한다.
> 나. 주식, 채권, 통화, 상품 등 현물과 여기에서 파생된 상품들을 수학적 도구로 결합한다.
> 다. 기초자산과 파생상품의 조합 방식에 따라 다양한 수준의 위험과 기대수익률을 갖춘 상품을 고안한다.
> 라. 채권과 초과성과를 추구한다.

① 가, 나, 다
② 나, 다, 라
③ 가, 다, 라
④ 가, 나, 다, 라

24 다음 중 비재무적 위험이 아닌 것은?

① 경영위험
② 사건위험
③ 포트폴리오 집중위험
④ 시장위험

25 내부시스템의 운영미숙으로 발생하는 위험에 해당하는 것은?

① 운영위험
② 유동성위험
③ 신용위험
④ 정산위험

26 VAR에 관한 설명으로 적절하지 않은 것은?

① N일 동안 VAR은 1일 동안의 VAR에 $\sqrt{N}$ 을 곱한 값이다.

② 포트폴리오의 VAR은 개별상품의 VAR의 합보다는 크다.

③ VAR은 리스크를 구체적인 수치로 나타낸 것이다.

④ 1일 VAR이 신뢰구간 99%에서 10억원이라면 향후 1일간 10억원 이상 손실을 볼 확률은 1%이다.

27 옵션의 VAR을 측정하는 경우 정확성이 상대적으로 떨어지는 방법은?

① 역사적 시뮬레이션법

② 몬테카를로 시뮬레이션

③ 델타-감마법

④ 델타-노말법

28 채권 발행인의 경영상태 악화로 인한 채무불이행위험 등의 이유로 이자를 지급할 수 없게 되는 위험은?

① 시장위험   ② 신용위험

③ 유동성위험   ④ 운영위험

29 분산효과가 VAR에 미치는 영향에 대한 설명으로 적절하지 않은 것은?

① 상관계수의 범위는 -1에서 +1까지이다.

② 상관계수가 1이면 분산효과는 없다.

③ 상관계수가 영(0)이면 두 자산 간의 완전대체가 가능하다.

④ 상관계수가 -1이면 두 자산 간의 분산효과가 최대이다.

30 금융거래 시 실명확인 증표로 사용할 수 없는 것은?

① 운전면허증   ② 여 권

③ 주민등록증사본   ④ 학생증

31 실명확인의 권한이 없는 자는?

① 영업점 창구직원
② 본부직원
③ 확인명령을 받은 일용직원
④ 영업점포장

32 위법, 부당행위 관련 직원을 제재하는 경우 감면사유에 해당되지 않는 경우는?

① 위법부당한 행위를 한 자가 감독기관에 자진 신고한 자
② 감독기관 인지 전에 위규사실을 스스로 시정한 자
③ 분쟁조정위원회의 합의권고안을 수락한 자
④ 중대과실로 인하여 초래한 손실액을 전액 변상한 자

33 금융분쟁조정위원회의 조정절차를 바르게 나열한 것은?

가. 분쟁조정 신청
나. 분쟁조정위원회 회부
다. 합의 권고
라. 분쟁조정위원회 조정결정
마. 조정안 수락 권고

① 가 – 나 – 다 – 라 – 마
② 가 – 다 – 나 – 라 – 마
③ 가 – 바 – 다 – 나 – 마
④ 가 – 마 – 마 – 나 – 라

34 투자일임계약 고객과 투자상담사 간에 이해상충이 발생할 가능성이 가장 많은 것은?

① 과당매매
② 선행매매
③ 사기적거래
④ 시세조종

35 적합성의 원칙에 따라 파악하여야 할 고객정보와 가장 거리가 먼 것은?

① 고객의 재산상태
② 고객의 고정수입
③ 고객의 투자경험
④ 고객의 소비패턴

36 다음의 펀드 분석 및 평가에 대한 설명 중 틀린 것은?

① 채권형펀드의 포트폴리오 분석 시 신용도 분석과 듀레이션 분석이 주로 이용된다.
② 주식형펀드의 포트폴리오 분석 시에는 규모와 가치분석이 주로 이용된다.
③ 순위란 자체 비교대상 펀드를 100개라고 가정했을 때의 절대순위를 말한다.
④ 비교대상펀드의 수익률 분포도를 알기 위해서는 상위 25%, 하위 25%에 해당하는 수익률을 구해 펀드의 위치를 나타낸다.

37 합리적인 근거제공 및 적정한 표시의무에 해당하지 않는 것은?

① 객관적 근거에 기초하여야 할 의무
② 사실과 의견의 구분 의무
③ 중요사실에 대한 정확한 표시 의무
④ 기대성과 등에 대한 허위의 표시

38 이익충돌 우선순위에 관한 설명으로 잘못된 것은?

① 고객의 이익은 회사의 이익에 우선한다.
② 고객의 이익은 회사 임직원의 이익에 우선한다.
③ 임직원의 이익은 회사의 이익에 우선한다.
④ 고객의 이익은 주주의 이익에 우선한다.

39 만기수익률과 전혀 의미가 전혀 다른 하나의 수익률은?

① 내부수익률
② 유통수익률
③ 시장수익률
④ 발행수익률

40 투자권유대행인에 관한 설명으로 적절하지 않은 것은?

① 금융투자업자의 위탁을 받아 영업점 내에서 금융상품 판매의 중개업무를 수행한다.

② 투자권유대행인의 파생상품의 투자권유는 별도의 교육을 받아야 된다.

③ 투자권유대행인이 불완전한 판매로 고객에게 손해를 끼친 경우 회사도 배상책임이 있다.

④ 투자권유제도는 수익증권 판매권유제도를 법률에 규정하여 규제를 강화한 제도이다.

41 자산건전성의 5개 분류기준에 해당되지 않는 것은?

① 정 상   ② 비정상

③ 회수의문   ④ 추정손실

42 영업용순자본비율의 총위험 중 시장위험에 해당되지 않는 것은?

① 주식위험   ② 선물위험

③ 상품위험   ④ 금전채권위험

43 펀드판매에 있어서 금지행위에 해당하지 않는 것은?

① 특정펀드의 판매에 적극적인 판매촉진 노력을 하는 행위

② 펀드판매의 대가로 펀드의 매매주문을 판매회사나 제3자에게 배정하도록 요구하는 행위

③ 펀드판매정보를 고유자산 운용에 이용하는 행위

④ 판매회사로부터 취득한 정보를 이용하여 펀드를 운용하는 행위

44 다음의 펀드운용실적 표시 방법 중 가장 적절하지 않은 것은?

① 펀드설립 1년 경과와 운용규모 100억원 이상의 펀드가 대상이다.

② 수익률은 2년 미경과는 1년 간 누적수익률로 표시한다.

③ 펀드의 유형, 운영규모, 설립일, 누적수익률 산출기간 및 산출기준, 세전·세후 운용실적 등을 표시한다.

④ 운용대상자산의 비율 및 내역에 근거하여 벤치마크 누적수익률과 공정하게 비교해야 한다.

45 현재 펀드운용과 관련한 재산상 이익의 제공 및 수령으로 적절하지 않은 것은?

① 경제적 가치가 통상적으로 이해하는 수준을 크게 초과한 경우
② 재산상 이익이 공정한 업무수행을 저해하는 경우
③ 재산상 수령이 비정상적인 조건의 금융투자상품 매매거래 등의 방법으로 이루어지는 경우
④ 사용범위가 문화활동으로 한정된 상품권의 경우

46 투자권유대행인의 금지행위가 아닌 것은?

① 계좌개설, 금전수취, 주문수탁, 대리·대행·주선 등의 제반행위
② 회사의 자료가 아닌 광고물 등을 이용하는 행위
③ 고객의 적합성을 확인하고, 상품에 대한 설명을 하는 행위
④ 업무보조원을 채용하는 행위

47 파생펀드의 특성에 대한 설명 중 틀린 것은?

① 파생펀드는 시장예측이나 시장전망의 내용을 수익으로 연결 가능하다는 특징이 있다.
② 옵션을 이용하면 시장 예측이 틀렸을 경우 손실을 제한시킬 수 있다.
③ 콜옵션 매도가 아니라 풋옵션 매도를 이용하면 시장중립의 형태로 초과성과를 얻을 수도 있다.
④ 시장의 불확실성이 높아지는 상황에서 이색옵션(Exotic Option)시장이 위축되고 있는 추세이다.

48 파생결합증권에 대한 설명 중 틀린 것은?

① 주가 및 환율 등이 기초자산이 된다.
② 원금보존 추구형만 가능하다.
③ 파생결합증권에 가장 많이 영향을 주는 것은 변동성이다.
④ 파생결합증권은 증권의 하나이다.

49 다음은 투자권유대행인이 준수해야 할 사항이다. 틀린 것은?

① 집합투자증권 투자권유 시 투자자에게 투자설명서를 제공하고 그 주요 내용에 대하여 충분히 설명하여야 한다.
② 소속회사로부터 위탁받은 업무를 다른 자에게 재위탁하여서는 아니 된다.
③ 소속회사 이외의 다른 집합투자증권 판매회사와 위탁계약을 체결하여 판매도 가능하다.
④ 위탁업무의 수행과 관련하여 투자자로부터 집합투자증권의 판매대금을 수납해서는 안 된다.

50 펀드 판매 시 각종 의무에 대한 다음의 설명 중 틀린 것은?

① 정당한 사유가 없는 한 공모펀드의 판매를 거부할 수 없다.
② 펀드 판매 시 다른 금융상품과 연계판매도 가능하다.
③ 특정 펀드 판매 시 예상수익률을 설명할 수 있다.
④ 펀드 판매 시 차별적인 판매촉진 노력을 해서는 안 된다.

51 현물과 선물 간의 괴리, 이론선물가격과 실제선물가격과의 차이를 이용하여 수익을 올리는 펀드는?

① 주가연계펀드
② 파생상품펀드
③ 차익거래펀드
④ 상장지수펀드

52 일반적인 설명의무에 속하지 않는 것은?

① 펀드의 투자목적, 주요 투자전략
② 펀드의 특별자산에 대한 중요정보
③ 환매방식, 수수료 등에 관한 사항
④ 최대손실 가능금액 등 투자위험에 관련된 사항

53 투자권유대행인에게 금지되는 경우가 아닌 것은?

① 회사를 대리하여 계약을 체결하는 행위
② 고객을 대리하여 계약을 체결하는 행위
③ 하나의 금융투자회사와 투자권유 위탁계약을 체결하는 행위
④ 회사가 이미 발행한 주식의 매수 또는 매도를 권유하는 행위

54 위험선호도에 따른 고객의 분류기준에 속하지 않는 유형은?

① 안정추구형
② 위험중립형
③ 소극투자형
④ 적극투자형

55 펀드 판매 시 수익구조에 대한 설명 중 가장 거리가 먼 것은?

① 기초자산에 대한 변동성, 유동성 등의 가격정보를 제공한다.
② 시뮬레이션은 기초자산의 주가를 통해 유동성을 활용하여 구한다.
③ 기초자산에 대한 과거의 가격추이 정보를 제공한다.
④ 과거의 가격자료를 이용한 백 테스트(Back Test)로 투자의사 결정에 활용한다.

56 A투자자가 B투자금융회사에 다음과 같이 주장하였다면 B투자금융회사가 소홀한 부분은?

> 나는 당신들이 원금이 보전되는 펀드상품이라고 하는 것 같아서 매수하였는데 30%나 손해를 받았으니 물어내시오.

① 투자자 정보확인 소홀
② 투자설명 의무의 소홀
③ 적합성의 원칙 소홀
④ 신의성실 의무의 소홀

57 다음의 펀드에서 발생한 손익 중 원천징수 대상이 되는 세법상 투자신탁이익은?

투자대상자산	이자 / 배당소득	매매 / 평가소득
상장채권	2,000,000	(−)1,000,000
선 물	0	1,000,000

① 1,000,000원   ② 2,000,000원
③ 4,000,000원   ④ 6,000,000원

58 MMF의 운용제한에 대한 설명 중 틀린 것은?

① 증권을 대여하거나 차입해서는 안 된다.
② 남은 만기가 1년 이상인 국채 증권을 펀드의 10% 이내에서 운용해야 한다.
③ RP 매도는 펀드가 보유하는 증권 총액의 5% 이내여야 한다.
④ 펀드의 40% 이상은 채무 증권에 운용해야 한다.

59 현실적으로 전 종목에 투자하는 것이 불가능하여 추적오차(Traking Error)가 발생하는 펀드는?

① 인덱스펀드   ③ 종류형펀드

② 전환형펀드   ④ 모자형펀드

60 주가지수 연계증권(ELS) 중 주요한 형태로 분류되는 것이 아닌 것은?

① 낙아웃형(Knock-Out)

② 나비형(Butterfly)

③ 스프레드형(Spread)

④ 리버스 컨버터블형(Reverse Convertible)

61 전자문서의 방법으로 투자설명서를 수령할 때, 이에 대한 설명 중 틀린 것은?

① 투자자가 전자문서로 받을 것을 동의해야 한다.

② 전자문서의 내용이 서면에 의한 투자설명서와 형식과 내용이 모두 동일해야 한다.

③ 수신자가 전자문서를 받은 사실이 확인되어야 한다.

④ 전자문서를 받을 자가 전자 전달매체의 종류와 장소를 지정해야 한다.

62 투자신탁의 유형으로 설립 가능한 펀드가 아닌 것은?

① MMF형   ② M&A 투자기구

③ 주식형   ④ 채권형

63 사모펀드의 운용규제상 배제되는 사항에 대한 설명 중 틀린 것은?

① 집합투자증권에 대한 40% 투자제한 사항

② 기준가격의 매일 공고·게시 의무

③ 수시 공시의무

④ 사모펀드의 분할양도

64 다음 표의 시장지수에 적용되는 시장의 유형은?

HFRX, CSFB Tremont 등

① 해외채권시장   ② 헤지펀드시장
③ 실물자산시장   ④ 해외주식시장

65 환매수수료와 선취판매수수료의 공통점만으로 구성된 것은?

> ㉠ 기준가격에 영향을 미친다.
> ㉡ 집합투자기구에서 부담한다.
> ㉢ 투자자가 부담한다.
> ㉣ 장기투자를 유도한다.

① ㉠, ㉡, ㉢   ② ㉡, ㉢, ㉣
③ ㉠, ㉡, ㉣   ④ ㉢, ㉣

66 다음 표의 내용을 가장 잘 설명하는 펀드는?

> • 보수적인 투자자가 선호한다.
> • 가치주 위주로 펀드에 편입한다.
> • 펀드에 편입하는 주식은 성장성이 낮다.

① 공모주펀드   ② 스타일펀드
③ 배당주펀드   ④ 시스템펀드

67 혼합자산 집합투자기구에 대한 설명으로 가장 거리가 먼 것은?

① 투자대상을 확정하지 아니하고 가치가 있는 모든 자산에 투자할 수 있는 집합투자기구이다.
② 의무적으로 환매금지형으로 설정하여야 한다.
③ 집합투자재산을 운용함에 있어서 증권·부동산·특별자산 집합투자기구 관련 규정의 제한을 받는다.
④ 혼합자산 집합투자기구는 집합투자재산을 운용함에 있어서 투자 규정의 제한을 받지 않는다.

68 특별자산펀드인 원자재펀드(Commodity Fund)에 대한 설명으로 틀린 것은?

① 우리나라에서 역사가 매우 오래된 펀드의 유형이다.

② 인플레이션에 대한 헤지기능이 있는 것으로 알려지고 있다.

③ 주가와 반대방향으로 움직이는 경향이 많은 것으로 알려지고 있다.

④ 최근 원자재가격 상승률이 두드러진 것은 개발 도상국의 높은 경제성장률 때문이다.

69 펀드의 투자대상 자산 중 특별자산에 포함되는 일반상품에 대한 설명으로 적절하지 못한 것은?

① 일반상품은 물가가 오르면 동반 상승하는 특성이 있다.

② 일반상품은 인플레이션 헤지 기능이 있다.

③ 중동 두바이유에 연계하여 특별자산펀드에 편입 가능한 장외파생상품에 투자할 수 있다.

④ 커피, 설탕 등에 연계하여 특별자산펀드에 편입 가능한 장외파생상품에 투자할 수 없다.

70 다음 설명에 대한 용어로 적절한 것은?

> 형식적인 투자대상을 기준으로 할 때에는 증권에 투자해서 증권펀드이지만, 실질적인 투자내용 및 경제적인 효과를 감안하면 특별자산펀드에 속하는 펀드

① 특별자산펀드

② 준증권펀드

③ 준특별자산펀드

④ 혼합자산펀드

71 투자등급형 채권펀드(우량 채권펀드)에 속하는 채권의 등급은?

① 채권등급 BBB 이상 채권

② 채권등급 AA 이상 채권

③ 채권등급 BB 이상 채권

④ 채권등급 A 이상 채권

72 「자본시장법」상의 특별자산에 속하지 않는 것은?

① 통 화
② 보험금 지급청구권(제3자에게 양도 불가능)
③ 탄소배출권
④ 지적재산권

73 ELW상품에 대한 설명 중 적절하지 않은 것은?

① 주식워런트증권(ELW)시장은 2005년 12월에 개설되었다.
② 배당이 클수록 콜 워런트 매수자는 불리하다.
③ 금리가 높을수록 콜 워런트 매수자는 불리하다.
④ 기초자산의 가격변동성도 EIW의 가격절정 요인이다.

74 부동산펀드의 체크포인트로 점검해야 할 사항으로 적절하지 않은 것은?

① 대출형부동산펀드의 경우 시공사 신용등급 리스크
② 개발형부동산펀드의 경우 사업부지 관련 리스크
③ 경공매형부동산펀드의 경우 인허가 가능성
④ 경공매형부동산펀드의 경우 투명한 운용체계 보유여부

75 실물자산에 투자하는 특별자산펀드에 대한 요건으로 틀린 것은?

① 실물펀드는 보관, 관리 등이 어려워 개발이 활성화되어 있지 않다.
② 실물펀드는 유가증권투자에 대한 대체투자 기능이 있다.
③ 아트펀드는 실물인 미술품에 투자하는 것이다.
④ 아트펀드는 혼합자산펀드에 속한다.

76 단기금융집합투자기구(MMF)의 운용제한에 대한 설명으로 틀린 것은?

① MMF는 장부가로 평가한다.
② MMF는 잔존만기가 1년 이상인 국채를 집합투자 재산의 5% 이내에서 운용하여야 한다.
③ 잔존만기가 1년 이상인 지방채는 편입할 수 없다.
④ 해당 집합투자기구 집합투자재산의 잔존만기는 가중평균이 50일 이내이어야 한다.

77 파생상품펀드에 대한 설명 중 잘못된 것은?

① 주가연계 파생상품은 파생상품의 수익이 주가에 연계된다는 의미가 있다.

② 삼성전자, 현대자동차 등의 개별종목을 기초자산으로 하는 파생상품에 대한 펀드 구성은 현행법 상 불가능하다.

③ 국내 주가지수뿐만 아니라 일본 내지 중국의 주가지수를 기초자산으로 한 파생상품펀드 구성이 가능하다.

④ 기초가격의 변화 방향과 펀드의 수익성의 방향성이 반대로 형성될 수도 있다.

78 부동산펀드에서 투자 가능한 부동산과 관련성이 있는 자산에 해당하지 않는 것은?

① 부동산 관련 권리

② 부동산 관련 증권

③ 부동산을 기초자산으로 한 파생상품

④ 부동산 관련 지수

79 펀드재산 50%를 초과하여 부동산 취득 후, 부동산의 가치 증대를 위한 노력을 전개하고 단순 매각 하거나 임대 후 매각하는 펀드투자 형태는?

① 매매형부동산펀드

② 임대형부동산펀드

③ 개량형부동산펀드

④ 개발형부동산펀드

80 특별자산펀드에 대한 설명으로 잘못된 것은?

① 펀드재산의 100분의 50을 초과하여 특별자산에 투자하는 펀드이다.

② 포괄주의에 의거, 증권 및 부동산을 제외한 경제적 가치가 있는 모든 자산에 투자한다.

③ 선박, 항공기, 건설기계, 자동차 등과 같이 등기·등록 등의 공시방법을 갖추고 있는 동산은 해당하지 않는다.

④ 미술품, 악기, 문화콘텐츠 상품 등도 특별자산펀드의 투자 대상에 해당한다.

81 투자자의 위험 선호도 순서를 바르게 나열한 것은?

① 안정형 < 안정추구형 < 위험중립형 < 적극투자형 < 공격투자형
② 안정형 < 안정추구형 < 위험중립형 < 공격투자형 < 적극투자형
③ 안정추구형 < 안정형 < 위험중립형 < 적극투자형 < 공격투자형
④ 안정형 < 위험중립형 < 안정추구형 < 적극투자형 < 공격투자형

82 판매 후 사후 관리 내용 중에서 적극적 서비스에 해당하지 않는 것은?

① 펀드 잔고 통보
② 자산관리보고서 발송
③ 우수(인기)펀드 추천
④ 투자자보고서 발송(자산운용보고서, 자산보관·관리보고서)

83 집합투자기구 설정 전, 일정 기간 동안 투자자금을 모집하고 집합투자기구의 설정일에 모집된 자금 규모에 따라 집합투자증권을 발행·교부함으로써 매각하는 형태로 판매되는 방식은?

① 매출식
② 재판매식
③ 모집식
④ 경매식

84 판매보수와 판매수수료의 차이를 잘못 설명한 것은?

구 분		판매수수료	판매보수
①	부담근거	집합투자증권 판매행위의 대가	지속적으로 제공하는 용역의 대가
②	부담주체	집합투자기구	집합투자기구
③	계산방식	특정시점의 양(Stock) × 율(%)	특정기간 평잔(Flow) × 율(%)
④	기준가격	영향을 미치지 않음	영향을 미침

85 집합투자증권 환매청구의 상대방에 해당하지 않는 것은?

① 판매회사에 환매청구하는 경우
② 판매회사가 정상적인 영업이 곤란하다고 금융위가 인정하는 경우에는 집합투자업자에게 환매청구하는 경우
③ 집합투자업자가 해산 등으로 환매가 불가능하면 신탁업자에게 환매청구하는 경우
④ 수익자명부 또는 주주명부에 기재된 수익자·주주 또는 질권자

86 다음 중 이자소득에 해당하지 않는 것은?

① 채권, 증권의 이자와 할인액
② 국내외에서 받은 예금·적금(부금·예탁금과 우편대체 포함)의 이자와 할인액
③ 「상호저축은행법」에 의한 신용계 또는 신용부금으로 인한 이익
④ 국내 또는 국외에서 받은 집합투자기구로부터의 이익

87 채권, 주식, 부동산 등 자산별 가치분석은 펀드 운용 과정에서 어디에 해당하는 업무인가?

① 투자목적
② 투자자산 분석
③ 포트폴리오 구성
④ 모니터링

88 집합투자기구가 투자목적으로 취득한 부동산을 보유하는 경우에 과세되는 것은?

① 종합부동산세
② 소득세
③ 등기세
④ 비과세

89 투자 평가의 기준이 될 수 있는 벤치마크의 기능이 아닌 것은?

① 운용지침(Application Guide) 역할
② 투자지침 역할
③ 성과평가(Fund Performance Evaluation) 기준 역할
④ 미래 투자 대안

90 펀드투자의 단점에 해당하는 내용이 아닌 것은?

① 펀드성과 여하에 불문한 비용 부담
② 통제의 결여
③ 가격불확실성
④ 유동성 결여

91 부동산펀드의 가격변동위험에 대한 설명 중 바르지 못한 것은?

① 가격변동위험은 자산운용회사의 몫이다.
② 공모부동산펀드의 거래가격은 당해 집합투자증권의 수급에 따라서 움직일 수 있다.
③ 청산을 앞둔 부동산펀드의 경우 단기적으로 거래가 활성화되기도 한다.
④ 체계적 위험과 비체계적 위험에서 기인하는 가격변동위험들이 있다.

92 집합투자업자의 역할에 해당하지 않는 것은?

① 투자신탁의 설정·해지
② 투자신탁재산의 운용·운용지시
③ 투자회사재산의 운용
④ 투자신탁재산의 보관 및 관리

93 투자설명서 내용에 해당하지 않는 것은?

① 집합투자증권의 종류
② 각 종류의 집합투자증권별 판매보수, 판매수수료 및 환매수수료의 금액, 부과방법 및 부과기준
③ 투자자가 각 종류의 집합투자증권 간 전환할 수 있는 경우 절차·조건·방법
④ 투자 결과 내지 투자 대상 종목의 보유 현황

94 다음 중 사모펀드의 문제점에 해당하는 것을 모두 고른 것은?

> 가. 수익자에 의한 자산운용 지배
> 나. 펀드 간 수익률 조정행위 가능성
> 다. 시리즈 방식에 의한 공모회피 가능성
> 라. 면제 제도의 문제점

① 가, 나, 다 　　　　　　　　　② 나, 다, 라
③ 가, 다, 라 　　　　　　　　　④ 가, 나, 다, 라

95 증권신고서 수리 후 효력발생 전에 사용되는 투자설명서는?

① 투자설명서
② 예비투자설명서
③ 간이투자설명서
④ 사후투자설명서

96 집합투자증권의 광고에 반드시 포함시켜야 할 내용에 해당하지 않는 것은?

① 집합투자증권 취득 전에 투자설명서를 읽어볼 것을 권고하는 내용
② 투자원금손실가능성 및 손실의 투자자 귀속사실
③ 과거운용실적이 미래 수익률을 보장하지 않는다는 사실
④ 집합투자업자들에 관한 사항 및 지급보수 등에 관한 사항

97 광고 시 준수사항에 해당하지 않는 것은?

① 준법감시인의 사전확인을 받을 것
② 투자광고계획서와 투자광고안을 금융감독위에 제출하여 심사를 받을 것
③ 광고 관련 내부통제기준을 수립·운영할 것
④ 투자광고문에 금융투자협회 심사필 또는 준법감시인 심사필을 표시할 것

98 매수 시 적용되는 기준가격 × 매수하는 집합투자증권의 수 또는 출자지분의 수에 의해 산출되는 금액은?

① 판매금액
② 납입금액
③ 환매금액
④ 재투자금액

99 집합투자기구가 다음의 투자대상자산 각각에 해당 집합투자재산 전체를 부동산 집합투자기구로 분류하기 어려운 경우는 무엇인가?

① 부동산투자회사가 발행한 주식
② 부동산개발회사가 발행한 증권
③ 부동산 투자목적회사가 발행한 지분증권
④ 부동산이 자산의 대부분을 차지하는 상장 주식회사 지분

100 다음 중 부동산과 관련된 증권으로 볼 수 없는 것은?

① 지상권, 지역권, 분양권
② 부동산개발회사가 발행한 증권
③ 부동산투자회사가 발행한 주식
④ 부동산관련 자산을 기초로 하는 자산 유동화 증권의 유동화 가액이 50% 이상인 유동화증권

정답 및 해설

01	02	03	04	05	06	07	08	09	10	11	12	13	14	15	16	17	18	19	20
④	③	①	②	③	②	④	①	①	①	②	④	③	①	③	④	②	②	③	④
21	22	23	24	25	26	27	28	29	30	31	32	33	34	35	36	37	38	39	40
④	④	④	③	②	②	④	④	③	④	①	③	④	①	③	②	①	④	②	④
41	42	43	44	45	46	47	48	49	50	51	52	53	54	55	56	57	58	59	60
①	②	③	③	④	③	④	③	④	①	④	④	③	②	④	④	④	④	②	④
61	62	63	64	65	66	67	68	69	70	71	72	73	74	75	76	77	78	79	80
②	④	②	③	③	④	④	④	④	③	④	④	②	②	④	④	①	④	③	③
81	82	83	84	85	86	87	88	89	90	91	92	93	94	95	96	97	98	99	100
②	①	③	③	③	①	④	①	④	①	①	④	②	②	①	①	②	③	③	②

01 자산운용보고서는 집합투자업자가 신탁업자의 확인을 받아 3개월에 1회 이상 투자자에게 제공하여야 한다.

02 금융위는 회계처리준칙을 한국회계연구원에 위탁한다.

03 국채에는 펀드재산의 100%를 투자할 수 있다.

04 ① 펀드의 운영구조(환매가능여부)에 의한 구분은 개방형과 폐쇄형이다.
② 일반형펀드와 모자형펀드로 구분하는 분류 기준은 펀드설정 구조의 차이이다.
③ 법적 형태에 따른 분류는 투자신탁과 투자회사로 구분한다.
④ 추가설정 여부에 따라서는 추가형과 단위형이 있다.

05 보수, 수수료 체계가 국제관례에 비추어 지나치게 높으면 안 되며, 비용에 관한 사항이 명확히 규정되어 있어야 한다.

06 〈자산의 배분 기준〉
㉠ 취득·매각한 자산을 균등한 가격으로 배분할 것
㉡ 취득·매각한 자산의 수량이 미리 정하여진 배분수량에 미달하는 경우에 미리 정해진 배분수량에 비례하여 배분한다.
㉢ 펀드별 매매주문서와 자산 분배내역을 전산으로 기록·보관한다.

07 파생상품 운용전문인력은 별도로 존재하지 않고, 대신 일반운용인력이 운용할 수 있으며 위험평가액에 대한 규제만 있다.

08 판매보수와 판매수수료는 징구 근거가 다르기 때문에 두 가지 모두 받거나 하나만 받을 수도 있다.

09 집합투자기구의 자산총액으로 동일 법인이 발행한 지분증권 총수의 20%를 초과하여 투자할 수 없다.

10 투자신탁의 해지에는 임의해지와 법정해지가 있으며, ②, ③, ④는 임의해지에 해당하는 경우이다. 집합투자업자는 법정해지에 해당하는 사유가 발생하면 지체없이 투자신탁을 해지하고, 그 사실을 금융위에 보고해야 한다.

11 투자증권의 동일 종목 시가총액이 10%를 초과하는 경우에는 시가총액 비율까지 투자가 가능하다.

12 펀드의 분리는 경제성이 있을 때 하는 것이 비용이 적게 들어간다. 장기적으로 보아서 연기되는 대상채권의 회수가 불가능하다면 펀드를 분리하여 별도로 관리해야 하지만 어느 정도 시점이 지나 환매가 가능하다면 굳이 분리할 필요가 없다.

13 〈투자자에게 자산보관 및 관리보고서를 제공하지 않아도 되는 경우〉
ㄱ 투자자가 자산보관·관리보고서를 받기를 거부한다는 의사를 서면으로 표시한 경우
ㄴ 신탁업자가 금융위원회가 정하여 고시하는 방법에 따라 단기금융펀드, 환매금지형펀드, 상장지수펀드의 자산보관·관리보고서를 공시하는 경우
ㄷ 투자자가 소유하고 있는 펀드의 평가금액이 10만원 이하인 경우

14 공모펀드의 성과보수는 ②, ③, ④번 외에도 펀드의 최소 존속기간은 1년 이상이고 폐쇄형펀드여야 한다.

15 외국집합투자업자의 자산운용규모가 1조원 이상이어야 한다.

16 부실화된 자산은 4단계로 분류하여 평가(부실우려, 발생, 개선, 악화)한다.

17 〈15일을 초과하여 환매기간을 정할 수 있는 경우〉
ㄱ 각 펀드 자산총액의 10%를 초과하여 시장성 없는 자산에 투자하는 경우
ㄴ 각 펀드 자산총액의 50%를 초과하여 외화자산에 투자하는 경우

18 「자본시장법」에서는 부분환매연기제도를 인정하고 있다. 부분환매연기란 환매연기사유에 해당할 경우 일부는 환매연기하고 일부는 지분에 따라 환매에 응하는 제도이다.

19 펀드는 원칙적으로 금전 차입이 금지되어 있으나 부동산펀드는 예외적으로 가능하고 다른 부동산 집합투자기구로부터의 금전 차입도 가능하다.

20 수익자총회의 의장은 수익자 중에서 선출한다.

21 〈환매금지형 집합투자기구의 집합투자증권을 추가로 발행할 수 있는 경우〉
　　㉠ 환매금지형 집합투자기구로부터 받은 이익분배금의 범위에서 그 집합투자기구의 집합투자증권을 추가로
　　　발행하는 경우
　　㉡ 기존 투자자의 이익을 해칠 염려가 없다고 신탁업자로부터 확인을 받은 경우
　　㉢ 기존 투자자 전원의 동의를 받은 경우

22 집합투자재산에 손실이 초래될 것이 명백하게 예상될 경우에는 중립적으로 행사하지 않고 적극적으로 의결권
을 행사해야 한다.

23 집합투자업자는 매년 4월 30일까지 직전 연도 4월 1일부터 1년간 행사한 의결권 행사 내용 등을 증권시장을
통하여 공시하여야 한다.

24 전문투자자가 아닌 일반투자자를 상대로 한 차별적인 판매촉진 노력이 불건전 영업행위로 금지된다. 차별적
인 판매촉진 노력은 직무윤리상 불건전 영업행위로서 금지하고 있다.

25 동일 법인이 발행한 증권 중 지분증권을 한 종목으로 보고, 지분증권을 제외한 증권을 한 종목으로 본다.

26 부동산펀드는 아니지만, 펀드의 실질적인 투자내용 및 경제적인 효과 측면에서 볼 때 부동산펀드와 유사한
형태의 펀드로 인정될 수 있는 경우가 있으며, 이러한 경우 이들 각각의 펀드를 일종의 "준부동산펀드"라
할 수 있다.

27 폐쇄형펀드이어야 하며 집합투자증권을 추가로 발행하지 않은 것이어야 한다.

28 투자자 재산을 보호하기 위해 수탁받은 펀드재산과 신탁업자의 고유재산은 구분하여 관리해야 한다. 고유자
산의 운용자와 펀드의 운용자도 엄격히 분리하여야 한다.

29 15일 이내에 매수해야 한다.

30 지방자치단체는 전문투자자로 분류되나 본인이 요청 시에는 일반투자자로 전환할 수 있는 전문투자자이다.

31 펀드 판매 시의 여러 가지 지켜야 할 내용에 대해서는 준법감시인과 사전협의를 하여야 한다.

32 투자권유대행인이 되기 위해서는 협회에서 시행하는 투자권유자문인력이나 투자운용인력의 능력을 검증할
수 있는 시험에 합격한 자 또는 보험설계사・보험대리점 또는 보험중개사의 등록요건을 갖춘 개인이면서
보험모집에 종사하고 있는 자로서 협회가 정하여 금융위원회의 인정을 받은 교육을 마쳐야 한다.

33 「자본시장법」에서는 금융투자업자가 금융상품의 매매, 그 밖의 거래와 관련하여 투자자가 입을 손실의 전부
또는 일부를 보전하여 줄 것을 사전에 약속하는 행위, 투자자가 입은 손실의 전부 또는 일부를 사후에 보전하
여 주는 행위, 투자자에게 일정한 이익을 보장할 것을 사전에 약속하는 행위, 투자자에게 일정한 이익을 사후
에 제공하는 행위를 금지하고 있다.

34 주당순이익 중 배당이 지급되는 비율을 의미한다.

35 위반자에 대한 제재는 경고, 견책, 감봉, 정직뿐 아니라 해고도 가능하다. 위반행위에 대하여 경영진 및 감사위원회에 신속히 보고하여야 하며 문제발생의 원인분석 및 향후 제도개선방안을 마련해야 한다.

36 채권은 기한부증권이고 주식이 무기한부증권이다.

37 운용목표설정 → 운용방침수립 → 자산배분 → 투자분석 → 운용포트폴리오 → 성과측정

38 임직원의 위법·부당행위 관련 이사회, 대표이사, 감사에 대한 보고 및 시정요구이다.

39 ① 일반적으로 시행사는 자본금이 적고 신용평가등급이 낮은 수준이다.
③ 임대소득과 자본소득의 확보를 주요 운용목적으로 하는 것은 임대형부동산펀드이다.
④ 시행사가 사업부지를 확보하지 못할 위험을 점검하여야 한다.

40 투자대상자산에 따라 실물형, 대출형, 권리형, 증권형부동산펀드로 구분된다.

41 부동산 관련 신탁수익권에 투자하는 권리형부동산펀드를 설정·설립할 수 있다.

42 부동산을 기초로 한 선물, 옵션 등에 투자하는 파생상품형부동산펀드는 활성화되고 있지 않다.

43 경매시장의 경쟁으로 인해 투자자산 확보가 어려운 점은 경공매형부동산펀드의 가장 큰 위험 중의 하나이다.

44 일반적으로 높은 정보비율을 보이면 운용자의 능력이 탁월하다고 판단하지만 어느 정도의 값이 탁월한 수준인지에 대한 이론적인 근거가 없다.

45 기술적 분석에는 추세분석(Trend Analysis), 패턴분석(Pattern Analysis), 지표분석(Index Analysis)이 있으며 PBR(주당 순자산 가치)에 의한 분석은 기본적 분석방법이다.

46 부동산 개발사업에 투자하고자 하는 경우, 사전에 감정평가업자에게 사업계획서를 확인받아야 한다.

47 전술적 자산배분전략이란 시장의 변화를 예상하여 사전적으로 자산구성을 변동시켜 나가는 전략이다.

48 포트폴리오 분석 중 펀드평가사의 기능을 가장 잘 설명해 주는 것이 스타일 분석이다. 스타일 분석이란 성과에 가장 큰 요인을 주는 변수를 골라내 이를 기준으로 펀드를 분류하는 기법이라 할 수 있다.

49 ①, ②는 서로 바뀌어 설명되었다.
①은 시간가중수익률, ②는 금액가중수익률에 대한 설명이다.
④ 대표계정의 오류를 제거하기 위함이다.

50 집합투자업자와 이해관계인이 되기 6개월 이전에 체결한 계약에 따른 거래는 이해상충 우려가 없는 거래로서 불건전 영업행위에 해당하지 않는다.

51 ② 신탁업을 겸영하는 투자중개업자의 신탁보수 외의 수수료 부과는 금지된다.
③ 신탁재산의 운용내역은 월 1회가 아니라 분기 1회 이상 고객에게 통지한다.
④ 실적배당신탁상품은 매일의 배당률 또는 기준가격을 영업장에 비치하는 등 게시하여야 한다.

52 개방형펀드는 최초 투자설명서 제출 후 매년 1회 이상 정기적으로 투자설명서를 갱신해야 한다.

53 경기회복국면에서는 부동산거래와 관련 고객 수가 감소하던 것이 멈추고 조금씩 증가하며 점유율이 늘어난다.

54 샤프지수는 펀드가 부담한 총 위험 한 단위에 대한 초과수익의 정도를 나타낸다.

55 샤프지수 = (펀드의 연평균수익률 − 무위험이자율) / 표준편차 = $\dfrac{(0.13 - 0.08)}{0.18}$ ≒ 0.27

56 MMF를 판매한 투자매매·중개업자가 MMF 판매규모의 5%와 100억원 중 큰 금액의 범위 내에서 개인투자자로부터 환매하는 경우이다.

57 외국 부동산펀드는 해외 또는 조세피난처 등 외국의 법에 의거하여 설정·설립되고, 해당 국가의 금융감독기관에 의해 감독을 받는 펀드를 의미한다.

58 인핸스드 인덱스펀드는 추적대상지수 수익률을 초과하는 수익률을 목표로 하는 인덱스펀드를 말한다.

59 판매수수료는 투자자가 부담하지만, 판매보수는 집합투자기구가 부담한다.

60 펀드란 일정 목적을 위하여 여러 사람으로부터 모은 자금의 집합체 또는 뭉칫돈을 가리키는 말이다. 주로 주식, 채권 등 유가증권 및 부동산, 실물자산 등에 투자한다. 직접투자와 상반된 개념으로 직접투자의 경우 투자자 자신이 직접 주식이나 채권 등을 사고파는 것이라면, 간접투자는 전문투자가에게 자금을 맡겨서 운용하도록 하는 것이다.

61 급매로 낮은 가격에 처분하려고 해도 원하는 시기에 매도가 안 될 가능성이 매우 크므로, 다른 자산에 비해 유동성 위험이 크다.

62 펀드를 선택한 이후에는 노력이 별도로 투여되지 않으며, 직접투자한 것에 비해 상대적으로 저렴한 비용으로 다양한 종목에 투자할 수 있는 장점이 있다.

63 투자자는 판매회사를 통해서 펀드(수익증권)를 매수하고 있다.

64 펀드운용 및 약관에 대한 제반 내용은 금융감독원에 승인을 얻어야 한다.

65 〈금융위원회 승인 없이 투자신탁이 해지될 수 있는 경우〉
　ⓐ 수익자 전원이 동의한 경우
　ⓑ 수익증권 전부에 대한 환매의 청구가 발생한 경우
　ⓒ 사모집합투자기구가 아닌 투자신탁(존속하는 동안 투자금을 추가로 모집할 수 있는 투자신탁으로 한정)으로서 설정 후 1년이 되는 날 원본액이 50억원 미만인 경우, 1년이 지난 후 1개월간 계속하여 투자신탁의 원본액이 50억원 미만인 경우

66 회사형 집합투자기구 중 투자회사는 사람이 실제 근무하지 않는 무인회사이다. 현재 회사형 집합투자기구 중에서는 투자회사와 투자합자회사는 국내에서도 도입되어 활용된 바 있지만, 투자유한회사와 투자유한책임회사는 아직까지 도입되지 않고 있다.

67 집합투자기구의 유형에는 투자신탁, 투자회사, 투자유한회사, 투자합자회사, 투자유한책임회사, 투자합자조합, 투자익명조합이 있다.

68 현재 국내 집합투자기구의 대부분은 투자신탁의 형태를 취하고 있다. 이는 집합투자기구를 운영하는 데 있어 임원선임 절차가 간소하고 설립비용, 이사회 유지비용 등이 투자회사보다 저렴하기 때문이다. 하지만 타 회사의 계열사를 편입하기 위해서는 법률적 행위 주체가 존재해야 하므로 이 경우에는 투자회사 형태가 더욱 용이하다.

69 회사형 집합투자기구는 투자신탁과 달리 인적 구성원을 보유하고 있어, 투자회사가 적합한 경우 특수유형펀드, 기업인수증권투자회사(M&A Fund), 부동산 및 선박펀드 투자회사, 사모투자전문회사(PEF ; Private Equity Fund)를 추진하는 데는 더욱 적합한 형태의 집합투자기구이다.

70 지문의 내용은 투자합자회사의 특징을 설명하고 있다. 투자합자회사는 이익배당 시 무한책임사원과 유한책임사원의 배당은 달리 적용이 가능하지만, 손실을 배분할 때에는 구분하여 적용할 수 없다.

71 현행 「자본시장법」에서는 파생상품간접투자기구를 증권집합투자기구로 간주하고 있다. 따라서 증권집합투자기구에는 파생상품의 비중이 높은 투자기구도 존재할 수 있음을 주의해야 한다.

72 증권집합투자기구의 투자에 제외되는 증권은 ⓐ 부동산, 지상권·지역권·전세권·임차권·분양권 등 부동산 관련 관리 자산이 신탁재산, 집합투자재산 또는 유동화자산의 50% 이상을 차지하는 경우에 그 수익증권, 집합투자증권 또는 유동화증권, ⓑ 부동산투자회사가 발행한 주식, ⓒ 선박투자회사가 발생한 주식, ⓓ 사회기반시설사업의 시행을 목적으로 하는 법인이 발행한 주식과 채권 등이 해당한다.

73 부동산집합투자기구로 분류되기 위해서는 다음과 같은 형태로 투자가 이루어져야 한다.

　㉠ 집합투자재산의 50%를 초과하여 부동산 또는 부동산 관련 자산에 투자하는 집합투자기구

　㉡ 부동산과 관련된 자산

　　• 부동산을 기초자산으로 하는 파생상품

　　• 부동산의 개발, 관리 및 개량, 임대, 지상권·지역권·전세권·임차권·분양권 등 부동산 관련 권리의 취득, 부동산을 담보로 하는 금전채권

　　• 부동산 개발과 관련된 법인에 대한 지분 내지 증권

　㉢ 부동산과 관련된 증권

74 혼합자산 집합투자기구는 다음과 같은 특징을 내포하고 있다.

　㉠ 증권·부동산·특별자산 집합투자기구 관련 규정의 제한이 없는 집합투자기구이다.

　㉡ 보다 많은 투자기회를 찾아 투자하고 그 수익을 향유할 수 있으나, 투자손실의 가능성도 더 높다.

　㉢ 환매금지형 집합투자기구로 설정·설립되어야 한다.

75 특별자산 집합투자기구는 해당 집합투자재산의 50%를 초과하여 증권 및 부동산을 제외한 투자대상자산인 특별자산(와인, 그림, 날씨 등)에 투자하는 집합투자기구를 말한다.

76 폐쇄형펀드에 대해서는 기준가격 산정 및 공고에 관한 규정이 적용되지 않는다.

77 집합투자기구로 분류되기 위해서는 2인 이상이 실제 투자를 할 필요는 없다. 단, 2인 이상을 대상으로 투자 권유를 하여야 하는 것이 판단기준이다.

78 증권사는 투자신탁재산의 매매 시 그 매매중개의 업무를 담당한다. 다만, 그 증권사는 판매회사로서 그 업무를 담당하는 것이 아니라 중개기관으로서 그 업무를 담당한다.

79 투자신탁 수익증권은 무액면·기명식으로 발행하며 발행가액은 기준가격에 기초하여 정해진다.

80 대출 시 고려사항으로는 개발회사의 신용도, 사업부지의 적절성, 인허가의 난이도, 분양 및 마케팅 능력이 있다.

81 인덱스펀드는 설정과 환매 시 신청과 실제 신청·환매까지 시차가 발생하지만, ETF는 투자자가 원하는 시간에 시장에서 매매할 수 있으므로 시차가 없다고 볼 수 있다.

82 뮤추얼펀드의 발행증권은 주식이다.

83 이전에는 증권거래법상 증권을 주된 운용대상으로 하였으나 이외에 부동산, 금, 석유, 농수산물 등 실물자산과 투기거래 목적의 장내외 파생상품, 영화, 보험증권, 기타 수익을 분배받을 수 있는 권리 등도 펀드운용자산으로 가능해졌다.

84 ① ELD : 정기예금, ELS : 유가증권, ELF : 수익증권

② ELD는 5,000만원까지 예금자보호대상에 포함된다.

④ ELS의 자금운용구조는 대부분 우량채권에 투자하고 일부를 주가지수옵션, 주식워런트증권, 주가지수선물 등으로 되어 있다.

85 투자회사는 「상법」상 회사이기 때문에 운용수수료 외에도 등록세, 임원보수, 회계감사보수 등 등기비용을 투자자(주주)들이 추가로 부담해야 하는 단점이 있다.

86 ㉠ ETF는 주식과 같이 시장에서 계속적으로 거래되므로 투자자는 원하는 가격과 시간에 시장에서 매매하면 되기 때문에 의사결정과 투자 간의 차이를 없앴다.

㉤ 거래소의 거래시간 중에 자유로이 현재가격에 매매가 가능하기 때문에 일반주식과 같이 증권사에 직접 주문을 내거나 HTS 또는 전화로 매매가 가능하다.

87 ④ 환금성이 높아 단기자금 운용에 유리하다.

88 ② 역외 펀드는 투자자, 역내 펀드는 펀드운용자가 환위험관리주체가 된다.

③ 환매신청 후 8~10일 정도 소요되므로 국내 펀드에 비해 환매기간이 긴 편이다.

④ 해외펀드는 15.4%의 세금을 내야 한다. 단, 역내 해외펀드의 주식매매차익에 대해서는 2009년 말까지 한시적으로 비과세가 적용된다.

89 뮤추얼펀드는 「상법」상 회사이기 때문에 운용수수료 외에 등록세, 임원보수 등을 투자자들이 추가로 부담해야 하는 것이 단점이다.

90 하나의 약관 아래 여러 개의 하위 펀드가 있는 모양이 우산 같다고 해서 엄브렐러펀드라는 이름이 붙여졌다.

91 원하는 펀드, 주식형, 채권형 등 한 가지를 선택하여 적립식으로 투자한다.

92 과거 고도성장기에는 높은 시장성장률로 특별한 노력 없이도 수탁자산의 증대가 이어졌으나, IMF 환란을 겪으면서 시장성장의 둔화 및 성숙단계로 진입하여 치열한 고객확보가 요구되고 있다.

93 기존고객과의 만족스러운 관계형성을 통해 유대관계가 깊어질수록 고객유지율 감소가 아닌 고객이탈률의 감소, 고객유지율의 증대로 이어진다.

94 고객의 투자성향과 능력 모두를 파악해야 하는데, ②는 투자능력에 대한 내용이다.

95 집합투자업자는 자산운용보고서를 작성하여 신탁업자의 확인을 받아 3개월마다 1회 이상 투자자에게 교부하여야 한다.

96 집합투자업자의 자산운용보고서에 대한 내용이다.

97 판매수수료는 납입금액의 100분의 2를 그 한도로 한다.

98 ETF(지수연동펀드)는 지수와 동일한 움직임을 보이는 인덱스펀드이며, 시장에 상장하여 주식과 같이 거래가 가능하고 대주나 공매도도 가능하다. 그리고 현물로 설정 해지하기 때문에 펀드 내에서 이에 따른 거래비용을 투자자가 부담하지 않는다.

99 주식형, 채권형, 혼합형은 투자대상 자산의 비중에 따라 구분한다.

100 하이일드펀드는 고위험고수익 자산을 편입한 펀드, 스폿펀드는 만기 이전이라도 당초 약속한 목표수익률을 달성한 경우 자유롭게 해지할 수 있는 펀드, 뮤추얼펀드는 회사형펀드, 엄브렐러펀드는 펀드유형을 시장여건에 따라 자유롭게 변동시킬 수 있는 펀드이다.

정답 및 해설

01	02	03	04	05	06	07	08	09	10	11	12	13	14	15	16	17	18	19	20
③	④	①	①	④	③	②	②	④	②	③	①	③	③	①	④	④	②	④	①
21	22	23	24	25	26	27	28	29	30	31	32	33	34	35	36	37	38	39	40
④	②	④	④	①	②	④	②	③	③	②	④	②	①	④	③	④	③	④	②
41	42	43	44	45	46	47	48	49	50	51	52	53	54	55	56	57	58	59	60
②	④	①	①	④	③	④	②	③	④	③	②	③	③	②	②	①	②	①	②
61	62	63	64	65	66	67	68	69	70	71	72	73	74	75	76	77	78	79	80
②	②	④	②	④	③	③	①	④	③	①	②	③	③	④	④	④	③	③	③
81	82	83	84	85	86	87	88	89	90	91	92	93	94	95	96	97	98	99	100
①	④	③	②	④	④	②	①	④	④	①	④	④	④	②	④	②	②	④	④

01 신종 MMF는 투자금액에 대한 제한이 없고, 언제라도 입출금이 가능한 소액자금을 단기 운용하는 데 적합한 상품이다.

02 적립식펀드 투자의 단점으로는 거치식 투자보다 수익률이 낮을 가능성, 투자기간 예측의 어려움, 높은 투자비용 등을 들 수 있다.

03 만기수익률이 표면금리보다 낮으면 할증발행, 만기수익률이 표면금리보다 높으면 할인발행하여야 한다.

04 흔히 시장수익률이라 부르는 것은 시장 상황이 반영된 상황에서 투자자가 얻게 되는 수익을 의미하는데 이와 유사한 용어로 유통수익률, 내부수익률 등이 있다.

05 채권수익률은 채권의 현재 시장가격과 채권을 만기까지 보유했을 때 얻게 될 이자 및 원금의 현재가치를 같게 해주는 할인율이므로 채권투자의 내부수익률(IRR)이다.

06 투자수익률에 대한 설명이다.

07 부동산 직접투자와 같이 주택경기의 호황, 불황에 영향을 받는다.

08 투자대상이 정해져 있지 않은 상태에서 펀드금액을 모집하므로 상담 시 투자자의 이해를 구하는 데 어려움이 있다.

09 펀드의 등급은 순수하게 계량적 성과만을 이용하여 측정한 결과로 나타나는 것이지, 미래성과를 예측하거나 보장해 주는 것은 아니다.

10 대여금의 한도는 펀드의 자산총액에서 부채총액을 뺀 가격의 100/100이다.

11 부동산펀드가 차입기관은 금융기관(은행, 한국산업은행, 중소기업은행, 한국수출입은행, 투자매매업자 또는 투자중개업자, 증권금융회사, 종합금융회사, 상호저축은행), 보험회사, 「국가재정법」에 따른 기금, 다른 부동산펀드 등이 해당한다.

12 「자본시장법」에서는 펀드회계를 일반기업의 회계처리 기준과 다른 회계처리 기준으로 적용한다.

13 펀드투자의 경우 다수의 투자자로부터 자금을 모아 이를 다양한 투자 대상에 투자하여 수익을 거두는 방식이기 때문에 굳이 여러 펀드를 구매하지 않더라도 하나의 펀드만으로도 충분한 분산투자의 효과를 거둘 수 있다.

14 〈수익자총회의 결의를 얻어야 하는 약관의 주요 변경사항〉
  ㉠ 보수 및 수수료의 인상
  ㉡ 신탁업자의 변경
  ㉢ 개방형펀드에서 폐쇄형펀드로 전환
  ㉣ 투자신탁의 종류 변경
  ㉤ 신탁계약기간의 변경

15 법인이사 및 감독이사로 구성 및 과반수 출석과 출석이사 과반수의 찬성으로 의결하는 조직은 이사회를 의미한다.

  〈「자본시장법」상 이사회의 의결을 거치도록 하는 사항〉
  ㉠ 집합투자업자·신탁업자·투자매매업자·투자중개업자 및 일반사무관리회사와의 업무위탁계약(변경계약 포함)의 체결
  ㉡ 자산의 운용 또는 보관 등에 따르는 보수의 지급
  ㉢ 금전의 분배 및 주식의 배당에 관한 사항
  ㉣ 그 밖에 투자회사의 운영상 중요하다고 인정되는 사항으로서 정관이 정하는 사항

16 투자설명서는 법정 투자권유문서로, 증권신고서 기재내용과 동일해야 한다. 일반적으로 투자설명서의 교부는 증권신고의 효력이 발생한 집합투자증권을 취득하고자 하는 자에게 반드시 교부해야 한다.

17 보기에서 제시된 사유 모두 투자신탁의 해지 사유에 해당한다.

18 해당 위험에 대한 설명은 유동성위험에 대한 내용이다. 유동성위험은 유동성이 낮은 종목에 집중 투자하는 경우, 유동성 부족으로 인한 추가적인 손실의 발생 가능성이 높다.

19 유동성은 원하는 시점에 원하는 형태로 자산 형태를 변경할 수 있는 정도를 의미한다. 따라서 유동성위험은 원하는 시점에 원하는 형태로 자산을 손쉽게 변경하기 어려울 때 발생한다.

20 사전에 정해진 룰에 따라 펀드의 재산을 투자하는 펀드를 패시브펀드라 한다.

21 부동산펀드로 구분되기 위해서는 다음과 같은 내용에 투자할 경우 부동산펀드로 분류할 수 있다.
　　㉠ 부동산 관련 권리
　　㉡ 부동산 관련 증권
　　㉢ 부동산을 기초자산으로 한 파생상품

22 안정추구형은 손실위험을 최소화하고, 이자소득・배당소득 수준의 안정적 투자를 목표로 한다.

23 이상의 내용은 모두 구조화형펀드의 설명에 해당한다. 이외에도 구조화형펀드는 손실규모가 커질 수도 있고 운용사의 능력에 따라 예상수익률과의 괴리가 커질 수도 있다는 특징을 갖고 있다.

24 운영위험, 신용위험, 시장위험, 유동성위험은 재무적 위험에 해당한다.

25 운영위험은 펀드 운영 과정에서 내부시스템의 문제로 인해 발생하는 위험에 해당한다.

26 포트폴리오의 VAR은 개별상품의 VAR의 합보다는 항상 적게 나타난다. 그 이유는 각 상품 간의 상관관계로 인하여 포트폴리오의 VAR이 줄어들기 때문이다.

27 델타-노말법은 선형파생상품의 VAR측정에 비교적 정확하나 감마위험을 감안하지는 못한다.

28 위험의 유형은 자산과 부외자산의 가격이 불리한 방향으로 움직일 위험인 시장위험, 거래상대방의 계약불이행으로 인한 손실발생 위험인 신용위험, 보유자산을 정상적인 가격으로 현금화할 수 없는 위험인 유동성위험, 내부시스템이나 운영자의 잘못으로 발생하는 위험인 운영위험 등이 있다.

29 상관계수가 영(0)이면 두 자산 간의 분산효과가 없고, 완전대체는 성립하지 않는다.

30 실명확인 증표는 주민등록증이 원칙이다. 그러나 국가, 지방자치단체 및 학교장이 발급한 것으로 성명, 주민등록번호와 부착된 사진에 의해 본인임을 확인할 수 있는 증표는 가능하다.

31 실명확인의 권한은 본・지점의 영업점직원(계약직. 시간제 직원 포함)이며 후선부서직원은 권한이 없다.

32 가벼운 과실로 초래한 손실액을 전액 변상한 자의 경우에는 제재감면사유에 해당한다.

33 〈분쟁조정절차〉

분쟁조정 신청 → 합의 권고 → 조정위원회 회부 → 조정위원회 조정결정 → 조정안 수락 권고 → 관계자 조정안 수락(수락 거부시 법원 소송제기)

34 제시된 모든 거래가 불공정거래이다. 이 중에서 상담사 또는 회사에는 이익이 되나 고객에게는 손실이 발생할 가능성이 가장 높은 것은 고객의 이익과 무관하게 지나치게 잦은 매매를 하는 과당거래이다.

35 고객의 소비패턴은 적합성의 원칙과 아무 관계가 없다.

36 순위란 자체 비교대상 펀드를 100개라고 가정했을 때의 상대순위를 말한다.

37 합리적인 근거제공 및 적정한 표시의무는 ①·②·③과 투자성과보장 등에 관한 표현금지 의무가 있다. 기대성과 등에 대한 허위의 표시 금지의무, 업무내용 및 인적사항 등에 대한 부실표시 금지의무는 허위·과장·부실표시 금지의 의무에 속한다.

38 임직원의 이익은 회사의 이익에 우선할 수 없다.

39 만기수익률은 유통수익률, 만기수익률, 내부수익률 또는 시장수익률이라고도 한다. 발행수익률은 채권이 발행되어 처음 매출될 때의 채권가격으로 산출된 채권수익률을 말한다.

40 금융투자업자는 투자권유대행인에게 파생상품 등의 투자권유는 근본적으로 금지된다.

41 금융투자회사 자산건전성은 정상, 요주의, 고정, 회수의문, 추정손실으로 5개의 분류기준이 있다.

42 시장위험은 일반상품위험, 주식위험, 선물옵션위험, 외환위험, 금리변동위험, 집합투자증권위험 등이 있으며, 금전채권위험은 신용위험에 해당된다.

43 특정펀드의 판매에 차별적인 판매촉진 노력은 금지되나, 적극적인 노력을 하는 행위는 결코 금지행위가 될 수 없다. 금지행위로는 ②·③·④ 외에 판매대가로 보다 높은 부당한 매매수수료를 요구하는 행위, 예상수익률 등을 단언하는 등의 행위, 판매와 관련하여 허위의 사실 등을 이용하는 행위 등이 있다.

44 펀드설립 1년 경과와 운용규모 200억원 이상의 펀드가 대상이 된다.

45 사용범위가 공연, 경기관람, 도서 구입 등 문화활동으로 한정된 상품권을 제공하는 경우는 제외한다.

46 투자권유대행인의 금지행위로는 ①·②·④ 외에 회사 직원으로 오인할 만한 명함을 사용하는 행위가 있다. 그리고 투자권유에 필요한 고객의 적합성을 확인해야 하고, 상품에 대한 설명은 투자권유대행인의 당연한 고유업무이다.

47 다양성을 추구하는 시장의 변화로 이색옵션(Exotic Option)시장이 활발히 거래되고 있다.

48 파생결합증권은 원금보존형 구조 및 원금비보존형 구조 모두 가능하다.

49 투자권유대행인은 소속회사 이외의 다른 집합투자증권 판매회사와 위탁계약을 체결 또는 유지하여서는 아니된다.

50 예상수익률의 보장 등 이를 암시하는 표현 등은 금지된다.

51 현물과 선물 간의 괴리, 이론선물가격과 실제선물가격과의 차이를 이용하여 수익을 올리는 펀드는 차익거래펀드이다.

52 특별자산에 관한 설명은 일반적인 설명의무에 속하지 않고 추가적인 설명의무에 속한다.

53 투자권유대행인은 하나의 금융투자회사와 투자권유 위탁계약을 체결해야 하므로 금지사항이 아니다.

54 위험선호도 유형은 안정형, 안정추구형, 위험중립형, 적극투자형, 공격투자형으로 구분하고 있다.

55 시뮬레이션은 기초자산의 주가를 통해 변동성을 활용하여 구한다.

56 투자설명 의무의 소홀이다. 투자자에게 펀드상품에 대한 주요한 내용을 자세하게 설명하지 못하였기 때문에 불완전한 판매에 해당한다.

57 선물의 이익을 제외한 상장채권의 이자배당소득과 매매평가 손익의 합인 1백만원이다.

58 10%가 아니라 5% 이내에서 운용하여야 한다.

59 인덱스펀드는 대표적인 지수인 KOSPI200지수와 동일한 수익률을 올리려면 KOSPI200에 해당하는 전 종목에 투자하면 되나, 현실적으로 전 종목에 투자하는 것이 불가능하여 추적오차(Traking Error)가 발생한다.

60 ELS의 주요한 4가지 유형으로는 ①, ③, ④ 이외에 디지털형(Digital)이 있다.

61 전자문서의 내용이 서면에 의한 투자설명서와 내용면에서만 동일하면 된다.

62 M&A형, PEF형은 투자회사형으로 가능한 경우이다.

63 사모펀드는 분할양도할 수 없다. 다만, 사모펀드 요건을 충족하는 범위 내에서의 양도는 가능하다.

64 헤지펀드시장의 인덱스이다.

65 ㉠ 환매수수료와 판매보수는 기준가격에 영향을 미치나 판매수수료는 영향을 미치지 않는다.
ⓛ 판매보수는 집합투자기구에서 부담하고 환매수수료 및 판매수수료는 투자자가 부담한다.

66 배당주펀드는 우량주를 편입하여 금리 하락 시에도 고배당을 얻을 수 있도록 고안된 펀드이다.

67 집합투자재산을 운용함에 있어서 증권·부동산·특별자산 집합투자기구 관련 규정의 제한을 받지 아니한다.

68 원자재펀드(Commodity Fund)는 우리나라에서 역사가 매우 짧은 펀드이다.

69 커피, 설탕 등에 연계하여 특별자산펀드에 편입 가능한 장외파생상품에 투자할 수 있다.

70 궁극적으로 특별자산과 연계되어 손익구조가 결정되기 때문에 준특별자산펀드라고 한다.

71 투자등급형 채권펀드(우량 채권펀드)는 채권등급 BBB 이상 채권에 투자하는 경우이다.

72 제3자에게 양도 가능한 보험금 지급청구권이 특별자산에 속한다.

73 금리가 높을수록 콜 워런트 매수자는 유리해진다.

74 인허가 가능성은 개발형부동산펀드의 점검사항이다.

75 아트펀드는 특별자산펀드에 속한다.

76 해당 집합투자기구 집합투자재산의 잔존만기는 가중평균이 75일 이내이어야 한다.

77 현재 특정 개별 종목을 바탕으로 한 파생상품펀드의 구성이 가능하다. 뿐만 아니라 기초자산이 하락할 때 펀드 수익률이 올라가고, 기초자산이 상승할 때 펀드 수익률이 떨어지는 형태로 수익모델 구성이 가능하다.

78 지수 등을 기초로 하여 펀드가 구성된 것은 부동산펀드가 아닌 파생상품펀드로 구분하여 분류할 수 있다.

79 펀드재산 50%를 초과하여 부동산 취득하고 부동산의 가치 증대를 위한 개량 후, 단순 매각하거나 임대 후 매각을 추구하는 펀드는 개량형부동산펀드로 분류된다.

80 선박, 항공기, 건설기계 등과 같이 등기를 요하는 대상들에 투자하는 것도 특별자산펀드에 포함된다.

81
- 안정형 : 예·적금 수준의 수익률을 기대하며 손실발생을 원하지 않는다.
- 안정추구형 : 손실위험을 최소화하고, 이자소득·배당소득 수준의 안정적 투자를 목표로 한다. 단기적인 손실 수용이 가능하며, 예·적금보다 높은 수익을 위해 자산 일부를 변동성 높은 상품에 투자할 의향이 있다.
- 위험중립형 : 투자위험에 대해 충분히 인식하고 있다. 예·적금보다 높은 수익을 기대하는 동시에 손실위험을 감수할 수 있다.
- 적극투자형 : 위험을 감내한 높은 수준의 투자수익 실현을 추구한다. 투자자금의 상당 부분을 주식, 주식형펀드 또는 파생상품 등의 위험자산에 투자할 의향이 있다.
- 공격투자형 : 장평균 수익률을 넘어서는 높은 수준의 투자수익을 추구하며, 이를 위해 자산가치의 변동에 따른 손실 위험을 적극 수용한다. 투자자금 대부분을 주식, 주식형펀드 또는 파생상품 등의 위험 자산에 투자할 의향이 있다.

82
- 수동적 서비스 : 투자자 전화 문의 등에 대한 응대, 투자자보고서 발송(자산운용보고서, 자산보관·관리보고서) 등
- 적극적 서비스 : 펀드 잔고 통보, 자산관리보고서 발송, 우수(인기)펀드 추천, 투자자 세미나 개최

83
모집식에 대한 설명이며, 매출식은 판매회사의 보유현금이나 증권으로 자금을 납입하여 집합투자증권을 발행한 후 그 집합투자증권을 매각을 통해 전개된다.

84
판매수수료의 부담주체는 투자자이다.

85
투자신탁의 수익자, 투자회사의 주주 또는 그 수익자·주주의 질권자로서 권리를 행사할 자를 정하기 위하여 상법 제354조 제1항에 따라 일정한 날을 정하여 수익자명부 또는 주주명부에 기재된 수익자·주주 또는 질권자를 그 권리를 행사할 수익자·주주 또는 질권자로 보도록 한 경우로서 이 일정한 날과 그 권리를 행사할 날의 사이에 환매청구를 한 경우 환매가 제한된다.

86
다음에 해당하는 내용은 배당수익에 해당한다.
ㄱ 이익배당(내국법인으로부터 받는 이익이나 잉여금의 배당 또는 분배금)
ㄴ 「상법」상 건설이자의 배당
ㄷ 법인으로 보는 단체로부터 받는 배당 또는 분배금
ㄹ 의제배당
ㅁ 인정배당(「법인세법」에 의하여 배당으로 처분된 금액)
ㅂ 국내 또는 국외에서 받은 집합투자기구로부터의 이익

87
① 투자목적 : 목표수익률과 위험 허용수준
② 투자자산 분석 : 채권, 주식, 부동산 등 자산별 가치분석
③ 포트폴리오 구성 : 운용전략에 의거 자산을 매입하는 과정
④ 모니터링 : 구성된 포트폴리오를 시장과 비교 관찰하는 작업

88 집합투자기구가 투자목적으로 취득한 부동산을 보유하는 경우 국세인 종합부동산세와 지방세인 재산세가 과세될 수 있다.

89 벤치마크는 자신의 투자 결과 내지 방향성을 확인해 주는 역할은 하지만 적합한 투자 대상을 찾아주는 것은 한계가 있다.

90 펀드투자는 다양한 투자 대상에 투자하면서도 쉽게 환매할 수 있는 유동성이 높은 투자 방식이라는 장점이 있다.

91 가격변동위험은 온전히 투자자의 몫이다.

92 투자신탁재산의 보관 및 관리는 신탁업자의 업무이다. 이밖에도 집합투자업자의 투자신탁재산 운용지시에 따른 자산의 취득 및 처분의 이행, 집합투자업자의 투자신탁재산 운용지시에 따른 수익증권의 환매대금 및 이익금의 지급, 집합투자업자의 투자신탁재산 운용지시 등에 대한 감시, 투자신탁재산에서 발행하는 이자·배당·수익금·임대료의 수령 등과 같은 업무를 수행한다.

93 투자 결과 내지 투자로 인한 수익률의 현황은 투자결과보고서의 기재 내용에 해당한다.

94 언급한 내용 모두 사모펀드의 문제점에 해당한다.

95 투자설명서의 종류 및 사용 방식은 아래와 같다.
㉠ 투자설명서 : 증권신고서 효력 발생 후 사용
㉡ 예비투자설명서 : 증권신고서 수리 후 효력발생 전에 사용
㉢ 간이투자설명서 : 중요사항만 발췌하여 기재한 투자설명서로서, 효력 발생 전후로 사용 가능

96 집합투자업자들에 관한 사항 및 지급보수 등에 관한 사항은 투자설명서에 기재할 수 있는 내용이지, 반드시 포함되어야 할 내용은 아니다.

97 투자광고계획서와 투자광고안을 금융투자협회에 제출하여 심사를 받아야 한다.

98 제시된 내용은 납입금액에 대한 설명이며, 환매금액은 '환매시 적용하는 기준가격 × 환매하는 집합투자증권의 수 또는 출자지분의 수'로 계산된다.

99 부동산이 자산의 대부분을 차지한다 하더라도 상장 주식회사의 지분은 주권으로 봐야 하고 그 주권에 집합투자재산의 대부분을 투자할 경우 그 집합투자기구는 증권집합투자기구로 분류되어야 한다.

100 50%가 아니라 70% 이상인 유동화증권이 부동산과 관련된 증권이다.

좋은 책을 만드는 길
독자님과 함께하겠습니다.

도서나 동영상에 궁금한 점, 아쉬운 점, 만족스러운 점이
있으시다면 어떤 의견이라도 말씀해 주세요.
시대고시기획은 독자님의 의견을 모아 더 좋은 책으로 보답하겠습니다.

www.sidaegosi.com

펀드투자권유대행인 한권으로 끝내기

개정7판1쇄 발행	2021년 04월 05일 (인쇄 2021년 03월 17일)
초 판 발 행	2015년 04월 20일 (인쇄 2015년 03월 31일)
발 행 인	박영일
책 임 편 집	이해욱
저 자	박정호
편 집 진 행	김준일 · 김은영 · 이보영
표지디자인	이미애
편집디자인	이은미 · 하한우
발 행 처	(주)시대고시기획
출 판 등 록	제10-1521호
주 소	서울시 마포구 큰우물로 75 [도화동 538 성지 B/D] 9F
전 화	1600-3600
팩 스	02-701-8823
홈 페 이 지	www.sidaegosi.com
I S B N	979-11-254-9538-3 (13320)
정 가	18,000원